湖南省少数民族古籍整理研究中心规划

戊申三百年纪

永顺宣慰使彭肇槐与改土归流

彭对喜　彭继德　彭南辰——著

湖南大学出版社·长沙·

图书在版编目（CIP）数据

戊申三百年纪：永顺宣慰使彭肇槐与改土归流／彭
对喜，彭继德，彭南辰著. -- 长沙：湖南大学出版社，
2024.11

ISBN 978-7-5667-3488-4

Ⅰ.①戊… Ⅱ.①彭… ②彭… ③彭… Ⅲ.①改土归
流-研究-中国-清代 Ⅳ.①K249.07

中国国家版本馆 CIP 数据核字（2024）第 062632 号

戊申三百年纪——永顺宣慰使彭肇槐与改土归流
WUSHEN SANBAI NIAN JI——YONGSHUN XUANWEISHI PENG ZHAOHUAI YU GAITU GUILIU

著　　者：	彭对喜　彭继德　彭南辰				
责任编辑：	祝世英				
印　　装：	湖南省众鑫印务有限公司				
开　　本：	710 mm×1000 mm　1/16	印　张：21.5	字　数：357 千字		
版　　次：	2024 年 11 月第 1 版	印　次：2024 年 11 月第 1 次印刷			
书　　号：	ISBN 978-7-5667-3488-4				
定　　价：	88.00 元				

出 版 人：李文邦
出版发行：湖南大学出版社
社　　址：湖南·长沙·岳麓山　　　　邮　　编：410082
电　　话：0731-88822559（营销部），88821691（编辑室），88821006（出版部）
传　　真：0731-88822264（总编室）
网　　址：http://press.hnu.edu.cn
电子邮箱：presszhusy@ hnu.edu.cn

前　言

　　老司城遗址位于湘西土家族苗族自治州永顺县城东 20 余公里处的灵溪镇老司城村。

　　老司城，也叫"福石城"，是古溪州最早建立的最大城池，也是土家人的圣城。清代名人彭勇行（1836—1893）的《竹枝词》这样唱道："溪州曾记古州名，福石犹留旧郡城。灵溪溪头花虽谢，望夫石畔月长明。"①历史上，"凡土司衙署宗堂悉在城内"②。而今，老司城已是废墟一片，唯遗址尚存。

　　老司城又称"旧司城"，是相对于"新司城"颗砂而言的。颗砂在今永顺县城东北方，离县城四十里。与军事要塞老司城相比，颗砂的地理位置险峻不足，但周围遍布肥田沃土，且"人烟繁盛，景物清幽，又有曲水流觞，双松掩映"③，更适合休养生息。

　　老司城所在地古溪州，"唐虞古蛮夷地，三代荆州地，春秋属楚，秦黔中郡地，汉武陵郡地"④，"梁为福石郡"⑤。梁武帝萧衍在溪州设"福石郡"、建"福石城"郡治，同时，将福石郡的郡治定位于古溪州东南方的今永顺县境内，相对于古溪州西北的今龙山县，东南方的今永顺县更易管理。萧衍设福石郡的时间最早在天监元年（502）、最迟在太清元年（547）。

---

　　①　转引自彭南均：《溪州土家族文人竹枝词注解》，光明日报出版社 2008 年版，第 28 页。
　　②　黄德基修，关天申纂：《永顺县志·卷一》，乾隆五十八年刻本，第 23 页。
　　③　黄德基修，关天申纂：《永顺县志·卷一》，乾隆五十八年刻本，第 23 页。
　　④　张天如纂辑：《永顺府志·卷之一》，乾隆二十八年刻本，第 4-5 页。
　　⑤　黄德基修，关天申纂：《永顺县志·卷一》，乾隆五十八年刻本，第 23 页。

后梁开平四年(910),江西庐陵彭瑊被楚王马殷所救,被任命为辰州刺史,三年后又被任命为溪州刺史,剿灭盘踞福石城的吴着冲后统一溪州,建立了世袭的彭氏地方政权。彭氏政权把福石城当作政治、经济、文化的中心。

老司城彭氏政权历经五代时期的梁、唐、晋、汉、周和宋、元、明、清九姓王朝,世袭罔替,至雍正六年(1728)永顺宣慰使彭肇槐呈请自愿改土为流,回归江西原籍为流官,才终结了彭氏治理溪州八百一十八年的历史,福石城充公。

清雍正改土归流后,废永顺宣慰司,置永顺府、永顺县。新设置的府、县没有府衙、县衙,暂驻颗砂新司城。新建府、县衙需要大量木料,福石城的地面建筑全部被拆除挪用,只留"空闲朽坯""山地基址"。但是,福石城遗址仍然是土家人心中的圣地。清人彭司铎有一首脍炙人口的《竹枝词》这样描写福石城跳摆手歌舞祭祀的盛况:"福石城中锦作窝,土王宫畔水生波。红灯万点人千叠,一片缠绵摆手歌。"①

老司城的历史,是一部民族融合史,也是一部维护国家统一、民族团结的进步史。承载这段历史的老司城遗址和溪州铜柱,是当今研究土家族历史文化、中国土司制度及民族区域自治制度的珍贵实物资料。特别是老司城土司遗址,作为国内规模最大、保存最完整、历史最悠久的古代土司城市遗址,见证了中原汉文化与少数民族文化的交流与融合,为研究土司制度和湘西地区融入大一统国家治理的历史进程提供了物化载体。2015年7月4日,老司城土司遗址领衔的中国"土司遗址"申报世界文化遗产成功,成为中国第48处世界文化遗产。湖南省湘西土家族苗族自治州有着八百多年历史的土司文化成为世界文化大舞台上的一颗璀璨明珠。

作为永顺老司城末代土司,彭肇槐于康熙五十一年(1712)承袭永顺宣慰使,雍正二年(1724)迁建衙署于新司城。因改土归流时设置的永顺府和

---

① 彭南均:《溪州土家族文人竹枝词注解》,光明日报出版社2008年版,第79页。

永顺县城郭未建，郡守与邑宰俱驻扎在新司城。有人说彭肇槐把土司衙署从老司城迁到新司城，本身就预示着土司王朝的终结，即便没有改土归流，彭氏家族在溪州世袭罔替的统治历史也会到此为止。这种说法无论是褒或贬，都反映了彭肇槐在这一历史事件中的重大作用与分量，透露出对彭肇槐的睿智的赞赏。

历史上，土家族有语言而没有文字，官方大都用汉字标记土家语的读音，故同一个土家语词往往出现用不同汉字标记读音的情况，如"服兹卡""毕兹卡""毕基卡""密基卡""虎视卡""福石卡"等，都是用汉语标记的土家族自称。

"服兹卡"就是"虎视卡""福石卡"的音译。"服"与"福"，今读 fú，古音同为"德"部"并"母字，声韵完全相同。"虎"与"福"，古音今音均不相同。普通话里"虎"读 hǔ，"福"读 fú，声母声调都不相同。因为土家语音系统无唇齿音"f"，"虎""福"两字声母都读成舌根音"h"。把"福石卡""服兹卡"记音为"虎视卡"是用汉语词汇标记土家语音造成的差别。

"兹"的声母是舌尖前音[ts]，"视"与"石"的声母是舌尖后擦音[ṣ]。土家语只有舌尖前音，因而"视"与"石"的声母均读为[s]。塞擦音[ts]与擦音[s]同为舌尖前音，声类相同的音之间常有流转现象，因此"服兹卡"就是"备（毕）兹卡""福石卡"或"虎视卡"，"福石城"就是"备（毕）兹城"。

在福石城周边，有很多用土家族自称标示的风景名胜和遗址。如：灵溪十景的"福石乔木，在福石山之侧，万木成丛，四时皆翠"，还有"福石洞，在司治西南四十里，即福石坪，为本司古老六大洞之首"①，福石城周围以"福石"命名的山水不胜枚举。

土司制度形成于元朝，完善于明朝，而溪州彭氏地方政权早在后晋天福年间即已获得政治、经济、军事上自主自治以及家族世袭的权利。司马光的《资治通鉴》对江西庐陵彭玕、彭瑊兄弟进入湖南、入主溪州的历史过

前言

---

① 黄德基修，关天申纂：《永顺县志·卷一》，乾隆五十八年刻本，第42页。

程有详细记载，特别是对溪州刺史彭士愁与楚王马希范之间的溪州之战更是连篇累牍加以描述。战争结束时，"楚王希范徙溪州于便地，表彭士愁为溪州刺史，以刘勍为锦州刺史；自是群蛮服于楚。希范自谓伏波之后，以铜五千斤铸柱，高丈二尺，入地六尺，铭誓状于上，立之溪州"①。

"徙"，迁移或流放之意。"便地"指便于制令之地。这两个词用在这里是说楚王马希范对溪州采取了特殊措施，使溪州成为特殊地区。特殊在哪呢？铜柱铭文誓状中有如下记载：

> 天福五年正月十九日，溪州刺史彭士愁与五姓归明，众具件状，饮血求誓。楚王略其词，镌于柱之一隅。

> 右据状：溪州静边都，自古已（以）来，代无违背。天福四年九月，蒙王庭发军收讨不顺之人，当都愿将本管诸团百姓、军人及父祖田场土产，归明王化。当州大乡、三亭两县，苦无税课，归顺之后，请祗依旧额供输。不许管界团保军人百姓，乱入诸州四界，劫掠诙盗，逃走户人。凡是王庭差纲，收买溪货并都幕采伐土产，不许辄有庇占。其五姓主首、州县职掌有罪，本都申上科惩。如别无罪名，请不降官军攻讨。若有违誓约，甘请准前差发大军诛伐。一心归顺王化，永事明庭。上对三十三天明神，下将宣祗为证者。

溪州方面的誓词如此，楚王马希范的誓词铜柱上也镌刻着，誓词如下：

> 尔能恭顺，我无科徭；本州赋租，自为供赡；本都兵士，亦不抽差。永无金革之虞，克保耕桑之业。皇天后土，山川鬼神，吾之推诚，可以玄鉴。

溪州铜柱铭文镌刻的战争双方的誓词具有法律效力。楚王马希范"给

---

① 司马光：《资治通鉴·卷第二百八十二》，中华书局 2007 年版，第 3517 页。

予溪州政治、经济、军事上的完全自治、自主权利"①。"表彭士愁为溪州刺史","表"即奏章,在这里也具特殊意义。唐末五代的楚国国王马殷是梁太祖朱温加封的。马殷一直坚持"上奉天子,下抚士民"的基本政策,没有年号,去世后谥号武穆。他的儿子马希声即位后遵父遗命,"去建国之制,复藩镇之旧",奉中原正朔。马希范上"表",就是给后晋天子上奏章。

彭氏地方政权在古溪州的大地上繁衍生息、世袭传承八百多年,都是受到朝廷认可的。八百多年相对稳定的政治、经济、文化环境,为湘西地区经济社会发展进步作出了贡献。

古溪州的核心区域是所辖大乡县和三亭县,分别由彭士愁的两个儿子管辖统治,世袭罔替。彭师裕为永顺彭氏土司的始祖,彭师暠为保靖彭氏土司的始祖。元朝末年,土司制度开始成形,明代得以发展。对永顺土司和保靖土司,张廷玉的《明史》有专门的记载:

> 永顺军民宣慰使司,元至元中,置永顺路,后改永顺保靖南渭安抚司。至大三年四月改永顺等处军民安抚司。至正十一年四月升宣抚司,属四川行省。洪武二年为州。十二月置永顺军民安抚司。六年十二月升军民宣慰使司,属湖广行省,寻改属都司。西南有水溪,即酉水也,下流入沅陵县界。领州三,长官司六。东北距布政司二千里。

并且指出:三州即南渭州、施溶州、上溪州,六长官司为腊惹峒长官司、麦着黄峒长官司、驴迟峒长官司、施溶溪长官司、白崖峒长官司、田家峒长官司。

> 保靖州军民宣慰使司,元保靖州,属新添葛蛮安抚司。太祖丙午年二月置保靖州军民安抚司。洪武元年九月改宣慰司。六年十二月升军民宣慰使司,隶湖广行省,寻改属都司。北有北河,自酉阳司流入,东入永顺司界。又有峒河,下流与卢溪县之武溪

① 曾代伟:《"溪州铜柱"铭文解读:以民族法文化视角》,《现代法学》2004年第6期。

合。领长官司二。东北距布政司千九百七十里。

也指出：长官司二为五寨长官司、篁子坪长官司①。

永顺土司和保靖土司在中国历史上占有重要地位。《明史》对永顺、保靖土司也给予了崇高的评价：

> 诸土司初无动摇，而永、保诸宣慰，世席富强，每遇征伐，辄愿荷戈前驱，国家亦赖以挞伐，故永、保兵号为虓雄。②

土司制度是适应当时的历史条件而产生的一种区域性的政治制度，是封建王朝在少数民族地区实行的特殊吏治。土司制度经历了产生、发展、壮大、消亡等阶段。当土司制度发展至鼎盛时期，随着土司实力与势力的不断强大，部分土司借助世袭制度独霸一方，戕害边民，家族内部及土司之间也经常因为积怨或利益纠纷而引发械斗、战争，对中央王朝实现封建国家的统一与稳定造成极大影响。

清王朝经过几代人的努力，特别是康熙年间平定云南吴三桂、广西尚可喜、福建耿精忠三藩之乱之后，国力大增。康熙去世后，爱新觉罗·胤禛继承皇位，改元为雍正，便集中精力解决土司问题，因为此时土司制度已成为封建皇权制度特别是郡县制度全面实施流官治理的最后障碍，在皇权足够强大时必然要对其加以废除。

雍正二年(1724)五月，胤禛谕四川、陕西、湖广、广东、广西、云南、贵州督抚提镇等，"严饬所属土官，爱恤土民，毋得肆为残暴，毋得滥行科派。倘申饬之后，不改前非，一经查觉，土司参革，从重究拟"。雍正三年(1725)末，胤禛与云南巡抚管云贵总督事鄂尔泰谋划云贵川广及楚省各地土司改土归流。鄂尔泰在云贵率先实施，摸索改土归流经验，朝野震动很大，各地蠢蠢欲动。为了稳定西南大局，雍正三年十二月，胤禛谕兵部，要求督抚提镇转饬各土司，"自兹以往，尤宜益矢忠勤，各安驻

---

① 张廷玉：《明史·卷四十四》，中华书局2007年版，第1099-1100页。
② 张廷玉：《明史·卷三百十》，中华书局2007年版，第7983页。

牧，严束部落，不得滋事生非；和睦旅邻，不可恣行仇杀"，"或有强悍不平，各土司只宜赴该管上司陈告，岂得任意戕杀"。这个诏书实际上是剥夺了西南土司擅自用兵的权力。

雍正五年（1727），福敏任左都御史署理湖广总督印务、布兰泰任湖南巡抚。保靖土司彭御彬、桑植土司向国栋暴虐不仁，骨肉相残，受到朝廷严惩。彭御彬被"奉旨革职，提审在案"，向国栋被"发臬司审讯"。福敏和布兰泰趁机把保靖、桑植两地土司的改土归流提上议事日程，计划在桑植设县，归岳州府管辖，在保靖设县，归辰州府管辖。该方案没有打算在永顺宣慰司实施改土归流。但胤禛认为，这两个地区的改土归流乃大事，须详细斟酌，况且鄂尔泰尚在云贵摸索试验，盲目效仿不可取。故在布兰泰关于桑植、保靖改土归流的奏折上批谕："不可见邻省有改流之事，遂一时高兴亦欲效仿。"胤禛认为布兰泰"志量卑鄙""识见偏小，遇事过于严苛""非封疆之才"，打算对湖广人事进行调整，确保改土归流稳妥推进。他把布兰泰调离湖南去江西任巡抚，把浙江的整风观察使王国栋升任湖南巡抚。同时，将署理湖广总督印务的福敏调离湖广，回京任吏部尚书，让迈柱接替湖广总督。

在云贵地区，从雍正三年（1725）鄂尔泰被任命为云贵总督，至雍正五年（1727）底，经过两年时间的努力探索，鄂尔泰在云贵的改土归流具体实践获得成功，为在西南地区全面推行改土归流积累了丰富经验。在此过程中，君臣之间密切配合，精心策划，取得了共识，形成了一套完整的方案，全面推行改土归流时机已经成熟。

雍正五年（1727）十二月己亥，胤禛谕兵部，正式宣布在云贵川广及楚省全面实施改土归流，并且明确了严格的法规和违规的惩罚措施。雍正六年（1728）八月乙酉，胤禛谕湖广督抚等，正式宣布对保靖土司、桑植土司实施改土归流。

永顺宣慰使彭肇槐目睹并参与了朝廷在保靖、桑植启动改土归流的全

过程，看到了向国栋和彭御彬争权夺利、为非作歹的可悲下场，看到了在土司与中央王朝围绕权力制衡的博弈过程中的流血混战与生灵涂炭，明白了改土归流的势不可挡与势在必行。

雍正五年（1727）十一月，署理湖广总督印务的福敏"密委副将杨凯、游击王进昌等领兵前往桑植、保靖"，以稳定大局。同时令永顺土司彭肇槐"拨领土兵二百名同进。又官兵米粮，该土司用夫运送，克期无误"。对此，胤禛是满意的。雍正五年（1727）十二月初一，新任湖广总督迈柱抵达湖广总督任所武昌，十八日便向胤禛上奏折："今据桑植副将杨凯详据：永顺宣慰使彭肇槐呈请自愿改土为流，绘具舆图并册开土民一万九千八百六十一户，男妇九万九千三百七十一名口，并称祖籍江西，愿入江西原籍，请量授武职，仰报国恩等情。"

彭肇槐呈请自愿改土为流是顺应历史大势的自觉行动，体现了他洞察时局的政治智慧，也是识时务的具体体现。彼时，鄂尔泰与胤禛在雍正五年（1727）三月间已经形成"抚夷之法，须以汉化夷，以夷治夷"的共识，"素常恭顺"的永顺宣慰司不仅"呈请自愿改土为流"，而且还"愿入江西原籍"，准与不准，胤禛感到为难，一时拿不定主意，遂在迈柱的奏折上批谕："此事具题到日，候朕再加斟酌。"后来，辰沅靖道王柔再次赴京面奏"彭肇槐实愿改土为流，情词恳切"，胤禛终于恩准。

雍正六年（1728）二月壬寅，胤禛正式颁旨谕兵部："朕念该土司既具向化诚心，不忍拒却。特沛殊恩，以示优眷。彭肇槐着授为参将，即于新设流官地方补用。并赐以拖沙喇哈番之职，世袭罔替。再赏银一万两，听其在江西祖籍立产安插，俾其子孙永远得所。"

彭肇槐主动呈请自愿改土为流的时间，既早于雍正五年（1727）十二月己亥日（腊月二十八日）胤禛谕兵部磋商全面改土归流事宜的圣旨，也早于雍正六年（1728）八月六日清世宗正式颁发桑植、保靖土司改土归流的诏书。这一举动充分体现了彭肇槐服从国家大局的自觉性，服从中央政权统一管理的忠诚。其不仅"呈请自愿改土为流",而且"愿入江西原籍",也体现了他对改土归流本质独到而深刻的认识。彭肇槐的主动纳土请归得到中央王朝的认可,获任苗疆参将。按清朝官职序列排位,边疆参将并不低于永顺宣慰司之职,胤禛对此安排颇为纠结和矛盾。辰沅靖道王柔旋又奏称:"彭肇槐才具平庸,性耽安逸,且不谙兵法纪律,若仍留彼地,恐致营务废弛,不若将彭肇槐移于内地,隶督抚提镇标下,暂为借补,俾其学习军政。"王柔还作了自我批评:"但臣先经冒奏,今理合检举。"

胤禛认为王柔"必确有所见,故从其请",而王柔又提出了新的建议,胤禛为难,随后提出了三种具体方案供彭肇槐选择。

彭肇槐初心不改,坚持回江西原籍为流官,遂被"授参将,赐玺书,世袭云骑尉"。雍正七年(1729),彭肇槐回到江西祖籍,初任饶州(今江西鄱阳)参将,后调任归德府(今河南商丘)晋升为副将,镇守江南各营。乾隆十三年(1748)告归江西永新。

彭肇槐的坚定与自觉,为西南地区土司作出了表率,为朝廷终结民族地区区域性的家族世袭体制,彻底进行改土归流创造了条件,对于巩固国家稳定统一,维护中央王朝的政令畅通意义重大。彭肇槐的自请改流,是中国古代西南边区地方政权顺应时代发展、服从国家集中统一管理、主动融入中华民族共同体历史进程的典范。

关于改土归流,清史专家李世愉认为主要目的有四点:

"(一)在政治上,清统治者要削除地方割据势力,稳定地方,巩固专制主义的中央集权。""(二)在军事上,清统治者要争取战略要地,进而控制西南边区,巩固国防。""(三)在经济上,清统治者要从西南各省获得更多的利益。""(四)在思想文化上,清统治者要以汉族的传统观念影响西南各民族,达到'以汉化夷'。""总之,清统治者改土归流的目的,就是要使西南少数民族地区同内地一样,无条件地置于自己的统治之下,实现'大一统'",并把改土归流与秦始皇的废诸侯而立郡县类比,认为"胤禛能在

其父康熙帝玄烨经营和巩固中国统一的基础上，进而将西南五省少数民族地区旧有的土司制度予以废除，改设流官，其功业实不下于秦始皇之废诸侯而立郡县，只是其范围狭小些罢了"。① 对此，我们不完全赞同。

事物的本质和现象要分清楚，不能以改土归流带来的变化掩盖改土归流的本质。清代西南少数民族地区行政制度的要害是什么？改土归流只是秦始皇之废诸侯而立郡县那么简单？我们认为，西南少数民族地区行政制度的要害是家族世袭，改土归流的本质是吏治改革，目的是摧毁少数民族地区区域性的家族世袭行政制度，强化中央王朝对西南民族地区的集中统一管理。

清朝是中国历史上由五十六个民族之一的少数民族——满族中的爱新觉罗氏为最高统治者的封建王朝，也是中国历史上最后一个封建王朝。清朝第四位皇帝康熙是中国历史上在位时间最长的皇帝，也是统一的多民族国家的坚定捍卫者。他在位六十一年，先后平定三藩之乱、收复台湾，完成了国家统一，使多民族国家进一步得到巩固和发展，奠定了清朝兴盛的根基。雍正继位后，实行了一系列改革，在云南、贵州、粤(广东)、桂(广西)、四川、湘(湖南)、鄂(湖北)等少数民族地区全面实行改土归流政策，革除土司制度，设立府、厅、州、县，委派有任期的、非世袭的流官进行管理，有效地打击和剥夺了土司的世袭特权和利益，从而减轻了这些地区少数民族的负担，促进了这些地区的社会、政治、经济、文化的发展，对于开创"康乾盛世"、加强和巩固统一多民族国家格局功不可没。

雍正五年(1727)十二月，胤禛谕兵部称："向来云、贵、川、广，以及楚省各土司，僻在边隅，肆为不法，扰害地方，剽掠行旅，且彼此互相仇杀，争夺不休。而于所辖苗蛮，尤复任意残害，草菅人命，罪恶多端，不可悉数。是以朕命各省督抚等悉心筹划，可否令其改土归流，共遵

---

① 李世愉：《试论清雍正朝改土归流的原因和目的》，《北京大学学报》1984年第3期，第66-73页。

王化。"

诏书中非常明确地指出，改土归流的原因和目的就是制止边隅土司"肆为不法"，褫夺其世袭特权，使其"共遵王化"，服从中央王朝德育教化与统一管理，这才是改土归流的本质。

雍正六年(1728)十月辛丑，胤禛谕吏部："湖广土司甚多，各司其地，供职输将，与流官无异。其不守法度者，该督抚题参议处，改土为流，以安四方。若能循分奉法，抚绥其民，即与州县之循良相同，朕深嘉悦，何必改土为流，使失其世业?"①胤禛进一步指出土司改流不能一刀切，要一分为二，区别对待：不守法度者，必须改土为流，褫夺其世业，剥夺其世袭特权，以安四方；循分奉法者，则不一定改土为流，他们仍旧可以在故地与流官共治，经营其世业，但土司家族的世袭特权不再拥有。

永顺宣慰使彭肇槐主动呈请改土为流的举动客观上自觉地支持了清世宗胤禛摧毁西南少数民族地区区域性家族世袭制度、改变民族地区行政管理体制的改革，为中央王朝在永顺宣慰司乃至整个西南地区实施全面彻底的改土归流扫清了障碍，创造了条件，为推进中华民族共同体的形成与发展、为巩固和发展统一的多民族国家有重要意义。

近三百年来，专家学者对清朝改土归流，对彭肇槐呈请改流进行过各种各样的解读。改土归流归根结底是吏治改革，是要改家族世袭的土官治理为有任期非世袭的流官治理。改土归流的本质，用现代语言来概括，就是干部制度的改革，就是要革掉历史上形成的区域性的土官家族世袭的领导和管理体制，实现由朝廷直接任命的有任期非世袭的流官对这一地区的领导和管理。改土归流的核心是剥夺土官家族世袭权力，摧毁区域性的家族世袭体制，但是，并没有从根本上废除土官，清王朝"以汉化夷，以夷制夷"的基本政策没有变。

前言

---

① 《大清世宗敬天昌运建中表正文武英明宽仁信毅大孝至诚宪皇帝实录·卷七四》，简称《清实录·世宗实录·卷七四》，中华书局影印 1986 年 11 月第 1 版，第 1104 页。以下同。凡引用原文只有句读号的，标点符号均为引者所加。下同。

　　从清雍正七年即戊申年(1729)中央王朝"允彭肇槐改土为流"始，历史的车轮滚滚向前，不断发展。中华民族结束了封建专制统治与战乱纷争，迎来了从站起来、富起来到强起来的伟大飞跃。站在中华民族伟大复兴和世界百年未有之大变局的重要历史关头，在彭肇槐改土归流三百年、亦即第五个戊申年即将来临之际，整理记录这段历史，展示彭肇槐的戊申自觉，挖掘其顺应时代发展、服从中央王朝统一管理、主动纳土请归的政治情怀与思想觉悟，具有重要的历史价值与现实意义。我们希望通过对彭肇槐戊申改土归流历史事件的爬梳整理，呈现西南地区各民族融入中华民族共同体的历史演进过程，推动各族人民不断坚定"五个认同"、铸牢中华民族共同体意识，为加快民族地区经济社会发展、实现中华民族伟大复兴汇聚强大精神力量。

CONTENTS

上 编

目次

中　编

下　编

上　编

康熙十二年(1673)春，康熙帝作出撤藩的决定，历时 8 年，平定了云南吴三桂、广东尚可喜、福建耿精忠三藩之乱。

康熙帝与吴三桂决战的主战场在湖南，彭肇槐的祖父彭廷椿、父亲彭泓海奉朝廷密旨进剿吴三桂残余，获得辰龙关大捷，受到清廷嘉奖。

三藩平定后，朝廷改土归流的谋划加快。康熙三十一年(1692)，四川东川府"献土改流"，积累了一定的经验。但是，全面的改土归流并没有施行。康熙六十一年(1722)十一月甲午(十三日)，康熙帝病逝，十一月辛丑(二十一日)，爱新觉罗·胤禛继承皇位，改元为雍正。

雍正二年(1724)五月辛酉日，胤禛"谕四川、陕西、湖广、广东、广西、云南、贵州督抚提镇等"，对土司问题作出明确表态。

谕旨的内容如下：

朕闻各处土司，鲜知法纪。每于所属土民多端科派，较之有司征收正供不啻倍蓰①，甚至取其马牛，夺其子女，生杀任情。土民受其鱼肉，敢怒而不敢言。

孰非朕之赤子？方令天下共享乐利而土民独使向隅，朕心深为不忍。

然土司敢于恣肆者，大率皆由汉奸指使。或缘事犯法，避罪藏身；或积恶生奸，依势横行。此辈粗知文义，为之主文办事，助虐逞强，无所不至，诚可痛恨。

嗣后，督抚提镇宜严饬所属土官，爱恤土民，毋得肆为残暴，毋得滥行科派。

倘申饬之后，不改前非，一经查觉，土司参革，从重究拟。汉奸立置重典，切勿姑容宽纵。以副朕子惠元元、遐迩一体之至意。②

这是胤禛即皇帝位后基于对全国各地土司基本情况的判断而颁布的一个基本法规。

---

① 啻，chì，止。蓰，xǐ，五倍之义。倍蓰，十倍也。不啻倍蓰，不止十倍也。
② 《清实录·世宗实录·卷二〇》，第 326 页。

胤禛深知土司辖区内的实际情况，既表达了不能容忍的态度，又亮明了对策。

"傥"，tǎng，倘若也。"申饬"，申敕也。申，说明；饬，命令。"严饬""申饬"都是命令、告诫。"严"，严密、严厉、严肃之意，强调的是总督、巡抚、提镇都应出面命令和告诫所辖地区所有土官知悉。而且还规定以雍正二年(1724)五月辛酉日为界。这就是"嗣后"的意思。"子惠"，施以仁惠之义。"元元"指平民、老百姓。"遐迩一体"谓犹如一个整体。

这一法规主要有两层意思："爱恤土民，毋得肆为残暴"；"毋得滥行科派"。违规的处罚是："傥申饬之后，不改前非，一经查觉，土司参革，从重究拟"。

胤禛的这一圣旨，不是藏着掖着的，而是要各省督、抚、提镇等"宜严饬所属土官"，就是要各省的土司都知道"爱恤土民，毋得肆为残暴，毋得滥行科派"。这是胤禛在改土归流大动作之前关于土司问题动的第一着棋。

彭肇槐，彭泓海的嫡长子，康熙五十一年(1712)因彭泓海年老致仕而袭永顺宣慰司使之位。袭位之后，彭肇槐继续奉行彭泓海"养民守土为本"的举措，动员土民从峰尖岭畔搬下来，开垦溪沟河畔荆棘漫塞的小平原。他有八个儿子，景字辈，分别以火字旁命名，叫彭景燧、彭景烓、彭景焜、彭景熺、彭景烸、彭景炯(有人误记为景炳)、彭景炘、彭景炎。(有人记彭肇槐只七个儿子是因为景炯二十八岁去世而无后)

彭肇槐袭位之初就要儿子彭景熺回江西祖籍宜春定居。宜春是江西彭氏的始祖，唐天宝年间江西袁州刺史(今宜春)彭构云(征君公)任职、隐居、葬身之地。彭肇槐似早有落叶归根之意。

比沙沟是永顺司五十八旗第一旗——辰旗腹地，溪壑纵横，山清水秀，适宜于开发肥田沃土。彭肇槐安排彭景烸、彭景炯两兄弟同去那里当地主老爷，不准其过问政事。后来，这两兄弟凭借先天拥有的资源率先治理溪沟，打造"大坝坪"，获得大面积的肥田沃土，受到土民尊重，得到了"烸罐子""炯罐子"的尊号并流传至今。

雍正二年(1724)，彭肇槐得到胤禛的申饬之后，便把司城搬到老祖宗彭世麒在明正德年间建造的颗砂行署，规划那一带的水利工程建设，指挥土民开垦荆棘漫塞的土地，只留大儿子彭景燧在老司城处理总司内的具体事务。这样，永顺司便有了灵溪老司城、颗砂新司城。

雍正二年（1724）二月，时任湖广总督的杨宗仁已经报请朝廷同意彭御彬袭保靖宣慰使之职，胤禛也"下部知之"。而彭御彬的叔父彭泽蛟、彭泽虬仍然要夺取保靖宣慰司使印，除了互讼之外，还诱发了勾结桑植土司、容美土司兵丁窜入保靖司内窃掠的恶性事件。胤禛皇帝早就明确，"傥申饬之后，不改前非，一经查觉，土司参革，从重究拟"。桑植宣慰使向国栋、保靖宣慰使彭御彬，包括容美土司不改前非，胆大妄为，因此被署理湖广总督印务的福敏和湖南巡抚布兰泰从重惩处。

胤禛关于土司问题的第二着棋便是"鄂尔泰督云贵建策改土归流"①。

雍正三年（1725）八月辛未，胤禛"命江南江苏布政使鄂尔泰来京陛见"，面授机宜；庚寅，"江南江苏布政使鄂尔泰为广西巡抚"②。

就在鄂尔泰赴任途中，十月庚寅，胤禛"调云贵总督伊都立为山西总督管理巡抚事务，升云南巡抚杨名时为云贵总督仍管云南巡抚事务，调广西巡抚鄂尔泰为云南巡抚管云贵总督事务，山西巡抚布兰泰为湖南巡抚，湖南巡抚王朝恩为内阁学士兼礼部侍郎"③。

雍正四年（1726）十月癸未，"实授鄂尔泰为云贵总督，加兵部尚书衔"④。

鄂尔泰先是以云南巡抚管云贵总督事务的特殊身份，后是以云贵总督加兵部尚书衔的强权，在云贵一带厉行改土归流，为朝廷全面进行改土归流摸索经验，为胤禛决策提供依据。

鄂尔泰在云贵的动作必然震动很大。为了配合鄂尔泰的行动，稳定大局，雍正三年（1725）十二月乙酉日，胤禛谕兵部，剥夺土司擅自用兵的权力。胤禛如是说：

朕君临万方，中外一体，有功必赏，有罪必惩。初无偏党之心，亦并不存依违之见。

① 《清实录·世宗实录·卷三五》，第528页。
② 《清实录·世宗实录·卷三五》，第535页。
③ 《清实录·世宗实录·卷三七》，第552页。
④ 《清实录·世宗实录·卷四九》，第748页。

前以罗卜藏丹津，潜行悖逆，谋扰边陲。朕命将出师，用彰天讨。满洲绿旗汉土官兵，皆能奋勇争先，克成懋绩，论功行赏，恩所宜施。

乃年羹尧以私昵人员，冒滥入册，以致绿旗官兵议叙至今驳查未定。而土司功册，亦因之暂停。朕心深为悯念。

夫土司非比内地。凡所遣调目兵，皆预定名数，按名随师，无从虚冒。其功绩等第，必当详确稽查。如四川属之瓦斯、杂谷二土司，部下目兵，与三寨包坐之头目所部番兵，皆屡年效力，战功尤多。小金川土司汤鹏、陕西土司鲁华龄于攻取桌子山时其目兵亦能勠力用命。似此边远番众，知效忠诚，则其寸功，必宜尽录。

尔部查照领兵官所报各土司功册，除各土兵已给赏赐外，其官目应各加以职衔，仍予恩赏。阵亡带伤者，照依绿旗兵丁一体优恤，务期均沾实惠。

仍将此旨下与该管督抚提镇，转饬各土司：

自兹以往，尤宜益矢忠勤，各安驻牧，严束部落，不得滋事生非；和睦族邻，不可恣行仇杀。

尺地莫非王土，率土莫非王臣。番苗种类固多，皆系朕之赤子。或有强悍不平，各土司只宜赴该管上司陈告，岂得任意戕杀，以背朕好生保赤之念。

各该土司果能凛遵训诫，则世守职土，朕自加恩。若敢恃功骄肆，阳奉阴违，则国法具在，亦断不因今日之功赏，更从宽贷也。①

严禁任意戕杀。这是胤禛关于土司问题动的第三着棋，也要督抚提镇转饬各土司知悉。

胤禛的这道圣旨非同一般。

首先是告诫："自兹以往，尤宜益矢忠勤，各安驻牧，严束部落，不得滋事生非；和睦族邻，不可恣行仇杀。"

---

① 《清实录·世宗实录·卷三九》，第578-579页。

强调的是："尺地莫非王土，率土莫非王臣。番苗种类固多，皆系朕之赤子。"明确指出了土司辖地的基本性质。改土归流之意没有明说，但已呼之欲出。

突出的是："或有强悍不平，各土司只宜赴该管上司陈告，岂得任意戕杀，以背朕好生保赤之念。"这话的弦外之音是能够听出来的，实际上已经剥夺了土司的生杀大权，特别是军权。"只宜赴该管上司陈告"，"岂得任意戕杀"，就是说只能陈告，不能戕杀。土司手中的军队不能擅动。

警示的是："各该土司果能凛遵训诫，则世守职土，朕自加恩。若敢恃功骄肆，阳奉阴违，则国法具在，亦断不因今日之功赏，更从宽贷也。"

胤禛在这个诏书中不是玩文字游戏。"果能凛遵训诫，则世守职土，朕自加恩"，显然不同于明太祖朱元璋的"仍赐以世袭诰命，谕尔世世子孙传守勿替引之"，"锡以券符，用昭恩典于藩国，分之胙土，共其带砺于山河"。

"若敢恃功骄肆，阳奉阴违，则国法具在，亦断不因今日之功赏，更从宽贷也。"这是进一步强调，各土司在"或有强悍不平"时，务必"只宜赴该管上司陈告"，不得擅自出兵"戕杀"。也就是说，土司手中之兵可以拥有但不得擅自调动。实际上剥夺了土司用兵的权利。

擅自用兵则国法不容。如果不信，桑植土司向国栋、保靖土司彭御彬就是活生生的例子。彭肇槐看在眼里，记在心里。

雍正四年（1726）十一月丙午，胤禛"裁，湖南永顺、保靖二司经历缺，各改设同知一员。从湖南巡抚布兰泰请也"①。

"经历"改设为"同知"意味着什么，彭肇槐焉能不知？他深切地感受到"黑云压城城欲摧"的巨大危机和压力，遂以装病回避。雍正五年（1727）九月己卯，"湖广总督福敏题，永顺宣慰司彭肇槐患病休致，请以其子彭景燧袭替。下部知之"。

福敏当时还署理着湖广总督事务，他题，胤禛准了，并通知吏部知晓处理。

时局如何变化，自己何去何从，彭肇槐不能不时刻关注。

---

① 《清实录·世宗实录·卷五〇》，第756页。

第一章　鄂尔泰云贵改土归流

《清史稿》有鄂尔泰的列传，对其在云贵实地为胤禛改土归流建策有一些记载，但过于简略，甚至不乏失实之处。要研究鄂尔泰在云贵的作为，宜根据《清实录》和《朱批谕旨》等比较原始的资料加以论述。

鄂尔泰(1677—1745)，镶蓝旗人。康熙三十六年(1697)二十岁时中举，步入仕途。二十一岁袭佐领世职，充任侍卫，一直活跃在朝廷。康熙五十五年(1716)任内务府员外郎，时间达七年之久，因而对于朝廷的运作方式了如指掌，揣摩圣意是他的拿手好戏。

内务府，是掌管宫廷事务的重要机构。康熙末年，国库亏空800万两白银，鄂尔泰作为内务府的员外郎深知其严重性，知道胤禛即皇帝位后必须解决这一问题。

雍正元年(1723)正月，胤禛任命鄂尔泰为云南乡试副主考，这是重用鄂尔泰的先兆。乡试没有结束，当年五月，胤禛便越级提升鄂尔泰为江苏布政使，让他前去管理江苏的财政和民政。

正是有鄂尔泰这样一批干才辅佐，胤禛清查国库亏空案提出的"凡是亏空，三年补齐"的目标才得以顺利实现，一年后国库就有了盈余。

胤禛对鄂尔泰在江苏的表现十分满意，雍正二年(1724)六月，派浙江藩臣(巡抚)佟吉图抵江苏口宣圣谕："鄂尔泰自到江苏，声名甚好，毫不负朕恩，是天下第一布政。钦此。"①

雍正三年(1725)八月辛未，"命江南江苏布政使鄂尔泰来京陛见"。②

对鄂尔泰布政使的职务，《朱批谕旨》和《清实录·世宗实录》的表述有差异。一个说是江苏布政使，一个说是江南江苏布政使。这是当时区划变

① 清世宗胤禛批，允禄、鄂尔泰等编：《朱批谕旨·二十五册》，光绪丁亥年上海点石斋敬谨缩印，第3页。简称《朱批谕旨·二十五册》。标点符号为引者所加。后同。

② 《清实录·世宗实录·卷三五》，第528页。

上编

更习惯沿用历史称呼造成的。

顺治二年（1645）设江南承宣布政司，江南直隶改为江南省。顺治十八年（1661）将江南省分拆为"江南右"与"江南左"，即今江苏省（包括上海市）与安徽省。江南作为省名或者承宣布政司名一直被沿用。与此相关联的两江总督，驻江宁（今南京），总管江苏（含上海）、安徽和江西三省的军民事务。

胤禛为什么要鄂尔泰来京晋陛见？因为有"大事"商量。商定之后，胤禛开始出手。

当月庚寅，胤禛任命"江南江苏布政使鄂尔泰为广西巡抚"[①]。

表面看来，"大事"仅仅与广西有关，且君臣已经商量妥当。鄂尔泰这个"天下第一布政"从富庶的江苏升迁为偏僻的广西巡抚并非重用。殊不知，这是胤禛虚晃一枪。鄂尔泰南下非同寻常，他的任职充满玄机。

果然，不到两个月的时间，鄂尔泰还在赴广西巡抚任的路上，胤禛要鄂尔泰南下的真实目的显露出来了。

雍正三年（1725）冬十月，"庚寅。调云贵总督伊都立为山西总督，管理巡抚事务。升云南巡抚杨名时为云贵总督，仍管云南巡抚事。调广西巡抚鄂尔泰为云南巡抚，管云贵总督事务"[②]。

这是胤禛的一个奇特的人事安排，也是鄂尔泰的一个心愿。鄂尔泰需要杨名时。

当时，杨名时年事已高，升任云贵总督，官位在鄂尔泰之上。用现代语言说，杨名时虽然仍然管云南巡抚事，但升为云贵总督，级别上去了，名义上是鄂尔泰的上司。鄂尔泰需要杨名时的配合。这样的人事安排恰到好处。胤禛和鄂尔泰早已经谋划好这样的人事布局。

后来的事实也证明，杨名时与鄂尔泰配合得很好。雍正四年（1726）十月，胤禛就杨名时的调动问题征求鄂尔泰的意见，鄂尔泰仍想留用。

杨名时（1661—1737），江阴人。堪称一位文武全才。不管其后的结局如何，杨名时算是一个清官能吏。

---

① 《清实录·世宗实录·卷三五》，第535页。
② 《清实录·世宗实录·卷三七》，第552页。

鄂尔泰在给胤禛的一个奏折中说：

> 至于杨名时，诚实端正，内外如一，抚绥之任有余，但营务军机不能料理。且年近七旬，渐多遗忘，觉察防范处亦微少精明。若与臣同事可以共济缘，伊固虚心。臣能直告也。据臣愚见，内任实堪大用，外任或难总理。

> 常德寿存心甚好，人亦明晰，小省巡抚可以胜任，但识见尚未通达，犹少果断。

> 臣受恩深重，万难报称。若稍存顾忌，即是背负，稍有徇隐，即同欺罔。谨据实直陈。

鄂尔泰在此评价了杨名时、常德寿两个人。胤禛对鄂尔泰的这个评价十分赞同，既有圈点又有行批，在"圣恩深重"句旁胤禛批："上苍鉴之，朕临御四载，亦只得卿与怡亲王二人耳。勉之一字朕皆不忍下笔也。"[1]"怡亲王"，这是指康熙皇帝第十三子爱新觉罗·胤祥。胤禛特别看重鄂尔泰，对年迈力衰的杨名时也有所期待。

鄂尔泰与杨名时的职务与责任相互交错融合，是胤禛的有意为之。为了深入探讨南下方略，鄂尔泰前往云南赴任前，"五日留京，六蒙召见"[2]。

鄂尔泰于雍正四年正月初二起程赴任，十九日抵湖北襄阳，二十八日抵云南马龙州地方，接受印信，随于二月初一日抵署到任，立即着手实施君臣商定的宏图大略。

第一节　密谋策划　确立基本原则

胤禛与鄂尔泰商定的宏图大略，说穿了就是改土归流。要鄂尔泰先在云贵边陲摸索改土归流的经验，提出好的建议，作出好的样子，用以指导全国全面的改土归流。但是，一切皆是秘密谋划的。

鄂尔泰在云贵实地实施改土归流，为胤禛建策，大体分为三个阶段。

上编

---

① 《朱批谕旨·二十五册》，第40页。
② 《朱批谕旨·二十五册》，第6页。

第一阶段，密谋策划阶段。这一阶段的起始时间应定为雍正三年(1725)八月，结束时间为雍正四年(1726)五月。

雍正四年(1726)二月二十四日，鄂尔泰以"云南巡抚管云贵总督事臣鄂尔泰"的名义"谨奏。为恭谢圣恩事"。

从这个奏折中既可以看出胤禛召鄂尔泰进京、调升必有"大事"，而且在召见时胤禛"欲擒故纵"，要办的这"大事"还是鄂尔泰自己提出来的。不过，胤禛面授机宜，赋予了鄂尔泰完成此"大事"所需的一切。

鄂尔泰在奏折中说：

窃臣于雍正四年正月二十八日抵云南马龙州地方接受印信，随于二月初一日抵署到任。兹于本月十八日前赍折家奴回滇。

蒙御赐臣福字一卷、荷包一个、珍食一匣。

臣随郊迎至署，恭设香案，望阙叩头，领受讫，及敬启折扣，钦奉。

朱批："览奏朕甚为欣慰，新正大禧，诸凡平安如意也。朕与卿一种君臣相得之情实不比泛泛，乃无量劫善缘之所致，期共勉之。钦此。"

臣跪读数四，不能仰视。既感激涕零亦渐惶汗下，自顾钝根，实何修而得此，若不勉力精进，稍有堕落，现在不作善因，未来定受孽果。既不敢亦不忍，惟愿生生世世依我慈父，了臣一大事，以求多福而已。臣谨奏。①

君臣双方都心知肚明，"大事"是什么事。

胤禛在鄂尔泰的奏折中有两处批谕：

一是在"现在不作善因，未来定受孽果"处，批谕："汝之心朕早皆洞悉矣。朕不轻许人也。"说明两人心灵相通，心心相印。一个人要干一件大事，另一个不仅知道这事的重要性且不轻易拜托别人去办。这是嘱托鄂尔泰一定要干好这件大事，也说明这件大事胤禛早就想办，因为早已洞悉鄂尔泰想办、要办、会办，胤禛才许诺鄂尔泰去办。

二是在"了臣一大事"处，批谕："此一大事，须要自了，勉之。"

---

① 《朱批谕旨·二十五册》，第6-7页。

这个批谕犹如象棋对弈的"将军",是说这件大事是你自己提出来,是你要干的,"须要自了"。胤禛也说这些近乎赖皮的话,着实可爱。

君臣之间轻松、风趣的对话,说明两人的关系亲密,非同寻常。大事,鄂尔泰主动提出;大事,胤禛"许"之。

"朕不轻许人也"而许之,是信任,是看重。许,允许之意,嘱托之情。"不轻许人",说明鄂尔泰在胤禛心目中何等重要,鄂尔泰非完成不可。

能干之人,要他干不想干、不愿干之事,成功的概率不大,办成了也不一定完美。能干、想干、要干,一拍即合,再大的事也能干成功。这就是君臣之间的默契和互相鼓励与支持。

什么"大事"?改土归流也。君臣双方心知肚明,在这里都没有明说。

随后,鄂尔泰对土司问题提出了一系列建议,但也是就事论事,并没有涉及全面改土归流这一敏感问题。

(一)欲制土司须先令贫弱。要土司"自报田亩,按则升增"赋税。

雍正四年(1726)二月二十四日,鄂尔泰奏,"为遵旨复奏事":

> 窃查:云贵两省绵亘二三千里,正杂钱粮,除盐课及铜铅等项外,每年所入不敷所出,需拨协饷数十万两。为计久远,实切隐忧。

> 署贵抚臣石礼哈抄齐减则升补折底内奉。

> 朱批:"此事议论甚妥,可备悉说与鄂尔泰,着再详审定夺。"

> 奏闻等谕传示到臣,臣伏读详绎,仰见我皇上仁以推诚,明以行恕。既事理之兼,该亦万一之。各正至于恩,不易示美,欲两全尤为政治要道。内外臣工各宜身体。

> 盖市恩者,未后必招怨,恩难继也。偏美者,对面已成恶,美无济也。

> 据臣愚见,毛文铨所请余粮一万担,暂不可免。石礼哈不行丈量示令自首增科,实属细心妥议。

> 臣于滇省已仿行此法,但边方要地,粮储为先。议减首重田,则应俟升增获有成效,统计余粮,方可递减。若随增随减,

上编

以抵原数，恐升增之地旧即隐匿之人。在隐匿者原未全首，虽增实未赏增。在增升时已有漏田，是减而又再减。深虑熟思，似于国计无补。

再如内开土司首重田则一条，彼虽依旧例输粮，其实占据私享者不止十数倍，而且毒派夷人，恣肆顽梗。

故欲靖地方须先安苗猓，欲安苗猓须先制土司，欲制土司须先令贫弱。

臣方思设法鼓舞，济以威严，俾各土司自报田亩，按则升增，议减首重，似尤属缓图。

此臣愚见，如此伏惟圣主睿鉴训示遵行。

至于盐课钱粮系滇省要务，臣到任后即行清查，正项必不可减，赢余似可抵销。

若查灶户薪本，原无赔累，盐斤价值另有腾挪。即赢余银两，亦未宜擅动。统容臣详悉斟酌。俟有成算，再折奏闻外，臣谨奏。①

通过实地考察，鄂尔泰得出结论："土司首重田则一条，彼虽依旧例输粮，其实占据私享者不止十数倍，而且毒派夷人，恣肆顽梗。故欲靖地方须先安苗猓，欲安苗猓须先制土司，欲制土司须先令贫弱。"

鄂尔泰的办法是"设法鼓舞，济以威严，俾各土司自报田亩，按则升增，议减首重，似尤属缓图"。

胤禛对鄂尔泰的意见十分赞赏，在"先制土司"论述处朱批："此论是极，当极。"

在"议减首重，似尤属缓图"处朱批："甚是甚是。凡天下事利弊名异而实同途。况欲速则不达。详审为之。"最后朱批："深知熟悉后再行。"

这是君臣之间对土司问题达成的一个基本认识，即按土司自报所拥有的田亩纳粮，先削弱土司手中的财权，然后再"减首重"，剥夺其田产。

胤禛最后批谕"深知熟悉后再行"，就是要鄂尔泰进一步深入调查研

---

① 《朱批谕旨·二十五册》，第 7 页。

究，熟悉掌握情况，全面了解情况后再作出决策。

"自报田亩，按则升增"是改土归流后的一条基本法规。永顺宣慰司彭肇槐改土为流后，永顺府要执行这一法规，道员王柔阻拦，胤禛震怒，反而颁旨在永顺府免征一年秋粮。这一特殊政策常常为人乐道。

（二）认真总结经验教训，明确改土归流后必须合理设置行政区划、移风易俗、增加赋税；强调一地改土多地依旧，荼毒难免，要改必须全面改。

雍正四年（1726）三月二十日，鄂尔泰"为敬陈东川事宜仰祈圣裁事"上奏折，称：

> 窃查四川东川一府原系土酋禄氏世守地方。考：禄氏籍隶马龙，分据东川。明季并未归版图，至康熙三十一年始献土改流，议归四川管辖。
>
> 其地与云南省寻甸、禄劝、沾益三州接壤，距云南省城四百余里。方隅广阔，地土肥饶。昔遭流寇蹂躏之后，缘半未开。兼之土人凶悍，专事劫掠，川民不肯赴远力耕，滇民亦不敢就近播垦。故自改土以来历今三十余载，风俗仍旧，贡赋不增。
>
> 该府每年征折等银止三百余两，俸工兵饷不敷，悉赴成都支领。往返维艰。以天地自然之利，致为荒芜不治之区，良属可惜。
>
> 况东川去成都二千八百余里，一切事宜俱有鞭长不及之势。
>
> 即如上年十月内乌蒙土府禄万钟之叔禄鼎坤统众攻打东川村寨，东川知府周彬虑川省远不可恃，具报滇省。
>
> 经前督臣高其倬拨兵应援始获解散。
>
> 解散之后而川省所发令箭方得到府。
>
> 是川省之无济于东川而东川无益于川省也。明矣！
>
> 况寻甸、禄劝、沾益三州之民时遭东川土人之害，绑掳人口、劫抢牲畜不一而足。及至赴官告理，备文关提川省，官例问土目伙头，而土目伙头惟就中攫利，曲为隐庇。经年累月竟不拿解一犯。洵为滇省之累。
>
> 臣按稽志图博访舆论，若得东川府改隶云南，声教易及。

上编

凡滇、黔两省商民有力能开垦者，广为派兵招徕，以实其地，并将附近营汛斟酌移驻，以资弹压。不但兵民众多，土人自不敢横肆。且从前茂草皆变为膏腴，民受福利，国增钱粮。似亦因地制宜及时变通之一端也。

再查：乌蒙土府与东川接壤，骄悍凶顽，素称难治。不惟东川被其杀掳，凡黔滇蜀接壤之处，莫不受其荼毒。而且产富田肥，负固已久，若不早图，终为后患。

如蒙圣恩允东川归滇，俾臣指令将备先怀以德，继畏以威，然后徐议改流，不二三年间或可一举大定。

至于防守官兵亦无庸另设。

查：督标援剿左右二协原备调遣并非扼要，应止留一协。去左右字改为援剿协。将一协裁省移驻东川府改为东川协。其东川原驻官兵是否应裁均听部议。是一转移间地，无弃土兵无冗食节饷便民，而地方赖以宁辑矣。

臣受恩深重报称实难。倘言有可采，伏乞圣主睿鉴敕部议覆施行。臣谨奏。①

鄂尔泰的这个奏折言之凿凿，掷地有声。"然后徐议改流，不二三年间或可一举大定"的判断和自信，令人振奋。胤禛十分高兴，但是仍然认为改土归流是"将来"之事，要鄂尔泰慎之又慎。

鄂尔泰的奏折长，胤禛的批谕也不短，甚至还一本正经地自宣自读起圣旨来了。以下是胤禛的批文：

所奏甚合朕意。东川归滇高其倬未到之先已有旨矣。其余所论极是。应题请者具题。

谕云南巡抚管理云贵总督事务鄂尔泰：四川乌蒙土司纵恣不法，擅扰东川府巧家地方。似此，若不惩戒料理，将来益无忌惮，滋事愈多。

云贵与乌蒙接壤，朕正在谕尔会同岳钟琪料理。

尔所奏之折适至，具见留心地方，可与岳钟琪和衷酌办，将

① 《朱批谕旨·二十五册》，第8页。

乌蒙土官土目先行详加戒谕，令其毋虐土民，毋扰邻境，痛改前非，恪遵法度。倘致怙恶不悛，罔知敛戢，应作何惩治，尔当悉心筹画。

将来若可改土归流，于地方大有裨益。但一切机宜务出万全，慎密，勿少轻易致生事端。

其会同岳钟琪办理之处，朕已颁旨谕知矣。

特谕。①

鄂尔泰的奏折，实际上对前期东川的改土归流作了一个基本评价，道出了其中的不足，主要是以下三点：改土归流后，行政区划没有作出适当调整；风俗仍旧；贡赋不增。胤禛的批谕指出，"将来若可改土归流，于地方大有裨益"。肯定了"将来"改土归流的意义。"但一切机宜务出万全，慎密，勿少轻易致生事端"，也只是强调改土归流应慎密周全，万无一失，并没有将立即实施推行之意挑明。

岳钟琪，清朝名将。雍正三年(1725)授川陕总督加兵部尚书衔。

胤禛同意鄂尔泰的奏折所论，但认为改土归流是"将来"之事，同时要求鄂尔泰继续与岳钟琪将东川与乌蒙的问题解决好。

鄂尔泰在这份奏折中提出，土司原有辖地改土归流后必须科学合理地进行调整，改土归流后必须采取移风易俗、增加赋税等针对性很强的举措，这些在后来都成为全国各地改土归流必须遵循的基本原则。但是，胤禛和鄂尔泰这个时候仍然都在打哑谜，没有将改土归流正式公开提上议事日程。

据《清实录·世宗实录》记载，雍正四年(1726)四月戊寅，兵部议复："四川东川府与云南寻甸州接壤，应改隶云南，就近管辖。从之。"②

鄂尔泰所提四川东川区划问题兵部议复同意，胤禛"从之"，终得以解决。

(三)恩威并重，剿抚兼施，打造地方安定的基础。

雍正四年(1726)四月初九日，鄂尔泰"为请肃清顽苗以靖边方事"给胤

---

① 《朱批谕旨·二十五册》，第9页。
② 《清实录·世宗实录·卷四三》，第633页。

禛上奏折：

窃查：前督臣高其倬谨陈调剂黔省事宜等事一案。

雍正四年二月初一日，臣受事后，据贵州提臣马会伯咨称，盖造长寨等处衙署营房已将宗角一处盖造，其长寨、羊城屯、者贡、谷隆、同笋、焦山一带地方尽系仲苗，性最狡悍，地更深入，建造营汛兵房若非多方卫护，匠役人工难以进修。

请檄发大定，分拨驻扎广顺兵前往长寨驻扎。

臣随经移复拨兵去后，续据署抚臣石礼哈手札云：烧毁营房、抗阻建造，已差官领兵持示，相机剿抚去讫。

臣念仲苗顽抗，实因循积坏所致，必先出示，明切晓谕。虽引兵前往，应俟示后，看其情形办理妥帖再行用兵。一面奏闻。若情形未定，不须先烦圣虑。

总之，制苗之法，固应恩威并用，然恩非姑息，威非猛烈。到得用着威时，必须穷究到底，杀一警百，使不敢再犯，则威仍是恩所全，实多随。

具札答复，略申此意。

三月三十等日又接抚、提二臣手札。称，据委员抚标游击赵文英等禀称，职等齐带告示花红前往晓谕，顽苗不遵化诲。每日离营五里吹角呐喊，自宗角至长寨五层关口俱用档木垒石。每关加五六十人把守，马棉盔甲药弩长枪俱已准备。等语。

今，现在酌拨官兵听候进剿，已于本月二十日将始末具折奏闻。诚恐将来天气炎热，抑或雨水过多，兵丁率多未便，务于四月内剪此丑类，安辑地方。其调遣各路兵马及檄移邻省阻遏去路等事正在速为料理。等语。

臣念黔省诸苗仲家恶焰独盛，每小有争斗辄构连各寨，一呼百应，凶狠久著，实为通省大患。今既明肆顽梗，杀之有名，借此一举，以慑伏群苗，诚两得之计。

然先须晓谕各苗，只在专诛长寨一二渠魁，其余驯懦，各皆安堵，不惟秋毫无犯。

倘诸苗中有能协力擒凶者，仍有厚赏。其官兵经过之处，无论为民为苗，皆我赤子，更须多方安慰，毋许惊扰。

若早知降服授首，只需擒其渠魁一二人。设乃负固抗拒，即行深捣巢穴歼除丑类。

事定之后，尤宜号令严明，另立营守，各还完聚，毋令苗众失所。

因复详细具札以复二臣外，兹四月初六日准提臣移知已调平远等标协营兵共二千七百名前往广顺州会同定广副将及地方官兵多拨土兵相机抚剿。

臣窃思：滇黔二省远极边末，顽苗杂处，前入黔境沿途访察苗情略已知悉，曾面与抚、提二臣切实商酌，平日务当整肃营伍，视无事为有事。却以镇静为主，示以无事以仰体圣主如天好生，一视同仁之至意。

倘仲家苗凶狠如故，罔知顾虑，切不可隐讳，务当杀一警百，使群苗畏法。二臣亦深然。臣言俱有同心。

今臣到任两月，仲苗凶恶种种频闻，兹复敢显肆顽梗，目无官军，若复稍事姑息，恐群苗望风长其恶焰，将贻后患。

虽官军一至，势如腐鼠，原不须多兵，但此一举不独为剪此丑类，实欲慑伏群苗，故不得不稍张军威。

闻贵抚臣何世璂于四月初二日到任，请将总兵臣石礼哈暂免回旗，同提臣马会伯调度办理。二臣必能了此事，终应无烦圣虑也。

再查：土苗种类多，忌少和互相仇杀者甚众，不能报复者亦多。

臣已咨调定番州属克把郎苗兵一百名、平远州属熊家苗兵二百名、定番十二土司土兵六百名，俾作前队，许事竣之日将所获人口什物即行赏给，仍行分别奖赏。庶以苗击苗，更省兵力。

伏乞圣主睿鉴，训示遵行。[①]

埙：xūn，古同“壎”。古代用陶土烧制的一种吹奏乐器，圆形或椭圆

① 《朱批谕旨·二十五册》，第13—15页。

形，有六孔。因循积坑，指沿袭旧的老一套，各种弊端积累。

表面上看，鄂尔泰的这个奏折概述的是镇苗之策，实则概括了少数民族地区最基本的施政方略，同样适用于"将来"的改土归流。胤禛兴奋，在这个奏折上批道：

> 前者马会伯奏到，朕恐其孟浪，后见何世璂之奏朕又恐其怯懦，因循正在忧疑。览汝此奏，朕始宽怀。量尔料理，必得事情之中也。事定之时应具本题奏，当以军功赏。叙石礼哈已调用广州将军。因汝此奏复命其暂停往粤。俟料理此事毕再赴新任矣。特谕尔知。

胤禛在鄂尔泰奏折中说及的使用"苗兵""土兵"段特批"甚好"二字，更具特殊意义，说明君臣对少数民族地区的社会环境治理可以依靠的力量，有了进一步的深刻认识。

雍正四年（1726）五月二十五日，鄂尔泰的"奏为恭谢圣恩事"仍然以"大事"来暗指改土归流，显示出君臣当时相当谨慎。这个奏折带有阶段性总结性质，十分有趣。鄂尔泰的这个奏折这么说：

> 雍正四年五月十四日，臣家奴赍回折扣二匣并御赐小种茶十二瓶到滇。臣随郊迎至署，恭设香案，望关叩头领受讫，敬启折匣。贵阳途次二折未蒙批示，臣不胜惶恐及敬启。臣到任后折匣伏读朱批："汝之心朕早皆洞悉矣。朕不轻许人也。钦此。"
>
> 窃思：臣之事，主只此一心，虽相隔万里，如觐天颜。
>
> 臣由员外郎三年之内超擢巡抚管理总督，若非圣主洞悉，臣心何以超逾常格若此！但臣本凡材，心长力短，方且时切冰渊，惴惴自凛。顾乃荷蒙圣明，以不轻许人者许臣，臣独何心敢不自重，敢不自勉？
>
> 又伏读朱批："此一大事，须要自了。勉之。钦此。"
>
> 窃思：臣子大事莫大于事，得了自了，总不妨此不了。果能自了，自能为不了之了矣。勉之，实大有益于有为法也。君事亲臣之身亲生之，君成之。臣诸事未了，何敢计及自了？惟自始至终上不负君，下不负亲生。生生世世，此身有极，此心无极，以为不了之了。

兹蒙圣训，勉臣自了，臣不敢不勉自了也。

又伏读遵旨覆奏一折，朱批："凡天下事利弊名异而实同途。况欲速则不达。详审为之。深知熟悉后再行。钦此。"

大哉！王言诚万世宝训。臣知圣主所以训臣者，正不独此事，当铭心刻骨，一念不忘。除将黔省减则首重大要，传谕抚臣何世璂凛遵外，谨此缮折恭谢圣恩。伏乞睿鉴。

臣谨奏。①

鄂尔泰奏折中"窃思"那一段近乎绕口令的话道出了鄂尔泰与胤禛双方内心深处的秘密。"君事亲臣之身亲生之，君成之"系画龙点睛之笔，是说大事本来就是作为君王的你的事，是你托付给我的，是你赖着我的，我不得不自了。

近似玩笑的话说得这么庄重，君臣之间的亲密程度可想而知。同时也说明改土归流这件大事不是人们所说"清世宗胤禛接受了鄂尔泰的建议并委其主持"，而是清世宗胤禛要鄂尔泰在云贵摸索出经验，以点带面，指导全国。胤禛自始至终都是主导者。

胤禛对鄂尔泰的这一奏折既圈批又点评，最后批谕："此奏实洽朕肺腑，欣悦览之。"

总之，这一阶段鄂尔泰的建议对今后的改土归流至关重要，但都不是打着改土归流的旗号进行的。君臣双方还在继续密谋策划。

第二节　试验探索　明确具体办法

第二阶段，试验探索阶段。时间从雍正四年（1726）六月至雍正四年十月。这一阶段鄂尔泰围绕改土归流操作层面，进一步提出了一些缜密的建策。

鄂尔泰于雍正四年（1726）六月二十日给胤禛上折，"奏为钦奉圣谕事"，正式提出首先在乌蒙改土归流并设计了初步方案。

上编

① 《朱批谕旨·二十五册》，第16页。

鄂尔泰如是说：

窃照，四川东川府接连云贵，逼近乌蒙，骄悍横肆，为民大害，荷蒙圣主洞烛，几先令东川归滇，俾就近料理，特颁朱谕一道并臣折。

朱批："所奏甚合朕意。东川归滇，高其倬未到之先已有旨矣。其余所论极是。应题请者具题。钦此。"

臣伏读详绎，仰见我皇上大知用中、至仁兼勇、生杀予夺，一出无心，臣当字字深思，事事反体，务出万全，勿少轻易，终身诵之，终食不忘可也。

臣自折奏后随密差人至东川细访，确勘其地方疆界、形势、险要、山川、城池、衙署、营汛、兵丁、户口、粮饷、赋役并现在风俗，一切矿产，俱得悉大概。俟部文到日应即遴委大员逐一查明。

臣更当亲往细勘酌议会题。盖事在初定，每易简略，始之不慎，终成弊端，不可不熟虑。

至于料理乌蒙一事，即当札商岳钟琪并密致黔省抚提二臣，著先事筹画，统俟臣亲勘后妥议奏闻。

大约乌蒙土官凶恶习惯可以威制，似难以恩化。不改土归流终非远计。然威止可一举，恩可以先施。

归滇之后，臣当宣示皇仁，晓以国法；练兵屯田，以壮我军；渐离其心腹，徐剪其党羽。俟机有可乘，设法招致，庶可一劳永逸。

其防守官兵，臣拟以援剿左协移驻。已蒙圣鉴。但将备千把仍须选调其左协原设防汛，拟即以右协弁兵内分拨。合先声明。

再，元江修城一件，现据府协详行司确估安顺府改站一件，据司道勘详，据称不便。臣又委知府王鼎铉本身查覆尚未详到。合并声明。为此具折恭缴圣谕一道并朱批原折一扣。

臣谨奏。①

---

① 《朱批谕旨·二十五册》，第21—22页。

鄂尔泰这个奏折的前半部分是汇报处理东川归滇事宜，后半部分是呈报打算对乌蒙土官实行改土归流的方案。

鄂尔泰在此奏折中针对乌蒙土官的特性，明确提出"不改土归流终非远计"，公开打出了改土归流的旗号。

鄂尔泰对于乌蒙土官改土归流问题相当谨慎。既札商岳钟琪，并密致黔省抚提二臣先事筹划，又亲勘后妥议，最后形成了如下方案：

宣示皇仁，晓以国法。

练兵屯田，以壮我军。

渐离其心腹，徐剪其党羽。

俟机有可乘，设法招致。

增强兵力，加强防守。

鄂尔泰终于要动手办大事了，胤禛十分高兴，对鄂尔泰的决策十分赞同。批谕："是当之极。卿与岳钟琪商斟，不烦朕谕也。"

胤禛实际上授予了鄂尔泰临机处置之权。

胤禛日理万机，皇权不轻易授人。早在雍正四年（1726）五月二十五日，胤禛在鄂尔泰的"奏为进剿顽苗收获诸寨事"的奏折上批谕道：

> 此事何世璂亦奏闻，未免书生之见。况初到未审情形，大有姑息之论。朕著实严谕训示，倘事有稍迟时日处，一切粮饷赏劳之需少掣肘遗误，朕必加罪。已谕两次矣。凡百皆令听汝调度，不可少立意见，有误机宜，尔应如何指画，一面料理一面奏闻可也。①

百，所有、众多之义也。凡百，意指凡是所有众多之事。但是，胤禛在镇苗问题上也只说"一面料理一面奏闻可也"，没有直接说及改土归流事，虽有"凡百"包揽一切，但是改土归流是大事，牵一发而动全身，"一面料理一面奏闻"恐不能"可也"。而今针对改土归流事，胤禛又有"卿与岳钟琪商斟，不烦朕谕也"，足见胤禛对鄂尔泰的高度信任，甚至可以说是授予了临机处置之权。但是，改土归流这样的大事，容不得半点马虎，鄂尔泰没有要这临机处置之权，仍然不断地给胤禛上折，君臣共同探讨，进

---

① 《朱批谕旨·二十五册》，第19页。

一步细化改土归流问题，达到"亲生之，君成之"的完美境界。改土归流的若干措施在君臣的共同努力下应运而生，乌蒙土官改土归流水到渠成。

（一）对作恶多端的土司头目必须采取果断措施按律比拟，尽法惩治。

鄂尔泰深知圣意，通过精心谋划、细心察访，以迅雷不及掩耳之势把镇沅土知府刀瀚、沾益土知州安于蕃就擒押赴，按律比拟，尽法惩治。这是鄂尔泰在云贵改土归流的一个大动作，也是鄂尔泰打着改土归流的旗号公开进行的。其过程鄂尔泰在雍正四年（1726）七月初九日的奏折"为擒制积恶土官事"中是这么说的：

> 窃以滇黔大患莫甚于苗猓，苗猓大患实由于土司。臣自到任至今凡遇夷情，无不细心访察所有。镇沅土知府刀瀚、沾益土知州安于蕃，势重地广，尤滇省土司中之难治者也。
>
> 查：刀瀚人本凶诈，性嗜贪淫。自威远盐井归公，长怀不法。强占田地，阻挠柴薪，威赫灶户，擅打井兵，流毒地方，恐贻后患。
>
> 前升任临元镇总兵臣杨天纵在省，臣业与面商，续于六月初二日因密交臣标前营游击杨国华等前往，如法擒拿。
>
> 据禀已于十九日就擒并撤取印信号纸押赴临安转解。
>
> 至于安于蕃势恃豪强，心贪掳掠，视命盗为儿戏，倚贿庇作生涯，私占横征，任其苛索，纵亲勾党，佐其恣行。卷案虽多，法不能究。比刀瀚更甚。
>
> 臣屡据呈诉访察确实，于六月二十九日密檄臣标左营游击署寻沾营参将祝希尧设法拿解。
>
> 据禀亦于七月初四日就擒押，赴曲靖转解。
>
> 以上二土司除俟押解到省审讯确供具疏题参外，务须按律比拟，尽法惩治，将所有地方悉改土归流。庶渠魁既除而群小各知儆惕矣。谨据奏闻，伏乞睿鉴。臣谨奏。①

胤禛对鄂尔泰的举措十分满意，谕旨："是当之极。实慰朕怀！"②

① 《朱批谕旨·二十五册》，第24-25页。
② 《朱批谕旨·二十五册》，第25页。

此后，全国范围内的改土归流只惩首恶，打击面压缩到最小。需要说明的是，鄂尔泰奏折中说到的镇沅土知府刀瀚、沾益土知州安于蕃可都是郡县制下的土官，把改土归流类比成秦始皇之废诸侯而立郡县是不妥当的。

(二)以保甲之法动摇土司的世袭基础，强化社会治安秩序和惩处办法，实行综合治理。

雍正四年(1726)八月初六日，鄂尔泰以"云南巡抚管云贵总督事臣鄂尔泰"的名义上折，"奏为分别流土考诚以专职守，以靖边方事"。这个奏折篇幅较长，涉及的领域够多，内容丰富，是震撼朝廷的重磅炸弹。全文照录如下：

> 窃照流土之分，原以地属边徼，入版图未久，蛮烟瘴雾穷岭绝壑之区，人迹罕到。官斯地者，其于猓俗苗情，实难调习。故令土官为之钤制，以流官为之弹压。

> 开端创始，势不得不然。今自有明以来，已数百年，中外一体，流土同官。既有职衔，宁无考察。乃仍以夷待夷，遂致以盗治盗，徒令挟土司之势以残虐群苗随复逞群苗之凶，以荼毒百姓，横征苛敛，贡之朝廷者百不一二，而烧杀劫掳，扰我生民者十常八九。

> 必须控制有方，约束有法，使其烧杀劫掠之技无能施为，而后军民相得以安。

> 兹准部咨。伏读圣谕，"以流官有设立吏目者，职分卑微，无印信可行，无书役可遣。土司意中倘有轻忽之念，则未必肯遵其约束。今可否酌土司之大小，将微员如何改设，重其职守，使流土相适，地方各安？该督抚会同密议具奏。钦此"。

> 大哉！王言所以为边方计者，诚无微不烛，无远弗照矣。除俟会同督抚诸臣将两省各府州通盘合计妥议覆奏外，臣窃念：

> 流官固宜重其职守，土司尤宜严其考成。土司之考成不严，则命盗之案卷日积。

> 大凡杀人劫财皆系苗猓。虽一经报闻，随即缉捕，而潜匿寨中已莫可窥探。故无论吏目等微员任呼不应。即使府州关移臬司

牌票亦置若罔闻，十无一解。非知情故纵，即受贿隐藏，其在流官束手无策。大吏深难其事不敢咨题，多从外结。其实得外结者亦复无几。故劫杀愈多，盗贼益盛。掳人男女，掠人财物，苗子无追贼抵命之忧，土司无降级革职之罪，有利无害，何惮不为？此土司之考成不可不严，所当与文武流官划一定例者也。

据臣愚见，事各有专责，应分为三途。

盗由苗寨，专责土司。盗起内地，责在文员。盗自外来，责在武职。

责在土司者，未减流官。责在文员者，未减武职。责在武职者，亦未减文员。参罚虽俱不免，轻重各有攸分。

盗由苗寨者，是平时不行钤束而临事又不行防闲，此土司之罪也。

盗起内地者，是乡保不能稽查而捕快又不能缉获，此文员之罪也。

盗自外来者，是塘汛不能盘诘而兵丁又不能救援，此武职之罪也。

以此三者分别议罪，土司无辞，流官亦服。

然所以清盗之源者，莫善于保甲之法。臣屡与督臣杨名时、抚臣何世璂熟商酌议，拟立规条，行之两省及闽邸钞知，荷蒙圣恩着九卿详议具奏。臣等伏候奉旨部行到日当即颁行一体遵奉。

外，按保甲之法，旧以十户为率。云贵土苗杂处，户多畸零。保甲之不行多主此议。不知除生苗外，无论民夷，凡自三户起皆可编为一甲。其不及三户者，令迁附近地方，毋许独住，则逐村清理、逐户稽查，责在乡保甲长。一遇有事罚先及之。一家被盗，一村干连。乡保甲长不能觉察、左邻右舍不能救护，各皆酌拟，无所逃罪。

此法一行，则盗贼来时合村百姓鸣锣呐喊，互相守望，互相救护。即有凶狠之盗不可敌，当而看其来踪尾、其去路，尽力跟寻访缉。应亦无所逃。

至于保甲之外，最重要者莫如严责捕快与汛兵。

盖内地之盗，捕快多有知情。外来之盗，塘兵且为通气。平时缉盗之捕快皆宜分定乡村。某方失盗，罪在某捕快。

而捕快之中亦有奸良不一、能否不齐，又须每十人立一快头。如缉盗不获者捕快与快头一同治罪。大抵盗情未有能欺捕快者。其塘兵之设原以昼则盘诘、夜则巡防。

伊等平日毫无所事。每昼则看牌赌钱，夜则饮酒酣睡，甚或乘空偷窃，出人不意种种非为；又或伙众结强，唆使劫掠，阳防阴助，其恶不可胜言。

必须严加号令，定为成法，使不得不留心尽力盘诘稽查，则盗贼既弭而兵丁亦皆可用矣。谨具陈明伏乞圣鉴。臣谨奏。①

胤禛将此奏折批往"兵部、刑部、都察院各议具奏"②。

鄂尔泰的这一份奏折指出了土司问题的由来、实质和危害，对土司治理地区的政治体制、社会治安综合整治、职官考绩等各个方面的问题进行了全面分析，提出了解决问题的基本方案，即在土司治理地区全面实施保甲制度。目的就是要彻底打乱土司治理地区长期以来实行的千奇百怪的领导和管理体制，动摇土司世袭的政治基础，釜底抽薪。但是，鄂尔泰对以夷制夷方略的认识仍然停留在原有水平上——"以盗制盗"。他主张"土司尤宜严其考成"，是想通过不同于改土归流的方式——严其考成剥夺土司的世袭权利。

当时，清廷对保甲制度缺乏足够的认识。鄂尔泰在这个奏折中说到"然所以清盗之源者，莫善于保甲之法。臣屡与督臣杨名时、抚臣何世璂熟商酌议，拟立规条，行之两省及阅邸钞知，荷蒙圣恩着九卿详议具奏"，涉及雍正四年(1726)四月甲申日的一个圣旨。这个圣旨说明清代实行保甲之法阻力不小。

《清实录·世宗实录》记载：

甲申，谕大学士等：弭盗之法，莫良于保甲。朕自御极以来，屡颁谕旨，必期实力奉行，乃地方官惮其繁难，视为故套，

上
编

---

① 《朱批谕旨·二十五册》，第29-30页。
② 《朱批谕旨·二十五册》，第30页。

奉行不实，稽查不严。又有藉称村落畸零，难编排甲。至各边省更藉称土苗难处，不便比照内地者。此甚不然。村落虽小，即数家亦可编为一甲。熟苗、熟獞即可编入齐民。苟有实心自有实效。嗣后督抚及州县以上各官不实力奉行者，作何严加处分？保正甲长及同甲之人，能据实举，首者作何奖赏？隐匿者作何分别治罪？其各省通行文到半年以内被举盗犯可否照家长自首之例，暂治以轻罪。举首之盗，倘有从前未经发觉之案，地方官可否从轻处分，以免瞻徇畏缩。

着九卿详议具奏。

再。盗案疏防，文武各有处分。虽著有成例，但其中尚有分别。凡山海大盗，聚众多人，土獞苗蛮成群劫夺及响马老瓜等贼，聚有窝穴，势难擒捕者，当责之弁兵。如久无缉获，则文武一例处分，情罪俱当。若盗止十人以下，踪迹散处者，则捕役力能擒制。虽事发潜逃，亦能洒探。而营汛弁兵各有职守，势难远缉。此等盗犯，势当专责州县武职处分。可否酌量从轻。庶情法得平，中无枉抑。

着九卿一并确认具奏。①

尽管如此，朝廷内部对实施保甲之法仍然没有完全统一认识，特别是对在土司治理地区要不要实行保甲制度分歧很大。但是通过激烈的争论，各部门终于达成一致。据《清实录·世宗实录》记载，清廷内阁各衙门于雍正四年(1726)十二月戊寅加以回复并转发各地执行。原文是这样的：

内阁等衙门议复：

云贵总督鄂尔泰疏言：

"流官固宜重其职守，土司尤宜严其处分。应分为三途，盗由苗寨，专责土司。盗起内地，责在文员。盗自外来，责在武职。"

查：土司等官，世受厚恩，理宜谨遵法度，约束苗猓。乃日久藐视并不实心管摄。遇有杀人劫掠之事，知情故纵，受贿隐

---

① 《清实录·世宗实录·卷四三》，第636页。

藏。若不严定考成，势必益无忌惮。嗣后，除命盗案件照例处分外，如有故纵苗猓扰害土民者，该督抚即将该土司奏请革职，另行承袭。至有养盗殃民者，题参严拿治罪。倘能严行约束，擒拿盗贼，奏明加级，以示鼓励。

至于文武官弁，均有地方之责。嗣后，盗起内城，则以文员为专责官，武职为兼管官，照例分别降调。若盗自外来，则以武职为专责官，以文员为兼管官。亦照例治罪。

再，清盗之源，莫善于保甲。云贵苗民杂处，户多畸零。将零户编甲，独户迁移附近，以便稽查之处。行令该督悉心筹画。饬令该地方官善为奉行，安置得法。

又，设立捕快汛兵，原以稽查匪类。嗣后，督缉盗贼。逾期不获，将捕快与快头一并责比治罪。至塘兵有酗酒赌博及偷窃等事，按律加倍治罪。若文官纵捕快殃民，武弁不整饬塘汛，即题参从重议处。

并行令云南、贵州、四川、广西、湖南五省一并遵行。

从之。①

从《清实录·世宗实录》的上述记载可以看出，清廷内阁基本上全部同意了鄂尔泰所请各项并通令土司较多的云南、贵州、四川、广西、湖南五省"一并遵行"。胤禛批谕"从之"。

从鄂尔泰的奏折和清廷内阁的议复看，全国性的改土归流并没有全面铺开，内阁等衙门的批复便有"将该土司奏请革职，另行承袭"一条，不足为奇。说明各衙门已经知道清世宗胤禛和鄂尔泰在干什么，要干什么。"另行承袭"，就是说土司袭任可以延续，只是要另外选人"承袭"，为继续世袭预留了空间。

(三)坚决地、全面地改土归流，确立剪除土官的基本方略和安置原则。

雍正四年(1726)九月十九日，鄂尔泰以"云南巡抚管理云贵总督事臣鄂尔泰"的名义上折，"奏为剪除夷官，清查田土以增税赋，以靖地方事"，

---

① 《清实录·世宗实录·卷五一》，第772页。

充分体现了鄂尔泰坚持全面改土归流的决心和方略。

鄂尔泰的奏折如是说:

> 窃以苗猓逞凶皆由土司。土司肆虐并无官法,恃有土官土目之名,行其相杀相劫之计。汉民被其摧残,夷人受其荼毒。此边疆大害,必当剪除者也。

> 臣受恩深重,职任封疆,日夜筹思,若不尽改土归流,将富强横暴者渐次擒拿、懦弱昏庸者渐次改置,纵使田赋兵刑尽心料理,大端终无头绪。稍有瞻顾必不敢行,稍有懈怠必不能行。不敢与不能之心必致负君父而累官民。故以臣愚昧统计,滇黔必以此为第一要务。

> 然改归之法,计擒为上策,兵剿为下策。令自投献为上策,勒令投献为下策。

> 前镇沅土知府刀瀚、沾益土知州安于蕃经臣拿禁、题参后,随分委干员将田亩、户口、银谷数目逐细清查。

> 缘:土州安于蕃地土更广,私庄尤多,清册尚未造报。现据游击杨国华、威远同知刘洪度造报,镇沅土府清册前来,查:该土府每岁额征米一百石,今每岁应纳米一千二百一十二石零。每岁额征银三十六两,今每岁应纳银二千三百四十八两零。是其征之私橐者不啻百倍数十倍。而输之仓库者,十不及一二,百不及二三。由此类推,又何可胜计。

> 再查:附近镇沅之者乐甸地方,与元江、新平、景东接壤,四面皆邻汉土,一线紧逼哀牢,素为野贼出没门户。其江形山势尤为险阻,且当按版。各井驮盐要道,原系世袭土长官司管辖。

> 该长官司刀联斗昏庸乖戾,受汉奸把目主使,为害地方,民夷怨恨。若不一并改流,终难善后。

> 臣就告发各件,即委杨国华同刘洪度止带兵一百名,径至者乐甸质审,案拟相机行事。

> 而刀联斗自知罪无可逃,随即出迎投献印信号纸,但求免死,情愿归流。

> 据此情状,犹有可原。除俟臣题参改土归流外,仰恳圣恩:

但收其田赋，稽其户口，仍量予养赡，授以职衔，冠带终身，以示鼓励。

则强不如安于蕃、刀瀚，势不如刀联斗者，皆将遵法输诚。不烦威力而边地粮饷亦不无小补矣。

至于黔省土司与滇省异，一切凶顽半出寨目，因地制宜更须别有调度。

臣已面与新提臣杨天纵详细密商并将各要件逐一开单交付查访，以便会办，务期两省边方，永远宁谧。

仰副圣怀而心长力短，时切惶悚。伏乞圣主训示遵行。

臣谨奏。[1]

在这个奏折中，鄂尔泰提出了全面改土归流的方略。

鄂尔泰主张全面施行改土归流："若不尽改土归流，将富强横暴者渐次擒拿、懦弱昏庸者渐次改置，纵使田赋兵刑尽心料理，大端终无头绪。稍有瞻顾必不敢行，稍有懈怠必不能行。不敢与不能之心必致负君父而累官民。故以臣愚昧统计，滇黔必以此为第一要务。"

胤禛在鄂尔泰的这些话旁画圈，分别有两个批谕："即此二句"，"上天鉴之矣"。特别重视。

鄂尔泰强调："改归之法，计擒为上策，兵剿为下策。令自投献为上策，勒令投献为下策。"胤禛在旁批谕："务有名问罪为要。"

对于被迫投献的土官刀联斗如何处置，鄂尔泰认为"题参改土归流"，胤禛在旁批一字："好"。

在"仰恳圣恩：但收其田赋，稽其户口，仍量予养赡，授以职衔，冠带终身，以示鼓励"旁，胤禛批谕："具题时，当将此意入题，即如此议好。"

对于作恶多端，被迫投献如刀联斗之类，君臣都不主张将其赶尽杀绝，而是"量予养赡，授以职衔，冠带终身，以示鼓励"。在他们心目中，改土归流要摧毁的是整个土司制度，而不是全部土官的肉体。君臣似乎已经明确认识到，土官残暴、肆意妄为除了土官自身的主观因素外，客观上

---

① 《朱批谕旨·二十五册》，第34-35页。

是土司制度造成的。虽不能断言，但君臣这方面的意识已经体现出来。

在鄂尔泰奏折的最后，胤禛批道："朕中心嘉悦，竟至于感矣，有何可谕勉之？"嘉悦而感动，以至于无话可说。胤禛对鄂尔泰的奏折表示十分赞同。"尽改土归流"，这时候已经成为既定方针。此后胤禛看起来对一些地区土司的改土归流似乎仍有疑虑，实则是在选择时机，以求稳妥。有时可以说是故作姿态，表示不准或不急，实际上比任何人都急。

第三节　锲而不舍　共同完善方案

如果说第一、二阶段主要是鄂尔泰在云贵得到一些认识便向胤禛奏报，胤禛认可批谕后施行，那么第三阶段便是君臣共同探讨，共同完善。

第三阶段，完善阶段。时间从雍正四年（1726）十一月至雍正五年（1727）八月。

清代的两江总督驻江宁（今南京市），总管江南省（今上海市、江苏省、安徽省）与江西省的军民政务。雍正四年（1726），冬十月甲申，"实授鄂尔泰为云贵总督，加兵部尚书衔"①。

鄂尔泰原本是从江苏布政使任上提拔起来的官员，雍正四年（1726），胤禛下旨将鄂尔泰调往两江，要鄂尔泰推荐接替合适人选。

在胤禛看来，通过鄂尔泰的实地踏勘、潜心研究，云贵的改土归流大局已定，全国的改土归流方案已成，似乎鄂尔泰的使命已经完成。

但是，鄂尔泰认为，"云贵极边，关系紧要，一切事宜尚未有头绪。臣即竭蹷料理，亦必须时日"。他拒绝上任，同时还提出了一些新的建策，让胤禛思考。

（一）改土归流地区政治、军事、经济必须综合治理。

雍正四年（1726）十一月十五日，鄂尔泰给胤禛的"奏为恭谢圣恩，敬陈愚悃事"折子言：

> 雍正四年十月二十二日，臣赍折家奴赍回御赐臣人参八斤、

---

① 《清实录·世宗实录·卷四九》，第348页。

哈密瓜二个抵贵阳省城。臣随郊迎至贡院。恭设香案望阙叩头谢恩祗领讫，敬启。

朱批："卿此心此行不但当代督抚闻之可愧，实可为万代封疆大臣之法程。朕实嘉赖焉，勉之。上苍照察，再无不倍增福寿子孙荣昌之理。再，两江非卿不能整理，如朕之意云贵一切事宜，俟料理有头绪时，还向卿要一可代之人来两江与朕出此一大力。可留心，但诸务不可因此旨促迫为之。常德寿可胜抚任否？杨名时朕原欲调进大用，今览卿所奏，外任亦甚属紧要，卿意如何？钦此。"

臣伏读之下，感极愧生。念臣身荷殊恩至矣，尽矣。心实无已行多，不逮业业兢兢，时恐陨越。上苍照察，臣实不敢自欺。

至于两江重任原非臣愚所能胜，然欲酬恩难易非所计，亦何敢固辞。

但云贵极边，关系紧要，一切事宜尚未有头绪。臣即竭蹶料理亦必须时日。兹蒙圣谕，不敢不尽言之。

一夷情之无制也。

查：云南土官多半强豪，所属苗众悉听其指使，残暴横肆无所不为。其土官懦弱者，凶恶把目为害尤甚。不但目无府州，亦并心无督抚。及至事大，经官或欲申理，夷等暗行贿赂，捏详结案。上司亦不深求，以为镇静。而刁抗不法任拘不到者又复不可奈何，隐忍了事。贵州土司单弱不能管辖，故苗患更大，平日烧杀劫掳、拿白放黑以为生计。有径至城汛捆人子女。明说某处勒令取赎者而本家不得已哀赎。地方文武亦视为故常，隐忍了事。至于或经控告，凶犯百无一获而原告、原报并干证人等反拖累至死。旧案俱在。臣深耻之。若不及此清理约定规程即使拿几土官杀几苗首亦不过急，则治其标，本病未除。恐终难宁帖。

一军伍之不振也。

云南兵丁不减内地。即贵州兵弱亦犹胜江南。奈武员因循成习，惟事逢迎。群聚省城，钻营朋比，有累升至副参而未一到营者？营伍何赖？臣事后首经严示通饬：非奉文调，不许赴省。今

上
编

此风已熄而盔甲帐房锣锅斧橛等项大半不备，即火枪弓刀操练必需者亦多残缺。至于空粮伙粮种种名色、倒马朋马种种勒侵相沿已久，视为常例。即有努力自爱之员亦未免避嫌从众。虽经臣确访严饬，宽其既往，勉其将来，业据各属陆续禀报，军器俱现修整，粮马俱现顶补。然犹未敢深信。

臣自滇赴黔已经由曲寻镇援剿左协寻沾营，过安笼镇属安南营、盘江营、普安营至安顺提标抵贵阳营，省城俟审理事毕，拟由黔西协大定协威宁镇抵东川府再回滇省，仍拟明岁亲历云南各标协营，查勘军装，考验兵马，则既可以知营伍虚实以便经营，又可以知地方形势以资调度。庶胸有定见而事免欺朦矣。

一地利之未尽也。

云贵两省虽地少山多，然水旱均平。荒年甚少且矿厂盐井出产颇多。何至不如江南一府？计每年协饷共需数十万两。为百年计，窃有隐忧。

臣查：云南盐课实李卫之功。虽尚有疏漏，实力有不能。银铜各厂，每至缺额仍须羡余抵补。臣料断不至此。贵州亦有矿厂，兼多砂铅。欲私开则明有官禁，欲官开又难于私侵。因循苟且，大半中止。至于盐井，原属地脉，流滇通蜀，不应外黔。今采访盐井，共得数处。现煎试一井，已有微效。托赖圣仁山效其灵地，呈其宝，或可以得济民食也。云贵荒地甚多，议者谓宜开垦，不知利之所在。人争趋之不禁其开垦而不来开垦者，缘荒地多近苗界，实虑苗之抢割。若果土司遵法，夷人畏伏，将不招而来者自众。故臣必以制苗为先务，而尤以练兵制苗为急务，诸事不妨迟但心不可懈，不可促迫为之。臣当时凛慈训。

一水陆之不讲也。

云贵远居天末，必须商贾流通。庶地方渐有生色。今水路不通，陆路甚险，往来贸易者非肩挑即马载，费本既多，获息甚微，以致裹足不前，诸物艰贵。

臣查：湖南水路直达贵州镇远府。由镇远府而施秉，由施秉抵黄平州界。虽中有阻碍，臣今现已开通黄平州地方。虽山高水陡，不能行舟，然不过一二站。若由重安江溯源而上，渐次开浚亦原有河路自贵阳而南水路难通，然开平旱路使可行车犹人力所能为。况云南金沙江原通蜀粤，东川府牛栏江直通四川、贵州，永宁州黎平府可通川楚。疏决导引，纵一时难措而日积月累，未始不可以小济。

臣自数月来通饬细查，粗略大概，虽自度才力，知必不能，然必欲经始以待将来。即迟至十年二十年但能成事，实云贵永远之利也。

以上四条措举大要节目繁多，不敢琐渎，臣不自揣思欲镂肝剖胆，略定规模，使后来胜臣者可以推广！即不及臣者亦可以依循斯。

臣力既竭，臣心稍慰。仰恳圣恩，两江另简贤才，留臣三五年，俾得详筹缓理，庶几可有头绪。

可代之人，臣现无所知，亦不敢妄举。敬当留心。

至于杨名时，诚实端正，内外如一，抚绥之任有余，但营务军机不能料理。且年近七旬，渐多遗忘，觉察防范处亦微少精明。若与臣同事可以共济缘，伊固虚心。臣能直告也。据臣愚见，内任实堪大用，外任或难总理。

常德寿存心甚好，人亦明晰，小省巡抚可以胜任，但识见尚未通达，犹少果断。

臣受恩深重，万难报称。若稍存顾忌，即是背负，稍有徇隐，即同欺罔。谨据实直陈，恭谢圣恩。伏乞圣主睿鉴施行。

臣谨奏。①

胤禛在鄂尔泰的这一奏折中的建策旁圈点不断，用"自然""上苍自鉴察卿此衷也""见处信得。及便动数十万帑金何妨？朕不惜此等之费也"等字句批谕，表示支持。

看到鄂尔泰态度坚决，胤禛只好退一步，批谕：

朕意原俟两三年之外其可代之人当徐为之留心。临期朕自有

上
编

① 《朱批谕旨·二十五册》，第38-40页。

旨询问。两江实不得其人，只得暂时姑延耳。

鄂尔泰在这个奏折中没有接受胤禛的安排去两江就任，而是请求"另简贤才，留臣三五年"，并对胤禛备用的杨名时、常德寿作了评价。怕胤禛不快，最后说，"臣受恩深重，万难报称。若稍存顾虑，即是背负，稍有徇隐，即同欺罔。谨据实直陈"。

胤禛在此段批谕："信得及，信得及。朕实不可以自信者可信卿也。上苍鉴之，朕临御四载，亦只得卿与怡亲王二人耳。勉之一字朕皆不忍下笔也。"

后来的事实证明，胤禛不仅把鄂尔泰的调动问题搁置一旁，而且给予鄂尔泰大力支持。鄂尔泰在云贵认真落实自己提出的四大举措，与改土归流一并推进。

(二)抓住有利时机，着力除掉心头之患，调剂善后事宜。其中最重要的是任用禄鼎坤这样过去有罪、现在立功的土官。

早在雍正四年(1726)三月壬子日，胤禛谕云南巡抚管理总督事务鄂尔泰：

> 四川乌蒙土司纵恣不法，擅扰东川府地方。似此，若不严行惩戒，将来益无忌惮，滋事愈多。
>
> 云南与乌蒙接壤，尔可与岳钟琪和衷酌办，将乌蒙土官土目先行戒谕，令其毋虐土民，毋扰邻境，痛改前非，恪遵法度。
>
> 傥敢怙恶不悛，罔知敛戢，应作何惩治，尔当悉心筹画万全，勿少轻易。其会同岳钟琪办理之处，朕已颁谕令知之矣。①

但是，筹划终归是筹划，时机未熟难以实现。到了雍正四年(1726)十二月二十一日，鄂尔泰以云贵总督的名义给雍正上折，才描述了乌蒙改土归流的艰辛。

> 窃臣乌蒙、镇雄折内，蒙圣谕朱批："徐徐斟酌为之，此事急不得。岳钟琪已请身到成都就近料理；凉山、普雄等事朕已允请。此一大事全赖二卿协衷勉力为之也。钦此。"
>
> 念臣身受殊知，叨膺重寄边方大事，敢不谨慎？但事在审机

---

① 《清实录·世宗实录·卷四二》，第623页。

法惟遵制。若机无可乘，原不妨迟缓。倘事有可图则务宜神速。

如乌蒙土府一案既经川督臣岳钟琪题参革职，奉旨各委大员会审，则禄万钟等出而听审，自应按罪定。招抗不赴审即应遣兵擒剿。名正言顺，不待再计者也。

臣自接准部咨访查乌蒙旧事。

康熙五十三年曾奉钦差侍郎噶敏图会同云贵督抚诸臣齐集毕节县提审各案。土府禄鼎乾抗不赴质，坐待两月余，不得已令流官入乌作当换出禄鼎乾及至到案，并严讯一语、亲供一词，遂完结遣回换出流官。从此凶焰益炽。而至今主文刘建隆犹有不敢正视乌蒙之语。

查：乌蒙兵马共不及一万，所恃者惟标刀弓弩，大炮止二座，鸟枪不过三百杆。渠魁止禄鼎坤握其大势，又与禄万钟母子不和。而禄万钟年才十五，一听刘建隆主使，毫无知识。但得禄鼎坤，其余俱可应手。

料川省委员必不能拘提到案。因先示以不可犯，次示以不忍杀，随于赴黔之便沿途酌派官兵并各土兵，俱令各在营候调。声言乌蒙少抗，即拟进剿。

一面密檄署东川府黄士杰，密差干役入乌，打探并觅熟识土目之人前去开导。晓以利害，明告臣举动。

一面委总兵官刘起元、粮道张允随先赴东川料理一切。候川省委员到日再赴威宁会审并移知川省督提诸臣。

去后续据黄士杰呈送禄万钟、禄鼎坤详文，俱称乌蒙与东川紧连，去滇省不过六百里，情愿照例拨归云南等语。

臣随以乌蒙原属川辖，今欲归云南事关题达，仰候酌夺。至于奉旨会审之件本部院与川省督部院事同一体，顺则蒙福，抗则遭祸等语传示。

去后续禄万钟为刘建隆唆使，以川省委员松茂道、李世倬，永宁协副将张瑛至今并无音信亦无知照。

前所委叙永厅同知杜士秀、建武营游击许绵正并千把典史共五员，牌内止提达木一人并无禄万钟、禄鼎坤等，且无革职摘印

拘审字样，遂得借口支吾不前。

而禄鼎坤狡黠，自领数十头目并土兵数百人前来江界，差头目请黄士杰会话。黄士杰禀明总兵、粮道带领数人亲往江界，谕以顺逆，晓以祸福。

禄鼎坤见并无一兵，感泣畏服，遂率二子并各头目随至东川并剃头改服以明输诚之意。

及臣本月十三日抵东川。前一日，禄鼎坤父子迎至百里外，匍匐道左，情词哀切，随行至郡。

臣各赏给缎匹银牌，面加饬谕并委为土守备，令随同游击张鹤前去土府招唤禄万钟等。

及十九日，据土府禄万钟详称，钦奉天旨革职，宪牌提审未蒙两省宪员知照。在于何处何日临审恳恩宽限，俟将案内提审人犯催齐亲领赴辕等语。

至二十日亥刻，又据张鹤、禄鼎坤各禀报，禄万钟母子并无异词，奈被刘建隆、杨阿台等协同镇雄范掌案、纽纽巴等唆拨挟制，断不肯令出去。非先擒此数人不能了事等语。

臣随酌拨官兵当夜檄行去讫。该臣看得禄鼎坤既经投到，乌蒙大势已无能为，虽遣官兵直抵土府，料亦不敢抗拒，大约半月内俱可平定。

乌蒙改流目下不难。乌蒙改流后镇雄改流更易。但所虑者，一经改流，善后事宜大须调剂。

岳钟琪驻扎陕省，鞭长不及，即川省抚提二臣恐闻见不确亦难遥度。若照前东川旧例，合乌雄两府现在钱粮不及三百两而设官安营，岁需费帑银数万，有名无实，终于无补。况恩威宽猛之间少有未协，犹恐滋后患。

臣受恩至重，循分尽职不足以图报。此疆尔界，不敢稍存分别，稍蓄嫌疑。谨据实陈明，伏乞圣主睿鉴。或准两土府改归云南。俾臣就近料理，或俟乌蒙事定仍隶四川。

臣但加意训示，以便预先筹画，有所遵循。

至于川省诸臣相隔辽远，不能逐一同商恐失事机，所委大员至今未到，亦不能待。合并声明。

　　臣谨奏。①

　　胤禛看到鄂尔泰的这个奏折，十分高兴，又圈又点。在"张瑛至今并无音讯"句旁批谕说明：

　　此语无凭。张瑛岁底来京引见，朕尚将其条奏发于汝二人，岂有委此事之理。张瑛庸常无知，乃孟浪俗人也。②

　　胤禛对鄂尔泰指责张瑛略显不悦外，其余批谕皆为赞美、赞同、勉励之语。如"甚是，甚是"，"事已如此，出乎望外，定局也，还用何商酌！"等等。

　　东川、乌蒙改土事宜一直是胤禛、鄂尔泰的心头之患，君臣多次沟通，志在剪除。鄂尔泰抓住有利时机一举拿下，对于善后事宜，鄂尔泰亦有预案，胤禛最后批谕：

　　为此一事，朕不能释怀。万不料其如此完结。实非人力。朕惟以手加额心叩苍穹。我圣祖君父在天之灵赐佑耳！此事岂不用张弓持矢所能了者。国家祥瑞之事，卿之奇功也。朕之庆喜，笔难书谕。③

　　特别值得提醒的是，鄂尔泰对狡黠但能主动投诚的土官禄鼎坤父子"各赏给缎匹银牌，面加饬谕并委为土守备"，为朝廷效力。

　　雍正六年(1726)六月十二日，鄂尔泰又专题向胤禛上折说及禄鼎坤的事。奏折是这么说的：

　　奏为请旨事：窃乌蒙叛案内有革职土司禄鼎坤者，系土府禄万钟之亲叔，向居鲁甸，本系渠魁。

　　当臣调遣官兵进剿乌蒙时，先令东川府知府黄士杰前往化诲禄鼎坤，即带领二子及鲁甸头目等到索桥边投见黄士杰，加以奖赏，毫无疑虑。随至东川见曲寻镇总兵官刘起元给以外委守备，准其立功折罪。

　　及臣亲抵东川，禄鼎坤在者海汛接见，跟至东城。臣面加奖

① 《朱批谕旨·二十五册》，第46-47页。
② 《朱批谕旨·二十五册》，第47页。
③ 《朱批谕旨·二十五册》，第47页。

赏亦准效力录用给牌，令其同游击张鹤前往乌蒙化导禄万钟母子归顺。

鼎坤凛遵同往。

因主文刘建隆、范掌案等抗顽反，遣沙六等督兵劫杀鲁甸，鼎坤亲率土兵攻击败走，而刘建隆等又带领禄万钟母子逃往大关。

鼎坤自备口粮督领土兵三千直捣镇雄之胁，使其首尾莫顾，是以万钟等计穷势迫，投奔川营，且招抚乌蒙头目五十余人，各自部属、百姓数千户，俱赴刘起元行营投诚报明。有案在。

禄鼎坤悔罪抒诚，功实足。禄前审招时，臣因鼎坤素行凶悍，恐仍留鲁甸致贻后患，所以题请照新定之例，发往江宁安插。

迨米贴陆氏等勾通川猓杀害官兵，鼎坤闻信复具呈愿将妻子搬移省城为质，调率土兵亲往擒逆。伊妻子等现俱到省。

虽陆氏等旋已就擒，臣亦未准鼎坤前往。然观其实心努力，较怙恶不悛之土司大有不同。不予以宽典，无以示信群夷相应。

仰恳圣恩特降谕旨，免其远徙。臣当将伊同家口安插云南省城并令在臣标效力行走，以便钤束。

再，同案之白颇、阿业亦随鼎坤到江边投诚，黄士杰恐地方空虚，令回乌蒙管辖。后陈明哲等抗违拒敌，阿业领伊母命曾率土兵血战破围。此亦有功之夷人。因其兄禄白颇系叛案重犯，缘坐应流。并请免其发遣，以广皇仁。

可否？俯准伏祈圣主睿鉴批示遵行。

臣谨奏。①

胤禛批谕：

所奏甚是。禄鼎坤之远徙，原与朕意未洽。只为卿另有意见，在滇有不便处，所以未曾论及。今留滇不但示信群夷，将来或尚有得力处，可恩养之。伊近日之功，足可抵当年之过也。已

---

① 《朱批谕旨·二十六册》，第69页。

有旨谕部。①

这道奏折详细说明了鄂尔泰对禄鼎坤处置措施的转变，由"发往江宁安插"改为"免其远徙……安插云南省城并令在臣标效力行走"。此调整得到了胤禛的肯定，认为鄂尔泰原来的认识和行为是过，现在的认识和行为是功，但近日之功可抵当年之过。

透过禄鼎坤、白颇、阿业的安置，鄂尔泰、雍正对改土归流的认识逐步深化。改土归流，改的是土官世袭。土官仍然可以为朝廷所用，"以夷制夷"。

雍正六年(1728)十二月在镇压反叛时，"乌蒙府知府陆世宣在鲁甸等处调拨土兵一千一百名，令禄鼎坤管领前赴军前协助擒剿去讫"②。"以夷制夷"的招数照搬无误，但制夷之夷已经不能世袭，只是朝廷有任期的官员而已。

(三)事无巨细，全面筹划。

鄂尔泰身处改土归流的风口浪尖上，需要胤禛的支持，更需要胤禛的提醒。归根结底，两人所处的位置不同，处理问题的立场有异，但君臣之间的默契和配合十分重要，又需要意见统一。鄂尔泰在点上不时上奏，胤禛除及时批谕回应外，还不断地将面上好的建策发给鄂尔泰参考，君臣共同探讨，求得共识。

雍正五年(1727)正月二十五日，鄂尔泰"奏为复奏事"。

窃候补通判臣管斾一折，荷蒙颁发到臣，捧诵朱批："此条奏内除勾去一条，或有可采择之处，发来卿看。钦此。"

臣谨据愚见，备悉陈之。

一汉奸宜禁一条。

查：边境逞凶，莫如顽苗，而顽苗肆恶专仗汉奸。此两省文武所共知。而臣于长寨一案已痛切言之，尽法处之。

但苗之族类甚繁，凡黔粤四川边界所在皆有。今安设营汛，兵苗错处之地虽不能禁汉民之不相往来，而劫杀之风自可少息。

---

① 《朱批谕旨·二十六册》，第69-70页。
② 《朱批谕旨·二十六册》，第102页。

其余无营汛之寨专属苗夷聚处，原不应许汉民杂居，多借贸易之名巧为勾通之计。自宜严行禁止，立为条约遍告汉夷。夷民毋得容留，汉民毋得擅入。

况保甲之法已行，则乡保头人自愿稽查地方邻佑，自应首告，使皆各有责成，违者并坐。而流官、土司亦各定考成。

旧议以拿获川贩十五名准予纪录一次。夫川贩汉奸僭匿凶寨非动官兵难以擒拿。又各分巢穴并非聚集一处，则以一时获十五名此最难之事。即或前后合算，能拿获者或不止十五名，然多由外结，并不报部。故虽有鼓励之典而踊跃效力之员甚少。

臣请嗣后凡有擒获川贩汉奸，审明实有通同苗夷劫杀案件，每擒获一起即详加纪录一次。一切劫杀等事俱不得外结。有能告首川贩汉奸情实罪当者，其应加记录之官，每获一人赏出首人银五两但不得挟警射利。如虚反坐，将不待三年而川贩汉奸或可绝迹矣。

一药箭宜禁一条。

臣查：凶苗所恃惟有凶器。臣自亲行长寨已将定广各寨凶器查缴无余，仿行通省自可渐及。但查内地熟苗收缴颇易，边地生苗查缴甚难。若尽收熟苗之器械或转受生苗之摧残，则外侮之来反无以抵御，又不可不慎。今拟严定规条，通行各属，一切兵器只许收藏在家，以防盗贼。凡白昼出门者概不许携带。其有万不得已事必欲夜行携带兵器者先通知乡保头人告以欲往某处、携带何器、何时回家？乡约给以图书号票。所过共几塘汛则给以几号票。每一塘汛盘验放行收票登簿。每月终，乡保至塘汛查对。凡有白昼擅带兵器及夜行无号票带兵器者，塘汛擒获即行禀报，以盗贼论。倘有不行，禀报者即一同治罪。如此则兵器虽不收缴与收缴同。但须文武各员奉行严明庶能有济。

至于箭药多自川粤来，现已严示并密访饬拿。其拿白放黑之说臣自受事后即行严禁。犯者惩以重法。今此风虽少减，尚未能尽净。总俟凶恶土司土目尽情惩创一归法度后则此患可绝。若不治其本，纵时加剪伐恐旋除旋长，终非远计也。

一仓贮宜谷一条。

臣查：积贮之法，谷原胜米，然实心任事存乎其人。不但存七粜三可以长行。即青黄不接之时减价多粜，俟秋成买补。既可推陈纳新并可岁增余息。则仓廪日盈，灾荒无虑。岂不更善？然每见一经官，粜则徒饱，吏胥民不沾惠。轻斗粜出，重斗籴入，官减价而民未受减价之利。官买谷而民实受买谷之害。此弊江浙为甚，云贵亦然。

臣自位滇以来，凡银折、印借、民欠、势压等弊皆渐次禁止。其有亏短，各属尽勒限完补。逾限不完者即指名题参。今已各知警惕，努力急公。至于米应易谷虽经通行，现在犹未能画一。应俟各仓清楚后，少待秋成则一转移间粮务可以就绪矣。

一黔省鼓铸一条。

臣查黔省地方地瘠民贫，故分毫出入必须较量。轻戥潮银所在通行。若换制钱必先加戥折色，甚以为苦。况凶苗杂错，见财即杀人。往来行客尤未便带钱。故鼓铸之议不果行。至于黔省产铜，原不止威宁一府，即不须运云南铜亦可以供铸。但开采矿厂动聚千万人，油米等项定须预筹。若少不接济则商无多息民累贵食，一旦封闭而众无所归，则结伙为盗，入寨为奸，诚不可不慎也。

据臣愚见，必先开垦田亩，多积稻粮，则油米价贱，开采不难。而创课既多，钱本不重然后开局鼓铸，官私通行则钱可当银，民自乐利。庶几可以行远。为现今计，似犹未敢轻议也。

一书办拟批宜行禁止一条。

臣查书办拟批原系锢习。缘上下文移非吏不谙，是否定例非吏不熟故官不亲理？固全凭乎吏官即亲理亦半恃乎？吏江浙固甚黔省，亦未能尽除。殊不知吏等办事则识见原卑，吏等见利则眼孔甚小，但知惟利是图。则亦何事非弊？纵有精明之官能自作主而蠹胥奸巧，窥官之意指，乘官之懈怠，援例挨情。言之确凿，鲜有不为所愚者。该通判不准书办拟批之请固亦清弊之一端。但官无识力或少精勤则内幕代劳之。说其弊实与书办拟批等。此诚

上
编

居官之大戒，尤宜痛惩者也。

　　总之，事无巨细，务宜亲看查例查案，原应分任或平或反断须自主。惟据理按律竭力尽心，俾胸中不执一成见，自权度，不至于大差。至于才具庸情原不能自办，操守贪鄙，原不肯公办者其弊又止于衙书买缺家人卖票矣。谨据愚见逐条复奏。伏乞圣主睿鉴施行。臣谨奏。①

鄂尔泰的有些观点和办法明显是他的阶级本性和时代的局限性决定的。例如，"苗夷聚处"不许汉民杂居等。但是胤禛对鄂尔泰的这个奏折赞不绝口，什么"甚合情理，诸苗事宜料理有头绪时不论何事内附便题来"，"是极"，"此亦无可奈何之一着耳。繁难"，"能此者几几"，"是极，是极。总之，有治人无治法"等措辞，皆用上了。

《清实录·世宗实录·卷五二》指出，雍正五年（1727）正月壬子"云贵总督鄂尔泰遵旨议奏候补通判管莅条陈事宜"，记载了鄂尔泰这一奏折的主要内容，以"奏入""报闻"四字处理。随后胤禛和朝廷的动作十分震撼人心。

第一，强化四省边防。

雍正五年（1727）二月庚申，胤禛"谕云南、贵州、四川、广西督抚提镇等"：

　　狔苗素称凶悍，加以汉奸贩棍潜藏，其中引诱为恶，以致烧杀劫掠，毒害善良居民，深受其扰。

　　今督臣鄂尔泰等奉旨剿抚，业已擒获凶苗贩棍，正在抚恤地方，筹划久远之计。

　　朕闻滇、黔、蜀、粤四省接壤之区瑶猓杂处，不时统众越境仇杀，扰害邻封。地方文武官员往往以责任不专，彼此推诿，苟且因循，以致尘案莫结者甚多。此天下之共知共闻者。如广西西隆州，古障地方，土目王尚义等与贵州普安州捧鲊地方之苗目阿九等互控一案，迁延数年之久尚未审理。朕已降旨督责此即其明证也。

―――――――――――――――

① 《朱批谕旨·二十五册》，第54—56页。

况各省所设汛防在于腹内，而瑶猓则环居腹外，防患难周，遇有杀掠必待事主禀报，始行追捕。往返耽延，凶徒已远遁矣。

四省督抚提镇宜各委贤员于四省接壤之地，勘明界址。凡瑶猓贩棍往来要路设立营汛，派拨游守等官带领弁兵驻防稽察。

傥有越境仇杀劫掠之事，即时擒解，不使漏网。

其委防弁兵以一年为期，即于四省附近营伍内轮流拨换。如一年之内无越境生事之人及有而能逐名拿获者，四省督抚提镇会同保题，从优议叙，兵丁量加赏赍。

傥有贪功生事骚扰地方者，立即题参，从重治罪。①

四省边防趋紧。胤禛在此宣示"正在抚恤地方，筹划久远之计"，意义重大。什么样的久远之计，仍然没有明说。鄂尔泰在云贵的改土归流只做不说。至少是鄂尔泰做，君臣小范围悄悄说，没有公开说。

第二，封停云南采铜铸币。乙丑日，"封禁云南中甸铜矿，停止鼓铸钱文。从总督鄂尔泰请也"②。

第三，调整云南巡抚。乙亥日，"解云南巡抚杨名时任，升湖南布政使朱纲为云南巡抚"③。

朱纲是一个难得的人才。当时，杨名时以"题本误载密谕"获罪，朱纲为云南巡抚，加强了鄂尔泰在云贵一带改土归流的力量。但是，鄂尔泰仍然没有为难杨名时。杨名时在昆明还待了七年之久，乾隆皇帝弘历即位后将他从云南召回，委以礼部尚书重任。

第四，授权鄂尔泰节制广西。

丙戌日，胤禛因泗城土司问题"谕内阁"：

前鄂尔泰曾奏称，广西泗城土司甚属不法，素为民害。请敕令广西巡抚提督惩治。

朕曾降旨询问韩良辅。据韩良辅奏请，欲往云南与鄂尔泰面加商酌。

朕思此事甚有关系，非韩良辅与鄂尔泰面议不可。

① 《清实录·世宗实录·卷五三》，第796页。
② 《清实录·世宗实录·卷五三》，第803页。
③ 《清实录·世宗实录·卷五三》，第806页。

都察院奏原任广西州判程旦控告罗文刚一案。罗文刚统众肆恶，吞噬十一处村落，竟敢与官兵相抗，不容设立塘汛。李绂身为封疆大臣，逡巡畏缩，苟且弥缝，但为掩饰。一时之计，而于地方之利害。民生之休戚毫不关心。甘汝来时为臬司，亦因循怠忽，不能整顿。昨令廷臣询问二人，俱俯首无词。

李绂、甘汝来相继为广西巡抚，着二人前往广西办理土司之事。从前疏纵之凶徒罗文刚等着即交与李绂、甘汝来速行擒拿，不得容其免脱。

韩良辅前往云南与鄂尔泰会商时，着李绂一同前往，将副将张杰调至省城署理广西提督。李绂一到，即同韩良辅即起身赴滇。韩良辅起身后巡抚印务着甘汝来署理。

前，朕准给韩良辅假期，送其母榇回籍，着俟公事定议后伊着量起身。

李绂、甘汝来负朕擢用深恩，今加宽宥容其效力赎罪。务将广西境内不法之苗夷与地方不法之奸民，悉心料理，俾尽革凶顽，遵奉国宪，以安良善，以靖地方。

傥目前疏纵之罗文刚等不能擒获及伊等料理土司之事虚文掩饰以卸目前之责，将来仍有凶苗妄行于犯王章者，定将李绂、甘汝来从重治罪。

又如矿贼盘踞两广之间而两省官员互相推诿以致宵小肆行，良民时受其扰。着李绂、甘汝来会同阿克敦将两省疆介一一清查分别防范管理，使汛地各有专责，匪类无计潜藏，不得仍前怠忽，自甘重罪。

若泗城土司怙恶不悛，有应行用兵之处，交与鄂尔泰调度。广西巡抚、提督、总兵官俱听鄂尔泰节制。①

第五，调整兵力部署。

"增置贵州广顺州长寨一营。设参将一员，守备一员、千总二员、把总四员，拨大定兵五百名、抚标兵一百二十名、提标兵二百五十名归该营

---

① 《清实录·世宗实录·卷五三》，第811—812页。

管辖。从云贵总督鄂尔泰请也。"①雍正六年（1728），鄂尔泰任云贵广西总督，西南边陲的改土归流统归其办理。

第四节　深谋远虑　君臣全力推动

雍正五年（1727）三月初一日，鄂尔泰给胤禛上奏折，汇报惩治乌蒙土府禄万钟、镇雄土府的情况，认为乌蒙、镇雄改土归流后，"若不将两地汉奸恶目人等尽法惩治，并土府等移内地，绝其根株，则虽改土归流而余风未殄，终贻后患。至于改流之后，据臣愚见，东川、乌、雄三府应总设一镇，以资控制。东川现有一营，镇雄应添设一营，以资声援。乌蒙仍设知府一员。鲁甸地方添设一县。镇雄府应改设一州，归并乌蒙府属"②。

改土归流后"汉奸恶目人等尽法惩治，并土府等移内地，绝其根株"完全必要，否则，"虽改土归流而余风未殄，终贻后患"。除此而外，合理区划设置，增加兵力防患于未然也十分必要。

鄂尔泰的建议和布局，胤禛赞许："筹划甚是妥帖。今滇黔数处改土归流新定，苗夷正资弹压。乌蒙、镇雄等处据地甚广，应添兵处，不可惜此小费。当谋一劳永逸，万不可将就从事。俟归化日久，一切如内地一般时再议减撤未为不可。当知朕意料理可也。"

随后，鄂尔泰又借题发挥，专折对胤禛转来的四川永宁协副将张瑛的三个条奏提出了自己的看法。

胤禛在批转张瑛条奏时指出："朕观此人愚俗蠢夫但向日声名甚好，亦不可以人废言。尔等现今整理乌蒙之事或有可采处。发来卿看。岳钟琪亦照样发去矣。有可采处取用，若无用之论不必逐款回奏。"

鄂尔泰除对松潘城池、商茶二条以"不深知情形未便妄议"外，对"各营盔甲宜亟补造"，"已归流之土民宜从国制"，"永宁、乌蒙宜酌量归并"，"黎川等处猓蛮一折"，"东川府宜及时振作以图久远"，"乌蒙阿底

① 《清实录·世宗实录·卷五三》，第812页。
② 《朱批谕旨·二十五册》，第64页。

构怨土府万钟应留一折"皆予以回应，尤其对张瑛条奏"已归流之土民宜从国制"的观点给予附议并进行深入阐释，提出了治理原土司地方的长远之计。鄂尔泰的奏折和胤禛的批谕说明君臣处理民族问题的境界得到了进一步升华。

鄂尔泰对张瑛"已归流之土民宜从国制"条奏发表的议论如下：

> 据称，归流百姓仍听土目管辖，席其椎髻、裹毡之旧。宜令剃头改装，分设里长甲首，令百姓轮流充当。土目俱迁腹地等语。
>
> 臣自长寨之役，凡各寨投诚前后剃头者已数千人，及乌蒙之役各土兵情愿剃头者又数千人。率皆出自本心并非有所逼勒。
>
> 若强令遵依，各不情愿，将恶猓凶苗与齐民无别，转恐为齐民害。
>
> 至于既经归流，则把目伙头之名自应改为里长甲首，但必将土目俱迁腹地，令百姓轮管夷民，恐两不相习，转难宁帖。
>
> 臣愚以为，抚夷之法，须以汉化夷，以夷治夷。即如土官，类多残刻而夷民畏服并无异志者，此正可以转移之一机。但使流官大破因循苟且之习，力存委屈开导之意，则积久渐入知尊、知亲，生杀惟命而形迹名目之间，俱无庸置议矣。①

胤禛对鄂尔泰的言论极度赞赏，题头批谕"甚是"。②

鄂尔泰"抚夷之法"的言论，可以说是他在云贵期间最大的收获，是这个雍正时期改土归流的最大功臣此时得出的最重要的结论，也是对胤禛最好的建议。胤禛题头批谕"甚是"。

雍正四年（1726）八月初六日，鄂尔泰在奏折中主张"土司尤宜严其考成"，与胤禛的另一重臣张廷玉推崇的"孔性善言"有异曲同工之妙。张廷玉是雍正时期权倾朝野的重臣，内阁首辅，领班军机大臣，是清王朝唯一死后配享太庙的文臣，也是唯一配享太庙的汉臣。张廷玉的《明史》对土官、土吏以及整个土司制度和历史上各朝各代的少数民族政策有一个基本

---

① 《朱批谕旨·二十五册》，第64-65页。
② 《朱批谕旨·二十五册》，第65页。

评价。

西南诸蛮,有虞氏之苗,商之鬼方,西汉之夜郎、靡莫、邛、筰、僰、爨之属皆是也。自巴、夔以东及湖、湘、岭峤,盘踞数千里,种类殊别。历代以来,自相君长。原其为王朝役使,自周武王时孟津大会,而庸、蜀、羌、髳、微、卢、彭、濮诸蛮皆与焉。及楚庄蹻王滇,而秦开五尺道,置吏,沿及汉武,置都尉县属,仍令自保,此即土官、土吏之所始钦。

迫有明踵元故事,大为恢拓,分别司郡州县,额以赋役,听我驱调,而法始备矣。然其道在于羁縻。彼大姓相擅,世积威约,而必假我爵禄,宠之名号,乃易为统摄,故奔走惟命。然调遣日繁,急而生变,恃功怙过,侵扰益深,故历朝征发,利害各半。其要在于抚绥得人,恩威兼济,则得其死力而不足为患。

《实录》载成化十八年马平主簿孔性善言:"溪峒蛮僚,虽常梗化,乱岂无因。昔陈景文为令,瑶、侗皆应差徭,厥后抚字乖方,始仍反侧。诚使守令得人,示以恩信,谕以祸福,亦当革心。"帝嘉纳之,惜未能实究其用,此可为治蛮之宝鉴矣。

尝考洪武初,西南夷来归者,即用原官授之。其土官衔号曰宣慰司,曰宣抚司,曰招讨司,曰安抚司,曰长官司。以劳绩之多寡,分尊卑之等差,而府州县之名亦往往有之。袭替必奉朝命,虽在万里外,皆赴阙受职。

天顺末,许土官缴呈勘奏,则威柄渐弛。成化中,令纳粟备振,则规取日陋。孝宗虽发愤厘革,而因循未改。

嘉靖九年始复旧制,以府州县等官隶验封,宣慰、招讨等官隶武选。隶验封者,布政司领之;隶武选者,都指挥领之。于是文武相维,比于中土矣。其间叛服不常,诛赏互见。[①]

在张廷玉看来,治蛮之法,"其要在于抚绥得人,恩威兼济,则得其死力而不足为患","诚使守令得人,示以恩信,谕以祸福,亦当革心","此可为治蛮之宝鉴矣"。他主张"以府州县等官隶验封,宣慰、招讨等官

---

① 张廷玉:《明史·卷三百十》,中华书局1974年版,第7981-7982页。

隶武选。隶验封者，布政司领之；隶武选者，都指挥领之。于是文武相维，比于中土矣。其间叛服不常，诛赏互见"。

张廷玉认为，不一定非得改土归流，设置土官管理地方是完全可行且必要的，关键是怎么管理。这与鄂尔泰的"土司尤宜严其考成"并不矛盾。而这时的胤禛与鄂尔泰也并不是一味地反对任用土官，他们反对的是土官的家族世袭。以鄂尔泰、张廷玉为代表的朝廷重臣与胤禛，在"以汉化夷，以夷制夷"的基础上求得统一，达成共识，从而保证改土归流顺利推进，成为雍正朝的一大功绩彪炳史册。

改土归流，用现代语言来概括，其实质就是少数民族地区干部制度的改革，就是要革掉少数民族地区长期以来存在的家族世袭的领导和管理体制。

在鄂尔泰和胤禛看来，改土归流，摧毁区域性的家族世袭体制势在必行。胤禛的全国性改土归流不管其顶层设计是否明确和周密，但确确实实摧毁了区域性的家族世袭体制。而社会历史发展的总体趋势表明，区域性的家族世袭体制被摧毁之后必然是国家层面家族世袭体制的崩塌。一百多年后，辛亥革命推翻了封建帝制，终结了国家层面家族世袭的体制。这是鄂尔泰、张廷玉包括胤禛自己都没有预料到的。

从历史的角度看，胤禛的改土归流无疑是摧毁了区域性的家族承袭的领导和治理体制，进一步巩固和维护了大一统国家政权的领导和管理体制，为中央集权强化对西南少数民族地区的直接、统一管理创造了条件。

鄂尔泰和胤禛是何等聪明之人，且心有灵犀一点通。他们筹划的改土归流就是要结束土司治理地区家族世袭的领导管理体制，但是并不改变以夷制夷的方略，而是要加以完善，即通过改土归流达到以汉化夷、以夷治夷的目的，最终通过流官和原地产生出来的没有世袭权利的土官共同治理，完成大一统。

雍正五年(1727)三月君臣之间形成共识，不管之后落实情况如何，改土归流出现的新气象仍值得称道。

对于张瑛的"乌蒙阿底构怨土府万钟应留一折"，鄂尔泰说：

> 臣看张瑛此奏严于阿底，怨于乌蒙，请宽禄万钟，不及刘建隆等，颇有私心，未是公论。

前岳钟琪委伊会审移咨到，臣续准咨移。复改委张玉送伊赴京引见，料闻其议论，知其无能为也。

查：前乌蒙土官曾抢阿底土官之女。从此结仇，互相劫掠，威宁不能禁。阿底川省亦不能制。乌蒙所谓排解二字正所以驱之斗耳。

臣前过威宁，酌调阿底土兵时，禄在中等踊跃，争趋相率剃头改装者甚众。今乌蒙既定，诚恐在中等欲乘此复仇横肆劫掠，随已通饬文武官员严行禁约。①

对改土归流后土官的安置问题，朝廷上下特别关注，君臣从公论处达成了共识。

雍正五年(1727)八月癸卯，吏部"又议复"：

云贵总督鄂尔泰疏言，泗城土知府岑映宸横征滥派，众不聊生，以致杀劫为活。复差役带兵器越境拿人，甚至调兵数千于者相地方扎营七盘，以夸强悍。臣等奉旨各调官兵在营候檄。岑映宸自知罪犯难逃，随缴印信号纸，呈恳免死，改流存祀。

请将岑映宸革去世职，改设流官。知府岑映宸妻子家口一并解至浙江原籍安插。

查：岑映宸之祖岑继禄曾有率土兵迎导大军之功，请将映宸之弟、武举岑映翰赏给八品项带，仍居泗城，量给田产、奉祀，不得干预地方生事。

至泗城一协，向设官弁，但驻守泗城内哨外哨，其接壤黔苗数百里内并无一兵防汛。请将泗城协副将裁去，改设右江总兵。添设左右两营游击各一员，左营游击兼管中军事，驻扎皈乐地方，右营游击驻扎百色地方。……

从之。②

鄂尔泰在这个奏折中提出，改土归流后土官安置宜区别情况予以对待。

---

① 《朱批谕旨·二十五册》，第65页。
② 《清实录·世宗实录·卷六〇》，第920-921页。

其一，有罪之土知府岑映宸革职解至原籍安插。

其二，念岑映宸之祖岑继禄率土兵迎导大军之功，而将其弟岑映翰赏给八品衔项带，仍居泗城，量给田产、奉祀（祖先），但"不得干预地方生事"。

这两个方案胤禛都同意了。

当时，杨名时也上了一个奏折，同样说及改土归流后土官的安置问题，综合刑部等衙门的议复、胤禛的谕旨，连同鄂尔泰多个奏折提出的方案，改土归流后土官的安置方案日趋完善，也更宽容。

据《清实录·世宗实录·卷六〇》记载，雍正五年（1727）八月丁未，刑部等衙门议复：

> 云南巡抚杨名时疏言，镇沅府土知府刁瀚，奸占民妻，强夺田地，凶淫贪劣，应拟绞监候。镇沅地方，已经改土为流，应将刁瀚家口迁往省城，无留土属滋事。应如所请。

> 得旨：疏内所称将刁瀚家口迁住省城之处，朕思之家口仍留本省管束太严，则伊等不得其所。若令疏放，恐又复生事犯法。刁瀚之家口着迁往江宁省城，令该督酌量安顿，务令得所。

> 凡有改土为流之土司，其迁移何处及如何量给房产俾得存养之处，着九卿量该土司所犯罪案分别详议具奏。①

将刁瀚之家口异地安置于江宁（南京），这是胤禛的决定。用农村的一句俗语来概括，"从糠箩跳到了米箩"。

胤禛已经认识到如何安置改土归流的土司是关系到改土归流成败的重大问题，决定权必须上收，列入朝廷的议事日程。土司无论大小，一概上报朝廷，而且要"分别详议具奏"，等于一事一议。一些小土司的安置都是朝廷议决。例如，《永顺府志·卷之首·上谕》记载："雍正十三年奉敕：向玉衡，尔系上峒长官司，既无防御之责亦无管束军民之任，恳请辞职。准将原缺裁汰。但念尔祖父曾经的随征效力，不忍令其废置，特赏给把总职衔，准尔子孙永远承袭。若有年力精壮情愿随营差操者，准其食俸效用。才具优长者，着该管大臣保题，照武职例升转。钦哉，故敕。又，下

---

① 《清实录·世宗实录·卷六〇》，第922页。

峒长官司向梁佐、大喇司土司彭炳俱给世袭把总职衔。敕书同时颁发。"

　　虽然上谕中有"永远承袭""世袭"字眼，其意义并非对一个区域领导和管理权利的世袭，而是流官治理下"把总职衔"这一职业或称号的世袭，是朝廷"以汉化夷、以夷制夷"的举措之一。

　　做了大量开拓性工作，积累了丰富的经验，云贵、广西的改土归流艰难而稳妥进行着。雍正五年(1727)十二月己亥日，胤禛谕兵部正式宣布云贵川广以及楚省改土归流全面展开。

　　鄂尔泰在云贵的建策对全国的改土归流具有重要的示范意义和指导推动作用。

　　雍正九年(1731)八月甲辰日，胤禛"谕内阁：云贵广西总督鄂尔泰来京陛见。于署督高其倬到滇之后起身。着乘驿按程而行。所过地方拨弁兵护送。沿途文武官员悉按该管上司之礼迎送供应"[①]。

　　进京之后，鄂尔泰随即升为大学士，并为一等精奇尼哈番，授一等伯爵，世袭罔替，署镶黄旗满洲都统，督巡陕甘经略军务，前往北路军营经略军务等，一路受宠。胤禛驾崩之际，鄂尔泰与张廷玉一起被授为乾隆皇帝弘历的辅政大臣。

────────────

　　① 《清实录·世宗实录·卷一〇九》，第450页。

第二章　福敏、布兰泰桑植保靖改土归流

永顺宣慰司地处湖湘边陲，毗邻云南、贵州、四川，与桑植、保靖土司接壤，与湖北的容美土司邻近，地理位置十分奇特。永顺宣慰司总司的"苗"字旗是情报工作部门，是永顺司发现苗头、负责侦察的部队。不要说永顺司周边的风吹草动，彭肇槐了如指掌，朝廷上下的动作，彭肇槐知道的也是八九不离十。

这种情况，朝廷上下均有知晓。雍正六年（1728）二月初三日，胤禛在湖广总督迈柱的奏折上明确指出："闻各土司俱有耳目腹心布于督抚左右，须当谨防。而一切事尤宜缜密料理，毋稍疏忽。此系朱纲奏朕之语，不识伊曾向福敏、马会伯言及否也。"

湖南的布政使、后来升任云南巡抚的朱纲向胤禛上折这么说，胤禛又转告迈柱，说明当时各土司的情报工作和渗透力非同一般。朝廷对此高度警惕。

朱纲对胤禛上折说"各土司俱有耳目腹心布于督抚左右，须当谨防。而一切事尤宜缜密料理，毋稍疏忽"，既是汇报情况，又是提醒胤禛：您的左右可能有土司耳目心腹。胤禛把朱纲之语放在心上，不仅告诉了迈柱，还追问"不识伊曾向福敏、马会伯言及否也"。

朝廷上下都在防备，可是防不胜防。

雍正二年（1724）五月辛酉日，胤禛谕四川、陕西、湖广、广东、广西、云南、贵州督抚提镇等，要求督抚提镇传达到各土司，"严饬所属土官，爱恤土民，毋得肆为残暴，毋得滥行科派"，"申饬之后，不改前非，一经查觉，土司参革，从重究拟"。这一谕令意味着什么？彭肇槐不得不深思。

雍正三年（1725）十二月乙酉日，胤禛谕兵部，同样要求"仍将此旨下与该管督抚提镇，转饬各土司"，强调"自兹以往，尤宜益矢忠勤，各安驻

牧，严束部落，不得滋事生非；和睦族邻，不可恣行仇杀"，"或有强悍不平，各土司只宜赴该管上司陈告，岂得任意戕杀，以背朕好生保赤之念"。彭肇槐虽手握重兵，但用兵之权被夺。又意味着什么？

鄂尔泰在云贵的动静，彭肇槐焉能不知？雍正五年（1727）九月己卯，"湖广总督福敏题，永顺宣慰司彭肇槐患病休致，请以其子彭景燧袭替，下部知之"①。

彭肇槐是否真病，是否病到不能处理政事的程度，都值得怀疑。

"休致"期间，鄂尔泰在云贵的改土归流大张旗鼓地进行着，桑植土司、保靖土司的问题闹得沸沸扬扬，彭肇槐静得下来吗？"休致"得了吗？

彭肇槐休致不到两个月的时间，雍正五年（1727）十一月初十日，福敏以吏部尚书、署理湖广总督印务的名义上折时说，"再查永顺土司彭肇槐，素常恭顺。臣令拨领土兵二百名同进。又官兵米粮，该土司用夫运送，克期无误"。

一个"同进"，一个"克期无误"，让彭肇槐直接介入桑植土司、保靖土司前期改土归流漩涡，身体恢复得那么快？

胤禛皇帝对此也高度重视，赞赏有加："应奖赏者，备细声明题请可也。"

但是，湖广总督、湖南巡抚，包括湖南的布政使变来变去，令彭肇槐受尽煎熬。

湖广总督管辖湖南、湖北两省军民事务，治所在武昌。福敏署理湖广总督印务事出有因。

康熙六十一年（1722）十一月戊戌日，康熙病逝不久，胤禛还没正式即皇帝位便"命工部左侍郎署湖广总督满丕来京，在原任侍郎内行走，升广东巡抚杨宗仁为湖广总督"②。

雍正三年（1725）八月甲戌，"升安徽巡抚李成龙为湖广总督"③。

雍正四年（1726）九月壬辰，"以湖广总督李成龙为正白旗汉军都统，

---

① 《清实录·世宗实录·卷六〇》，第942页。
② 《清实录·世宗实录·卷一》，第36页。
③ 《清实录·世宗实录·卷三五》，第529页。

福建福州将军宜兆熊为湖广总督"①。

雍正在召见宜兆熊时发现他是大字不识的一介武夫，九月丙午，"以都察院左都御史福敏署理湖广总督"②。

一直到雍正五年(1727)闰三月戊辰，胤禛才"命署湖广总督福敏回京，升署江西巡抚迈柱为湖广总督"③。

湖广总督频繁换人，最后定格在迈柱。但是，迈柱借故拖延，迟迟不到任，福敏只好继续署理湖广总督印务。

湖南巡抚也如走马灯。雍正元年(1723)正月辛丑日，"升湖南巡抚王之枢为吏部侍郎"，"以内阁学士魏廷珍为湖南巡抚"④。

雍正二年(1724)六月庚寅，"湖南巡抚魏廷珍缘事革职，升浙江布政使王朝恩为湖南巡抚"⑤。

雍正二年(1724)九月癸丑，"以原任湖南巡抚魏廷珍为盛京工部侍郎"⑥。

雍正三年(1725)十月庚寅，布兰泰为湖南巡抚。但是，布兰泰在湖南的作为，胤禛也不满意，雍正五年(1727)五月才任命王国栋为湖南巡抚。

湖广总督、湖南巡抚胤禛精心配置，湖南的藩臬二司胤禛也没有掉以轻心。

雍正元年(1723)三月壬寅，"升广西苍梧道迟维台为湖南按察使司按察使"⑦。

雍正元年(1723)五月甲申，"谕内阁。湖北布政使员工缺。朕熟思数日，不得其人。着大学士、尚书、都御史、侍郎、副都御史等各保一人，密折封奏。如更有堪任他职者，亦并缮入。再有裨益政事，启沃朕躬之言，并附陈奏。务宜谨密。所奏必出于公正，傥有交通约会等情，经朕闻

---

① 《清实录·世宗实录·卷四八》，第719页。
② 《清实录·世宗实录·卷四八》，第728页。
③ 《清实录·世宗实录·卷五五》，第834页。
④ 《清实录·世宗实录·卷三》，第87页。
⑤ 《清实录·世宗实录·卷二一》，第346页。
⑥ 《清实录·世宗实录·卷二四》，第382页。
⑦ 《清实录·世宗实录·卷五》，第122页。

知，不独见轻于朕，且彼此非笑，亦当顾惜。尚其慎之"①。

最终，胤禛选中了朱纲。雍正元年（1723）五月己亥，"湖北布政使张圣弼缘事革职，升河南按察使朱纲为湖北布政使司布政使。监察御史张保为河南按察使司按察使"②。

对千呼万唤始出来的湖北布政使朱纲，胤禛特别关注。雍正元年（1723）十二月壬子，胤禛皇帝"调湖北布政使朱纲为湖南布政司布政使。湖南布政使郑任钥为湖北布政使司布政使"③。

布政使的地位和权力仅次于巡抚。福敏署理湖广总督印务使胤禛不称心，湖南巡抚人选也不甚如意，但有朱纲在，一定程度上稳定了湖南的政局。

雍正五年（1727）二月甲戌，"解云南巡抚杨名时任升湖南布政使，朱纲为云南巡抚"。雍正五年（1727）闰三月己巳，"升巡察湖广御使赵城为湖南布政使司布政使"。④

后来，还有杨永斌这位各方面都信得过的大员担任湖南布政使。湖南的官场群星璀璨，都是有所作为的。

杨宗仁在湖广总督任上处理过保靖土司问题。

雍正二年（1724）二月戊辰，"湖广总督杨宗仁题：保靖宣慰使彭泽宏缘事革退，请以其子彭御彬承袭。下部知之"⑤。

《清实录·世宗实录》的这个记载颠覆了府县志关于彭泽宏（多记为彭泽虹）与彭御彬传承的相关记载。彭御彬的承袭，是湖广总督杨宗仁题请，朝廷批准，胤禛"下部知之"的大事，谋官夺印案不过是福敏、布兰泰欲仿效鄂尔泰在云贵改土归流而找的一个由头。

福敏署理湖广总督印务、布兰泰为湖南巡抚，要学鄂尔泰在云南改土归流，强令保靖土司改土归流，总得找一个理由，于是乎，保靖宣慰司谋官夺印假案应运而生。

---

① 《清实录·世宗实录·卷七》，第 140-141 页。
② 《清实录·世宗实录·卷七》，第 149 页。
③ 《清实录·世宗实录·卷一四》，第 247 页。
④ 《清实录·世宗实录·卷五五》，第 835 页。
⑤ 《清实录·世宗实录·卷一六》，第 279 页。

上
编

福敏是胤禛刻意培养的官员,但胤禛对福敏署理湖广总督印务时的举措不满,这样才有任命鄂尔泰的岳父迈柱为湖广总督的安排。

第一节　福敏因功受赏　署理湖广总督

福敏很有才学,也是胤禛看中而刻意培养的官员。《清实录·世宗实录·卷二〇》记载,雍正二年(1724)五月丙寅,内阁学士福敏为纂辑大清会典副总裁官。

《清实录·世宗实录·卷二三》记载,雍正二年(1724)八月丙子,"以吏部尚书朱轼、户部尚书张廷玉为会试主考官。内阁学士福敏、吏部左侍郎史贻直为副考官"。

《清实录·世宗实录·卷二六》记载,雍正二年(1724)十一月丙午,"以户部尚书徐元梦为翻译乡试正考官。内阁学士福敏、兵部右侍郎阿克敦、光禄寺少卿杭奕禄为副考官"。

《清实录·世宗实录·卷二七》记载,雍正二年(1724)十二月乙酉,"以内阁学士福敏、吴士玉教习庶吉士"。

《清实录·世宗实录·卷三一》记载,雍正三年(1725)四月己卯,抚远大将军、川陕总督年羹尧夺职"着调补浙江杭州将军"。壬午,"升内阁学士福敏为吏部右侍郎"。

《清实录·世宗实录·卷三四》记载,雍正三年(1725)八月丙寅朔,"以吏部右侍郎福敏署理浙江巡抚"①。

福敏署理浙江巡抚是胤禛惩治年羹尧的重大举措。

雍正三年(1725)十月十七日,福敏和鄂弥达表功的奏折是这么说的:

> 署理浙江巡抚印务、吏部侍郎臣福敏,署理杭州将军印务长史臣鄂弥达谨奏,为请严拿逆党以彰国法事。
>
> 九月二十八日申刻,钦差闲散内大臣、都统拉锡到杭州赍捧上谕:"锁拿年羹尧。钦此。"

---

① 《清实录·世宗实录·卷三四》,第526页。

钦遵臣等即于是夜同都统拉锡传唤年羹尧到臣弥达衙门。臣敏宣读上谕，即时锁拿看守。

臣敏恐伊家财产有藏匿遗漏之处，立即亲自同内监二人赴年羹尧家内查点，将内外各房门一一封闭，守至天明，与拉锡等面同逐件查点，攒造总册会疏具题外，又臣等公同搜查年羹尧内室并书房橱柜内，书信并无一纸。随将伊家人来讯。据供，年羹尧于九月十二日将一应书札尽行烧毁，等语。及问年羹尧供词，无异。

至拉锡起身之后，臣等再加细搜粗重家伙，于乱纸中得抄写书二本。书面标题：读书堂西征随笔。内有自序系汪景祺姓名。

臣等细观其中所言，甚属悖逆，不胜惊骇，连日密访其人。至十月十六日，始知汪景祺即钱塘县举人汪日祺。

臣等一面饬令地方官将伊家属封锁看守，一面唤伊近房族弟、翰林院编修汪受祺，问其去向。据称，汪日祺现在京师罐儿胡同居住，我若欺妄，不行实说，甘与日祺同罪等语。取具亲笔供单存案。

臣谨将逆犯汪日祺所撰书二本封固，恭呈御览，伏祈皇上立赐严拿正法，以快天下臣民之心，以褫将来恶逆之胆。

臣等受恩深重，义不与逆贼共戴天日。为此缮折密奏，伏乞皇上睿鉴施行。

臣等合词谨奏。

胤禛对福敏等人的行为赞赏有加。批谕：

若非尔等细心搜检，几致逆犯漏网。其妄撰妖辞二本暂留中摘款发审。尔等凡经目睹之人当密之，勿得泄露。①

有了胤禛的鼓励，福敏随后又于雍正三年（1725）十二月二十二日给胤禛上折报告抓捕曹涛安及其胞弟曹人表的情况。

雍正三年十二月十八日，钦差、奏事员外郎觉罗石麟到浙江拘拿曹涛安，当即并伊胞弟曹人表一并拿获。随差委千总王瑄、

---

① 《朱批谕旨·十册》，第5页。

把总高陞押解赴京交部外，所有房产人口什物当经查明造具清册。此外有无寄顿年羹尧财物，饬令地方官严加搜查。另行奏闻。

　　臣谨奏。

胤禛当然高兴，批谕："此一要犯，恐其知风远扬，故遣石麟前往密拿。今已就获，深惬朕怀。"①

雍正三年(1725)十二月甲戌，议政大臣、刑部等衙门题奏，年羹尧犯有九十二项大罪，该斩。胤禛颁旨，"朕念年羹尧青海之功，不忍加以极刑，着交步军统领阿齐图，令其自裁"②。

福敏协助胤禛惩治年羹尧有功，重用一步接着一步。雍正四年(1726)二月甲子朔，"吏部右侍郎福敏为都察院左都御史"③。

雍正四年(1726)九月丙午，"以都察院左都御史福敏署理湖广总督"④。

福敏是带着惩处年羹尧有功的喜悦和手段来到湖广总督任上的。

雍正四年(1726)十月初十日，署理湖广总督印务、都察院左都御史臣福敏谨奏：为恭谢天恩事。

福敏在奏折中说：

　　窃臣至愚极陋，蒙皇上格外洪恩，不次任用。今复蒙天恩，命臣驰驿到楚署理总督印务。臣于九月十九日自京起程，十月初八日至汉口地方接印。

　　所有入境接印日期恭疏题报外，伏念臣才劣任重，不胜悚惧，惟禀承圣训，钦奉遵行。所有奏折，更乞皇慈垂悯愚昧，御批指示。俾得知所遵循，以图仰报天高地厚之恩于万一，臣不胜感激之至。

　　臣谨奏。

福敏在此向胤禛提出了一个要求：所有奏折，更乞皇慈垂悯愚昧，御

---

① 《朱批谕旨·十册》，第七页。
② 《清实录·世宗实录·卷三九》，第568-572页。
③ 《清实录·世宗实录·卷四一》，第602页。
④ 《清实录·世宗实录·卷四八》，第728页。

批指示。胤禛没有明确表态，仅批谕道："应如是奋勉，力图报称。若因暂行摄署，以五日京兆自居，而诸事诿卸，则负朕之信任矣。勉之。"①

后来的事实证明，福敏急功近利，诸事皆揽，胤禛对福敏又多有不满。

胤禛对福敏的奏折很重视，但是没有做到凡折必批。福敏也许有所失望。

福敏以"都察院左都御史"和"吏部尚书"两种身份署理湖广总督印务有一定偶然性。

雍正四年（1726）九月壬辰，胤禛"以湖广总督李成龙为正白旗汉军都统，福建福州将军宜兆熊为湖广总督"②。

引见时，胤禛发现宜兆熊没有文化，难以胜任。雍正四年九月丙午，"以都察院左都御史福敏署理湖广总督"③。

福敏学识渊博，是个实心办事之人，但文人的迂腐和急躁同样突出，胤禛虽有所不满，但始终能够善待，批谕福敏的奏折从来不使用过激的言辞。

《清实录·世宗实录·卷五一》记载，雍正四年（1726）十二月辛酉，福敏折奏"遵煮赈之法，少为变通。行令各州县，确查人口数目，老弱丁壮，一体给米"。

胤禛批谕，"变通救济，总期灾黎得沾实惠，以慰朕饥溺之怀"，加以肯定。

这个月的丁卯日，福敏折奏"请将通省州县各官酌调繁简，次第调换，以便盘查仓库钱粮"，稚气未脱。

胤禛批了大篇议论加以否定，但从用词来看是循循善诱，没有露骨的斥责。

当年十二月癸未，胤禛又专门谕署湖广总督福敏：

> 朕原命尔暂署督篆，俟宜兆熊一到，交代即还。昨宜兆熊来京陛见，看伊精神力量，甚觉勉强。楚督节制两省文武，任巨事

---

① 《朱批谕旨·十册》，第7-8页。
② 《清实录·世宗实录·卷四八》，第719页。
③ 《清实录·世宗实录·卷四八》，第728页。

繁，统辖匪易。且又不识一字，但其操守尚优，而心术亦正。蔼然有忠君爱国之诚，为可取耳。朕兹令伊督理直隶事务，以试观可否。

两湖重寄，一时不得其人。故欲将尔多留一两年，以经画之。尔其从容次第料理可也。

一两年之语，系朕约略言之。若一得人，即命往替，令尔旋都。不必亟思赴阙，致乱心曲。

近日廊庙中颇乏卿贰，满臣皇子左右，亦需尔来辅翊。留尔在楚，乃出于不得已也。宜仰体朕意，勉力为之。①

胤禛的谕旨，既说明了两湖的重要性，又指出了宜兆熊不能到任的原因，告诫福敏"不必亟思赴阙，致乱心曲"。

胤禛说得很清楚，将福敏最多留楚一两年，要福敏"从容次第料理"，"若一得人，即命往替，令尔旋都"。

为了让福敏安心留楚，胤禛甚至连"近日廊庙中颇乏卿贰，满臣皇子左右，亦需尔来辅翊"这样的话都说了出来。

"颇乏卿贰"，就是舍你其谁？独一无二，把福敏抬得高高的。

辅翊，辅佐、辅导、辅助之意也。

胤禛说朝廷廊庙中缺不得福敏、离不开福敏，"留尔在楚，乃出于不得已也。宜仰体朕意，勉力为之"。

胤禛的圣旨既是对福敏的鞭策和敲打，但也只点到为止，又是对福敏寄予厚望。但是，福敏署理湖广总督印务的作为胤禛并不满意。雍正五年(1727)闰三月戊辰，"命署湖广总督福敏回京，升署江西巡抚迈柱为湖广总督"。

迈柱升任湖广总督后故意滞留江西，迟迟不去就任，福敏只好继续署理湖广总督印务，一拖就是半年。福敏和布兰泰把湖南的改土归流煮成了一锅夹生饭。

---

① 《清实录·世宗实录·卷五一》，第 776-777 页。

第二节　推行改土归流　保靖、桑植受阻

福敏和布兰泰知晓胤禛要亲信大臣鄂尔泰在云贵干什么，也想露一手。福敏于雍正五年（1727）三月十六日有一奏折。这一奏折开宗明义："为恭陈土司情形应请归流，仰祈圣训事。"就是要在桑植、保靖改土归流。福敏是这么说的：

　　窃臣于本年正月据九溪协副将包进忠呈报，有桑植土民男妇千余人逃至边境，称已革土司向国栋仍旧掌印，威逼凌虐，是以奔逃申冤，情愿改土归流等语，并将土舍向朝先等五名解报到。臣现发湖南两司审究。

　　臣查：奔逃土众至千有余人，则该土司之恣为凌虐不善抚驭可知。所有印务若令其妻护理必至妻报夫仇，若令伊子承袭亦不能子干父蛊，势必戕害无已。

　　臣俟两司审明之日，应如土民所请改土归流。

　　再。镇筸红苗原有十里，其下四里久已归化，而上六里之苗贴近保靖，向为保靖土官所管。今该土司彭御彬与其弟彭泽蛟等同室操戈，连年抄杀。经抚臣布兰泰题参革职，现在究拟。臣愚以为宜乘此时议改归流，实为久安长治之策。

　　臣细考地图形势，其下四里地方，设有镇筸镇，重兵弹压。下四里之西北即为上六里，其地与保靖接壤。保靖之外为永顺，为桑植，为湖北之容美各土司地界。

　　若将保靖改土归流，则镇筸一镇已贯红苗之腹心。再于镇标选拔游击一员，带兵驻扎六里界内之崇山卫城，以扼其腰背。又以游击一员带兵与同知一员驻扎保靖司城，与镇筸、乾州互成掎角之势，如此则镇营各官兵星罗棋布，措置周密，不特六里之苗不能与土司相通，不敢仍前肆纵。即未附之，红苗亦渐月摩，数年间，可以悉遵圣朝德化也。

　　臣今因奸民谢录正一案将赴长沙会审。臣再与抚臣布兰泰、

布政使朱纲细加妥酌，另行请旨，合将情形缮折陈奏，恭候皇上训示。

臣谨奏。①

福敏的这个奏折，涉及的领域相当多，桑植土司、保靖土司的问题，六里苗的问题，以及与此相关的永顺土司、容美土司问题，兵力部署问题，以及谢录正案件问题，等等。

首先说的是桑植土司问题。

九溪协副将包进忠呈报"有桑植土民男妇千余人逃至边境，称已革土司向国栋仍旧掌印，威逼凌虐，是以奔逃申冤，情愿改土归流等语"，包进忠甚至将"土舍向朝先等五名解报到"湖广总督驻地。

这是九溪协副将包进忠越过湖南巡抚和两司对桑植土司的处置。其中包括桑植土司唐宗圣的鼓噪。

福敏感觉不妥，但是很重视："现发湖南两司审究。"

福敏通过核查证实，也说明了必须改土归流的理由："奔逃土众至千有余人，则该土司之恣为凌虐不善抚驭可知。所有印务若令其妻护理必至妻报夫仇，若令伊子承袭亦不能子干父蛊，势必戕害无已。"

福敏的意见是，"俟两司审明之日，应如土民所请改土归流"。

保靖土司问题，福敏认为，"今该土司彭御彬与其弟彭泽蛟等同室操戈，连年抄杀。经抚臣布兰泰题参革职，现在究拟"。

福敏的意见是，"宜乘此时议改归流，实为久安长治之策"。

福敏不同于布兰泰，布兰泰虽为湖南巡抚，桑植土司和保靖土司都在其直接管辖范围，但胤禛对其有异议。胤禛在福敏奏折提及朱纲、布兰泰处批了这么一些句子：

"朱纲朕已另用矣"，"布兰泰人恐谨操守颇优，识见无足取也"，"此系地方大事，汝宜于广谘博询中自立主见，固不可游移，尤不可不详慎也。"

既对朱纲和布兰泰作了些评价又对福敏重重提醒。在福敏奏折的最后，雍正只批谕一个字："览"。

朱纲已经被雍正任命为云南巡抚配合鄂尔泰治理云南，布兰泰虽然还

① 《朱批谕旨·十册》，第22—23页。

在湖南巡抚任上，但胤禛提醒福敏"布兰泰人恐谨操守颇优，识见无足取也"，要福敏"在广谘博询中自立主见"。谘，咨询、商议、谋取之意也。就是说，不要听布兰泰摆布。

本来，这个奏折既说明了请求将桑植、保靖土司改土归流的理由，又描绘了容美、永顺、桑植、保靖四土司相毗相邻的地理位置及"六里之苗"历来由保靖土司管辖的历史，还提供了兵力部署的蓝图，应该说是一个考虑得比较周全的奏折，但是胤禛不置可否。归根结底，在胤禛看来，改土归流的时机还不成熟，要福敏"详慎"。

布兰泰也是胤禛重点培养的大臣，但是他在湖南巡抚任上的作为，让胤禛不满意，胤禛只好忍痛将其调去江西这个相对稳定的地方任巡抚。后来他在江西也干得不好，被革职。

布兰泰到湖南任巡抚颇有戏剧性。雍正二年（1724）六月庚寅，"湖南巡抚魏廷珍缘事革职，升浙江布政使王朝恩为湖南巡抚"①。

雍正三年（1725）十月乙丑朔，"山东布政使布兰泰为山西巡抚"②。

布兰泰升任巡抚不到一个月，当年当月的庚寅日，胤禛颁旨："山西巡抚布兰泰为湖南巡抚"，"湖南巡抚王朝恩为内阁学士兼礼部侍郎"。③

福敏是雍正四年（1726）九月获署理湖广总督印务职权，十月初八日至汉口接印。布兰泰则是雍正三年（1725）十月为湖南巡抚，先福敏署湖广总督印务一年。布兰泰任湖南巡抚前期，胤禛对其信任有加。

雍正四年（1725）十一月二十二日，布兰泰上奏：

> 湖南巡抚臣布兰泰谨奏：窃臣于本年二月、三月两次奏折内奉有朱批谕旨，令臣试看布政司朱纲、按察司何锡禄何如？据实奏闻。
>
> 臣前以莅任伊始，与两司共事未久，不敢冒昧具奏。今臣与朱纲共事十个月，与何锡禄已共事半年。看得朱纲为人练达，办事实心。何锡禄存心宽厚，办事勤谨。臣试看既确，不敢不据实奏闻。伏候皇上圣鉴。

---

① 《清实录·世宗实录·卷二一》，第346页。
② 《清实录·世宗实录·卷三七》，第552页。
③ 《清实录·世宗实录·卷三七》，第552页。

上编

谨奏。

布兰泰对朱纲和何锡禄的评价看似公允，其实是偏重何锡禄的。何锡禄按察使的职责与桑植土司、保靖土司改土归流的关联极大。胤禛的试探进一步坐实桑植、保靖土司问题必须暂时搁置，必须安排合适的人选去办理。

胤禛批谕："所论此二人甚公，且当何锡禄恐过于柔，年亦老矣。朱纲朕虽未见其人，观其办事，才调可谓一能员。"①

布政司使，俗称"藩司"，掌管行政及财赋，与巡抚同级，从二品。按察司使，俗称"臬司"，掌振风纪，澄清吏治，正三品。

胤禛要布兰泰提供参考意见的两个人，布兰泰认为"为人练达，办事实心"的朱纲升任云南巡抚，而布兰泰认为"存心宽厚，办事勤谨"的何锡禄则遭了殃。雍正四年（1726）十一月癸丑，"湖南按察使何锡禄缘事革职，升刑科给事中赵殿最为湖南按察司按察使"②。

既然胤禛对布兰泰信不过，物色湖南巡抚的接替人选势在必行。王国栋终于成为最佳人选。

胤禛重点培养王国栋的过程也颇具戏剧性。雍正四年（1726）十二月戊寅，"升光禄寺卿、浙江观风整俗使王国栋为宗人府丞，仍留观风整俗使任"。同时，"升直隶大名副将李佛保为湖广镇筸总兵官"。③

胤禛对全国的移风易俗看得很重，专设观风整俗使。王国栋从光禄寺卿、浙江观风整俗使（从三品）为宗人府丞（正三品），仍留观风整俗使任。

镇筸总兵设置在湖南与贵州交界的今凤凰县内，兵力可以控制包括保靖宣慰司、永顺宣慰司周边各土司的武装力量，特意安排直隶大名副将李佛保为湖广镇筸总兵官的意义非同寻常。尽管没有多久，雍正五年（1727）九月乙亥，胤禛又"升湖广衡州副将周一德为湖广镇筸总兵官"④。

镇筸总兵官的重要性胤禛是清楚的，同时任命王国栋和李佛保更具深意。

① 《朱批谕旨·六册》，第16页。
② 《清实录·世宗实录·卷五十》，第758页。
③ 《清实录·世宗实录·卷五一》，第77页。
④ 《清实录·世宗实录·卷六一》，第938页。

王国栋的提拔速度真快。雍正四年(1726)五月庚子,"升右通政王国栋为光禄寺卿"①。随后,王国栋又任提督、河南学政。虽然雍正四年(1726)十一月便赋予王国栋观风整俗重任,但王国栋雍正五年(1727)二月才到任。雍正五年五月胤禛便任命王国栋为湖南巡抚。其间不过三个月。

这是胤禛不得已的人事安排,除了不满意布兰泰的因素外,还有更深层次的思考。胤禛从布兰泰在湖南的表现看出他难以胜任湖南巡抚之职,甚至在其奏折上批谕:"尔总是志量卑鄙,惟在不相干小事上着意,非封疆之才也。"在大事上,布兰泰又犯东施效颦的错误,欲在桑植、保靖改土,胤禛不得不将其调出湖南,转任江西巡抚。

雍正五年(1727)闰三月十二日,湖南巡抚布兰泰关于桑植、保靖改土归流的奏折是这么说的:

窃臣查:保靖土司较诸司颇为强大。其土官彭御彬年少纵恣,众心不服。前于请斥婪监等事案内经臣题参,奉旨将彭御彬革职,提审在案。

臣查:该土司中,汉土交构,上下猜疑,屡相劫杀。目今官参印摘,众情涣散。据土人等愿请改流,若乘此时更置一番,势为较易。皇上圣明,自有睿鉴。

又,臣于本年正月十一日据九溪协副将包进忠禀报:桑植土司原革职土官向国栋操权残虐,土人男妇逃窜边境等因。

臣恐土人流入内地,飞檄岳常道杨晏星驰前往,已将逃避土人谕归本土并饬护印向氏好为安抚土众,毋得残虐。业已边境安堵。其土官向国栋、土目向朝先等现发臬司审讯。

臣以土司扰害不特,有干国典,且恐流毒边疆,而改流之举又事关重大,容俟两案审结之日会同督臣具题。

臣合先将两土司情形奏闻。

谨奏。

从布兰泰的奏折可以看出,彭御彬是布兰泰亲自题参,奉旨革职、提审在案的,罪名是"年少纵恣,众心不服"。涉及"请斥婪监等事案内",

---

① 《清实录·世宗实录·卷四四》,第649页。

"请斥婪监",指彭御彬和彭泽虬、彭泽蛟互讼谋官夺印案。

布兰泰以"据土人等愿请改流"为由,提出"若乘此时更置一番,势为较易"。

对于桑植土司原革职土官向国栋的罪名是"操权残虐","其土官向国栋、土目向朝先等现发臬司审讯"。布兰泰也想趁势改流,"但改流之举又事关重大,容俟两案审结之日会同督臣具题"。

胤禛对于布兰泰的奏折之不满,溢于言表。他在鄂尔泰奏折中说及"奉旨革职、提审在案"一段旁批道:"此等事讲不得难易,但当论理之应否耳。与傅敏详细斟酌。"

这里的"傅敏"即福敏。胤禛的"此等事讲不得难易,但当论理之应否耳",深富哲理。在胤禛心目中,保靖、桑植土司改土归流势在必行,但时机未成熟,叮嘱他"与傅敏详细斟酌"。

在布兰泰的这一奏折末尾,胤禛批谕:

> 尔之识见平常。此等大事,独持管钥,朕心有未惬。当与督提熟筹可否,不可见邻省有改流之事遂一时高兴亦欲效仿。百凡只宜揆情度理,实与地方百姓有益者为之,毋得无故生事。①

这个批谕能否让布兰泰找到醍醐灌顶的感觉不得而知。但"尔之识见平常"的评价,有自知之明者,可以领悟到其中的含义。"此等大事,独持管钥,朕心有未惬",说得明白不过。

"管钥",钥匙也。这里指事物的重要部分。"惬",满足、畅快之意也。"朕心有未惬"是说布兰泰在重大事情上独断专行令自己心中不悦、不满。

"邻省有改流之事",系指鄂尔泰在云贵改土归流之事。"一时高兴亦欲效仿",批评布兰泰盲目效仿,没有深思熟虑。布兰泰讨了个没趣。

胤禛对于听到风就是雨的官员并不十分赞赏,对于处事过于严苛的官员也有不满。雍正五年(1727)四月己亥,胤禛玩起明升暗降的把戏,"升湖南巡抚布兰泰为户部右侍郎,仍署湖南巡抚"。随后便将布兰泰调任江西巡抚,而将署理江西巡抚的迈柱升为湖广总督,代替同样"不如朕意"的

---

① 《朱批谕旨·六册》,第21页。

署理湖广总督的福敏。湖南巡抚则由王国栋担任。但是，迈柱以各种理由推迟赴任时间，福敏仍然署理湖广总督印务。湖广的改土归流陷入僵局。

雍正五年（1727）八月初十日，王国栋履新湖南巡抚，布兰泰八月十五日自长沙起程赴江西新任。

布兰泰在江西巡抚任上并没有吸取在湖南的经验教训，没有听取胤禛的训示，仍然我行我素，被从江西布政使任上调入京城任都察院右副都御史的王承烈参了一本，雍正六年（1728）十一月被胤禛革职。其过程，《清实录·世宗实录》是这样记载的：

戊辰，谕内阁：

江西布政使王承烈升任来京，奏称：布兰泰在江西巡抚之任，每遇事过于严刻。朕因着今来京面加询问。

布兰泰本一微末之人。朕因其居心谨慎，操守尚好，是以历任擢用为湖南巡抚。

后见其人居官办事识见偏小，已降旨调回授为侍郎。适江西巡抚未得其人，复将伊调抚江西并谕伊云，江西事务自迈柱整顿之后，汝可遵守，安静办理。

乃伊到江西后，复蹈故辙并无改悔之念。伊两任内所办之事，所奏之折，朕见其苛刻琐细，不知为政大体。随事切如训诲，所以批谕之者，剀切详明。至再至三。现在收贮，俱发与大臣及王承烈看过。

原不待王承烈之陈奏而后知之也，所以将伊调回者，意欲面行询问并加训谕。尚冀其或能悛改。

乃伊奏称：臣在江西所办事件，往往从重从严，待皇上敕改使恩出自上。

朕一闻此语，心中为之战栗，不觉汗流浃背。夫办事之道，惟在秉公、得理、中正、无偏，今有意严刻，先为过甚，以待折中，必朕留心体察方得更改。而伊又未预先奏明，朕又安从逆料其有心过严而事事皆为驳正乎？

况巡抚所办地方事务，不陈奏于朕前者甚多，安可预存严厉之见乎？

布兰泰深负朕恩，溺职已甚，着革职。①

布兰泰被革职后，雍正五年(1727)六月由江西粮道升任湖南按察使的李兰调回江西为布政使，署理江西巡抚印务。

布兰泰在江西巡抚任上裁了，在湖南巡抚任上把桑植、保靖土司改土归流的事办砸了，虽然这事与福敏脱不了干系，但他自己也难脱其咎。

第三节　福敏执意冒进　急切改土归流

福敏也不是等闲之辈，凭借与胤禛的亲密关系，揣摩圣上的心思对他来说不是难事，他执着地不断给胤禛上奏折，推动桑植、保靖土司的改土归流。

清同治《桑植县志·卷之一·沿革·改土归流奏疏》辑录了雍正五年(1727)七月初九日福敏的一个奏折。《桑植县志》关于改土归流的奏疏也仅仅辑录了傅敏(福敏)的这个奏折和雍正的一个谕旨。

《桑植县志》是这样辑录的：

雍正五年七月初九日，署理湖广总督傅敏密陈：湖南桑植、保靖二土司肆虐一方，汉土苗民均受荼毒，土人不时拥入内地，迫切呼号皆愿改土为流，共沐皇仁于光天化日之下。

臣等仰维皇上如天，遍覆六合一家，何在弹丸之地？但汉土虽殊，无非圣朝赤子，容土官肆行屠戮！前经臣敏具奏，奉御批着谨慎料理。

今臣等会商，查桑植司向国栋世济凶恶，杀虏苗民，久已众叛亲离。改流甚易，惟界连容美司，又缔婚姻。虽容美司田旻如慑服天威，万无敢于助恶之理。然其人桀骜狙诈，或以物伤其类之故，阳为不闻，阴行煽惑邻近土苗生事阻挠亦未可定。

臣等伏查，彝陵乃诸土司前路，九溪乃诸土司后路。

臣等着量密饬，彝陵镇总兵官整饬营伍预备，但事关重大，

① 《清实录·世宗实录·卷七五》，第1118页。

仍仰请皇上密谕杜森敬谨办理，就近弹压。

至其后路，议调衡州副将周一德暂署九溪协事，整顿兵马以备不虞。并澧州、永定两营听其节制，严饬防范，则诸土司不敢动，而容美无所施其技矣。

但桑植地方必须另设同知一员，驻扎弹压土苗，清理狱讼责任非轻。臣等查，有原任石门县知县铁显祖，稔悉苗情，亦有操守，可否仰邀圣恩，特授岳州府额外同知。该员身受殊恩，自必实心办理。至其衙署，再委谙悉苗情参游一员。俟布置已备毕，令该丞会同该将统领官兵三百名直入其地，抚绥宁辑，分守汛兵，立时可定。然后量形势或分属邻境，或建立州县，自无摇动。

至保靖司彭御彬贪淫凶暴，罪恶贯盈，邻近土司无不离心。近因谋官夺印一案经臣兰泰题参革职，现在提审，改流尤易。

其地界连乾州，向系乾州管辖。但离州治四百余里，声援不及，今已新设保靖司同知。应今该丞刘自唐会同守备一员带兵三百名镇抚分汛，亦可立定。即驻扎其地，招徕开垦，庶计出万全。

臣等再三酌议，所见符合。但自揣愚昧，不敢草率。为此合词具奏伏乞圣上御批，训示施行。①

这是署理湖广总督事务的福敏关于湖广地区改土归流的一个重要奏折，可是在《清实录·世宗实录》中不见踪影。

福敏是敕修《清实录·世宗实录》的重要成员，如果胤禛有批谕，舍去这么重要的奏折非同寻常。清世宗胤禛自己作序的《朱批谕旨》，第十册是专门辑录福敏奏折的，也找不到这个奏折。

《朱批谕旨》第十册所载福敏雍正五年(1727)七月初九日的奏折说的是谢恩。福敏奏折的原文是这样的：

雍正五年(1727)七月初九日，吏部尚书署理湖广总督印务臣福敏谨奏。为恭谢天恩事。

臣赍折家人回楚捧到钦赐金扇、香药各等件到。臣出郊跪接

① 周来贺修，卢元勋纂：《桑植县志·卷之一》，同治十一年刻本，第6-8页。

望阙叩头谢恩。祗领讫。

　　窃臣才劣任重，毫无报效，屡蒙圣主赏赍稠叠。臣何人斯常膺异数？惟有竭尽愚诚，仰承圣训，以图少效涓埃之报于万一。不胜感激之至。臣谨奏。

胤禛的批谕是：

　　览。奏谢，知道了。尔所奏土司二折，因朱纲现在京中，令其会同廷臣详议，俟奏覆时有旨。①

　　胤禛在此说及福敏"所奏土司二折，其中可能包括《桑植县志》辑录的这份奏折，还有一份可能是关于茅冈土司的奏折。

　　胤禛在此说明了没有立即批复的原因："因朱纲现在京中，令其会同廷臣详议，俟奏覆时有旨。"

　　朱纲，当时任湖南布政使。要朱纲"会同廷臣详议"，处理署理湖广总督的奏折，可以说是对朱纲的信任。"俟奏覆时有旨"，是胤禛的托词，说明胤禛内心深处是不同意福敏所上的这个奏折，但事情还得办，只好交由总督、巡抚之下的一个布政使去与群臣"详议"。

　　胤禛在《朱批谕旨》的"制序"中对他朱批谕旨的原则有一个说明，其中一条是"介在两可者，则或敕文部议，或密谕督抚酌夺奏闻"。对于福敏的这两份关于桑植、保靖改土归流的奏折则交由朱刚"会同廷臣详议，俟奏覆时有旨"，似已将这两份奏折归入"介在两可者"。也就是说，胤禛对于福敏雍正五年七月初九日的这个奏折根本没有明确批谕。

　　但是，朱纲会同廷臣详议必有一个基本结论，也就是说，没有同意福敏的举措。但是为了防患于未然，详议后朝廷也加强了桑植、保靖一带的兵力部署和人员配备。例如，福敏举荐的杨凯为桑植副将、铁显祖为桑植同知等，就是详议的结果。这就是说，这个时候胤禛没有对桑植、保靖土司改土归流作出最终决断，没有下圣旨。

　　可是，《桑植县志》在辑录《改土归流奏疏》时，先录雍正五年（1727）七月初九日福敏的这一奏折，紧接着在福敏这一奏折的结尾词"伏乞圣上御批，训示施行"后便是这样的字眼："八月十四日奉上谕。"没有标明年

---

① 《朱批谕旨·十册》，第26页。

份。省去八月十四日之前应该标明的年份雍正六年（1728），这个"上谕"正是雍正六年八月十四日的圣旨。这样，就给人造成了福敏七月初九日奏，胤禛八月十四日批的错觉。其实，福敏的这一奏折和胤禛的这一"上谕"，两者相距了一年多。

福敏雍正五年（1727）七月初九日的这份奏折，胤禛是不可能同意的。细细品读福敏的奏折，言过其实之处甚多，真的按他的意思走下去非出乱子不可。好在有朱纲这个湖南布政使在，在同廷臣详议中还能得到实情才避免了失误。

福敏的奏折首先说道："前经臣敏具奏，奉御批着谨慎料理。"这是福敏呼应雍正对福敏三月十二日奏折的批谕"尤不可不详慎"，从福敏这个奏折能看出"详慎"吗？

随后，福敏分析了桑植、保靖土司改土归流的有利条件和不利因素。虽然其中主旨要防备容美土司田旻如，但是其中说到的"诸土司""邻近土司"没有具体说明，其实也影射了永顺土司彭肇槐等。

彝陵，即今宜昌市。"彝陵乃诸土司前路"，是以湖广总督治所武昌为中心认指桑植、容美、永顺、保靖等土司的地理位置，没有问题。

"九溪"，指慈利九溪、九溪协。但是，慈利九溪、九溪协在桑植东北方，与"彝陵乃诸土司前路"不对称。九溪，或为"九溪十八洞"的简称，泛指祖国南方各少数民族地区，特别是湖北、湖南各土司的地理位置，其中包括桑植、容美、永顺、保靖土司等，这样方可与桑植北方的彝陵相对应。

或许九溪是武陵五溪的笔误。武陵五溪系沅水中上游地区的巫水（雄溪）、渠水（满溪）、酉水（酉溪）、沅水（沅溪）、辰水（辰溪）总称。这样，彝陵为诸土司前路，五溪为诸土司后路，让人易于理解。

福敏所说保靖司"地界连乾州，向系乾州管辖。但离州治四百余里，声援不及"也令人费解。保靖到乾州有四百余里吗？保靖"向系乾州管辖"吗？恐又是辰州之误。

桑植、容美、永顺、保靖土司辖地山水相连。桑植土司与容美土司、永顺土司接壤，从桑植土司越过永顺土司便是保靖土司。桑植土司的西方是容美土司、南方是永顺土司，永顺土司的南方是保靖土司。

上
编

福敏没有深入实地，是按照手中的地图比画的，准确度不高可以理解。福敏提出的桑植、保靖土司改土归流的相关对策，其中包括弹压兵力的部署和官员的配备，尽管充分考虑了诸土司，特别是桑植、保靖、容美、永顺四土司山水相连之特殊性，表面看来福敏上奏的是一份统揽全局的好奏折，但其实是福敏因深受惩治年羹尧案的影响作出的错误判断。

福敏认为桑植土司向国栋"世济凶恶，杀虏苗民，久已众叛亲离"，累及祖宗十八代。

福敏认为，"保靖土司彭御彬贪淫凶暴，罪恶贯盈，邻近土司无不离心。近因谋官夺印一案经臣兰泰题参革职，现在提审"。

在福敏看来，向国栋、彭御彬死有余辜。

特别是福敏主张，"统领官兵三百名直入其地，抚绥宁辑，分守汛兵，立时可定。然后量形势或分属邻境，或建立州县，自无摇动"，皆为浮躁之语。什么"立时可定"，没那么容易；什么"即驻扎其地，招徕开垦，庶计出万全"等，不过是过激轻浮之词、掉以轻心之语，不坏事才怪。

福敏们急切改流，胤禛却在等待。这样一份不入流的奏折，胤禛又没有批谕，难怪只能出现在《桑植县志》中。

雍正五年（1727）三月，福敏关于茅冈土司的一份奏折，胤禛也没有直接批谕而交兵部处理。兵部两次议复，雍正才"从之"。

《清实录·世宗实录·卷五四》这样记载：

兵部议复。署湖广总督福敏疏言，岳州府属茅冈安抚司土官覃纯一擒解奸匪，实属奉法尽职，请加恩议叙。应如所请。照广西安平土知州李丞车之例，赏给朝衣一袭。

得旨。李丞车身为土司，养民薄赋，乃其常职。今覃纯一擒解奸匪，非循分尽职者可比，宜加等议叙，以示鼓励。嗣后土司效力者，应酌量功绩之大小，分别等差，加以恩典。着该部定议具奏。

寻议：覃纯一应照内地文武官员拿获邻境盗首之例，加一级，记录一次。嗣后各省土司有拿获奸匪者，亦照此例。立有军功及奉法称职者，照原题分别议叙，层次加衔，赏给朝衣。庶各省土司益知鼓励。

从之。①

这个记载说明，朝廷上下对土司的改土归流还是有一个基本倾向，要改但不急于求成。该罚的重罚，该奖的重奖，以稳定大局。

胤禛对福敏，要用，但不放心。特别是对福敏急于将桑植、保靖土司处理到位心存芥蒂。

福敏在雍正五年(1727)三月癸卯所上奏折表功，说什么"臣奉命至楚，任事之后，即查衙门从前陋规，尽已革除"，显然是在吹牛皮。

福敏还提出了养廉新举措。胤禛在他的奏折上批谕：

> 此事汝不必矫廉，汝系暂时署理，若令后任难乎为继，亦非情理之平。督抚衙门养廉，自当酌定数目，朕岂有令汝等枵腹从事之理？况一切赏犒兵弁、延纳幕宾之需，有断不可省者，山西、陕西、河南督抚养廉朕皆许以三万金，因楚省何项可作督抚养廉，朕未周知，难以批谕耳。汝膺署理之任，正可一秉公恕，斟酌允当之数。随便附奏。②

其实，据《朱批谕旨》第十册记载，《清实录·世宗实录》没有录完全。在"随便附奏"后还有"以闻。似此琐屑之事朕本不欲闻，缘汝等皆以为必令朕知始得安。朕亦不过聊为知之而已。至你等品行之清浊全不在此也"。

尤其"汝系暂时署理，若令后任难乎为继，亦非情理不平"的谕示，更是劝诫。

胤禛对福敏奏折的质量打了折扣，也认为福敏不堪为封疆大吏，遂调福敏回京任吏部尚书，只是迈柱迟迟没有到位，福敏只好在署理湖广总督任上对付着。但是，胤禛对福敏的不满情绪在增加。

雍正五年(1727)九月二十二日，福敏以"吏部尚书署理湖广总督印务臣"的名义给雍正上奏折，"奏为汇报楚省收成分数仰祈睿鉴事"。胤禛批谕中先有这么一段话："前闻楚民离乡就食者甚多，亟当设法招徕，务令各旋故土得以复业方为抚恤之道。"紧接其后是重重的一锤："观汝节次所

---

① 《清实录·世宗实录·卷五四》，第826页。
② 《清实录·世宗实录·卷五四》，第822页。

奏，与朕所闻互异，切勿稍涉欺隐，负朕深恩。特谕。"①

胤禛对福敏的奏折有了"与朕所闻互异"这样一个总体评价，福敏难脱其咎。福敏学识渊博，胤禛赞赏有加。但是福敏在署理湖广总督印务上的所作所为，胤禛又不满意。

胤禛对福敏的多次敲打可以说够重了，但是，福敏特有的偏执和高傲驱使他在一条道上走到黑。这也难怪，谁让他是胤禛的亲信大臣呢。

第四节　胤禛俯准改流　肇槐率部跟进

经不住福敏等人的反复呈请和软磨硬泡，胤禛只好"俯准"桑植、保靖土司改流。俯，低头之谓也。"俯准"就是点头同意。意思就是说，你们实在要搞就先搞吧。但是，胤禛没有正式颁旨。福敏雍正五年(1727)九月二十二日奏折中的"密咨""密拨""密加防范"，就是明证，说明一切都是秘密进行的。

福敏雍正五年九月二十二日的奏折"为恭报调遣官兵抚辑事宜，仰祈睿鉴事"，胤禛难以容忍，又不得不忍气吞声核准。福敏的奏折是这么说的：

> 窃查：桑植、保靖土司改土归流一案，经臣会同前抚臣布兰泰、滇抚臣朱纲折奏，荷蒙皇上悯念边氓俯准改流。
>
> 臣于九月初五日准吏部密咨，适值副将杨凯正在武昌，并有镇筸游击王进昌亦以调考在省。臣随密拨辰州、九溪二协兵各二百五十名，令杨凯统领，带同备弁以及新设同知铁显祖，前往桑植。又密拨镇筸镇兵三百名，令王进昌统领，同保靖同知刘自唐赴保靖，并照会夷陵、镇筸两镇各于边界密加防范。
>
> 臣因弁兵以粮饷为先，已令预给两月兵米。又虑各兵出行需费，臣将皇上恩赏养廉银内以一千两分给杨凯、王进昌带往犒赏去讫。

---

① 《朱批谕旨·十册》，第29页。

再查：彭御彬、向国栋先已羁候省城，而其妻子仍留原地。臣今令该将等护送至长沙收管，俟事结之日，听候给还安插所有。

微臣现在布置办理事宜，合先具折奏闻，伏乞睿鉴。

臣谨奏。

雍正批谕：

此等事宜，正须加意鼓舞，岂可吝惜犒赏！如许兵弁千金，何能济事？观汝料理殊不妥协。①

"滇抚臣"系指已经从湖南布政使升任云南巡抚的朱纲。

福敏在此不打自招，原来把桑植、保靖土司改土归流问题搞砸了的"罪魁祸首"是福敏自己，是他"会同""前抚臣布兰泰、滇抚臣朱纲折奏"。"前抚臣布兰泰"有自己的责任和不足，说他代人受过不贴切，但是根源在于福敏这个顶头上司没有把好关。胤禛的板子把布兰泰打重了一点。

从福敏的这份奏折来看，为了保障改土归流顺利进行，当时的兵力部署相当严密，动用的兵力也很庞大。

兵力部署：密拨辰州、九溪协兵各二百五十名，计五百名。由副将杨凯统领和新设同知铁显祖等前往桑植。密拨镇箪镇兵三百名，令镇箪游击王进昌统领，同保靖同知刘自唐赴保靖。

福敏密拨兵丁总共八百名仍嫌不够，又"照会夷陵、镇箪两镇各于边界密加防范"。

后勤保障：预给两月兵米。

时间点：雍正五年九月。

福敏有抓捕年羹尧案犯的经验，"再查：彭御彬、向国栋先已羁候省城，而其妻子仍留原地"，便"今令该将等护送至长沙收管，俟事结之日，听候给还安插所有"。明显地，殃及无辜，变本加厉。

胤禛的批谕，针对福敏奏折中的"臣将皇上恩赏养廉银内以一千两分给杨凯、王进昌带往犒赏"批谕似有嘲讽之意。但是因为福敏是自己倚仗的重臣，对其冒进只能依靠自己采取其他措施来弥补。可是，福敏仍然执

---

① 《朱批谕旨·十册》，第29页。

迷不悟，急于求成。

雍正五年（1727）十一月初十日，福敏仍以吏部尚书、署理湖广总督印务的名义给胤禛上奏折。福敏的奏折是这么说的：

臣福敏谨奏：为土苗感恩向化，亟请设县立营以定久安长治之策事。

窃臣接准部咨，随即密委副将杨凯、游击王进昌等领兵前往桑植、保靖。续据禀报，各官兵于十月十二日已抵桑、保二司，地方土苗男妇载道欢迎。并据向氏缴印归诚缘由，经臣具疏题报在案。

臣查：桑、保二司，今改土归流，若分属州县管辖，皆相距窎远，难以控制。请改为二县，各设知县一员、典史一员。桑植隶于岳州府，以现设之岳州府额外同知，分防管辖。保靖隶辰州府，以原设之保靖同知分防管辖。所设二县，恭候皇上钦定县名，敕部铸给同知、知县关防印信，以昭职守。

再查：副将杨凯，现已奉旨授为桑植副将，应为一协，设中军守备一员、千总二员、把总四员，共兵五百名。保靖应立一营，设游击一员、中军守备一员、千总一员、把总二员，共兵三百名。该营听桑植副将管辖，其新设副将游击关防，并请敕部铸给。

至前拨九、辰二协兵各二百五十名，镇筸镇兵三百名，皆系紧要重地，不便久悬。臣现咨提臣会商于楚省各标协营内酌量缓急如数抽拨，俟酌定另行会题。

再，现值寒冬雨雪之候，桑、保议建营房，尚需时日。臣现捐银盖草房四百间，令兵栖止。

再查永顺土司彭肇槐，素常恭顺。臣令拨领土兵二百名同进。又官兵米粮，该土司用夫运送，克期无误。应否？议叙以为奉法勤劳者劝。理合奏明，仰请圣恩。伏乞皇上睿鉴施行。

臣谨奏。①

胤禛对福敏的这一奏折还算重视，在"臣现捐银盖草房四百间"处批了

---

① 《朱批谕旨·十册》，第30页。

一个"好"字。

在说及彭肇槐领兵同进一段的"圣恩伏乞"处，胤禛批道："应奖赏者，备细声明题请可也。"对福敏启用永顺宣慰使彭肇槐的土兵和民众加以肯定，认为应该奖赏，要求福敏"备细声明题请"。

福敏的这一奏折，胤禛最后的批谕是一个"览"字，没有明示。胤禛有自己的考虑。他在等待。

福敏的命令永顺宣慰使彭肇槐是要执行的。彭肇槐不得不拨领土兵二百名同进，安排夫力运送官兵米粮。动用永顺司的兵力和民众，福敏奏折的措辞是"同进"，说明福敏早已命令彭肇槐与杨凯、王进昌"同进"。当时的总兵力是一千。彭肇槐组织永顺司的民众保证这些官兵的后勤供应，不得有误。组织动员，领导指挥，彭肇槐必然受到煎熬，从中自然会有所省悟。

总之，福敏、布兰泰处理桑植、保靖土司改土归流问题"不合朕意"，但又不得不要福敏维持，从而使湖南的局势高度紧张，胤禛等待迈柱和王国栋到职履新，控制局面。

后来，福敏举荐的杨凯、铁显祖在桑植土司改土归流过程中出现违规行为，按律应该受到惩罚。据《清实录·世宗实录·卷六八》记载，雍正六年（1728）四月"癸卯，吏部尚书福敏缘事革职。升都察院左都御史查郎阿为吏部尚书"①。

雍正六年（1728）八月乙酉，胤禛就桑植土司向国栋、保靖土司彭御彬改土归流事，正式颁布圣旨，"谕湖广督抚等"，"俱准改土为流"。明确宣布："其向国栋、彭御彬，应安插何省，不令失所之处？着该督抚酌量定议，以广朕法外之仁。"胤禛要求"仍将此晓谕附近土司，咸使悉知朕意"。②罪该万死的向国栋、彭御彬免去了死罪。

雍正十三年（1735）八月己丑，胤禛驾崩。鄂尔泰为《清实录·世宗实录》的监修总裁官，张廷玉、福敏、徐本、三泰等奉敕修《清实录·世宗实录》，说明福敏的才学实有过人之处。但署理湖广总督印务时，福敏在改土归流问题上操之过急令胤禛不满意，也是不能否认的。

---

① 《清实录·世宗实录·卷六八》，第 1038 页。
② 《清实录·世宗实录·卷七二》，第 1075-1076 页。

第三章　王国栋、迈柱主持湖南改土归流

迈柱和王国栋均是胤禛一步一步提拔重用的要员。

雍正四年(1726)三月庚子,"工部右侍郎马进泰缘事革职,擢监察御史迈柱为工部右侍郎"①。

雍正四年十月甲申日,"实授鄂尔泰为云贵总督,加兵部尚书衔",乙酉日"解江西巡抚汪漋任,以吏部右侍郎迈柱署江西巡抚"。②

雍正五年(1727)闰三月戊辰,"命署湖广总督福敏回京,升署江西巡抚迈柱为湖广总督"③。

由于迈柱的借故拖延,迟迟没有到任,福敏仍然署理湖广总督印务。

雍正五年四月己亥,雍正"升署湖南巡抚布兰泰为户部右侍郎,仍署湖南巡抚"④。

迈柱的等待也没有白费,雍正五年十月辛丑,雍正"加湖广总督迈柱兵部尚书衔"⑤。

布兰泰不能胜任湖南巡抚,为户部右侍郎不久,雍正便任命他为江西巡抚。在胤禛批谕的王国栋以浙江观风整俗使名义所上奏折中,可以看到雍正对布兰泰的基本评价和对王国栋的期望。

王国栋奏折的原文如下:

浙江观风整俗使臣王国栋谨奏,为恭缴朱批叩谢天恩事。

五月二十五日,臣家人恭捧皇上批回奏折及圣恩赏赐午节各种锭药到浙,臣出郊跪迎望阙叩谢天恩,开读皇上朱批,跪绎之

---

① 《清实录·世宗实录·卷四二》,第619页。
② 《清实录·世宗实录·卷四九》,第748页。
③ 《清实录·世宗实录·卷五五》,第834页。
④ 《清实录·世宗实录·卷五六》,第858页。
⑤ 《清实录·世宗实录·卷六二》,第956页。

下，仰见我皇上至圣至明，经纬万端，仁智运于一心，缓急周于庶务，深居九重而知临四海。史册所纪实未尝有。是以帝德光昭，存神过化。浙省风俗人心如何丕变之处。臣何敢言？总仰赖皇上德化，委曲开导，详晰明谕。

近日，浙省人民稍知，办赋急公，息争减讼，奸宄之徒，潜踪敛迹。此为尊亲向化之一验也。

臣一介庸愚，学识浅薄。蒙皇上不次擢用，洊历今职。日夕兢兢，常恐陨越，惟有敬承天语，一一钦遵奉行并手录圣谕，供诸座右，出入瞻仰，朝夕服膺，以为持循之要。力虽不逮而心实有余。谨凛诸瘝痒，矢之终身而已。所有奉到朱批奏折封缴并谢天恩。

谨奏。

胤禛对王国栋的奏折十分受用。批谕：

览。奏谢已悉。此任本欲令尔整饬数年，以期成效。但湖南地方紧要，废弛日久，急需治理。布兰泰操守心术俱好，但器量褊浅，不能化导。该省总不得人，今不得已命尔巡抚其地，其勉为之。

直省督抚中，为朕所深信，可托而不劳神照顾者，惟鄂尔泰、田文镜二人而已。近日观尔之居心行事，朕又庆得一好抚臣矣。此志，丝毫莫移。勉之。①

雍正对湖南的现状不满意，叹息没有得力之人去治理才选中王国栋。

雍正对布兰泰的评价尤为重要，认为他"操守心术俱好，但器量褊浅，不能化导"。在对待桑植、保靖土司向国栋、彭御彬的问题上，布兰泰的弱点表现突出。

雍正将王国栋与鄂尔泰、田文镜并列非同寻常，既是拉拢又是鞭策，尽管后来的事实证明，王国栋没有鄂尔泰、田文镜般幸运。雍正七年(1729)五月，王国栋为湖南靖州人曾静案牵涉出吕留良大案所拖累，虽无大碍，但上升的势头戛然而止，于雍正七年八月癸酉日调离湖南巡抚位，

---

① 《朱批谕旨·十七册》，第58页。

上
编

"升署湖北巡抚、四川布政使赵弘恩为湖南巡抚"①。

雍正九年(1731)六月,王国栋曾以刑部右侍郎的身份前往河南"办理赈务兼理稽查匪类、缉捕盗贼之事",雍正十年(1732)还署理过浙江巡抚。虽然王国栋的地位与鄂尔泰、田文镜无法相比,但是无论怎么说,胤禛调王国栋为湖南巡抚是极其重要的人事安排。

王国栋相当精明,五月下旬受命,七月初四日即由杭起身赴湘。途中,在南昌拜会了没有到任的顶头上司湖广总督迈柱,不可避免地交流了对湖广情势的看法和应对方略。王国栋给胤禛上奏折,应该重点报告自己在南昌拜见湖广总督迈柱的事,但王国栋的奏折顾左右而言他,胤禛耐心地看着。

在王国栋说到朱伦瀚"平日谨慎周详"处,批谕:"果能谨慎周详则堪胜任有余也。"

在王国栋说及方文登处也有"今已擢升总兵,如尔所奏"等批谕。

在王国栋说及"严、金、衢年景"时胤禛又批"深慰朕怀"。

独独在王国栋说及与迈柱会见事时不置可否,这就用得着一句俗语:"此处无声胜有声,一切尽在不言中。"

王国栋的这一奏折全文如下:

> 湖南巡抚臣王国栋谨奏,为奏闻事。
>
> 窃臣蒙皇上天恩,超擢湖南巡抚。浙江任内之事业经屡折陈奏,所奉谕旨事件逐一俱与抚臣李卫会商。
>
> 臣于七月初四日由杭州起身,路经严、金、衢三府,凡各属员接见之时皆一一宣布圣德、阐发圣谕、劝诫各该员仰体皇上爱民育物之心;严饬绅衿士庶务期痛改积习,急公输税,减讼息争,渐登返朴还醇之治。
>
> 看得严州府知府张芳,居官声名颇好,但其人稍有年纪,署金华府知府杭州理事同知车柏前已单列奏明,衢州府知府朱伦瀚臣前奉圣训令臣察核贤否,到浙时业将宣谕圣旨之处附折陈奏。
>
> 查:朱伦瀚先经抚臣李卫委署宁波,继奉旨补授衢州知府。

---

① 《清实录·世宗实录·卷八六》,第144页。

臣巡查宁波闻其署任时颇有官声。今道经衢州见伦瀚恪勤小心，诸务就理，但其人平日谨慎周详有余而特立独行果敢之气不足。兹蒙皇上天恩，弃瑕录用，伦瀚益加奋勉，似可供职。

严协副将方文登训练整饬最为勤慎，但才气平常。金协缺员，现系方文登署理，衢协副将陈文年方壮盛，精力强固，似属可用。

至严、金、衢年景，臣过时见早稻俱已收获，米麦价亦渐平。

臣所过江西地方，年成亦好。及至南昌见督臣迈柱所言"通省收成虽有不齐，较上年大概俱好"。合并附折奏闻。

谨奏。①

王国栋将至南昌与迈柱会见一事一笔带过，且用江西的收成敷衍。

胤禛对王国栋在奏折中提到与迈柱南昌会见的用意心知肚明，对两人谈了些什么不用猜也能知晓。两人都是心腹大臣，王国栋不说也没犯欺君之罪，故最后只总批一个"览"字作罢，其中的滋味可想而知。胤禛的内心深处急切地希望迈柱早日履新，但又不能对王国栋明说。其实，迈柱也没闲着，他在做入楚履新的各项准备工作。

第一节　国栋履新　紧张局势逐步降温

迈柱沉稳老练，王国栋与之会见定能受益。王国栋到长沙后即向胤禛上折。全文如下：

湖南巡抚臣王国栋谨奏，为奏明事。

臣于八月初十日到湖南任署。抚臣布兰泰即将钱粮仓谷、钦部案件造册交代，并将朱批分别催科，以清积欠一折，遵旨示臣。跪读之下，仰见睿虑周详，无微不烛，欲使去任者任怨任劳，新任者便无难处之事。皇上整饬纲纪之意，既重以周，而体

---

① 《朱批谕旨·十七册》，第60-61页。

上
编

恤下情之慈又详以挚。臣等具有肝膈，敢不黾勉办公，以求报
称。臣愚又以为督抚大吏在去任者，固不可沽誉市恩在新莅者。
身任封疆之重，为通省吏治民生所赖，尤当加意严肃整饬，则风
声所播庶可以。今行而禁止若稍宽大则吏治必多纵弛，民情必生
慢易，将来诸事便难整理。

臣到湖南接见所属各官俱严加诲谕。因初莅任，一时属吏贤
否，未能周知。容访闻确实再行奏闻。

其藩库钱粮，臣照例盘查具奏。至各属常平仓谷，据布兰泰
与各司道俱云并无亏空。臣亦不敢尽信现在各州县官吏见功。

今严肃任意侵渔者或少然或存仓耗泡或折价未买，俱未可定。

臣已委员确查，于到任三月限内核实。具题湖南向有摊荒之
弊，与复则减，则各案亦关紧要，署抚臣布兰泰交代各案，其中
有数处颇难清楚者，臣细阅案卷，已面谕各该县设法经理，一一
清楚，使豪强无有欺隐之弊，小民无包赔之苦，至查首明白之田
地塘亩，俟各州县覆齐之日核明额内额外，分别抵补升科。

又苗疆一事，臣到任后即查阅案卷。其保靖、永顺二司俱已
新设同知，管辖地方，谅必宁辑。

近据乾州同知王柔详称，镇溪所十里版图，前朝原有崇山卫
城，设立总兵。今六里为土苗所占，历年已久。当此国威远布之
时不难仍归版籍。然臣新到湖南，兼之事关重大，固不敢因循苟
且，以失事机；亦不敢冒昧张皇，以滋纷扰。当与督臣福敏熟商
审处，再行具奏。

臣谨缮折奏闻。

谨奏。

雍正批谕：

镇溪所之事，慎重为之。尺寸之地，在内在外有何关系，但
务民苗相安为上。倘因六里地方滋生事端，一切反难措置矣。殊
非急务。闻王柔居官颇好，确否？已有旨调伊来京引见。①

————————————
① 《朱批谕旨·十七册》，第62—63页。

王国栋在奏折中主要谈与布兰泰的交接事宜，根本不直接提及改土归流事，只说"其保靖、永顺二司俱已新设同知，管辖地方，谅必宁辑"，把保靖、永顺土司并列，由苗疆一事带出，大有举重若轻之意，实际上在为保靖土司改土归流问题降温。

保靖土司同知刘自唐，陕西凤翔县人，进士，由吏部验封司主事补授。永顺土司同知田易，顺天府大兴县人，进士，由銮仪卫经历升。銮仪卫系改明锦衣卫而设置的直接为皇上服务的机关。

因此，保靖、永顺同知都是朝廷空降、胤禛信得过之人，不同于桑植司的同知铁显祖系福敏举荐之人。

王国栋提及保靖、永顺同知或许有阿谀奉承之嫌，但有这二人在，"谅必宁辑"。不提改土归流，也是对胤禛的慰藉。

王国栋不失稳重，新到湖南，"固不敢因循苟且，以失事机；亦不敢冒昧张皇，以滋纷扰"，抓住六里红苗地方问题大做文章，玩起了声东击西的游戏。

胤禛本不急于在保靖、桑植改土归流，是福敏等人一再恳求才"俯准"。胤禛也在追求一个稳定的局面。他清楚，"倘因六里地方滋生事端，一切反难措置矣"。桑植、保靖、永顺比六里大得多，胤禛不希望"六里地方滋生事端"影响大局。看来，王国栋抓住了当时这一地区的主要矛盾。胤禛皇帝十分受用。

也因为六里问题，王柔逐步进入雍正的视野。

胤禛询问"闻王柔居官颇好，确否？"似征求王国栋的意见。

后来，王柔奉旨赴京觐见，加上迈柱的推荐和挽留，遂由乾州同知升为兵备道的道员，集军事、监察大权于一身，官阶在总督、巡抚之下，知府之上。

王国栋对王柔的认知和评价都不重要。王国栋接过布兰泰煮的一锅夹生饭，不得不大费周折。

胤禛作为一国之主深知，封疆大吏必须稳重，深体"朕意"，能够贯彻落实朝廷的大政方针，而属员只要忠于自己，能办事，急进浮躁是能够容忍的。王柔作为道员的激情和冒进并不影响大局，从道员角度提供建议和主张，与总督、巡抚意见相左，甚至与总督、巡抚对着干，在一定程度上

上编

还是好事。因而，胤禛虽然不断地对王柔进行敲打，却并不让他挪位，甚至还不断给他升职。胤禛明白，正反两个方面意见的互相碰撞，能为自己的正确决策提供重要参考，实在出格则由自己亲自出面纠正。

虽然后来的事实充分证明王柔着实让胤禛头疼，但也说明王柔着实可爱。胤禛不仅亲自为王柔解套纠偏，甚至愤怒地宣布将王柔的奏折全部退回，但王柔为湖北按察司按察使时直接威逼容美土司田旻如自杀，容美土司改土归流后，即于雍正十二年(1734)八月辛未"调湖北按察使王柔来京"①，十一月戊子"命原任湖北按察使王柔前往江南，与太仆寺卿俞兆岳协办海塘事务"②。

实心办事之人总是招人喜欢的。王国栋后来也有过错，该奖得奖，该罚则罚，胤禛同样如此对待他。布兰泰虽然"非封疆之才"，但已是封疆大吏，胤禛仍将其平调到相对稳定的江西任巡抚。布兰泰将任内事务一一交代清楚，遂于八月十五日自长沙启程直接赴江西新任与迈柱办理交接。在江西巡抚任上仍干得不好的布兰泰也仅革职而已。王柔虽然在六里红苗问题上激进，但也知道要与改土归流加以区别，分开处理。

王国栋到湖南巡抚任时，福敏仍然署理湖广总督印务。因为有胤禛对前任布兰泰的评价在胸，王国栋在湖南巡抚任上必须采取不同寻常的措施。

王国栋深入桑植、保靖实地考察，实地宣扬圣德，实地解决问题，终于获得满意的效果。他解决六里红苗问题十分谨慎，务求相安。同时，他听得进不同意见，对王柔也作出了适当的评价。

关于这些问题，王国栋给胤禛是这么上奏的：

　　湖南巡抚臣王国栋谨奏，为敬覆谕旨事。

　　窃：桑植、保靖二司土众感悦归诚，土司遵法缴印。臣业经会同署督臣福敏题报在案。其遵旨调度事宜相应奏闻。

　　臣先檄饬新授副将杨凯会同同知铁显祖领兵进桑植驻防。复酌用镇筸游击王进昌会同同知刘自唐领兵进保靖驻防。

① 《清实录·世宗实录·卷一四六》，第822页。
② 《清实录·世宗实录·卷一四九》，第849页。

臣随出示宣扬圣德，委曲晓谕。去后土民叩头感泣，土司缴印并有喇布神旗。各土人随印出来叩头投诚。

目下正商建置营署兵房，添设弁员，抽调卒伍。

一应善后之策并商安插土司之处，会同酌妥再行题奏。

又，乾州同知王柔详称，镇溪所十里版图六里为土苗所占一事。臣钦奉皇上朱批，跪读之下，仰见我皇上睿虑精详，包容广大，视四海犹一家，地何分于内外？

臣谨遵圣训，抚绥苗民，辑宁边徼，总在使之相安，诸凡不敢冒昧。但六里土苗及红苗之事，王柔言之凿凿。渠为人虽觉粗率，然熟谙苗疆，办事勤敏。今因遵旨迎请龙神，已委王柔来京，虔请于王柔引见时，皇上询其情形，悉知原委。合并奏明。

谨奏。①

胤禛对王国栋的举措十分满意。

王国栋亲随部队，就地"出示宣扬圣德，委曲晓谕"的做法，十分动人。"会同酌妥再行题奏"的谨慎，与福敏、布兰泰形成了鲜明对比。

一个"又"字，把保靖、桑植改土归流与解决六里红苗问题单列。

谨遵胤禛的训示，"抚绥苗民，辑宁边徼，总在使之相安，诸凡不敢冒昧"。这是王国栋的基本态度。

但是，因为有王柔的存在，问题复杂化。王国栋一个"但"字，把王柔的意见引出来。"王柔言之凿凿"，具体是些什么？"今因遵旨迎请龙神，已委王柔来京，虔请于王柔引见时，皇上询其情形，悉知原委"。这不是王国栋不愿说，有王柔面奏当然更好。趁此机会王国栋回应之前胤禛的询问"闻王柔居官颇好，确乎"，对王柔作出了评价。王国栋的评价褒贬有度，十分中肯："渠为人虽觉粗率，然熟谙苗疆，办事勤敏。"

"渠"之义，"他"也。在王国栋眼里，王柔为人虽然让人觉得粗率，然而他熟谙苗疆情势，办事勤敏。一个"粗率"，对应"勤敏"，也亏王国栋对得出。

胤禛批谕："欣悦览之。应须料理一劳永逸之事，断然不宜畏难，但

---

① 《朱批谕旨·十七册》，第70页。

不可好大喜功，滥及无辜。"①

显然，君臣上下都是把改土归流和处理好六里红苗问题当作联系紧密而应严格区分的两件大事来处理的。"断然不宜畏难，但不可好大喜功，滥及无辜"，胤禛是在暗批某些人好大喜功，滥杀无辜。王国栋熟知。

六里苗的问题不是王国栋湖南巡抚任上解决的，它与土司地区改土归流是有关联的两回事。六里苗问题解决以后的六十多年，乾嘉年间苗民起义，领袖和兵源主要出自原六里苗地区，但不能因此把责任推到改土归流头上。封建王朝的统治阶级，为了国家的大一统，不能容忍家族世袭的封建领主继续在边远的少数民族地区作威作福，必须改土归流，必须剥夺区域性的家族世袭权利。

一代人有一代人的责任。胤禛、王国栋、王柔们尽到了他们的责任。

第二节　肇槐持中　桑、保土司案件详情

桑植司地处永顺司的正北方，与容美司接壤。保靖司在永顺司的正南方。从地理位置上看，永顺司夹在桑植司和保靖司正中间。彭肇槐与彭御彬、向国栋有着千丝万缕的联系。

雍正初年（1723），桑植、保靖动乱，彭肇槐焉能不知？保靖土司的兵丁要到桑植抓人，路过永顺司最近。桑植土司的兵丁要去保靖复仇，通过永顺司最快。永顺宣慰司就是他们不可逾越的障碍。在彭肇槐看来，朝廷已经申饬，不可动兵杀戮，你们要乱来我管不着，也管不了，但我绝不介入。除了不介入，还有一个绝招，就是"哪里凉快哪里蹲着"，我这里不要来，也不准来。彭肇槐动员永顺司军民保持中立并采取积极防御的措施，避免战火烧到境内。正是由于这一绝招，桑植土司、保靖土司内部动乱，胤禛俯准改土归流时，彭肇槐才会得以率部"同进"桑植司、保靖司，直接参与桑植土司、保靖土司的改土归流，从而受到血与火的"洗礼"。

乾隆《永顺府志》记载：

---

① 《朱批谕旨·十七册》，第70页。

桑植司，汉武陵郡充县境也。在晋为临澧，唐为慈利。其地南距安福所(宋置寨，明置所)，西南距永顺司，北距容美司，东连上、下峒司。不详其始置。

元时有上桑直、下桑直宣慰司使，属葛蛮安抚。

明史洪武四年宣宁候曹良臣帅兵取桑植、容美峒。

地理志载，桑植安抚司本桑植荒溪等处宣抚司，在九溪卫西北。太祖丙午年二月置后废，永乐四年十一月改置。见于此者止此。

其家传言，始祖向仲山本蛮夷酋长，元末鹅梯寇作乱，仲山讨平之，始授宣慰司，约束苗民。仲山卒子思富袭。

洪武三年，大军克西蜀，檄调随征，六年调征酉州，七年三月仍授宣慰司旧职，颁给印篆并设土经历、土中军等官。

(按：史云洪武四年曹良臣取桑植、容美，何以三年、六年俱檄调随征。史又云太祖丙午年二月置后废，永乐四年复置，与七年授职。当时修史者详载年月必有据，依其家传未可轻信。今两存之。要以史为正。)

思富传万成，万成传永政，调征洪江等处。

嘉靖间调向仕禄征倭。万历间向承周调征播州，以功加衔。

崇正间向暹调赴彝陵协剿流寇。

国朝顺治四年，向鼎内附，授宣慰司原职给印信。

鼎子长庚奉调征古州八万。

长庚子国栋残虐狠戾。雍正四年，土经历唐宗盛与国栋弟国柄等相率赴愬，总督傅敏入奏，乃追缴印篆。国栋安置河南，分其地为十四里，属桑植县。[1]

《永顺府志》依"其家传言"，桑植土司是当地土生土长的土司。也指出，向国栋"残虐狠戾"。据传土经历唐宗盛是向国柄的舅舅。唐宗盛在桑植土司改土归流的过程中不光彩，牵头"相率赴愬"。

乾隆《永顺府志》和同治《桑植县志》对桑植司的改土归流的描述非常有

---

[1]　张天如纂辑：《永顺府志·卷之九》，乾隆二十八年刻本，第20-21页。

意思。

其一，在《永顺府志·卷之一·沿革》中记载："国朝雍正四年向国栋弟国柄纳土，改县属永顺府所辖。"①

其二，在《永顺府志·卷之一·沿革》中录有福敏的奏折和雍正的谕旨各一个。②

其三，在《桑植县志·卷之六·人物》中开列了如下相关名单：

向国佐，土知州。雍正五年与唐宗盛赴武昌投诚，既设县，台司奏授把总衔。

向国梁与国相同母，而国栋异母弟也。国栋戕兄夺官，忌相、梁并幽之，诬以罪将借容美兵杀之。梁弟兄逃，诣巡抚诉事，得白复归。国栋不敢害。改土初，经营安辑，梁有劳焉。

向国柄、国梓皆不附国栋，而率先投诚者，与国梁俱授把总衔。

唐宗盛，土经历也。见国栋虐，规之不纳，乃与向国佐、向朝先等五人潜出投诚，羁留武昌，改土设县乃归。嗣后各土官相继纳土，由宗盛始，台司奏授把总衔。③

其四，在《桑植县志·卷之八·杂识》中有如下评论：

桑植土司向国栋之得罪也，与保靖土司彭御彬同，在雍正之五年。上峒长官司向玉衡、下峒长官司向梁佐之献土则在雍正十三年，与茅冈土弁覃纯一、大喇土弁彭御侣同。

时桑植司地狭而瘠，不如永顺、容美，然介居脊膂间，实为要害。肇槐内属，旻如伏罪，桑植司虽微，国栋亦难孤立，况加以残乎！玉衡、梁佐等，本安静无过，向化投诚亦知机之哲也。④

土司属有土知州、土中军、土经历。桑植司本听九溪营调遣，凡文书俱移土经历。⑤

---

① 张天如纂辑：《永顺府志·卷之一》，乾隆二十八年刻本，第5页。
② 张天如纂辑：《永顺府志·卷之一》，乾隆二十八年刻本，第6-8页。
③ 周来贺修，卢元勋纂：《桑植县志·卷之六》，同治十一年刻本，第5页。
④ 周来贺修，卢元勋纂：《桑植县志·卷之八》，同治十一年刻本，第13页。
⑤ 周来贺修，卢元勋纂：《桑植县志·卷之八》，同治十一年刻本，第14页。

土民有罪，小则土知州治之，大则土司自治。若客户过犯，则付土经历。以经历为客官也。①

土司出，其仪卫颇盛，土民皆夹道伏。即有谴责诛杀，惴惴听命，莫敢违者。然向时土司犹能抚恤其土人。至国栋则暴恣甚，民不堪命。于是相率赴愬，而数百年之世职亡矣。②

永顺、保靖、桑植、容美为四大土司，而容美最强，桑植接容美亦能敌之。后乃结好。向国栋之恣睢亦效田旻如。而然旻如逆父，国栋戕兄，非覆宗宜也。县西北一百二十里有大崖屋，宽布数十席。石壁有墨书'山高水长，亿万斯年'八大字，相传容美、桑植二土司寻盟于此书之。③

《桑植县志》认为"容美土司最强"之强，系强暴而非强大。具体表现，随后即列。

其五，在《桑植县志》"桑植宣慰司世袭辑略"出现了与《永顺府志》不尽相同的记载：

向长庚　鼎子。袭任曾奉调征古州八万，平后撤兵回司。

向国柱　长庚子。袭任未久，卒。

向国栋　国柱弟。袭后阻兵安忍，土民病之。雍正四年，土经历唐宗盛等赴愬，总督傅敏具奏奉旨改土为流，摘取印篆，以国栋安置河南。桑植土司遂亡。④

综合以上资料可以看出，向国栋"戕兄夺官案"是当局蓄意制造的一个假案。

戕，qiāng，杀害、残害的意思。向国栋之兄为向国柱，"袭任未久卒"，没有被向国栋杀害的嫌疑，也没有史料记载或提出怀疑。而向国栋的核心罪名是戕兄。

兄，指兄长，也可泛指兄弟和尊敬的男子。向国栋与同父异母兄弟向国梁和向国相有过隙，不仅"幽之"，还诬陷过他俩，并且还有借容美土司

---

① 周来贺修，卢元勋纂：《桑植县志·卷之八》，同治十一年刻本，第14页。
② 周来贺修，卢元勋纂：《桑植县志·卷之八》，同治十一年刻本，第14-15页。
③ 周来贺修，卢元勋纂：《桑植县志·卷之八》，同治十一年刻本，第15页。
④ 周来贺修，卢元勋纂：《桑植县志·卷之八》，同治十一年刻本，第19页。

兵杀之的说法。但是，他们逃出"得白复归"后，向国栋仍然"不敢害"。因此，向氏兄弟之间的矛盾用"戕"来指认，只能是残害而不是杀害，只不过是朝廷要惩罚的由头。也难怪《桑植县志》的作者们发出感叹："桑植司虽微，国栋难以孤立。况加以残虐乎！"这是在为向国栋鸣不平。

桑植司向氏是从历史悠久的土家族的土著先民中成长起来的首领，而保靖司彭御彬和永顺司彭肇槐都是唐末五代开平年间归楚的彭瑊后人。《永顺府志·卷之一·沿革》记载：

"雍正五年，保靖司彭御彬、桑植司向国栋有罪题参革职。"

"雍正四年，土经历唐宗盛与国栋弟国柄等相率赴愬，总督傅敏入奏，乃追缴印篆。国栋安置河南。"

愬，恐惧的样子，亦有"奔向"的意思。这里形容唐宗盛和向国柄相率到总督傅敏处诉说报告时惊恐的样子。

"经历"，在朝廷是职掌出纳文书的官员，在土司的内设机构中是朝廷加强与地方沟通和联系的重要职位。虽然"经历"是土司的内设机构，但对宣慰使有监督制约作用，是朝廷监督和情报工作的重要一环，也是土司辖内的另一个司法机构。"若客户过犯，则付土经历。以经历为客官也。"

"客户"，指外来的或已定居的汉人。"经历"为客官，是由朝廷任命的有别于当地土著的官员。据传，土经历唐宗盛是向国栋、向国柄的舅父。康熙四十六年(1707)，向长庚病死，向长庚的大儿子"向国柱袭任未久，卒"。

唐宗盛倾向于向国柄袭位，而向国栋在容美土司的协助下镇压南北旗的叛乱后得以承袭世职，并且还与容美土司田旻如结盟，共书"山高水长，亿万斯年"。

因此，唐宗盛与向国栋的矛盾日益加剧，才有唐宗盛的"赴愬"行为。

由此可见，桑植司的土经历唐宗盛在桑植司的改土归流过程中具有举足轻重的作用。而且唐宗盛还有意绕过湖南巡抚直接去湖广总督处告状。

雍正五年(1727)春，向国柄率众绑架了向国栋父子，经旗长张大贞营救，向国栋逃至永顺宣慰司。

彭肇槐礼送向国栋去长沙，要他将详情奏报湖南巡抚、布政司、按察司，请求审理。

土经历唐宗盛的特殊身份，加上胤禛本有改土归流的意向，鄂尔泰正在云贵谋划改土归流，福敏和布兰泰就汤下面，一心要在桑植司成功实现改土归流，向国栋才被羁押。

彭御彬是彭鼎的嫡孙。保靖宣慰使彭鼎有二十五个儿子，康熙二十六年（1687）彭鼎去世，他的长子彭泽虹（宏）袭职。《清实录·世宗实录·卷十六》记载，雍正二年二月戊辰，"湖广总督杨宗仁题，保靖宣慰使彭泽宏缘事革退，请以其子彭御彬承袭。下部知之"。

彭泽虹"缘事革退"，什么事？"病废"，就是重病不能理事变成了残废或废物。革退，有革职的功能，是革职退休。彭御彬是彭泽虹的儿子，朝廷准其承袭，因此，在彭御彬方面根本不存在谋官夺印问题。

张天如乾隆二十八年的《永顺府志·卷之十二·杂记》记载：

> 康熙年间，保靖土官彭泽虹病废，应袭之彭御彬尚幼，其母彭氏护印甚久，与总舍彭泽蛟、泽虬等有隙。
>
> 雍正元年，泽虬身故，遂屡以谋官夺印互讼。于是，彭族之黠者乘机窃印伪为彭氏移檄求援于邻近桑植、容美二司，彭氏勿觉也。
>
> 二年十月，二司以追捕泽蛟等为名，纠合土兵四千余，屯扎保靖梭多坪驻扎了月余，焚劫庄寨六十余处，掳男妇数千余人，折卖于酉阳、施南等处。
>
> 改土后，地方官通详楚蜀督抚追回被陷难民还家复业者五百四十六名。①

这个记载说明，彭泽虹在康熙年间即"病废"，彭御彬应该袭职。但是，彭御彬尚幼，其母彭氏护印甚久，与总舍彭泽蛟、彭泽虬（彭泽虹的两个弟弟，彭御彬的两个叔叔）等"有隙"。

"雍正元年，泽虬身故。"彭泽虬身故的年份可能有误。雍正二年二月朝廷因彭泽虹缘事革退同意其子彭御彬承袭。彭泽虹在革、任办理过程中身故的可能性有，但不大。

"遂屡以谋官夺印互讼"中的"互讼"，说明双方都诉讼对方谋官夺印。雍正二年（1724）二月，时任湖广总督杨宗仁已经报请朝廷，同意彭御彬袭

保靖宣慰使职，胤禛已经"下部知之"。那么，彭泽蛟、彭泽虬欲夺保靖宣慰司使印，彭御彬诉讼对方，理不亏。反之，彭泽蛟、彭泽虬诉讼彭御彬夺印，法理上说不过去。

但是，这样的互讼，给"彭族之黠者"提供了机会，"乘机窃印"伪造彭氏声讨文书，请求邻近桑植、容美二土司支援。这件事，彭氏当时没有察觉。

雍正二年十月，桑植、容美二土司以追捕彭泽蛟等为名，纠合土兵四千多人，在保靖司的梭多坪驻扎了一个多月，焚劫庄寨六十余处，掳男妇数千（多）人，折卖于酉阳、施南等处。

保靖司改土归流后，"地方官通详楚蜀督抚追回被陷难民还家复业者五百四十六名"。

保靖土兵从永顺去桑植最近，但彭肇槐在边境把守很严，根本无法进入。这是彭肇槐的绝招在起作用。

张天如，改土归流后设置的永顺府第八任知府。浙江会稽县人，拔贡，乾隆二十四年（1759）由永绥同知升永顺知府。乾隆二十八年（1763）辑修《永顺府志》后"随升山东道"。

张天如《永顺府志·卷之九·土司》记载：

> 国朝初，内附。又四传，至御彬，贪暴失土民心，以谋官夺印参革提勘。雍正五年改土，设保靖同知。七年置保靖县。御彬安置辽阳。

"御彬安置辽阳"是各方面综合平衡的结果，但也是厉害的一招。

明神宗万历四十八年（1620），明王朝接连遭遇不幸。明神宗朱翊钧七月二十一日去世，由长子朱常洛继位。不到一个月，九月初一，明光宗朱常洛暴毙于乾清宫，其长子朱由校年仅十六岁，继位为明熹宗。万历四十六年（1618），努尔哈赤宣布起兵反明。天启元年（1621）三月，努尔哈赤趁辽东经略熊廷弼去职、巡抚袁应泰举措失当的机会发动进攻并占领沈阳，随后在沈阳城边的浑河与明军决战。《明史》记载：

> 万历四十七年调保靖兵五千，命宣慰彭象乾亲统援辽。四十八年加象乾指挥使。象乾至涿州病，中夜兵逃散者三千余人，帝臣以闻。帝严旨责统兵者，并敕监军道沿途招抚。明年，象乾病

不能行,遣其子侄率兵出关,战于浑河,全军皆殁。天启二年进象乾都督金事,赠彭象周、彭绲、彭天祐各都司金书,以浑河之役一门殉战,义烈为诸土司冠云。

这是雍正的重臣张廷玉主持撰写的《明史》所载保靖宣慰使彭象乾援辽的史实。

努尔哈赤亲率女真军队经三天三夜占领沈阳城并获得浑河之役的惨胜,当年便将都城从辽阳迁到沈阳。迁都沈阳(盛京)后,辽阳亦划归盛京管辖。

彭象乾是彭御彬的祖太,彭御彬被安置辽阳意味着什么,彭御彬难道不知?但是终究保住了性命,值得庆幸。赴辽阳途中,彭御彬在河南病故。其后人流散,其中一支以玩猴子把戏为掩护逃回湘鄂边境的"坝容"安家落户。

因为保靖彭氏土司和两江口大喇司彭氏均为永顺老司城彭氏土司支脉,若干年后,民国十九年(1930),张孔修主修的《永顺县志·卷一·地理志·沿革》摘录了保靖司家乘的有关记载,指出"先是,纳土者有保靖、桑植二司,各改为县",后加了个"案"。

"案"中说到保靖司的有关情况,原文无标点,现加标点记录如下:

案:清彭御彬保靖司家乘略谓

雍正二年,宣慰使彭御彬听彭祖裕、张文任等谗言,以谋官夺印控伯父泽蛟、父泽虬,俱提长沙审讯。将御彬革职身死监内,伊弟御林、母吴氏安置河南。祖裕、文任枭首,泽蛟、泽虬放还。五年改土,七年设县。十二年两江口土舍大喇司彭御佶亦纳土。[1]

这个记载有重大遗漏,"伯父泽蛟、父泽虬"均应为"叔父"。彭鼎有二十五个儿子,他们的名字被一一镌刻在彭鼎的墓志铭上,位于第一的是泽虹,其后依次为泽鳌、泽虬、泽蛟……

其中还有几个重点,应正确理解。

第一,彭御彬以谋官夺印为由控告的是叔父彭泽蛟、彭泽虬。

---

① 胡履新、张孔修纂修:《永顺县志·卷一》,民国十九年刊本,第16页。

第二，彭御彬这么做是听了彭祖裕、张文任的谗言。

第三，有关方面将控告双方"俱提长沙审讯"，审讯的结果是四个不同的判决：

①"将御彬革职身死监内"。应该是雍正六年（1728）八月十四日胤禛颁发圣旨前在长沙审讯时的判决，即将彭御彬革职，终身监禁。

"身死监内"，即终身监禁。如果理解为彭御彬已经身死监内，雍正六年八月十六日胤禛的圣旨就没有必要"着督抚酌量定议"，"应安插何省，不令失所之处？"

②"伊弟御林、母吴氏安置河南"。

③彭祖裕、张文任"枭首"。

④彭泽蛟、彭泽虬"放还"。

这个判决，是布兰泰的杰作，是胤禛正式宣布保靖土司、桑植土司改在土归流前在长沙审讯时的判决。"母吴氏"应该是彭御彬之弟彭御林之母吴氏。彭御林和母亲介入互讼，站在彭御彬一边，罪轻，安置河南。彭祖裕、张文任应为首恶。

欲加之罪，何患无辞。胤禛深谙此道。他对福敏、布兰泰的所作所为心中有数，因而对桑植、保靖土司的改土归流虽然已经"俯准"但迟迟没下定论，直至雍正五年（1727）十二月谕兵部下达全国性的改土归流命令八个月后，才于雍正六年（1728）八月六日正式颁布圣旨同意桑植、保靖土司实施改土归流。他在谕旨中还特别指出"其向国栋、彭御彬应安插何省，不令失所之处？着该督抚酌量定议，以广朕法外之仁"。

胤禛一直在等待王国栋，特别是等待迈柱入湘入楚后，为改土归流营造最好的机会和结果。

第三节　迈柱滞留　做足入楚各种准备

雍正六年（1728）二月，王国栋给胤禛上了一份奏折。奏折是这么说的：

为奏闻事。

雍正六年二月十三日，湖广镇筸总兵署九溪协副将印务周一德具详：

二月十三日，据下峒长官司向鼎晟呈称：

窃照卑职下峒长官司创设始于唐宋，相传千有余年，属九溪卫管辖，输纳钱粮，世受国恩，谨守忠顺。

今逢我皇上恩及苗疆，泽流边远，桑植、保靖俱准改土归流，土众得以安居乐业，共享升平。邻近土司莫不欣欣向化，是以永顺亦请改流。

窃思：桑植、保靖原因获罪改流，至于永顺土司实心向化之处所当效法。今卑职择善而从，自愿改流，永为圣朝赤子，以尽效顺之诚。但念卑职祖居边徼，世为土人，实无原籍可归。伏恳转详题达改流并求悯念穷员向化之志，仍守祖宗庐墓不令迁徙异土。

再查：卑职弹丸边鄙幅员甚小，烟户无多。向因邻司兵扰逃亡殆尽，现仅存一百一十一户，仍请属九溪卫就近管辖，输纳钱粮等语。

又据副将杨凯、同知铁显祖报同前由。

臣思：下峒长官司向鼎晟世袭土职，谨守忠顺，今自愿效法永顺改土归流，将所辖四至地界户口册造赍前来愿入九溪卫管辖，输纳钱粮求勿迁徙。

臣见情词恳挚，出于至诚，现在批行藩、臬两司妥议，具详会同督臣迈柱另疏具题外，谨先缮折奏闻。

谨奏。①

胤禛批谕：

览奏已悉。但土官若尽令改流，殊不胜其烦。已命怡亲王转传密谕，令汝等详细斟酌。旨到时，尔与迈柱悉心筹划，奏闻朕阅。疏后再行批谕。

表面看来，胤禛对于改土归流并不想一刀切，甚至还有"殊不胜其烦"

---

① 《朱批谕旨·十七册》，第73页。

的感觉，但也仍然要求部属"详细斟酌"，特别交代"尔与迈柱悉心筹划"，"疏后再行批谕"。这是惺惺作态，他等的是迈柱的意见，因而格外谨慎，留有充分余地。

迈柱（1670—1738），满洲镶蓝旗人，鄂尔泰的老丈人，也是深受雍正器重的人才。

迈柱由抄写档案的低级官员授国子监助教，逐步晋升为监察御史，老成持重。雍正四年（1726）十月，迈柱以吏部侍郎的身份作为钦差在江西办案（查萧彬与廖科龄二案并彻底清查通省亏空案），胤禛命其署理江西巡抚印务。

雍正五年（1727）三月，迈柱被胤禛擢升为湖广总督，赐戴孔雀翎，取代署理湖广总督印务的福敏。迈柱以各种理由拖了九个来月，一直到雍正五年十二月才抵任所。迈柱心中明白，胤禛要自己任湖广总督是要干什么，因而做足了入楚的各项准备。

雍正五年（1727）三月十九日，迈柱仍以署江西巡抚、吏部侍郎的名义上折，沉浸在江西各案之中。胤禛在其折子上批道：

> 署事乃暂时之责，谁肯如此破面？尔此一心，上苍早鉴之矣。

> 朕已用尔为湖广总督，令从容办理江右诸务，谅可获免恋印之论。

> 福敏亦如尔一般居心行事者，俟其将应行整顿之事代为办理完毕，然后往赴新任，岂不省力耶？

> 尔此作为，止可施之暂时，久远如何可行？

> 将江右各案料理清楚后来京见朕亦可，或从彼处即赴任亦可。临时朕自另有训尔治楚之道也。[①]

迈柱本想在江西多待些日子处理积案，胤禛心中不悦，耐心开导和催促。

"署事乃暂时之责，谁肯如此破面？尔此一心，上苍早鉴之矣"，说的是迈柱在江西的职责，谁肯如此破面？简直就是破口大骂。

---

① 《朱批谕旨·五十三册》，第63页。

"谅可获免恋印之论"，胤禛作为君主，对臣下说得如此露骨，可见心之急切，他就是要迈柱早日赴武昌履行湖广总督职责。

"尔此作为，止可施之暂时，久远如何可行？"既是劝诫，又表达了不满。

胤禛一再强调"将江右各案料理清楚后来京见朕亦可"，"或从彼处即赴任亦可"。这就是说，无论如何，要尽快到任。

最后，胤禛指出，无论迈柱采取哪种方式赴任，"临时朕自另有训尔治楚之道"。

胤禛不仅对迈柱治楚寄予厚望，而且对迈柱治楚有新的要求。

迈柱知道胤禛的用心，只好一次又一次地上折"请陛见后再赴新任"，仍然是拖。

又过了将近两个月，雍正五年（1727）五月初十日，迈柱以"署理江西巡抚、湖广总督臣迈柱"的名义上折，"奏为请旨事"。

在奏折中，迈柱说：

> 窃臣前奏江省仓谷以二钱一石折价，严定处分一折，奉有朱批，仰见我皇上睿虑周详，无微不至。而于愚钝之臣工恩赐矜全之至意除。
>
> 臣奉命补授湖广总督，接准部咨之日即经恭疏题谢并请陛见后再赴新任。
>
> 现候谕旨遵行外，伏查江省钱粮仓谷。目前经臣查出者，大段规模业已明晰，所不清者，惟奏销未完之，实在民欠内，仍恐有官吏侵那情弊，应俟各委员再加细盘出结。似可于六月内汇本具题。
>
> 惟是此番清查，蒙皇上叠颁前后上谕。凡已未参各员，俱感颂圣恩，畏罪自新。数月之间，已据纷纷赔补者过半。而仓谷一项，闻裴率度同张楷、陈立策等到江以来均暗地赔价买谷上仓，约略其数计八月内各属仓谷完补者十分之中即可完至七八分。
>
> 臣愚以为，乘此清查之时，各员正在加紧买补。如臣于六月内即起身离任，窃恐臣去后，仍以限期尚远，观望拖延，迟缓难结，亦未可定。若使臣再迟至八月内起身则彼时完补已多，其未完补者所剩无几，以后分派分追赔补事可易理，是一劳而永逸之计也。

伏恳皇上俯允臣宽限至八月内，容臣造具已未恭已未完各案，汇同审案一并具本奏闻，并请皇恩准臣进京陛见亲领圣训后再赴新任。庶臣得以竭力报效，稍免过衍，以仰答皇上高厚洪恩于万一矣。

为此缮折请旨。

谨奏。①

君臣都是何等精明之人。表面上，迈柱在此只是陈述延迟赴湖广总督任所的理由，即了结和汇总江西亏空案，胤禛似乎也被迈柱的"一劳而永逸之计"所折服，其实双方都有各自的盘算，彼此心照不宣。胤禛的谕旨更有意思：

此奏更属可嘉。朕意亦欲如是。

可惜尔彻底清理一番，伊都立竟不能接办。

日前已经有旨，大约新任抚臣布兰泰于八月边方可抵江。

布兰泰乃实心任事人也。俟其到时逐一详悉交代于伊，尔可以卸责江西矣。

朕已准尔陛见后再赴新任。

若地方事有不释然处，便缓至九月间来京亦不为迟。楚省有福敏料理，颇属妥协，可免贻误之虞也。②

这个批谕，胤禛玩起了欲擒故纵的把戏。先是赞赏，后是挖苦。一面说布兰泰八月抵任"尔可卸责江西"，一面又说"若地方事有不释然处，便缓至九月间来京亦不为迟"。甚至还说"楚省有福敏料理，颇属妥协，可免贻误之虞也"。

这不是君臣之间的默契，而是胤禛的无奈。

胤禛尽管对迈柱滞留江西不满，但对迈柱任湖广总督相当重视，寄托厚望，仍然要求迈柱"陛见后再赴新任"，就是要面授机宜。这不同于机宜议定后鄂尔泰才赴任广西巡抚，途中改封"云南巡抚管云贵总督事"。

---

① 《朱批谕旨·五十三册》，第68页。
② 《朱批谕旨·五十三册》，第69页。

胤禛指出"楚省有福敏料理，颇属妥协"，说的是气话，但把握了分寸。正是因为对福敏处理湖广军民政务特别是改土归流政务不放心才腾笼换鸟，才要对迈柱"训尔治楚之道"，才有要迈柱"陛见后再赴新任"的举措。

雍正五年(1727)，迈柱已经五十七岁，是一个已经历练成熟的官员。表面上，迈柱有"一劳而永逸之计"要完成，是滞留署理江西巡抚印务任上的理由，而内心深处是要做赴楚履新的准备工作。

迈柱清楚地知道自己的女婿鄂尔泰在云贵总督任上干什么，也明白布兰泰为什么会从湖南巡抚任上调来江西，他懂得胤禛把王国栋从浙江观风整俗使任上调任湖南巡抚的用意，特别是在与王国栋南昌会见时对众说纷纭的桑植土司、保靖土司改土归流问题不可能不进行交流，因而不得不对唐末五代时从江西庐陵(吉州)迁去湖南溪州的彭氏保靖土司和永顺土司作些具体研究。

第四节　迈柱奏请　吉安同知移驻永新

雍正五年(1727)五月初十日，迈柱以署理江西巡抚、湖广总督的名义给雍正上了一份奏折。这份奏折说道：

窃臣查江省永新县峇西一乡共二十六都，四十五图，崇山峻岭，地方辽阔。离城百余里，与安福县之上西乡二十三都至三十四都并十五都俱毗连湖广之茶陵州攸县一带高山。周围所聚居民最易藏奸，且风习习悍，拒捕抗粮，恃远负固。

查：康熙三十七年间，曾经江西抚臣马如龙题准将吉安府同知一员移驻永新县峇西之莲花桥，令其稽查弹压，深属妥协。嗣因奉行不力，历任同知俱不亲至其地，仍止逗留府城居住；又或因委差解饷，或委署印篆他往，遂至有名无实，以致该府县等有纷纷详请将该地周围另设一县治之议。

臣愚以为，该地原有应行移驻同知。如果实力奉行，终岁驻扎其地，将聚集一带居民，编查保甲，则奸究何所屯聚？至抗粮

不纳者，州县查实，开出花户名姓，详请该同知就近比追，其有犯罪抗拘乃至拒捕者，该同知调集民壮协拿解县，惩一警百。再加劝宣圣谕，朝夕化导，三年之后自当威畏自新，随观成效。

但此等地方同知，须得一有谋有为、实心办事之员始克胜任。现在吉安同知悬缺乏员。今查有现任袁州府同知马世华者，人尚明白，颇能实心办事，以之调补吉安府同知，移驻永新县之莲花桥，令其实力稽查弹压。所有该同知名下原经派拨过民壮五十名，应照旧例拨给管辖差用，似与地方有益。

至另设一县治之议未免改换版籍，建置城池仓库不便，纷繁。应无庸议，可也。是否有当，伏乞皇上训示遵行。

谨奏。①

从迈柱描绘的地理形态和社情民意看，当时永新县的莲花桥地处湖南、江西边陲，那一带地势险峻，既有山地、丘陵、岗地，也有河谷小平原、山间盆地，是一个产粮区。莲花桥下就是莲花池，风景秀丽，物产丰富，适宜人居。

一个彻查财务亏空的钦差大臣、暂时署理巡抚印务而又异地升迁的官员，为何在必须离任前还要给皇帝上奏折请求解决永新县莲花桥同知移驻的问题，值得深思。

从奏折看，有永新县莲花桥与湖广之茶陵州攸县接壤的因素，深层次的原因是，保靖、永顺彭氏土司与吉安府永新县莲花桥下的莲花池有千丝万缕的联系。

对于迈柱以江西巡抚和湖广总督双重身份所上奏折，胤禛批谕：

此事应交九卿议奏。朕意添设县治以专责，成不更愈耶？至于建置城池似属可缓，无城之县内地尽有。除此之外，其余需费无多，亦何足惜。已发议矣。候奏复有旨。②

迈柱对永新县莲花桥同知移驻的事特别上心，不仅说移驻同知，而且

---

① 《朱批谕旨·五十三册》，第70页。
② 《朱批谕旨·五十三册》，第70页。

还物色了人选，有一个完整的方案。胤禛批示同意，只是说建置城池似属可缓，"除此之外，其余需费无多，亦何足惜"。

迈柱的建议都得到落实。雍正在位时间不长（1722—1735），乾隆八年（1743）割永新县二十个都、安福县十二个都置莲花厅，仍属吉安府。民国元年（1912），改厅为县，延续至今。清同治《江西全省舆图·卷七·吉安府·莲花厅》指出："西路出西门五里至莲花桥。"

其实，迈柱的这一奏折既为自己任湖广总督更好地履职开辟了一条路径，又为永顺宣慰使彭肇槐回江西祖籍选择定居点提供了参考。

吉安，古称庐陵、吉州。北宋路振的《九国志·卷十一·彭玕》记载："玕，吉州庐陵人，世居赤石洞为酋豪。……钟传据江西，其裨将韩德师叛，传令其弟瑊攻破之。斩获甚众，军政严肃，樵采不犯。传以瑊为吉州刺史。未几以玕代之。"①

中国第一部编年体史书《资治通鉴》对江西庐陵、吉州彭氏入楚、入溪州有详细的记载：

天祐三年（丙寅，906）

38 吉州刺史彭玕遣使请降于湖南。玕本赤石洞蛮酋，钟传统用为吉州刺史。②

开平元年（丁卯，907）

30 楚王殷遣兵会吉州刺史彭玕攻洪州，不克。③

开平三年（己巳，909）

34 吉州刺史彭玕帅众数千人奔楚，楚王殷表玕为郴州刺史，为子希范娶其女。④

开平四年（庚午，910）

17 吴水军指挥使敖骈围吉州刺史彭玕弟瑊于赤石，楚兵救瑊，掳骈以归。⑤

① 路振：《九国志·卷十一》，商务印书馆1937年版，第113-114页。
② 司马光：《资治通鉴·卷第二百六十五》，中华书局2007年版，第3306页。
③ 司马光：《资治通鉴·卷第二百六十六》，中华书局2007年版，第3312页。
④ 司马光：《资治通鉴·卷第二百六十七》，中华书局2007年版，第3324页。
⑤ 司马光：《资治通鉴·卷第二百六十七》，中华书局2007年版，第3328页。

上
编

彭瑊归楚后，楚王马殷先后任命他为辰州刺史和溪州刺史，结束了溪州自唐"中和三年(883)蛮酋分据自置刺史"的局面。①

天福四年(939)，彭瑊的儿子彭彦晞(彭士愁)"率锦、奖诸蛮攻澧州，希范遣刘勍、刘全明等以步卒五千击之，士愁大败。勍等攻溪州，士愁走奖州，遣其子师暠率诸蛮酋降于勍"②。

司马光的《资治通鉴》指出，"刘勍引兵还长沙。楚王希范徙溪州于便地，表彭士愁为溪州刺史，以刘勍为锦州刺史；自是群蛮服于楚。希范自谓伏波之后，以铜五千斤铸柱，高丈二尺，入地六尺，铭誓状于上，立之溪州"③。

彭瑊、彭彦晞(彭士愁)的后裔，江西庐陵《隐源山口老彭氏续修族谱》指出：

> 吾彭之居湖广永顺、保靖一派，系太尉幼弟瑊公之嫡脉。
>
> 瑊公为唐金紫光禄大夫、检校司徒、辰州刺史，夫人周氏葬安福二十四都，金钗石斛形(指地形)。生彦晞，字士然(愁)，从戎楚王马希范，铜柱誓封静都边指挥使、金紫光禄大夫、检校太保、持节溪州诸军事御史大夫，封上柱国陇西开国男，食邑三百户。配李氏、邱氏。在宦十八年，卒溪州。归葬同夫人李氏合葬永新二十六都寮山，虎形(指地形)。④

江西省宜春及周边的吉州、吉安、庐陵、安福、永新、莲花，特别是永新二十六都、安福二十四都，与永顺彭氏紧紧联系在一起。

彭彦晞的大儿子彭师裕的后人一直治理着大乡县(永顺司)，彭彦晞的二儿子彭师暠的后人一直治理着三亭县(保靖司)。

明洪武六年(1373)，明太祖朱元璋赐保靖安抚司彭万里升宣慰司敕中也指出"尔彭万里本江西诗书之裔"。

从唐末五代至雍正年间，江西庐陵彭氏治理湖南溪州八百多年，对维护地方稳定、国家统一作出了重要贡献，迈柱不得不倍加关注。应该肯

① 张天如纂辑：《永顺府志·卷之一》，乾隆二十八年刻本，第4-5页。
② 欧阳修：《新五代史》，中华书局1974年版，第826页。
③ 司马光：《资治通鉴·卷第二百八十二》，中华书局2007年版，第3517页。
④ 阳盛海：《湘西土家族历史文化资料》，湖南人民出版社2019年版，第164-165页。

定，迈柱对永新县特别上心来源于对保靖、永顺彭氏土司的潜心研究，也是对接湖广行省特别是永顺宣慰司的改土归流谋划的预案之一。

清乾隆四十一年（1776），卢崧《吉安府志》给彭肇槐立传，清光绪二年（1876），定祥《吉安府志》不仅重载彭肇槐传，还进一步作了考订。全文如下：

> 彭肇槐，字公植，永新人今隶莲花厅。晋天福间其先祖彦晞从戎，以功授溪州刺史，辟苗疆，除永顺宣慰使。肇槐世其职，雍正五年疏请改土归流，明年授参将，赐玺书世袭云骑尉。初任饶州，归德进副将，镇守江南各营。乾隆十三年告归原籍。
>
> 以上卢志。
>
> 案此传：卢志乃本莲花厅志。
>
> 考：唐末彭玕、彭瑊兄弟世居赤石洞，其地本属庐陵。南唐保大八年分庐陵置吉水，其地则属吉水。
>
> 彭瑊当梁开平时为溪州刺史，五世孙儒猛当宋真宗时袭其职。大清一统志以儒猛为吉水人是也。肇槐既为溪州刺史之后宜作吉水人。此云永新人今隶莲花厅当有误。①。

"镇守江南各营"的"江南"乃"南直隶""江南省"的习惯称呼。

"除永顺宣慰使"的"除"，不是"除外"的意思，而是本意"台阶"之意，引申义为除去旧的官职又任新的官职。意思就是说彭肇槐的祖先从彭彦晞的溪州刺史，一直做到永顺宣慰使。

卢崧的《吉安府志》根据《莲花厅志》认定，彭肇槐永顺宣慰使改土归流时为参将，奉旨在原籍吉安府永新县莲花桥畔的莲花池定居。按照迈柱所奏，经朝廷批准，吉安府同知刚刚移驻莲花桥。

彭肇槐初任饶州，易地归德获升迁为副将。乾隆十三年"告归"。告归什么地方？告归"原籍"——永新县莲花桥旁莲花池。但是，这时的吉安府同知移驻地，在乾隆八年（1743）已析永新县二十都、安福县十二都置莲花厅，莲花桥（今琴亭镇）已成为莲花厅治所。

卢崧以《莲花厅志》为参考资料认定彭肇槐为"永新人今隶莲花厅"没有

---

① 卢崧：《吉安府志·卷三十》，光绪二年刻本，第48—49页。

犯什么错。定祥较真认为"肇槐既为溪州刺史之后宜作吉水人。此云永新人今隶莲花厅当有误"。定祥的较真劲值得佩服。

定祥说卢志将彭肇槐定位为永新人今隶莲花厅有误，理由是，他的老祖宗彭儒猛虽然在溪州任刺史，《大清一统志》仍然以彭儒猛为吉水人，彭肇槐既然为溪州刺史之后，"宜作吉水人"。

莲花厅，清乾隆八年(1743)设置，属吉安府。厅治在莲花桥。

隋废庐陵诸郡，置吉州。吉水县，隋时置，属庐陵郡。唐武德五年(622)庐陵郡复改吉州，吉水属之。唐天宝元年(742)，改吉州为庐陵郡，吉水隶辖未变。

永新县，东汉建安九年(199)分扬州庐陵郡地置。中途多次变异。明洪武二年(1369)，永新复为县，隶江西行省吉安府。

路振《九国志·卷十一·彭玕》记载："玕(玕)，吉州庐陵人，世居赤石洞为酋豪。黄巢之后，江表寇盗蜂起，玕(玕)于乡里保聚徒众，得数千人，自为首领。捕盗有功，本州补玕(玕)永新置使。"

彭玕为永新人也有依据。历史上行政区划变动频繁，指认一个人的籍贯，时间点不同，属地异动情况和范围大小不同，都可以得出不同的结论。定祥以《大清一统志》认定的彭肇槐家族传承链上的溪州刺史彭儒猛为吉水人也对，但说别人错误大可不必。但是，迈柱在即将离任时要在永新县莲花桥移驻同知独具匠心，非同寻常。

胤禛要迈柱履职湖广总督，且这职位非他莫属。而迈柱的女婿鄂尔泰在云贵干着惊天动地的大事，湖广如何落实改土归流的重任，迈柱得任职命令后必然在思考，而且迈柱到任后与彭肇槐接触颇多，沟通也应颇多。彭肇槐情愿回江西祖籍，具体回到哪一个地方，其中充满玄机。

吉安府同知移驻莲花桥，衙署建设无疑会推动那一带的发展，必然会扫清阻碍发展的障碍，"新人"移驻安居要顺利得多，且有抢占先机之利。迈柱会不会给彭肇槐点拨？彭肇槐与迈柱会不会心有灵犀，一猜就着？迈柱的老道非常人所能比。

中　编

雍正五年（1727），丁未，十二月，己亥，胤禛谕兵部："向来云贵川广以及楚省各土司僻在边隅，肆为不法，扰害地方，剽掠行旅，且彼此互相仇杀，争夺不休，而于所辖苗蛮，尤复任意残害，草菅民命，罪恶多端，不可悉数。是以朕命各省督抚等悉心筹划，可否令其改土归流，共遵王化？"

胤禛给兵部的谕旨，囊括了"云贵川广及楚省各土司"，没有例外，各省督抚等都应"悉心筹划"，"令其改土归流，共遵王化"。

没过多久，雍正六年（1728）（戊申）二月壬寅，胤禛又谕兵部："永顺土司彭肇槐，恪慎小心，恭顺素着，兼能抚辑土民，遵守法度。甚属可嘉。据湖广督抚奏称，彭肇槐情愿改土为流，使土人同沾王化。朕本欲不从所请。又据了解辰沅靖道王柔面奏，彭肇槐实愿改土为流，情词恳切。朕念该土司既具向化诚心，不必拒却。特沛殊恩，以示优眷。彭肇槐着授为参将，即于新设流官地方补用，并赐以拖沙喇哈番之职，世袭罔替。再赏银一万两，听其在江西祖籍地方立产安插，俾其子孙永远得所。"

根据现有史料判定，彭肇槐呈请自愿改土为流应该在雍正五年（1727）十二月十八日之前。胤禛从两个渠道得到了消息：一是"据湖广督抚奏称，彭肇槐情愿改土为流，使土人同沾王化"；二是"辰沅靖道王柔面奏，彭肇槐实愿改土为流，情词恳切"。

湖广总督迈柱和湖南巡抚王国栋的奏折说彭肇槐"情愿改土为流"的目的是"使土人同沾王化"。原因是什么？没有明说。

辰沅靖道王柔面奏彭肇槐"实愿改土为流，情词恳切"。到底是一些什么情词？恳切到什么程度？没有细说。

彭肇槐一定说了很多，其中必定说到自己呈请自愿改土的原因和理由。

不管怎样，胤禛在这个诏书里，把永顺土司彭肇槐当作改土归流前全国各地土司的特例加以肯定，又把彭肇槐当作情愿改土为流的特例加以赞赏，特别优抚。其中说到彭肇槐情愿改土为流的目的是"使土人同沾王化"，也算一个重要原因。

《清实录·世宗实录》还记载，胤禛在雍正六年（1728）十月辛卯有一个谕吏部的圣旨，《清实录·世宗实录》所载有删节。张天如纂辑乾隆《永顺府志》时照录了原文。两相对照，从中可以看到删节的字句是"适因道员王柔在京奏称彭肇槐之意甚属诚恳，且伊有不得已之情等语，朕是以勉从所请，加以特恩"等字眼。

《清实录·世宗实录》编纂时删掉了王柔在京的奏言，删不掉胤禛对彭肇槐情愿改土为流的原因和理由的探究。

据张天如纂辑乾隆《永顺府志·卷之首·上谕》记载，胤禛在雍正六年十一月还有一个圣旨，就彭肇槐的安置问题要迈柱、王国栋、王柔找彭肇槐谈话，并且提出了三条安置措施供彭肇槐选择。胤禛进一步强调，王柔最了解彭肇槐和永顺土司情形，"且奏伊有许多万不得已之情"。

"许多万不得已之情"概括了彭肇槐情愿改土为流的内在心理状态，值得深入探讨。

彭肇槐是彭泓海（泓也作"宏"或"弘"）的嫡长子，康熙五十一年（1712）因父亲年老致仕而袭永顺宣慰使之位。康熙皇帝削三藩的举动彭肇槐不能目睹也会有所耳闻。其祖父彭廷椿、父亲彭泓海直接参与平定三藩之乱，在辰龙关围剿吴三桂立下大功，受到清廷嘉奖。"康熙十年，吴三桂叛踞辰龙关，授永顺宣慰使彭廷椿伪印，廷椿缴之。奉旨赏其子宏（弘）海总兵衔，令率土兵协剿，有功，授宣慰司印。"[1]朝廷削三藩意味着什么，彭肇槐和他的父亲彭泓海都会深思。

雍正二年（1724）五月辛酉，胤禛谕四川、陕西、湖广、广东、广西、云南、贵州督抚、提镇等，"严饬所属土官爱恤土民，毋得肆为残暴，毋得滥行科派。倘申饬之后，不改前非，一经查觉，土司参革，从重究拟"。朝廷为什么要这样，彭肇槐焉能不知？

雍正三年（1725）十二月乙酉，胤禛谕兵部，要求"督抚提镇转饬各土司：自兹以往，尤宜益矢忠勤，各安驻牧，严束部落，不得滋事生非；和睦族邻，不可恣行仇杀。尺地莫非王土，率土莫非王臣。番苗种类固多，皆系朕之赤子。或有强悍不平，各土司只宜赴该管土司陈告，岂得任意戕杀，以背朕好生保赤之念。各该土司果能凛遵训诫，则世守职土，朕自加恩。若敢恃功骄肆，阳奉阴违，则国法具在，断不因今日之功赏，更从宽

---

① 赵尔巽等撰：《清史稿·卷五百十二》，中华书局1977年版，第14213页。

贷也"。朝廷一步一步收紧缰绳，甚至土司兵权也被变相剥夺。彭肇槐感受不到其中的奥秘？

永顺宣慰司地处湖湘，毗邻北楚，西连云贵川，特殊地理位置和总司"苗"字旗专司情报的功能决定了彭肇槐对永顺宣慰司周边的形势和国家大局了如指掌。

雍正三年(1725)以来，鄂尔泰在云贵川一带的改土归流动作不断，作为永顺宣慰使，彭肇槐能不高度重视？

尤其是雍正四年(1726)十一月丙午，皇上"裁，湖南永顺、保靖二司经历缺，各改设同知一员。从湖南巡抚布兰泰请也"①。

宣慰司的经历一职，是朝廷加强与土司沟通和联系的重要职位，对宣慰使有监督和制约作用，是朝廷情报工作的重要一环。自明朝以来，永顺宣慰司的经历，从总司设置到三知州六长官司一级。"土人有罪，小则土知州长官等治之，大则土司自治。若客户有犯，则付经历，以经历为客官也。"②

"经历"在宣慰司内部是独立的司法体系。总司的经历从七品。同知正四品，官位高于经历，仅次于宣慰使(从三品)。

湖南巡抚布兰泰呈请朝廷将永顺宣慰司和保靖宣慰司的"经历"一并升格为"同知"，胤禛竟然同意，永顺宣慰司的同知还是皇上身边的红人下派的。这意味着什么，彭肇槐能不考虑吗？

雍正五年(1727)九月己卯，"湖广总督福敏题，永顺宣慰司彭肇愧患病休致，请以其子彭景燧袭替。下部知之"③。

这是官方的权威记载，彭肇槐"患病休致"时是福敏题请由彭肇槐的儿子彭景燧"袭替"，胤禛不仅同意，而且"下部知之"。

袭替不是承袭。袭替是根据世袭罔替的传统，父亲暂时不能理事由儿子代替处理公务。下一步就是承袭。可是，彭景燧没有等到这一天。彭肇槐休致期间，福敏要他统兵同进，直接参与桑植土司、保靖土司的改土归流。虽是殊荣，体验"本是同根生，相煎何太急"的感觉难道就不难受？

① 《清实录·世宗实录·卷五〇》，第756页。
② 张天如纂辑：《永顺府志·卷十二》，乾隆二十八年刻本，第7页。
③ 《清实录·世宗实录·卷六一》，第942页。

当时，朝廷对官员因病休致有一套办法，甚至是一些潜规则，但是没有形成定例。雍正五年(1727)十一月乙卯，胤禛谕吏部：

> 定例。凡在京各部院官员因病告假，回籍调理者，病痊之日仍以原衙门补用。至在外各官一经告病，即令休致，所以防不肖有司之托病规避也。

> 夫外官有地方之责，患病不能办事，自应呈请离任。但病痊之日格于成例。虽有才具优长之员不得起用，殊为可惜。

> 从前有府县官员告病者，朕降旨调来引见，见其才尚可用，即命医调治痊可仍行补用。诚以人才难得。虽片长薄技不忍弃置也。

> 嗣后，外官告病者，着督抚查明确实具题，令其回籍调治痊。可有情愿起用者，于本籍起文赴部引见，仍以原缺补用。

> 如此，则可以杜规避之端而人才亦不至于沦弃矣。①

很明显，彭肇槐"休致"不到两个月，属"原缺补用"。福敏要其率兵两百同进，直接参与保靖土司、桑植土司的改土归流，组织民众供应米粮，保障改土归流官兵的后勤供应。这已经视同外官，也视同流官了。

这是早已经升任吏部尚书而暂时署理湖广总督印务的福敏对彭肇槐的器重和关照，或许还有暗示。

永顺土司与保靖土司同宗同源，与桑植土司长期以来睦邻友好。唇亡齿寒的道理无疑会引起彭肇槐深思。

多种因素的共同作用下，彭肇槐真切地认识到保靖宣慰司、桑植宣慰司的今天就是永顺宣慰司的明天。因此，尽管内心有诸多"万不得已之情"，彭肇槐却毫不犹豫作出了坚定选择。

彭肇槐真诚地呈请自愿改土为流的潜台词，用现代语言来概括就是：改土归流、共遵王化是国家一体化进程的必然趋势，我江西彭氏家族来到溪州的历史使命已经完成，应该服从国家统一管理，纳土献册，从哪里来回哪里去，回到江西老家去做流官。这就是彭肇槐的戊申自觉。

中编

---

① 《清实录·世宗实录·卷六三》，第961页。

第四章　地方治理历来是朝廷授权

明孝宗的时候，朝廷就有明确规定，"土官应袭子弟，悉令入学，渐染风化，以格顽冥。如不入学者，不准承袭"。彭肇槐的先祖文化素质普遍偏高。彭翼南"务学不倦，喜诵诗评史，延揽世儒为师友，资如东廓、念庵，则远宗之，道林、华峰，皆及门受学。刊阳明遵海诸集以思贤，修司志、家谱诸书以传后"，受到嘉靖皇帝的内阁首辅徐阶的称赞。彭元锦所办若云书院就是专供土司、土舍子弟就近入学的。彭氏家族内部有一句俗语："养儿不读书，等于养头猪。"再穷的村寨，私塾还是要办的。炎藏坡的一个小山寨，海拔九百多米，私塾和小学一直在办。

彭肇槐是沐浴中华传统文化和土家文化成长起来的宣慰使，历史和现实使他认识到区域性家族世袭体制即将完结，彭氏家族从江西庐陵吉州来到湖南溪州的历史使命已经完成。

据雍正五年（1727）十二月十八日，湖广总督迈柱的奏折所说，彭肇槐不仅"呈请自愿改土为流"，而且"并称祖籍江西，愿入江西原籍，请量授武职仰报国恩"。尽管后来有诸多不顺，但彭肇槐"愿入江西原籍"的决心未变，最终得以实现。

对彭氏家族治理溪州历史的认知，是彭肇槐戊申自觉的基础。

中国地域辽阔，区域差别很大，历代封建王朝不得不分层次、分类型进行治理，以维持多民族国家的持久强大和统一。在中央王朝的统领下，各地区实施什么样的体制，地方可以选择、争取和建议，但是决定权在朝廷。朝廷一经决策，地方必须服从。这是国家认同的基本要求。

早在汉朝，司马迁《史记·周本纪第四》就记载了周穆王与祭公谋父的对话。祭公谋父对先王之制有一个高度概括：

> 夫先王之制，邦内甸服，邦外侯服，侯、卫宾服，夷、蛮要服，戎、狄荒服。甸服者祭，侯服者祀，宾服者享，要服者贡，

荒服者王。①

祭公谋父说的就是中国历史上早已存在的分层次分类型治理的体制问题。

《孟子·梁惠王上》指出，"欲辟土地，朝秦楚，莅中原而抚四夷。以若所为求若所欲，犹缘木而求鱼也"②。

"莅中国而抚四夷"说的就是无论是谁夺得皇权都必须稳定边疆民族地区，维护国家统一。

中国的历史反复证明，地方割据、分裂总是短暂的，国家大一统的基本格局从来没有改变过。

秦始皇统一中国后，朝廷集权，分天下为三十六郡。关中诸郡是内史（国都咸阳周围），紧接着内史的是陇西郡，还有北地郡、上郡、九原郡，等等。黔中郡在淮汉以南诸郡北部。

永顺宣慰司地处古溪州。古溪州，乾隆《永顺府志·卷一·沿革》明确指出，"唐虞古蛮夷地，三代荆州地，春秋属楚，秦黔中郡地，汉武陵郡地"，"唐溪州灵溪郡地。天授二年析辰州置，领县二，曰大乡、三亭。中和三年，蛮酋分据，自置刺史"。

唐虞，唐尧与虞舜的并称，指远古时期的尧与舜。

三代，指夏、商、周三个朝代。

中和三年(883)是唐僖宗的年号。乾隆《永顺府志》指出，从这一年开始，溪州才为蛮酋分据，自置刺史。

光绪《彭水县志·卷四·古迹·冢墓·唐溪州刺史上柱国田英墓》碑文记载，田英"开成元年为溪州刺史"，"开成二年卒于酉阳官舍"，进一步验证了中和三年之前溪州历来是朝廷命官治理。彭氏家族世袭治理溪州八百多年仍然是以朝廷命官的身份治理。

① 司马迁：《史记·周本纪第四》，中华书局2003年版，第21页。
② 《四书五经》，中华书局2009年版，第65页。

第一节　扛着朝廷命官的大旗扎根溪州

有史书在，有永顺宣慰司的司志在，有彭氏的家谱在，彭肇槐自然明白老祖宗是扛着朝廷命官的大旗来到湖南溪州，采取武力结束中和三年（883）溪州灵溪郡"蛮酋分据自置刺史"局面的。

开平二年（908），楚国王马殷剿灭雷满时，溪州的混乱割据局面已经存在二十五年。正是在这种情况下，开平四年（910），彭肇槐的先辈彭瑊获楚王马殷相救，从江西庐陵（吉州）来到溪州，并以武力结束"中和三年蛮酋分据，自置刺史"的局面。

解缙（1369—1415），字大绅。江西吉水人，与彭玕、彭瑊兄弟同乡。明洪武二十一年（1388）中进士，官至内阁首辅、右春坊大学士，曾主持编纂《永乐大典》。

解缙不仅为彭氏家谱"辨疑云"，而且于永乐二年（1404）十月以"翰林院学士兼春坊大学士、国史总裁"的名义撰《彭氏祠堂记》。他指出：

汉司空长平侯彭宣，世家淮阳，子圣孙业嗣贤，遭王莽而废。其后或居陇南市西安定，或居河间，或居江右。

安定之显者曰乐，北齐封陈留王。

河间之显者曰景直，事唐中宗为礼部侍郎。

江西之显者构云，元完三遣使安车召之，终不肯仕，归隐宜春，号曰彭征君。

征君生兹，为进贤令，始居庐陵吉水。生三男，曰伉曰倜曰维岳，皆进士。倜为宜春县令，始居隐源，今居庐陵山口也，葬铁芒砀。二子曰辅曰霁，辅为信州长史，霁亦中进士第。

信州生玕，为吉州刺史，检校太尉，事见唐史。有子十一人，其讳彦昭，事吴为静州节度使加少保，赐第居永丰之沙溪。有子十五人，其讳师奭，字符召，生德顺，字子昂，复居隐源。五子曰吉、寿、尧、嘉、喜。

据光绪《镜方彭氏九修族谱·征君居江右以来绵历世系之图》显示，彭辅生子五人，分别为彭璋、彭珏、彭彬（琳）、彭玕、彭瑊。

彭玕有十一个儿子，分别为彦武、彦晖、彦回、彦规、彦昭、彦承、彦符、彦洵、彦琳、彦澄、彦琛。

宋代的御史丞彭思永、尚书彭汝励都是彭玕后人，一直与永顺彭氏保持着紧密联系。

彭玕靠镇压黄巢起义而壮大起来，是朝廷命官。"玕通《左氏春秋》，尝募求西京《石经》，厚赐以金。扬州人至相语曰：'十金易一笔，百金偿一篇，况得士乎?'故士人多往依之。"①

西京《石经》就是《开成石经》，从唐文宗大和四年（830）始刻到开成二年（837）刻成，是由114块巨大的青石组成的经书。碑上共镌刻了650252个字。内容为儒家重要典籍，包括《周易》《尚书》《诗经》《周礼》《仪礼》《礼记》《春秋左氏传》《春秋公羊传》《春秋谷梁传》《论语》《孝经》《尔雅》等12部。相传彭玕为了得到这些宝贝费尽了心机，终于得到几块并运至湖南。"吉水有五经井盖，石本是也。"②

"石本五经"所刻经书是永顺彭氏的至宝，受其熏陶很自然。"石本五经"对彭氏政权的建立和巩固发挥着重要作用。

彭玕、彭瑊兄弟俩进入湖南是五代十国时期的重大事件。

路振《九国志》记载："钟传据江西，其裨将韩德师叛，传令其弟瑊攻破之。斩获甚众，军政严肃，樵采不犯。传以瑊为吉州刺史，未几以玕代之。"

马殷是楚国国王，也是朝廷命官，被封楚王是梁太祖所为。开平四年（910），他"求为上将军"，梁太祖"诏加天策上将军。殷始开天策府，以弟宾为左相，存为右相"。③

李存勖于同光元年（923）称帝，建国号唐（后唐），马殷即遣其子马希范"入见，纳洪、鄂行营都统印，上本道将吏籍"④。

---

① 欧阳修、宋祁：《后唐书》，中华书局1975年版，第5488页。
② 成臻铭：《土司家族的世代传承》，民族出版社2014年版，第98页。
③ 司马光：《资治通鉴·卷第二百六十五》，中华书局2009年版，第3327-3328页。
④ 司马光：《资治通鉴·卷第二百六十五》，中华书局2009年版，第3396页。

中编

随后马殷被"加楚王殷兼尚书令"①。

马殷享受过"国王"的待遇，但没有年号，坚持"上奉天子，下抚士民"。

彭玕归附、投靠楚王马殷是作了充分的调查而形成的果断决策。马殷上表朝廷，任命他的儿子彭彦昭为辰州刺史、任命他弟弟彭瑊的儿子彭彦晞为溪州刺史，就是要他们内外合举，平服楚南诸蛮，实现湖南全境的统一。

开平三年（909），彭玕"帅众数千人奔楚，楚王殷表为郴州刺史，为子希范娶其女"②。

彭瑊于开平四年（910）六月从江西庐陵投奔马殷帐下，立即被马殷任命为辰州刺史。马殷的名声和朝廷命官的身份威慑作用很大。宋邺是辰州境内的"豪酋"，居然没有攻击辰州的府邸，只和溆州的潘金盛联合起来，依靠所居地势险要，多次对马殷的楚国国都潭州（今长沙）的边境诸州发动进攻。

宋邺曾经攻入湘乡，潘金盛曾经攻入武冈。楚王马殷调遣昭州刺史吕师周统帅衡山兵五千讨伐镇压。乾化二年（912），宋邺向马殷投降。彭瑊任辰州刺史三年的时限将到，马殷便任命宋邺为辰州刺史。③

同时，马殷又任命彭瑊为溪州刺史，接替儿子彭彦晞的溪州刺史职务。

溪州刺史，包括大乡、三亭二县的县令，按唐朝末期已经形成的州官三年一易、县官四年一易的政治制度，人员由朝廷任命。辰州刺史和溪州刺史反复换人就是这个制度造成的。

马殷为了剿灭与溪州、辰州相邻的澧州、朗州的雷满父子，"极其兵力，攻围周岁"，"开平二年十一月"终于取得胜利。④

乾隆《永顺府志》记载了彭瑊剿灭吴着冲的全过程：

> 相传老蛮头吴着冲，今龙山之本城里、洗罗里、辰旗里、董补里、洛塔里、他砂里，皆其世土。

---

① 司马光：《资治通鉴·卷第二百六十五》，中华书局 2009 年版，第 3403 页。
② 司马光：《资治通鉴·卷第二百六十五》，中华书局 2009 年版，第 3324 页。
③ 司马光：《资治通鉴·卷第二百六十五》，中华书局 2009 年版，第 3331-3338 页。
④ 司马光：《资治通鉴·卷第二百五十四》，中华书局 2009 年版，第 3165-3166 页。

因吴着冲延江西吉水县彭氏助理，（彭氏）以私恩结人心，日渐强盛。

至彭瑊遂谋逐吴着。吴着败走猛峒，瑊复联率众击之。吴着复逃匿洛塔山。

时有漫水司土官之弟向伯林归瑊，瑊令伯林合攻吴着。吴着又遁入洛塔吾山，困毙其处。

其山最高险，周围石壁，中通一径，非扳援不能至。上有坪，有池，池水清碧，以人迹不到，池鱼皆生绿毛。

吴着毙后，瑊以洛塔之地酬向氏，余土地尽归瑊。

后，吴着为祟，瑊乃建祠祀。今永顺旧司城犹有吴着祠，土人争赛焉。

又云，惹巴冲者，吴着冲结义兄弟。今龙山明溪里、波脚里、捞车里、二梭里、三甲里、四甲里，皆其世土，后为彭瑊所并。传闻异词，亦未可云必无其事。故备载于此。①

《永顺府志》关于吴着冲的传说，用了"吴着"和"吴着冲"两个称呼，是因为"冲""送"，是土家语汉字记音，都是对王的称呼。称"吴着"为王时用"吴着冲"，是有意区分、提示。

吴着冲的传说，乾隆《永顺县志》、光绪《龙山县志》的记载与《永顺府志》的记载，大体相同。《永顺县志》不是用的《永顺府志》"相传"而来的材料，而是"又查土司旧志载"和"又土人云"。《龙山县志》依据的是"土人家乘称"。《永顺府志》则云"亦未可云必无其事"。意思就是说，不能说一定没有这回事。

乾隆《永顺县志》在说及吴着祠时说："后着送阴灵作祟，彭氏惧，乃建祠以祀。今祠尚存旧司城，土人报赛亦必及之。"《龙山县志》说："后着冲为祟，土人相惊呼，瑊惧建祠祀之。今永顺县旧司城有吴着冲祠，土人犹争赛焉。"均指认旧司城的吴着祠是彭瑊所建，是他惧怕吴着冲的阴魂而为。殊不知，相对应地，彭瑊为了供奉吴着冲血洗比沙沟守兵、攻占福石城、自置刺史以来在征战过程中牺牲的亡灵，在比沙沟还修建了一座"八

———————————

① 张天如纂辑：《永顺府志·卷十二》，乾隆二十八年刻本，第4-5页。

善庙",提倡"八善"美德。

"八善庙"又被人们称作"八神庙",因为庙中供奉着八部大神。八善庙建在比沙沟大河与小河的交汇处三角形平台上。庙的名字就取材于老子的《道德经》中所说的"上善若水","居善地,心善渊,与善仁,言善信,正善治,事善能,动善时"。尊崇八善,是彭氏土司文化的基石。八善庙是彭氏家族激励彭氏后人和黎民百姓惩恶扬善的场所,解放初期为了扩建小学被拆除,如今已经开垦为良田。

彭瑊剿灭吴着冲后,以洛塔酬谢向伯林世守,归顺的三知州南渭州彭氏、施溶州田氏、上溪州张氏,六长官司腊惹峒向氏、麦着黄峒黄氏、驴迟峒向氏、施溶溪汪氏、自崖峒张氏、田家峒田氏,一直世袭传承。

后唐明宗长兴三年(932),彭玕被封安定王,以老疾辞位。

长兴四年(933),"一曰,玕公疾卒,嘱咐公子彦昭曰:'汝仁孝能继吾志,吾没之后,将柩浅殡,俟西土宁静,归葬旧都。'嘱瑊弟曰:'汝臣事楚王,世守此土,毋二尔心。'公卒,公子彦昭谨遵父命,移葬吉州,遂家焉"。[1]

彭玕去世后,彭瑊为之治丧并扶棺。彭玕"敕葬长沙县善化乡集贤里莲花岗。后改葬吉水县折桂乡二十九都之枫仙杰"。

龙德三年(923),后梁为后唐所灭,彭瑊还随马希范入觐唐主。

彭瑊在长兴四年(933)至天福元年(936)期间去世,享年九十多岁。

正如乾隆《永顺县志》所称,"五代梁开平间授彭瑊溪州刺史,是为永顺始祖者彭瑊也。瑊原籍江西吉安府吉水县"。

又如光绪《龙山县志》所指,"瑊于梁开平间归顺,命为溪州刺史。子彦晞,一名士愁。《五代史》作士愁,吴任臣《十国春秋》作士然,为静边都指挥使,守溪州刺史"。

这一切都说明,永顺彭氏是扛着朝廷命官的大旗在溪州扎根的。没有朝廷命官的旗帜,江西庐陵彭氏就没有这么幸运。

彭肇槐生在老司城,他知道老祖宗是如何来到溪州的历史,对朝廷命官的作用有一定的认识。数典忘祖,不是彭肇槐之所能为。

---

① 成臻铭:《土司家族的世代传承》,民族出版社 2014 年版,第 48 页。

第二节　溪州铜柱誓约特权由朝廷赋予

彭士愁（彭彦晞）是彭珹的独子，生于唐僖宗中和三年（883）。彭彦晞的土家语名用汉字标记就是"士愁"，还有标记为"士秋"的。土家语中，"士愁""士秋"都是首领和王的意思。几经传抄，也被写作"士愁""士然"等。彭士愁为诸蛮酋长，是当地土家的"王"，这个王的称号是溪州铜柱盟誓的誓约为保证的。

尽管溪州铜柱誓约是彭士愁与五姓主首共同争取的，但是归根结底是朝廷赋予的。

彭士愁天祐三年（906）进入溪州，通过三十多年苦心经营，牢牢操控着溪州的管辖权，势力逐步强大，能够直接统帅的兵力上万，逐步取得了都誓主的地位。路振的《九国志》对彭士愁的发迹历史有一个高度概括：

> 其地西接牂牁郁林，南抵桂林象郡，东北控澧朗，方数千里。山水险恶，舟车不能通。
>
> 其蛮有六种，盘氏为大，即盘瓠之种也。俗无章法，约束于酋长。
>
> 当士愁之世，昆弟强力，多积聚。故能诱胁诸蛮皆归之，统兵万余人。春夏则营种，秋冬则暴掠。而长沙四境最被其恶。①

《九国志》首先说的是彭士愁的辖地范围之大及特殊性。"山水险恶，舟车不能通"，道出了秦始皇统一中国后车同轨、书同文法规难以推进的客观因素。

其次说的是当地六种蛮，特别是盘瓠的情况。"俗无章法，约束于酋长"，指彭士愁管辖之前的情状。

"当士愁之世，昆弟强力，多积聚"，说的是彭士愁方面不仅"强力"而且"多积聚"，很富裕。

正是因为这样，"故能诱胁诸蛮皆归之，统兵万余人"。

---

① 路振：《九国志·卷十一》，商务印书馆1937年版，第116-117页。

"春夏则营种，秋冬则暴掠"，则是前后的变化，指彭士愁的统治策略，就是让当地的生产、生活有了基本规律，有了章法。

什么章法？就是强制性的规定，"春夏则营种，秋冬则暴掠"。

现在看来这个章法很简单，那时却很难。彭士愁独出心裁，把土民组织起来，采用人们喜闻乐见的军事手段，将种植业和狩猎以章法的行式固定下来。春夏必须营种，必须从事农业生产，发展种植业。秋冬才准暴掠，主要是狩猎，其中也包括抢劫、偷盗。

狩猎，是围猎，是以一定的单位组织的大型活动。男女老少都可以参加，打着猎物，见者有份。第一个击中的猎手可以先将猎物耳朵往猎物的身上拉，耳朵尖贴在哪里，就从哪里割下头部给予奖励，这个习俗一直保持着。方法如《乾隆府志》所指出的那样，"每冬行猎，谓之赶仗。先令舍把头目等视虎所居，率数十百人用大网环之，旋砍其草，以犬惊兽。兽奔则鸟铳、标枪立毙之，无一脱者"。狩猎的人趋之若鹜。这样既凝聚了人心，又提高了战斗能力。

为了提高人们的兴趣，当地还出现了军事化的农业生产活动。一个山或几个山寨，合理安排农时，集中劳力，轮流耕作。耕作时，二三人在耕种的工地前一边敲锣击鼓一边说唱，众人踏着鼓点劳作。薅草锣鼓这一文艺歌舞与农业生产相结合的生产形式也一直保留着。

军事化的耕作形式，极大地组织和调动了人们从事农业生产的积极性。军事化的围猎及奖励办法，既提高了冷兵器时代军民的战斗力，也提高了狩猎的成效。"半年辛苦半年闲"，才有"多积聚"，才有"长沙四境最被其恶"。

三十多年的磨炼，彭彦晞完成了从朝廷命官到"土家王爷"身份的转变，被众人称为"彭士愁"，推上二十州的都誓主、王的地位。

长兴元年（930）十一月，马殷去世。马殷去世前有一个特别的举动，遗命诸子，兄弟相继。他置剑于祠堂宣布："违吾命者戮之！"①

马殷有三十五个儿子，他深知国家分裂的局面不可能持久，统一是大势所趋，不可阻挡，马楚政权不可能世世代代传下去，兄弟相继的过程中

---

① 司马光：《资治通鉴·卷第二百七十七》，中华书局 2009 年版，第 3454 页。

国定会统一。马殷的儿子马希声即位后就"去建国制"。①

马希声继位不到三年，长兴三年(932)七月便去世，随之马希范袭位。

马希范奢靡无度，部属议论纷纷。孙光宪就认为"彼乳臭子骄侈僭忒，取快一时，不为远虑，危亡无日"②。

马希范的妻子顺贤夫人彭氏貌陋而治家有法，马希范忌惮她。天福二年(937)十月，顺贤夫人因病去世，马希范始纵声色，为长夜之饮，内外无别。

在马希范的残酷统治下，耗国而穷土木，赋税加于国中，溪州深受其害。

为了弥补"穷土木"之不足，楚国方面的管界团保军人，甚至百姓都乱入溪州四周的边界劫掠眩盗，掠夺人口。王庭差纲，收买溪货并都幕采伐土产，辄有庇占。马希范借口彭士愁和其五姓主首、州县职掌有罪，派官军攻讨。终于爆发了溪州之战。

溪州之战的直接导火索是彭士愁上奏马希范，请求继任溪州刺史，马希范不仅没有同意，还罢免溪州诸将吏的官职。

"州官三年一易、县官四年一易"的政治制度，是从商周时代"田土三年一易"的休闲耕作制度演变而来的。唐代后期，朝廷从藩镇割据的惨痛教训中认真总结历史经验，逐步完善"州官三年一易、县官四年一易"的政治制度并形成共识。

从江西庐陵来楚的彭氏家族充分利用这一政治制度，父子之间、兄弟之间、叔侄之间轮番更替，团结一心，奋力打拼，牢牢地掌握着溪州局势，不仅统一了溪州，而且其势力范围逐步扩大。

天福四年(939)初，马希范竟然不同意彭士愁再任溪州刺史，也不同意溪州彭氏和其他将吏的任职，无疑彻底激怒了溪州的彭氏家族和其他五姓主首。

彭瑊从江西庐陵来到湖南入主溪州，彭氏家族曾任溪州刺史的，除彭瑊、彭士愁外，还有彭师佐、彭允瑫，祖孙四代。

———————————

①　路振：《九国志·卷十一》，商务印书馆1937年版，第105页。

②　司马光：《资治通鉴·卷第二百七十九》，中华书局2009年版，第3487页。

中编

彭士愁的大儿子彭师俗还以溪州副使的名义兼任过三亭县令，彭允臻曾任大乡县令；还有溪州原住民田氏家族的田弘祐、田幸晖等也曾任过溪州刺史；等等。

据《资治通鉴》记载，彭士愁曾"遣使乞师于蜀；蜀主以道远，不许"。随后，才有司马光所指出的"寇辰、澧州，焚掠镇戍"。

彭士愁方面在澧州、辰州边境制造事端，令楚王马希范感到震惊。马希范的天策府学士李弘皋就指斥彭士愁："无何忽乘间隙，俄至动摇。我王每示含弘，尝加姑息。渐为边患，深入郊圻；剽掠耕桑，侵暴辰、澧。"

楚王马希范方面的反映是强烈的："疆吏告逼，郡人失宁"，"边鄙上言，各请效命"。

在这种情况下，楚王马希范"乃以静江军指挥使刘勍率诸将，付以偏师"。溪州之战正式爆发。"鼓之声震动溪谷，彼乃弃州保崄，结寨凭高，唯有鸟飞，谓无人到。"

溪州铜柱铭文的记载说明，刘勍介入时，声势浩大，彭士愁方面肇事的小股部队撤退了。随后，刘勍带领大部队向彭士愁发动进攻。

当时的辰州刺史是彭氏从江西带来的伍长、马希范的爱将刘言。刘言固守辰州，保持中立，客观上是对彭士愁最大的支持。

天福四年（939）八月，彭士愁将溪州的主力留给他的大儿子彭师俗统帅，守护溪州大本营，自己则率领奖州和锦州的一万多士兵从澧州方向发动进攻。

澧州，原为荆南节度使辖地。

荆南节度使，唐肃宗李亨至德二年（757）设置，治所在荆州，管辖荆州、澧州、朗州、峡州、夔州、忠州、万州、归州、郢州、复州。唐代宗李豫广德二年（764），潭州、邵州、永州、道州归"湖南观察使"管辖，后改"湖南节度使"（764—907）。这是"湖南"第一次作为单一行政体制的名称出现在历史上。初治衡州（今衡阳市），大历四年（769）移治潭州（今长沙市）。唐昭宗李晔光化元年（898），澧州、朗州才归湖南管辖。马殷"极其兵力，攻围周岁"，开平二年（908）十一月攻陷朗州，澧州和朗州才成为楚国辖地。

澧州和辰州均与溪州接壤，彭士愁选择从澧州发动进攻就是为了不为难刘言。与彭氏颇有渊源的欧阳修在《新五代史》中直言："溪州刺史彭士愁率锦、奖诸蛮攻澧州，希范遣刘勍、刘全明等以步卒五千击之，士愁大败。"①

彭士愁没有进入辰州，攻的是澧州，威胁的是朗州。

朗州是楚王马希范多年经营的根据地。彭士愁与刘勍、刘全明的五千士兵在澧州、朗州边境激战。

彭士愁知道自己所带锦州、奖州的部队不可能与刘勍的部队决战，给楚王颜色看看的目的已经达到。于是，率领部队向溪州边境撤退，刘勍等乘胜追击。

天福四年(939)十一月，彭士愁退回溪州边境。

为了保存实力，避免溪州生灵涂炭，彭士愁一边阻击刘勍，一边带领部队向锦州、奖州方向实施战略转移。这样做的目的是想得到富州彭师暠的接应。

刘勍等穷追不舍，彭士愁的部队只好在今凤凰的"保山寨"驻扎，企图在此顽强抵抗，决一胜负。

刘勍将"保山寨"团团围住，企图将彭士愁困死。

"保山寨"石崖四绝，刘勍选壮士缘崖作梯登山，缚栈道以围攻彭士愁。

彭士愁利用有利地形顽强抵抗。战斗持续的时间长，双方的伤亡都很惨重。

刘勍的得力战将决胜指挥使廖匡齐战死，楚王马希范遣人悼唁，廖匡齐的母亲没有哭泣，反而对使者说："廖氏三百口受王温饱之赐，举族效死，未足以报，况一子乎！愿王无以为念。"②

马希范以其母为贤，厚恤她们一家人。

为了对付彭士愁，刘勍的手段也够残忍。

彭士愁夜举烽火召集援军，刘勍便在溪涧中置毒。彭士愁的援军一到，凡是饮了溪水的士兵都中毒呕吐，丧失战斗力，还有很多被活活毒

中编

---

① 欧阳修：《新五代史·卷六十六》，中华书局1974年版，第826页。
② 司马光：《资治通鉴·卷第二百八十二》，中华书局2009年版，第3517页。

死。彭士愁的援军不战而退。①

后来，刘勍乘南风暴起之机，以火箭射入彭士愁的山上营堡，把部队宿营的庐舍烧了个精光，很多士兵都被烧死。

彭士愁连夜率领所部从悬崖峭壁上逃脱，越过锦州，进入奖州埋伏下来。

这时的刘勍孤军深入彭士愁所带锦州和奖州士兵的家乡，也难以取胜，更何况邻近的富州有彭士愁的儿子彭师暠之辈。双方谁也奈何不了谁，战争进入相持阶段。

天福五年(940)正月，彭士愁派遣他的儿子富州别驾彭师暠率领田洪赟、覃行方、向存祐、罗君富等携牌印向刘勍投降。

彭士愁作为敌方主帅未到，但刘勍不仅同意，而且立即班师回潭州，还把彭师暠等人也带回潭州向马希范复命，任由双方谈判。

双方的谈判进行得非常顺利。

马希范同意战争之前彭士愁所提出的各项要求。马希范说："古者叛而伐之，服而柔之，不夺其财，不贪其土。前王典故，后代蓍龟。吾伐叛怀柔，敢无师古，夺财贪地，实所不为。乃依前奏授彭士愁溪州刺史，就加检校太保，诸子将吏咸复其职，赐赏有差，俾安其土，仍颁廪粟，大赈贫民，乃迁州城，下于平岸。"

战前得不到的，战后都得到了，而且给的还更多。

"溪之将佐衔恩向化，请立柱以誓焉。"溪州方面担心楚王马希范反悔，要求马希范如马援象浦立铜柱盟誓那样也饮血盟誓。

天福五年(940)正月十九日，彭士愁与溪州田、龚、覃、向、朱五姓主首一起向马希范以书面形式提出要求。

马希范自称是汉代伏波将军马援之后。马援在象浦(今越南境内)立铜柱记战功，马希范欲承继前烈，遂同意彭士愁和其他五姓主首的请求，以铜五千斤铸柱，柱高一丈二尺，入地六尺，镌刻双方誓状于其上，立于溪州。同时，马希范命令天策府学士李弘皋撰写铭文记叙溪州之战的全过程，命令兄弟马希广监临铸造。铜柱上铭刻双方的誓词。

---

① 路振：《九国志·卷十一》，商务印书馆1937年版，第116-117页。

马希范亲笔修改审定的彭士愁等人的诉状和誓词是：

溪州静边都，自古已（以）来，代无违背。天福四年九月，蒙王庭发军收讨不顺之人。当都愿将本管诸团百姓、军人及父祖本分田场土产，归明王化。当州大乡、三亭两县，苦无税课，归顺之后，请只依旧额供输。不许管界团保军人百姓，乱入诸州四界，劫掠眩盗，逃走户人。凡是王庭差纲，收买溪货并都幕采伐土产，不许辄有庇占。其五姓主首、州县职掌有罪，本都申上科惩。如别无罪名，请不降官军攻讨。若有违誓约，甘请准前差发大军诛伐。一心归顺王化，永事明庭。上对三十三天明神，下将宣祇为证者。

楚王马希范的誓词也镌刻于铜柱之一隅：

尔能恭顺，我无科徭；本州赋租，自为供赡；本都兵士，亦不抽差。永无金革之虞，克保耕桑之业。皇天后土，山川鬼神，吾之推诚，可以玄鉴。

马希范的誓词和承诺远远高于彭士愁的要求。其中的"尔能恭顺，我无科徭；本州赋租，自为供赡"，相对于彭士愁"归顺之后，请只依旧额供输"的要求，楚王马希范给予的更多。特别是"本都兵士，亦不抽差"更是求之不得的优惠。

马希范对溪州承诺，"永无金革之虞，克保耕桑之业。皇天后土，山川鬼神，吾之推诚，可以玄鉴"，实质上就是给溪州相对的自治、自主权力。

马希范还特意为彭士愁的大儿子彭师俗改名为"师裕"，希望溪州富裕起来。

彭士愁的二儿子彭师暠为父输诚，束身纳款，成为溪州在马楚政权的人质。马希范不仅免其罪，还替补他为武安军牙校，成为马楚政权内部举足轻重的人物。在马楚政权归顺南唐时，彭师暠又作为人质同往。《九国志》记载："后随希萼归江南。李璟闻其忠，擢为殿直都指挥使。后卒于金陵。"①

---

① 路振：《九国志·卷十一》，商务印书馆 1937 年版，116-117 页。

彭师暠作为人质一直为朝廷尽忠。

在与彭士愁等人谈判立誓的过程中，马希范把奖州和锦州的首领晾在了一边，而且还任命刘勋为锦州刺史，卡在了溪州与奖州咽喉部位，由楚国直接管理。

尽管后来这个刘勋被彭士愁以各种理由赶走，彭士愁仍然以都誓主的名义影响包括锦州在内的二十州，但刘勋当时对制约彭士愁起着重要作用。

楚王马希范是一个腐败的君主，但也不乏智慧，特别是有一帮文臣武将相辅佐，有时候他还能接受他们的劝谏。他的天策府人才济济，置护军都尉、领军司马等官以诸弟及将校为之，又以幕僚拓跋恒、李弘皋、廖匡图、徐仲雅等十八人为学士，其中还有彭玕的两个儿子。马希范对溪州的种种举措固然由他决断，但也是他的团队共同谋划的结果。

溪州之战呈现出这样的局面震动很大，"南宁州酋长莫彦殊率其本部十八州，都云酋长尹怀昌率其昆明等十二部，牂牁张万浚率其夷、播等七州皆归附于希范"。①

但是南宁、昆明、牂牁方面没有得到像溪州彭士愁一样的自治特权。溪州铜柱及其铭文是溪州彭氏的圣物。因为有铜柱铭文的誓约为保障，彭氏治理溪州大乡、三亭两县的权力一直没有变更过。溪州方面在朝廷的人质也不断地更换着。

第三节　都誓主地位维护依赖朝廷支持

因为有溪州铜柱誓约为保证，彭士愁"静边都指挥使"的职权逐步演变为都誓主。人们称彭士愁为彭公爵主。尽管彭氏都誓主的地位也是朝廷赋予的，但反对的人也不少。

广顺元年(951)，周太祖统一中国的大业已经完成。建隆元年(960)，赵匡胤发动兵变，篡周建宋。

宋朝时，溪州彭氏地方政权正处于一个调整巩固阶段。如何巩固彭氏

---

① 欧阳修：《新五代史·卷六十六》，中华书局1974年版，第826页。

以下溪州刺史兼都誓主的地位，确保溪州铜柱铭文誓约的持续有效性是当务之急。

建隆四年（963），知溪州彭允林、前溪州刺史田洪赟等向朝廷列状归顺，宋太祖赵匡胤下诏任命彭允林为溪州刺史、田洪赟为万州刺史。

彭允林是彭师裕（彭师俗，"裕"为楚王所改）的长子，向朝廷归顺时并不是溪州刺史，只是"知溪州"。

田洪赟溪州之战时是一个普通将领，溪州铜柱铭文是这样标示他的："武安军节度左押衙银青光禄大夫检校尚书左仆射兼御史大夫上柱国 田弘赟。"他也任过溪州刺史，由于受"州官三年一易"政治制度的制约，三年任期一过，应该彭允林继任，但朝廷没有批准，彭允林只能"知溪州"。

周世宗显德元年（954），慕容延钊为殿前散指挥使都校、遥领溪州刺史，但实权仍由彭氏掌控。周世宗显德三年（956），溪州刺史是彭师裕。建隆四年（963），朝廷批准彭允林为（下）溪州刺史。历时七年，彭师裕、彭允林父子才完成溪州刺史身份的正式确立。

宋太祖时期，彭允林很受朝廷器重。乾德三年（965）七月，五溪团练使还是洽州刺史田处崇，十二月宋太祖便下诏指出"溪州宜充五溪团练使"，刻印赐给彭允林。溪州的众多官员也被朝廷安排到各地任职。

五溪团练使是负责统领地方武装的军事官职。五溪，泛指武陵、雪峰两大山系而形成的沅水及其中上游的五大支流，地域广阔而险峻。

溪州刺史在宋朝初期的地位不断提高，辰州官府心存芥蒂。

宋太祖赵匡胤在位十九年后传位其弟赵匡义，记年为"太平兴国"。在这一阶段，彭允林将溪州刺史职位传给了其弟彭允殊。彭允殊受到的责难很多。

首先是辰州官府移动溪州铜柱，试图取消溪州享有的特种权利。这是溪州铜柱第一次被迁徙。

彭允殊没有正面与辰州冲突，没有动用武力加以阻止，而是将此事上报朝廷。太平兴国七年（982），宋太宗赵匡义下诏，诏令"不得移"。①

皇上说"不得移"，移了必须归还。铜柱上"复溪州铜柱记"几个字大概

————————
① 脱脱等撰：《宋史·卷四百九十三》，中华书局1977年版，第14173页。

就是这个时候刻上去的。

宋太宗阻止辰州官府移溪州铜柱的诏书无疑进一步肯定了溪州彭氏自治、自主的各项权力，明确了溪州彭氏都誓主的地位，但是又赋予"辰州为保证"的权力加以制约。《宋史》是这么概括的：

> 初，北江蛮酋最大者曰彭氏，世有溪州，州有三，曰上、中、下溪，又有龙赐、天赐、忠顺、保靖、感化、永顺州六，另有懿、安、远、新、洽、富、来、宁、南、顺、高州十一，总二十州，皆置刺史。而以下溪州刺史兼都誓主，十九州皆隶焉，谓之誓下。州将承袭，都誓主率群酋合议，子孙若弟、侄、亲党之当立者，具州名移辰州为保证，申钤辖司以闻，乃赐敕告、印符，受命者，隔江北望拜谢。州有押案副使及校吏，听自补置。①

彭氏的二十州依管理程度不同，可分三个层次。

（一）世有。"世有溪州，州有三，曰上、中、下溪"，系指彭师裕的两个儿子彭允林、彭允殊氏直辖的核心区域。

（二）又有。"又有龙赐、天赐、忠顺、保靖、感化、永顺州六"，系相对于彭师裕支系直辖外的彭氏控制的区域。主要是指彭师裕之弟彭师暠管辖的地区。

（三）另有。"懿、安、远、新、洽、富、来、宁、南、顺、高州十一"，系归附彭氏的区域。

对这二十州，彭氏以下溪州刺史的名义兼都誓主，其余十九州"皆隶焉，谓之誓下"。

朝廷对承袭制度有严格的制约措施："州将承袭，都誓主率群酋合议，子孙若弟、侄、亲党之当立者，具州名移辰州为保证，申钤辖司以闻，乃赐敕告、印符，受命者，隔江北望拜谢。"

单从程序上看，并不复杂，问题的关键是"具州名移辰州为保证"。

辰州与溪州相邻相交，朝廷要求都誓主把官员任免"具州名移辰州为保证"，实际上把制约溪州的权力交给了辰州。溪州内部的异己势力稍有不满便可以仰仗辰州闹事，辰州也可以朝廷确立的制约彭氏这个都誓主的

---

① 脱脱等撰：《宋史·卷四百九十三》，中华书局 1977 年版，第 14177-14178 页。

制度措施来问罪。由此，溪州彭氏与辰州的关系在宋代闹得很僵。

"以下溪州刺史兼都誓主"是对彭氏特权的肯定。尽管刺史三年一易的制度在溪州坚持着，彭师裕的两个儿子彭允林、彭允殊各自形成的传承支系轮流替换，权力被彭氏牢牢地掌控着，但是仍有很多不便。彭允殊想扭转这种局面，于是上奏宋太宗："刺史旧三年则为州所易，望朝廷禁止。"①

唐末形成的刺史三年一易的政治制度有合理性，宋朝没有因王朝更替而放弃。宋太宗赐敕书对彭允殊进行安抚，晓以大义，希望彭允殊能够理解。

彭允殊讨了个没趣，溪州铜柱铭文确立的赋税"自为供赡"问题这时也受到威胁。周边的锦州、叙州、富州的官员，愿意比照内地缴纳租税，并且胁迫彭允殊于太平兴国八年(983)一同前往辰州表达这种意愿。

辰州方面求之不得，上报朝廷请求批准实施。

宋太宗比较谨慎，下诏给长吏要他察其"谣俗情伪"，并按视山川地形图画呈上。

长吏将视察结果上报朝廷，宋太宗否定了比照内地缴纳租税的诉求。溪州赋租仍然"自为供赡"。

淳化二年(991)，五溪诸州统军、鹤州刺史向通汉为富州刺史。富州，领龙平、思勤、马江三县。这三个县都在今广西境内。

富州历来是彭氏都誓主誓下的二十州之一。彭师晜为富州别驾时，这里是溪州之战时接应彭士愁的大本营。彭师晜还以富州别驾的身份参加溪州之战后与楚王马希范的谈判。富州与溪州彭氏一直保持着紧密联系。

向通汉在鹤州(今湖南怀化一带)为刺史并不嚣张，为富州刺史后野心膨胀，以富州为辰州墙壁的理由公然向朝廷要官。

至道元年(995)，彭允殊以下溪州刺史的身份邀约高州刺史、田氏刺史等一道前去东京开封府(今河南开封)朝贡。至道二年(996)，宋太宗到开封府的南郊行祭祀天地大礼，彭允殊和向通汉等受邀参加。

向通汉在祭祀仪式上对宋太宗进言："圣人郊祀，恩浃天壤，况五溪诸州连接十峒，控西南夷戎之地。惟臣州自昔至今，为辰州墙壁，障护辰

① 脱脱等撰：《宋史·卷四百九十三》，中华书局1977年版，第14173页。

州五邑，王民安居。臣虽僻处遐荒，洗心事上，伏望陛下察臣勤王之诚，因兹郊礼，特加真命。"①

向通汉阿谀奉承的话让宋太宗十分受用，立即下诏加向通汉为检校司徒，进封河内郡侯。

咸平元年(998)，向通汉又向朝廷请求比照内地定租赋，宋真宗以"荒服不征"为理由没有同意。

向通汉的举动使彭允殊心灰意冷。咸平二年(999)，彭允殊在下溪州刺史任上被朝廷加封为右千牛卫将军而致仕，同时推荐他的侄儿、彭允林的儿子彭文勇为刺史，自己默默地观察着形势的变化。

在彭允殊的心目中，彭文勇虽然身体很差，但他的长子彭儒猛文武双全，是个帅才，可堪大任。

景德二年(1005)，辰州的各路人马联合起来向下溪州发动进攻，彭儒猛带领溪州兵士迎头痛击，擒获他们的头领献给朝廷。

宋真宗赐彭儒猛锦袍、银带并要他留在朝廷为官。彭儒猛以母亲年老父亲多病要尽孝道婉谢，但愿受恩典。

宋真宗下诏，"特加邑封"②。

长沙县，隋开皇九年(589)废临湘而置，马希范的楚国都城潭州当时并没有冠以"长沙"之名。宋时长沙县的建制仍在，宋真宗以邑"长沙县"加封彭儒猛为"长沙县开国伯，食邑九百户"，这样才有溪州铜柱上加刻的"金紫光禄大夫检校兵部尚书使持节溪州诸军事溪州刺史兼御史大夫上柱国长沙县开国伯食邑九百户五溪都团练使 彭儒□"。

彭儒猛正式袭下溪州刺史之职是在他的父亲彭文勇于大中祥符二年(1009)去世后。

天禧元年(1017)，辰州官府通过充分准备，派出兵力把溪州铜柱再次掳去，彭儒猛为夺回铜柱，率兵追赶攻入辰州。

彭儒猛的行为被认定为反叛，朝廷派兵加以讨伐。

天禧二年(1018)，辰州都巡检使李守元率兵攻入白雾团，擒获俘虏十

---

① 脱脱等撰：《宋史·卷四百九十三》，中华书局1977年版，第14174页。
② 脱脱等撰：《宋史·卷四百九十三》，中华书局1977年版，第14175-14176页。

五人，斩首百级，投降的有二百余人。知辰州钱绛等攻入下溪州，破寨栅，斩首六十余人，抓获老幼千余名。彭儒猛逃进山林，他的儿子彭仕汉等人也被抓获并解赴朝廷问罪。

宋真宗给与彭儒猛走得很近的高州刺史下诏，要他逮捕彭儒猛来献，并承诺朝廷会厚加赏典。

彭儒猛通过顺州刺史田彦晏上状转运使，自诉愿意投案自首。

转运使把彭儒猛的诉求上报朝廷，宋真宗哀怜彭儒猛特许释罪。

彭儒猛交出所掠民口和器甲，宋真宗命令辰州通判刘中象把彭儒猛召至明滩歃血要盟，并把他送回溪州继续任下溪州刺史，而把彭儒猛的儿子彭仕汉留在朝廷为殿直（人质），对彭儒霸、彭儒聪委以借职（虚衔），赐冠带、缗帛。

这次变故起因是溪州铜柱被辰州掳去，彭儒猛试图追回。

辰州通判刘中象与彭儒猛明滩歃血要盟，与彭士愁和马希范立铜柱盟誓具有同等意义。彭儒猛在辰州方面退回的溪州铜柱空白处刻上："维天禧元年　十一月十五日移到　至十六日竖立记　铜柱高一丈二尺　内入地六尺　重五千斤并石莲花台及下有石赪。"

这是溪州铜柱第二次被迁徙留下的记号。

加刻的记号所标示的时间段是两个。第一个时间段是"天禧元年　十一月十五日移到"，第二个时间段仅标示"至十六日竖立记"，省略"天禧二年　十一月"。

"铜柱高一丈二尺　内入地六尺　重五千斤并石莲花台及下有石赪"，标示出这次重新安放的具体情况，提示后人不准乱动，若作移动，就会被发现。

天禧二年（1018），彭儒猛的儿子彭仕汉留西京为人质，不经批准偷跑回溪州老家，一直到天圣初年才向辰州报告，说父亲彭儒猛年老、长兄彭仕进病，故潜归，希望朝廷能够放他的家属回溪州。

宋仁宗下诏同意。

彭儒猛认为事情没有这么简单，没过多久他就宣称，彭仕汉逃归是要诱群蛮为乱，派他的第三个儿子彭仕端等把彭仕汉杀害。

彭儒猛对皇上忠心，宋仁宗降诏奖谕，将彭儒猛由检校尚书右仆射特

升为左仆射，任命彭仕端为检校国子祭酒知溶州，加赐盐三百斤、彩三十匹。

彭儒猛受到嘉奖后抓住有利时机，果断地把彭文绾杀掉。

彭文绾是朝廷早欲除去的一个心病。

景德二年（1005）十二月，作为溪峒团练使的彭文绾送还其先攻陷汉口时抢掳的五十名百姓，宋真宗还下诏授彭文绾检校太子宾客的官衔，知中彭州。

这件事影响很大，使朝廷陷入被动。一些蛮酋互相争斗抢掠人口，然后送还以求朝廷封赏。以至于七年之后，大中祥符五年（1012），宋真宗不得不就此事下诏加以制止，并在诏书中特意点了彭文绾送还汉口五十人这件事。

宋真宗的诏书指出，各路蛮酋互相争斗甚至演双簧以求朝廷封赏的发端在此。肇事者的下场是可以预见到的。

彭文绾把自己的辖地忠顺州改为中彭州，朝廷还任命他"知中彭州"。后来朝廷终于醒悟。这一改动意味着什么不言自明，朝廷自然会采取措施。

彭文绾是彭士愁的重孙。他的祖父是彭士愁最小的儿子彭师晃，父亲是彭允祯。彭师晃是溪州之战的重要参与者，在铜柱铭文上有明确标示。按辈分，彭文绾是彭儒猛的叔叔。彭儒猛要置彭文绾于死地需要冒很大风险。

彭文绾也非等闲之辈，朝廷对他又打又拉。大中祥符八年（1015），"诏中彭州彭文绾岁赐锦袍"。[1]

彭儒猛知道，这是朝廷对自己的考验。

天圣三年（1025），彭儒猛终于成功攻杀彭文绾。彭文绾的儿子彭儒索率其党九十二人归附朝廷，宋真宗任命彭儒索为复州（今湖北仙桃）都知兵马使。这时人们才惊呼"彭氏有文绾者，知中彭州，即忠顺州也"。[2]

处理完彭文绾的问题，天圣五年（1027）彭儒猛去世。他的儿子彭仕端被宋仁宗任命为下溪州刺史并赐以袍带。

宋仁宗明道元年（1032），彭仕端去世，其弟彭仕羲被任命为下溪州刺

---

① 脱脱等撰：《宋史·卷四百九十三》，中华书局1977年版，第14176页。
② 脱脱等撰：《宋史·卷四百九十三》，中华书局1977年版，第14178页。

史，累迁检校尚书右仆射。

彭仕羲为下溪州刺史的时候，溪州内忧外患并没有从根本上解决，在他任上，溪州铜柱被第三次迁移，他大义灭亲才保住了溪州的安宁。

彭仕羲的一个儿子叫彭师宝，按当时彭氏为子孙命名的班辈"彦师允文儒 仕思汝忠义"次序应为"彭思宝"。

彭文绾被彭儒猛攻杀后，景祐年间，彭师（思）宝知忠顺州。庆历四年（1044）因有罪过，忠顺州被剥夺向朝廷奉贡的资格。

宋真宗咸平年以来，朝廷允许下溪州誓下的十九州可以直接向朝廷纳贡。因为每次纳贡朝廷都有赏赐，各州获利不少。但是有罪则不允许再向朝廷直接进贡，这已经形成制度和规矩。彭师（思）宝无可奈何，多次请求知上溪州，以改变自己的被动局面。

皇祐二年（1050），彭师（思）宝如愿以偿得以知上溪州，从而再次获得直接朝贡的权利。

不久，彭仕羲将彭师（思）宝的妻子"取去"，彭师（思）宝异常震怒。至和二年（1055），彭师（思）宝与知龙赐州彭师（思）党举家趋辰州告彭仕羲的恶状，甚至说彭仕羲曾经杀誓下十三州的将领夺其符印，吞并他们管辖的地域，朝廷贡奉的赏赐都被他一个人霸占，还自号如意大王，补置官属，将要发起叛乱。

知辰州宋守信与通判贾师熊、转运使李肃之合议，率兵数千深入讨伐。彭师（思）宝还亲自带路。官兵攻入下溪州，彭仕羲逃逸没有被擒，宋守信等俘获他的妻子、儿女及溪州铜柱。而官军战死者十有六七。

宋守信等都被朝廷就地免职。

各地声援和仿效彭仕羲，局势几乎失控。

朝廷遣三司副使李参、文思副使窦舜卿、侍御史朱处约、转运使王绰经制，率领大兵处置，且向各地叛军驰檄招谕。

"仕羲乃陈本无反状，其僭称号、补官属，特远人不知中国礼义而然。守信等轻信师宝之谮，擅伐无辜，愿以二十州旧地复贡奉内属。"[1]

为慎重，朝廷又遣殿中丞雷简夫前往视察。

———————

① 脱脱等撰：《宋史·卷四百九十三》，中华书局1977年版，第14179页。

经过反复协调，嘉祐二年（1057），彭仕羲终于归还所掠兵丁五十一人、械甲一千八百九十件，率领部属七百饮血归附。

辰州方面也归还了彭仕羲的妻子、儿女及溪州铜柱。

当时，彭师（思）宝已死，彭仕羲亲自送彭师（思）党回龙赐州任原职。

雷简夫嘉祐二年（1057）为辰、澧州安抚使，为此事特立"红字碑"，即《明溪新寨题名记》。记录"破山开路，抵石马崖，既尽故地，又将进兵城下溪州，用平其巢穴"的过程，"因列随军官员姓名，勒于崖石，庶久其传也"。

自此以后，朝廷便再也没向溪州用兵。

溪州与辰州为边界白马崖、喏溪的问题有些纠纷，但也没有酿成战乱。

熙宁三年（1070），彭仕羲为其子彭师（思）彩所弑。

彭师（思）彩暴虐，其兄彭师（思）晏又将其攻杀并诛其党。

彭师（思）晏纳誓表于朝廷，并献上彭仕羲平生所用鞍马和器服，归还喏溪地。

宋神宗颁诏命，让彭师（思）晏管理下溪州事务。

熙宁五年（1072），彭师（思）晏再次以马匹和白马崖地献给朝廷，宋神宗才下诏升彭师（思）晏为下溪州刺史，并且给他的母妻赐封邑。

熙宁五年（1072），章惇拜两湖察访使经略江南。湖北提点刑狱李平招纳彭师（思）晏，誓下州张景谓、彭德儒、向永胜、覃文猛、覃彦霸等各以其地归版籍，彭师（思）晏也只好照办。

宋神宗下诏，要彭师（思）晏修筑下溪州城并置兵营于茶滩南岸，而且赐新城名为会溪，新兵营的名字为黔安，所驻扎的士兵隶属辰州管辖，缴纳的租赋和汉民一样。

彭师（思）晏奉旨赴京都朝见，宋神宗授彭师（思）晏为礼宾副使、京东州都监，留在京都，其下属官员有六十四人。①

维护铜柱誓约，维护都誓主地位，反制约与制约，溪州大地腥风血雨。如果没有朝廷的决断和支持，溪州彭氏将寸步难行。其都誓主的地位在宋神宗熙宁年间实际上已经被废除了一次。

---

① 脱脱等撰：《宋史·卷四百九十三》，中华书局 1977 年版，第 14179-14180 页。

铭刻誓约的铜柱耸立在会溪，一直被当作圣物反复争夺。每一次的迁徙都是凭借武力拼杀，最终都由朝廷裁决，地方只能服从。彭肇槐作为永顺宣慰使知道，祖上的一切都是朝廷赋予的。既然可以赋予，便可以剥夺收回。赋予了，给了，要珍惜，不可乱用；剥夺时，收回时，只能服从，不能反抗。否则，朝廷不会答应，土民也不会拥护。这才是识时务，有觉悟。

第四节　宋时变法溪州纳土呼声曾高涨

宋神宗时，溪州铜柱上的誓约内容实际上已被全部废除。但江西庐陵彭氏在溪州已经经营一百六十多年，根基相当牢固。特别是在随后的年月，彭氏抓住（南）宋朝衰败、元朝草创，无暇顾及溪州的有利时机，钻空档，谋发展，最终成为明朝廷依靠的一支重要力量。但是不得不承认，土官世袭不得人心，宋代纳土的呼声曾一度高涨。这是众所周知的历史事实。

彭儒猛、彭仕羲、彭师（思）晏几代人的互相残杀，其中有很多不得已的因素，但这种局面不加以改变，也会危及溪州的稳定和周边的安宁。朝廷知情反思，彭氏内部也对此十分担忧。

宋神宗即位之初即召王安石赴京推行变法。熙宁二年（1069）二月，王安石任参知政事，同年七月至十一月先后颁布实行均输法、青苗法、农田水利法等。其间，溪州彭氏都誓主的职位被剥夺。

熙宁五年（1072），辰州布衣（土豪）张翘与左侍禁李资密谋并以张翘名义上书，请求朝廷纳土，以郡县体制改变羁縻体制。这是王安石变法在地方掀起的波澜。《宋史》是这么记载的：

> 张翘言："南江诸蛮虽有十六州之地，惟富、峡、叙仅有千户，余不满百，土广无兵，加以荐饥。近向永晤与绣、鹤、叙诸州蛮自相仇杀，众苦之，咸思归化。愿先招富、峡二州，俾纳土，则余州自归，并及彭师（思）晏之孱弱，皆可郡县。"

诏下知辰州刘策商度，策请如翘言。

　　熙宁五年，乃遣章惇察访。未几，策卒，乃以东作仿使石鉴为湖北省铃辖兼知辰州，且助惇经制。①

　　张翘的统计数据不一定准确，但问题的实质揭露得很充分。

　　"近向永暗与绣、鹤、叙诸州蛮自相仇杀，众苦之，咸思归化。"这是可以"纳土"的理由。

　　步骤是"先招富、峡二州，俾纳土，则余州自归"。

　　补充说明，"并及彭师（思）晏之孱弱，皆可郡县"。突出彭师（思）晏孱弱的特点，就是要剥夺彭氏家族的世袭权利。朝廷基本上同意了张翘的建议，要知辰州刘策商度。刘策的意见，请朝廷按张翘的意思办。

　　宋神宗拿不定主意，熙宁五年（1072），"乃遣章惇察访"。没有过多久，刘策去世，石鉴"兼知辰州，且助惇经制"。

　　章惇是坚定的改革派，他和石鉴没有采纳张翘的建议，而是大规模开发湖南各地，为溪州的繁荣创造了有利的外部环境。

　　章惇（1035—1105），福建浦城人，北宋中期的政治家、改革家。治平三年（1066）受参知政事欧阳修的赏识和推荐，任武进知县，后受王安石赏识入集贤院。熙宁二年（1069）二月为编修三司条例官，加集贤殿校理、中书校正，参与制定新法，监修国史、编撰实录。

　　元丰四年（1081），西夏内乱，宋神宗出兵五路讨伐，因粮草不济，无功而返。元丰五年（1082），宋神宗又听从徐禧之计筑永乐城，西夏发三十万大军围攻永乐城，宋军两次战败。

　　多种原因叠加，导致王安石变法失败。元丰八年（1085），宋神宗忧郁而逝，享年38岁。元祐元年（1086），王安石也郁然病逝。元祐八年（1093），章惇被宋哲宗拜相。

　　在彭师（思）晏为京官后，彭允殊支系的彭仕诚实际上把持着溪州政务。虽然纳土不成，但彭仕诚已经不是都誓主。

　　元丰八年（1085），湖北转运司向朝廷报告，"辰州江外生蛮覃仕稳等愿内附，诏不许招纳。其后彭仕诚者复为都誓主"②。

---

　　① 脱脱等撰：《宋史·卷四百九十三》，中华书局1977年版，第14179-14180页。
　　② 脱脱等撰：《宋史·卷四百九十三》，中华书局1977年版，第14180页。

关于是否纳土问题，朝廷折腾了十多年，最后才得出结论：不许招纳。

朝廷明确否定纳土建议，彭仕诚才得以"复为都誓主"。

这是王安石变法失败的必然结果，也为溪州彭氏迎来又一次转折。

元祐三年（1088），"罗家蛮寇钞，诏召仕诚及都头覃文懿等至辰州约敕之"。①

"罗家蛮"侵扰辰州，宋哲宗下诏要彭仕诚等带兵至辰州加以制约、阻止。这是永顺彭氏地方政权第一次受朝廷征召对外用兵。

彭仕诚这个都誓主的实力和影响逐步增强和扩大，在朝廷的地位日益提高。元祐四年（1089），彭仕诚所属的"知誓下保靖州彭儒武、知永顺州彭儒同、知谓州彭思聪、知龙赐州彭允宗、知蓝州彭土明、知吉州彭儒崇，各同其州押案副使进奉兴龙节及冬至、正旦溪布有差"。②

"兴龙节"是宋代最重要的节日之一，人们在"兴龙节"祝贺皇帝的生日。

宋哲宗赵煦是宋朝第七位皇帝，宋神宗赵顼第六子。元丰八年（1085）正月被立为太子，当年四月一日即位，年仅九岁。五月，宰臣请以宋哲宗寿节十二月八日为兴龙节。因为宋哲宗十二月七日生，要避宋太祖高祖父赵朓的生日（十二月七日）。冬至，俗称"冬节"。"正旦"即春节。"溪布"就是土家送给王室的精工手工织锦，又名"西兰卡普"。

元祐四年（1089），彭仕诚的部属在这三个节日都向朝廷朝奉各种各样的溪布。

元祐八年（1093），宋哲宗拜章惇为相。

元符三年（1100），宋哲宗赵煦病逝，年仅二十四岁。他弟弟赵佶即位，是为宋徽宗。宣和七年（1125），金兵分两路南下攻宋，赵佶立刻传位给其子赵桓宋钦宗。靖康二年（1127），徽、钦二帝被金人掠到五国城。

宋徽宗赵佶第九子、宋钦宗赵桓之弟赵构从济州南下到陪都南京应天府即位，为宋高宗，改元建炎。为避金兵进攻，高宗以巡幸为名在扬州、

中编

---

① 脱脱等撰：《宋史·卷四百九十三》，中华书局 1977 年版，第 14180 页。
② 脱脱等撰：《宋史·卷四百九十三》，中华书局 1977 年版，第 14180 页。

苏州、江宁、越州、杭州等地流亡,建炎三年(1129)七月升杭州为临安府后才基本安定。绍兴八年(1138)定都于杭州。

彭仕诚时刻关注着中原政局的变化,始终没有忘记在三大节向朝廷进贡,并且多次要保靖、南渭、永顺三州的彭儒武等通过辰州向宋高宗呈报入朝进贡的意愿。

绍兴四年(1134),宋高宗回复:"道路未通,俾荆湖北帅司慰谕,免赴阙。遣人持表及方物赴行在,仍优赐以答之。"

因担心政局动荡,诏令难以落实,宋高宗又给荆湖南、北路下令:"溪峒头首、土人及主管年满,合给恩赐,俾各路帅司会计覆实以闻。"①

"免赴阙"就是各位首领不用直接去朝廷。

支离破碎的南宋,使溪州彭氏政权反倒得到一个相对稳定的发展时期。

绍兴五年(1135),彭仕诚下溪州刺史的职务由他的儿子彭福石宠继任。彭福石宠抓住这一有利时机进一步发展壮大。

福石城,在彭瑊消灭吴着冲后即为彭氏治理溪州的政治、经济、文化中心。土家民众长期祭祀彭瑊所立吴着祠。从五代开始,朝廷和辰州官吏都要求彭氏把下溪州的州城建于会溪坪岸,宋朝皇帝还亲自命名。

长期以来,会溪是溪州的门户,会溪城堡是军事城堡,是前哨站,对彭氏特别重要,彭氏也一直在那里经营。但是,福石城是土家圣城,是彭氏家族的大本营,一直没有停止过建设,彭氏一直在完善其功能。

彭福石宠为下溪州刺史的时候,大兴土木,对福石城的建设贡献最大。他的汉语名字为彭思宠,土家语名字为彭福石宠,既有"王、首领"的含义,又有辉煌福石城的寓意。

宋光宗绍熙四年(1193),彭福石宠去世,在任五十九年,寿八十岁,葬补亚村。

由于有朝廷的特殊政策支撑,溪州内部也相当稳定。乾道七年(1171),知辰州章才邵上报朝廷:"辰之诸蛮与羁縻保靖、南渭、永顺三

---

① 脱脱等撰:《宋史·卷四百九十四》,中华书局1977年版,第14187-14188页。

州接壤，其蛮酋岁贡溪布，利于回赐，颇觉驯伏。"①

从元丰八年（1085）"彭仕诚者复为都誓主"到彭福石宠绍熙四年（1193）去世，时间跨度为108年，父子俩的任职时间都很长，也都是高寿而逝。

彭氏家族内部知道，彭允殊支系的彭仕诚是在彭允林支系互相残杀、彭师（思）晏孱弱无能的情况下才承袭都誓主之位的。彭允殊支系不能不加快人才培养，甚至还希望利用中原动荡、朝廷偏安一隅的时势造就安邦定国的人才，这也是彭福石宠希望看到的。而这个人才还真的出现了，他就是彭福石宠的叔叔彭安国。

经过各方面的协调，彭安国于庆元元年（1195）袭下溪州刺史兼都誓主。

彭安国励精图治，在任五十九年，宝祐四年（1256）去世，寿八十四岁，葬补亚村。他的儿子彭思万于宝祐二年（1254）在他去世前就已袭位。

彭思万在位时间只有七年，元世祖中统二年（1261）去世，葬八桶湖。

第五节　彭氏家族世袭传承内部多怨声

一般来说，在古溪州这样的边远山区，统治权世袭很容易被接受。但是，世袭家族内部也不能容忍世袭制的固有弊端，怨声不断。

彭思万去世后，他的儿子腊木送继位。

"腊木送"是土家语名，"送"是土家语"王"的称呼。"腊木送"是后人对他的称呼。因为他的眼睛不好，腊木、瞽目（白内障），影响施政，但嫡子和嫡长子世袭的规矩一般不能破，要破必然是骨肉相残。腊木送瞽目却承袭为王实在勉强。在一些人看来，他在任上没干什么好事，特别是对他只有女儿没有儿子，从保靖抱养彭世强反感，称他为"腊木送"有鄙视的意思。为此，他的汉语名字，史籍没有记载。

据彭氏家族内部传言，腊木送无儿子，从保靖（静）州彭氏处领了一个

中
编

---

① 脱脱等撰：《宋史·卷四百九十四》，中华书局1977年版，第14192页。

"抱养儿"彭世强。因为没有从永顺彭氏族内抱养，责怪声多，族内漠视彭世强，对腊木送亦不敬重，因而不记汉语名，而冠以"腊木送"的称号。甚至还在说及彭思万时不得不用"时思万生一子，瞽目，未立。再传于弟胜祖，胜祖传于万潜，万潜传于天宝"这样含混的记载。

"未立"不同于"未袭"。联系上下文句，是说思万的这个儿子"已袭"，但是没有真正地独立处理政务，"未立"也。"再传于弟胜祖"，是从瞽目之人"再传"的。这个胜祖是瞽目之人的弟，还是思万之弟，模糊不清。本书认为彭胜祖应是腊木送的堂弟。

腊木送执政期间，正处于（南）宋朝到元朝的过渡期。至元十三年（1276），阿里海牙派遣使者到溪州，腊木送即归顺元朝，实现了历史性跨越。

元朝为维护蒙古贵族的专制统治权，采用"民分四等"的政策，变本加厉地向汉人与南人收取各种名目繁杂的赋税，民族压迫十分严重，但在民族文化上则采用相对宽松的多元化政策，尊重各民族的文化和宗教并鼓励文化交流和融合。

阿里海牙和阿术在攻破襄阳后吸取屠城、滥杀无辜的教训，奉行"禁侵扰民，官其降官"的政策，进一步稳定溪州的政治、经济、军事和文化发展态势。腊木送所在的下溪州和誓下的二十州被改为永顺路，归四川行省管辖。这是对彭氏历史功绩和历史地位的肯定。

彭士愁时期所辖地"西接牂牁郁林，南抵桂林象郡，东控澧朗，方数千里"，都誓主誓下有二十州。永顺路实至名归。

至元三十年（1293）四月，"光州蛮人光龙等一十二人及邦崖王文显等二十八人、金竹府马麟等一十六人、大龙番秃卢忽等五十四人、永顺路彭世强等九十人、安化州吴再荣等一十三人、师壁散毛洞勾答什王等四人，各授蛮夷官，赐以玺书遣归"。[①]

到朝廷觐见元世祖忽必烈的队伍数永顺路彭世强的最多，达九十人。元世祖"各授蛮夷官，赐以玺书遣归"。

彭胜祖是腊木送之堂弟，是彭允殊支系彭仕诚、彭福石宠的孙儿辈中

---

① 宋濂：《元史·卷十七》，中华书局1976年版，第372页。

的杰出人才。腊木送抱养的彭世强处事过于招摇，不孚众望。在众人的拥戴下，彭胜祖替代彭世强协助腊木送处理政务，最后获得承袭之权利。

元成宗元贞元年（1295），彭胜祖协助刘国杰平定田万顷的施溶州之乱，立了大功。

田万顷在朝廷眼里是个反叛之徒。他与楠木峒孟再师侵犯辰州时，朝廷曾经讨伐过。由于他主动投降，朝廷便任命其为施溶州知州事。至元三十一年（1294），田万顷又一次叛乱，朝廷派兵讨伐，没有将他制服。元成宗元贞元年（1295）即位后大赦天下，也赦免了田万顷等人，田万顷等人仍然不投降，并且还与辰州的鲁万丑联合把战火烧得更大。于是，元成宗命令湖广安南行平章事刘国杰前去镇压。

当年九月，刘国杰带兵赶到辰州，首先进攻明溪的鲁万丑。鲁万丑率领队伍自上流而下，刘国杰的队伍抵挡不住，千户崔忠、百户马孙儿战死。

十月，刘国杰进兵桑木溪，鲁万丑又以千人抵抗，被刘国杰击退。第二日，鲁万丑带领大队人马又来进攻。刘国杰组织兵力奋勇反抗，百户李旺率死士陷阵，众军齐奋，把鲁万丑打得大败，并攻入其大本营，将之烧了个精光。

刘国杰本想一鼓作气拿下施溶州的田万顷，被部将田荣祖阻止，对他说："施溶州是田万顷的腹心，石农次、三羊峰是他的左右臂，宜先断其臂，臂断后腹心才可能攻破。"

刘国杰认为可行，并主动联系彭胜祖，要彭胜祖率领部队迅速拿下三羊峰，而他自己则率领大军进攻石农次。两路大军合围，田万顷的部队抵挡不住，弃寨溃逃。[①]

彭胜祖首先攻入施溶溪擒获田万顷。刘国杰将田万顷斩首并追捕田万顷余党。彭胜祖又积极配合，斩获甚众。

彭胜祖直接随朝廷的部队镇压辖内和周边地区的反叛，影响非同一般。

元贞元年（1295），刘国杰尚在军中，朝廷加封他为荣禄大夫、湖广行

中
编

---

① 宋濂：《元史·卷一百六二》，中华书局 1976 年版，第 3810-3811 页。

省平章政事。他看到辰、澧地接溪州彭氏，宋朝时曾经选民立屯，免其徭役，为朝廷抵御这一带的反叛发挥过重要作用，于是悉数恢复。

随后，刘国杰又谋划修筑从茶陵、衡阳、郴州、道县、桂阳等地通往广东、江西的防御工事。南北三千里，置戍三十八处，分屯将士守护。东尽交广，西亘黔中，地周湖广四境皆有屯戍。

永顺路地处四川行省和湖广行省之间，刘国杰的举动已经变更永顺路的管理体制，永顺路实际上已经纳入湖广行省管理范围。

元贞二年（1296），彭胜祖接替腊木送正式上位。在他的任上，"永顺路"改为"永顺保靖南渭安抚司"。

为了打通西南地区朝贡的便利通道，朝廷将新添葛蛮安抚司的管辖范围延伸到南渭州、保靖州、白崖峒，实施共管，彭胜祖也积极配合。

保靖州的彭世雄自立倾向越来越明显，自改为保靖安抚司，还自称"安抚使"。彭胜祖没有和彭世雄计较。

至大三年（1310）四月，彭胜祖还听任朝廷将司名除去"保靖"二字，改为"永顺等处军民安抚司"，容忍彭世雄的所作所为。

都誓主地位的终结，腊木送刚好碰上了。他不"腊木"也抵挡不住。誓下二十州的"都誓主"所辖府、州、县改为"永顺路"统辖。

元时，行省以下设路、府、州、县四级行政体制，永顺路辖府、州、县，权利和管理范围不小。但是，永顺彭氏直接管辖的核心区域就是唐末的大乡、三亭两县，朝廷允许世袭的权力也控制在这个范围之内。以三亭县为基础的保靖州分离出去，自立门户，彭胜祖的核心辖区就只有原大乡县。他认为这是朝廷的决断。事权在朝廷，必须服从。

第五章　彭氏土司"世袭诰命"由朝廷取舍

土司家族区域性世袭特权是明太祖朱元璋颁旨正式赋予的，且与保靖土司和永顺土司分治有关。

永顺司和保靖司分治始于元末明初。分治的深层次原因与明玉珍有关。

彭万潜，彭胜祖之子，彭胜祖去世后继位，并于元顺帝至正九年（1349）改升宣抚司使。由于与明玉珍的特殊关系，彭万潜在明初处于两难境地。

本来，明玉珍和朱元璋一样，都是元末红巾军起义的领袖。至正十七年（1357）前后，明玉珍掠粮往返于川、峡间，所凭借的水路是长江天险，旱路是古黔中郡。永顺路属四川行省，四川的锅巴盐输入溪州，掌控着溪州经济的命脉。

明玉珍活跃于这一带，与永顺彭氏保持着密切的联系。彭万潜把女儿嫁给明玉珍，明玉珍到后坪前来迎娶。那地方至今仍叫"后坪"。

陈友谅杀徐寿辉自立为帝，明玉珍不服，遂不与其相通而自称陇蜀王。不久，明玉珍又受刘桢等拥立称帝，定国号为"大夏"，并授溪州彭氏印玺。永顺彭氏由此与朱元璋保持了一段距离。但是，陈友谅是朱元璋统一中国的最大障碍，明玉珍的作为朱元璋打心眼里是赞赏的。

至正二十六年（1366）二月，明玉珍去世，他的儿子明升自立为帝，年仅十岁，尊母彭氏为皇太后，同听政。

大夏右丞相万胜杀了知枢密院事张文炳，张文炳好友、明玉珍的养子明昭又假借彭氏的旨意绞杀了万胜，大夏政权内部严重分裂。

明洪武四年（1371），朱元璋大兵压境，有人劝明升迁都成都。明升的母亲彭氏加以劝阻，主张早降以活民命。于是，明升遣使送表乞降，随后与母亲彭氏及官属降于军门。

明太祖认为明升幼弱，事由臣下，不予以追究，反而授明升爵位为归义侯，赐第京师。第二年，又把他和陈友谅的儿子陈理一起调往高丽（朝鲜）。①

明升和母亲彭氏到高丽以后受到尊重，在那里成家立业。明升之母在高丽国王李成桂登基时，献上亲手缝制的"龙袍"。这个"龙袍"其实就是土家织锦"西兰卡普"。

彭万潜时刻关注着局势的变化，由于深陷"大夏"危机，不敢妄动。在明玉珍去世后忧虑日重。洪武二年（1369）十二月，"辰州永顺宣抚彭添保遣其从兄敬保来朝贡马及方物，诏以永顺宣抚司为永顺安抚司，以添保为同知"。②

彭添保（又记为彭天保、彭天宝）的朝贡之举是彭万潜的主意。永顺彭氏的司志记载："公时方疾，乃令子天宝曰：'吾闻真主定位南方，汝宜亟奉图籍归服。'于是，公从治命往焉。"③

按明代的官阶体制，宣慰司宣慰使从三品，同知正四品，副使从四品；宣抚司宣抚使从四品，同知正五品，副使从五品；安抚司安抚使从五品，同知正六品，副使从六品；招讨司招讨使从五品，副招讨正六品；长官司长官正六品，副长官从七品。

朱元璋对永顺司的情况了然于胸，于是对永顺司作降格处理，下诏以永顺宣抚司为永顺军民安抚司，以彭添保为同知（正六品）。④

永顺司在明初比较被动。

彭世雄，彭廷圭之子，所在保靖州一直为溪州管辖。元顺帝至正二十三年（1363），彭世雄受永顺司彭万潜的指派，以保靖州知州的身份和南渭州知州彭万金带兵一万，自备衣粮，行至金陵（今南京）投奔朱元璋。朱元璋对这些士兵大加犒赏后就带领他们去解南昌之围。随后，他们参加朱元璋与陈友谅的鄱阳湖决战。决战中，彭世雄所带队伍作出了特殊贡献。

当时，陈友谅的部队号称六十万之众，联巨舟为阵，楼橹高十余丈，

① 张廷玉：《明史·卷一百二十三》，中华书局1974年版，第3701-3707页。
② 《明太祖实录·卷四七》，国立北平图书馆红格抄本，第937页。
③ 成臻铭：《土司家族的世代传承》，民族出版社2014年版，第159页。
④ 《明太祖实录·卷四七》，国立北平图书馆红格抄本，第937页。

绵亘数十里，旌旗戈盾，望之如山。朱元璋分军十一队抵御。

大将徐达攻击陈友谅的前锋，俞通海以火炮焚其舟数十，双方死伤相当。陈友谅的骁将张定边直击朱元璋所乘船只，令其陷于湖沙，不能动弹。危急之时，常遇春射中张定边，俞通海赶来救援，朱元璋得以逃脱。

随后，陈友谅率领所有战舰出战，朱元璋的战船很小，仰攻不利，众将皆有惧色，不敢率兵前驱。朱元璋亲自督战，立斩退缩者十余人，众将才率队死战。

当天下午，湖面刮起东北风，彭世雄把所辖的七艘船连在一起，把火药和芦苇装在船上，纵火向陈友谅的船队冲去。风烈火炽，烟焰涨天，湖水尽赤。

陈友谅之兵大乱，朱元璋率诸将鼓噪追杀，斩首二千余级，焚溺死者无数。陈友谅气急败坏，奋力抵抗，最后以失败告终。[1]

至正二十六年(1366)，朱元璋钦授彭世雄为武略将军，封为保靖州军民安抚使。[2]

《明太祖实录》记："丙午春正月。以彭世雄为保靖军民安抚使。"[3]

丙午春三月，即1366年三月，"保靖军民安抚使"在1366年即从永顺宣抚司分离出来而自成体系。彭世雄为此还把为子孙命名的班辈作了修改，以示区别。

保靖州彭氏的先祖是彭士愁的二儿子彭师晏，此前一直沿袭江西庐陵彭氏"彦师允文儒　大公世远长"的班辈为子孙命名。彭世雄的父亲彭廷圭，就是"公"字辈。

"廷圭"的"圭"就是古代帝王、诸侯在举行典礼时拿的一种玉器和古代测日影的仪器，又叫圭表或圭臬。"廷"就是朝廷、宫廷、官府。"廷圭"的寓意就是"大公"。"廷圭"的儿子以"世"字辈命名，如彭世强、彭世雄。

彭世雄自立门户，自成体系，却仍不能不兼顾江西庐陵彭氏的班辈，须把庐陵彭氏的班辈"大公世远长"的完整意义表述完，于是"远长"的字辈就由彭世雄的儿子彭万里、彭万通来承担。

① 张廷玉：《明史·卷一》，中华书局1974年版，第11-12页。

② 符为霖主修，谢宝文增修：《龙山县志·卷之六》，光绪戊寅秋七月刻本，第16-17页。

③《明太祖实录·卷一九》，国立北平图书馆红格抄本，第261页。

中编

"远长", "万里"长不长？"万通"长不长？"万里""万通"即"远长"。

这是保靖彭氏玩的一个文字游戏。彭世雄确立的保靖彭氏土司的新班辈即"世万勇司图　显仕翰九臣　守养象柱恩　泽御应南惠"。

第一节　朝廷钦定土司世袭传承"勿替引之"

彭世雄被明朝廷封为保靖州军民安抚使后也仿效先祖彭士愁和永顺司的传承办法，培育两个传承系统，互为补充。他将辖区的二十八寨一分为二，分别交由他的两个儿子彭万里和彭万通治理，甚至还辅以一系为正、另一系为副的格局处理司内事务。这看似公允，实则是惹祸的根源。一分为二又合二为一的治理体制，致使保靖司内乱不止。

彭世雄于洪武元年（1368）去世。当年九月，朱元璋下诏升保靖安抚司为保靖宣慰司，彭世雄的儿子彭万里为首任宣慰使。[1]

彭添保在《明史》中还曾记为"顺德汪伦"，《明实录》记为"顺德汪备"。

彭添保于洪武二年（1369）十二月，奉父亲彭万潜之命向明廷归顺。彭添保派遣其从兄彭敬保朝贡，献上马及方物。诏永顺宣抚司降为永顺军民安抚司。[2]

当时，朱元璋仅任命彭添保为同知（正六品）。由于彭添保屡立战功，忠心耿耿，洪武六年（1373）十二月，诏升永顺安抚司为永顺宣慰使司，同时诏升保靖军民安抚司为保靖军民宣慰使司。俱秩从三品。隶湖广行省。[3]

彭添保由安抚司同知（正六品）升为宣慰司宣慰使（从三品），连升五级。领地有三州：南渭、施溶、上溪；六长官司：腊惹峒、麦着黄峒、驴迟峒、施溶溪、白崖峒、田家峒。永顺司形成了三知州、六长官司的基本格局，保靖司完全脱离永顺司的控制，与永顺一样为宣慰司。

洪武七年（1374）五月，彭添保朝贡时上缴"伪夏印"，即明玉珍建立

---

① 林继钦、龚南金修，袁祖绶纂：《保靖县志·卷五》，同治十年刻本，第15页。

② 张廷玉：《明史·卷四十四》，中华书局1974年版，第1099-1100页。

③ 《明太祖实录·卷八六》，国立北平图书馆红格抄本，第1539页。

"大夏"国授予溪州彭氏的印玺。①

洪武九年（1376），彭添保派遣其弟彭义保等贡马及方物，受到朝廷的赏赐，还得到一个特殊待遇，即"每三年一入贡"。

彭添保在洪武十二年（1379）调征大小铅厂，洪武二十三年（1390）调征安福，都立了战功。

永乐元年（1403），彭添保的儿子彭源袭职。之后，彭源的儿子彭仲承袭永顺宣慰司宣慰使之位。正统元年（1436），彭仲子彭世雄袭职。永顺司的这个彭世雄是明成祖朱棣时期永顺的宣慰司宣慰使，而保靖司的彭世雄则是明太祖朱元璋时期的保靖军民安抚使，两者相距七十多年。

彭万里是保靖彭世雄的儿子，为保靖宣慰司首任宣慰使。洪武元年（1368）九月，彭万里遣子彭德胜奉表献马及方物，明太祖朱元璋诏升保靖安抚司为保靖宣慰司，以彭万里为宣慰使。明太祖朱元璋在《赐保靖安抚司彭万里升宣慰司敕》中指出：

> 朕以凉德丕承大统，静扫胡元之腥膻，重光大明之日月，其所以拔采石定京都，擒为汉歼强吴，长驱入燕，克复中原者，惟是各藩土司夹辅之力也。尔彭万里，本江西诗书之裔，为湖北忠义之藩首，能倡率义师，竭款献忱纳土助顺，不辞百战之劳，共建一统之业，厥功伟矣。
>
> 兹特照昔日表功之典，行今日懋赏之宜，钦赐尔铜印一颗，勘合一道，开设保靖州宣慰使司，加授尔宣慰使，进阶安远将军、轻车都尉，尔妻曾氏封太淑人。
>
> 仍锡以世袭诰命，谕尔世世子孙传守勿替引之。凡所属官长舍把等职悉听节制调度，其各寨夷民峒老俱从尔安抚。保厘居常则贡赋宜先，遇警则调征毋后。
>
> 如事有与酉阳、永顺附近等司相关者，务宜各一乃心，自此度期奏功，不得尔我执拗，自相矛盾，致误事。宜亦毋得结忿怨，恃强分杀。但当讲信，修睦以缔盟好。
>
> 设遇苗民不律，亦宜相机剿杀，毋令滋蔓于戏。

---

① 《明太祖实录·卷十九》，国立北平图书馆红格抄本，第261页。

锡以券符，用昭恩典于藩国，分之胙土，共其带砺于山河。

故兹敕谕毋或作事乖方，自罹罪戾尔其慎之。钦此，故谕。①

朱元璋的诏书是明代朝廷颁发的有关土司制度的重要圣谕，确立了全国土司必须遵循的基本法规，奠定了土司制度的理论基础和施政方略。其中最核心的是确立了土司世袭、特殊授权、贡赋优先、征调毋后等基本制度。

"仍锡以世袭诰命，谕尔世世子孙传守勿替引之"，以顶级的方式授予土司世袭特权，彻底结束了唐末以来土司治理地区同宗同姓轮流、异姓暂时替补，或让朝廷命官暂时遥领或强行继袭后追认等办法沿袭，而实际权力仍由强宗大姓承袭和操控，这种流于形式的州官三年一易、县官四年一易的政治制度。

"凡所属官长舍把等职悉听节制调度，其各寨夷民峒老俱从尔安抚"，是特殊授权。

"保厘居常则贡赋宜先，遇警则调征毋后"，是朝廷从土司辖区征税、调征土兵的法律依据。

在此基础上，朱元璋又提出了具体要求：

（一）"如事有与酉阳、永顺附近等司相关者，务宜各一乃心，自此度期奏功，不得尔我执拗，自相矛盾，致误事。宜亦毋得结忿怨，恃强分杀。但当讲信，修睦以缔盟好。"

（二）"设遇苗民不律，亦宜相机剿杀，毋令滋蔓于戏。"

享受"世袭诰命"权利之后则是义务。

朱元璋的诏书最后是警告："锡以券符，用昭恩典于藩国，分之胙土，共其带砺于山河。故兹敕谕毋或作事乖方，自罹罪戾尔其慎之。"

"分之胙土"，是明太祖朱元璋的凛凛告诫，明确指出土司所管辖的地区是朝廷赐予的，目的就是要"共其带砺于山河"。这话不是所有土司都能听懂的，起码彭万里没有听懂。

"用昭恩典于藩国"二字对彭万里影响最大，"世袭诰命"让彭万里更加心安。但是"分之胙土"，彭万里并没有理解，以为保靖司辖地就是他家的私产。

---

① 林继钦、龚南金修，袁祖绥纂：《保靖县志·卷五》，同治十年刻本，第14—15页。

第二节　争夺世袭特权是地方动乱的根源

彭世雄为保靖军民安抚使执政的时候，保靖安抚司所领白崖、大别、大江、小江等二十八村寨，由他的两个儿子分而治之。

彭万里的弟弟彭万通的辖区是"白崖、大别、大江"的十四寨。彭万里还有意让彭万通与朝廷加强联系。《明太祖实录》记载："洪武十三年二月，保靖军民宣慰使彭万里遣其弟彭万通来朝贡马。"①彭万通去世后，白崖、大别、大江等十四寨仍由他的儿子彭勇杰管理和继承。

彭万里任保靖宣慰使的时间较长。洪武三十五年（1402）十一月，彭万里还和永顺宣慰使彭添（天）保等"各遣使贡马及方物，贺明年正旦，赐钞币有差"②。

彭万里去世后，彭勇烈袭宣慰使之位。彭勇烈，彭万里的长子。永乐元年（1403）五月二十日承袭保靖宣慰使之职。永乐九年（1411）六月遣人贡马，朝廷回赐钞币，七月赴朝谢恩。③

永乐十年（1412）正月，彭勇烈又向朝廷贡马，二月在回司的路上病故于辰州府并就地安葬，其长子彭药哈俾袭位。

彭药哈俾，又叫彭司俾，彭勇烈的长子，精医道，哈水施济黎民，故称"药司哈俾"，俗称"药哈俾"。④

当初，其叔彭勇杰主动向朝廷禀报，由药哈俾承袭宣慰使之位，朝廷在同意药哈俾为宣慰使的同时任命彭勇杰为副宣慰使。

永乐二十二年（1424），彭勇杰受人挑拨，将彭药哈俾杀害并承袭宣慰使之位达四年之久。彭勇杰的土家语名字叫大虫可宜。朝廷没有察觉其中的篡弑，宣德元年（1426）十二月，彭勇杰还以保靖军民宣慰使"彭大虫可宜"的名义遣子彭顺向朝廷贡马。《明宣宗实录·卷二三》是这样记载的：

---

① 《明太祖实录·卷一三〇》，国立北平图书馆红格抄本，第 2063 页。
② 《明太宗实录·卷十四》，国立北平图书馆红格抄本，第 252 页。
③ 《明太宗实录·卷一一六》，国立北平图书馆红格抄本，第 1480 页。
④ 《明太宗实录·卷二六七》，国立北平图书馆红格抄本，第 2425 页。

中
编

"甲申湖广永顺宣慰使彭仲遣子俊、保靖军民宣慰使彭大虫可宜遣子顺、云南马龙他郎甸长官司事杨森等贡马。"①

宣德四年(1429),彭勇杰篡弑彭药哈俾的事情暴露。秋七月"己酉行在。兵部奏:湖广保靖军民宣慰司旧有二宣慰,一为人所杀,一以杀人今当死。其同知、副使、佥事皆缺,请命流官往治之。上曰:'蛮夷之性难驯,流官不谙土俗,治之尤难,必其同类乃能相安。'其令都督萧授:'就土人中择其素有恩信、众所推服可任用者具名奏来。'更令萧授从公选择,不可滥举"。②

朱元璋的"世袭诰命"仅颁发四十多年,明王朝内部改土归流的呼声几乎形成共识。面对保靖司的混乱局面,兵部就主张"命流官往治之"。

但是,明宣宗没有同意。他说"蛮夷之性难驯,流官不谙土俗,治之尤难,必其同类乃能相安"。明宣宗把暂时不能改土为流的理由说得很清楚。

如果说明太祖朱元璋给土司以"世袭诰命"是因为土司在大明王朝建立过程中的特殊贡献,那么明宣宗不主张改土为流则是因为"必其同类乃能相安",要继续以夷制夷。为此,皇上才要都督萧授"就土人中择其素有恩信、众所推服可任用者具名奏来"。

在这种情况下,保靖司彭氏的各派势力纷纷向朝廷表示忠心,争取推服任用。

其中,最重要的一派是彭勇杰方面,以彭麦谷踵为代表。

正统三年(1438)十二月,湖广保靖宣慰使故宣慰子彭麦直踵等来朝贡马及方物,朝廷赏赐有加,赐宴并赐彩币等物有差。

正统五年(1440)十月,湖广保靖州军民宣慰使司土官舍人彭麦谷踵等俱来进贡马及貂鼠皮,赐彩币、钞、绢等物有差。

彭麦直踵、彭麦谷踵是一个人,是土家语名汉字记音造成的误差。他是彭勇杰的儿子彭忠。这个彭麦谷踵,先是以"湖广保靖宣慰使故宣慰子"的名义朝贡,后是以"湖广保靖州军民宣慰使司土官舍人"的名义朝贡。

① 《明宣宗实录·卷二三》,国立北平图书馆红格抄本,第619页。
② 《明宣宗实录·卷五六》,国立北平图书馆红格抄本,第1239–1240页。

另一派，以彭南木处为代表。彭南木处是彭勇烈的幼子，彭药哈俾之弟。

宣德八年（1433）十一月，湖广保靖州军民宣慰司土官舍人彭南木处等来朝贡马。朝廷也加以赏赐。

还有一派，是湖广保靖州宣慰使司土官舍人彭兴，宣德十年（1435）十二月，也到朝贡马及方物。朝廷同样赐彩币等物有差。

最后，朝廷还是选择彭南木处担任了保靖宣慰司宣慰使。彭南木处任宣慰使的时间在宣德十一年（1436）到正统七年（1442）之间。正统七年（1442）正月，朝廷任命"湖广保靖州军民宣慰使彭南木处子舍怕俾袭职"。①

萧授（1355—1445），字安民，原籍江西吉安府吉水县，生于湖南华容县。明洪武十二年（1379），二十四岁的萧授回江西原籍应试中江西武举。洪武十四年（1381），调任岳州府华容县任副守备。

明洪武十五年（1382），萧授随元帅傅友德南征入黔，领安顺军民府十二营长官司长官职，驻兵习安（今安顺市）。由于萧授奉行"土流并治"方略安定人心，民间对其以"安民将军"尊称。

建文三年（1401），燕王朱棣攻陷南京登帝位，年号"永乐"。建文四年（1402），萧授被升为明威将军，时年四十七岁。

永乐三年（1405），明廷更定屯守之数，鼓励在无战事的和平环境下官兵开荒屯田。萧授也屯田于陇格支（今安顺平坝二官寨），就此定居。他以陇格支为据点左右着云贵川、两广湖湘的局面，为朝廷立下了赫赫战功。

萧授对同从江西吉安走出来的以福石城为据点的永顺彭氏支持最多。

当时，永顺宣慰司还没有完全从明玉珍的阴影中走出来。永顺宣慰司种种向朝廷表忠心的举动没有解开朝廷的心结。永乐元年（1403），彭添保的儿子彭源袭职后不断向朝廷进贡，每次都遭到冷遇。永乐十六年（1418），彭添保派儿子彭仲率土官部长六百六十七人贡马，朝廷也没给赏赐。②

宣德元年（1426），礼部还以"永顺宣慰彭仲子英朝正后期，请罪之"。明宣宗刚刚继位，虽"以远人不无风涛疾病之阻"的理由拒绝，却"仍赐予

---

① 《明英宗实录·卷八八》，国立北平图书馆红格抄本，第1776页。
② 张廷玉：《明史·卷三百十》，中华书局1974年版，第7991—7992页。

如例"。①

至此，永顺宣慰司才真正从明玉珍的阴影中走出来，此时明朝建立已经五十八年。

萧授勇猛而睿智，十分明白永顺宣慰司的处境，并与永顺宣慰司配合得很好。只要永顺宣慰司有难，萧授总是帮忙摆平。

永乐十二年（1414），筸子坪苗民吴者泥称"苗王"与苗金龙等为乱，萧授命令部属前去剿平。没过多久，吴者泥之子吴担竹复诱吴亚麻纠集贵州筸意的苗民为乱，萧授亲自带兵剿平。

永乐十六年（1418），萧授因在"土流并治"中优抚得当，在"改土归流"中平叛战功卓著，官升至都指挥同知，右军都督金事，充任镇守湖广、贵州总兵官。时年六十三岁。

萧授在总兵官任上对永顺、保靖彭氏土司格外关注。

酉阳与永顺、保靖相毗邻。酉阳宣抚司宋农里和石提峒军民被永顺宣慰司腊惹峒长官谋杓赏的儿子谋古赏、若阿毗等连年攻劫，烧毁房舍，杀人劫财，萧授委官抚谕，谋古赏不服又攻劫后溪峒。后溪峒长官召集民众抵抗，生擒谋古赏的兵丁六人并斩首示众。谋古赏更加猖獗，蓄谋发动更大的战事，严重危及保靖司、永顺司边境的安宁。

宣德元年（1426），萧授一方面遣人招抚，一方面请求朝廷调附近施州等卫所及酉阳等宣抚司汉、土兵并力围剿。因保靖司自顾不暇，永顺司出兵会增加积怨和仇恨，萧授没有要求永顺、保靖出兵。

明宣宗认为，"蛮夷之性，以劫杀为能事"，应该派兵围剿，但是又恐伤及平民，所以还是先招谕，"冀其自悔"。但是，没有想到事情竟然发展到这一步。明宣宗震怒，难道还能"坐视平人受害乎?"于是命令萧授调兵平息。但也还是告诫萧授，用兵时切勿伤及无辜！

萧授调遣兵力，积极准备围剿谋古赏。谋古赏等闻讯惧怕起来，解散了队伍。腊惹峒长官也赶来向萧授认罪，尽还所掠人口、器物。其所杀之人一律依土俗以人马诸物赔偿，并且发誓不敢再犯。

萧授把这一情况上报给朝廷，朝廷下令罢兵，避免了大的流血伤亡，

---

① 张廷玉：《明史·卷三百十》，中华书局 1974 年版，第 7991—7992 页。

也帮了永顺司和保靖司的大忙。①

萧授深知保靖、永顺彭氏土司的处境。宣德四年（1429），兵部奏："保靖旧有二宣慰，一为人所杀，一以杀人当死，其同知以下官皆缺，请改流官治之。"

萧授是典型的改土归流派，自己在贵州的土流并治方案虽然取得了一定的成效，但是推行起来困难重重。萧授没有附和兵部的意见，他认为在保靖司改土归流的时机并不成熟。

兵部请求派流官前去治理保靖司，是参照永乐年间在贵州改土归流的经验教训而提出来的对策。永乐年间，与溪州邻近的贵州思州、思南两个宣慰司叛乱，明成祖派兵镇压后设立贵州布政使司，从而使贵州开始成为单一的省级行政单位，由流官治理，取得了成功。但叛乱的两个宣慰司也由流官治理，收效甚微。实践证明，"以夷制夷"情非得已但也有一定的合理性。在土司治理地区实行改土归流，除了朝廷足够强大外，大势所趋、民心所向是必要的基本条件。

明宣宗的"蛮夷之性难驯，流官不谙土俗，治之尤难，必其同类乃能相安"结论，萧授感同身受，实际上这也是萧授在贵州改土归流、土流共治的经验。于是，明宣宗对新任保靖宣慰使的人选提出如下条件：

（一）"土人"。只要是土人即可，不一定非得姓彭。这其实已经扩大了范围。

（二）"土人中择其素有恩信、众所推服可任用者"。这个要求颇高。实际上是两个条件都必须具备。"素有恩信"是基础，"众所推服可任用者"是指执政能力和水平要得到大多数人认可。

最后，萧授通过反复调查和权衡，向朝廷推荐了被杀的宣慰使彭药哈俾的继子彭南木处为宣慰使，对杀人当死的宣慰使后人也妥善安置，使保靖司的内乱暂时得以平息。②

宣德五年（1430），筲子坪长官吴毕朗等与贵州铜仁诸苗为乱，萧授筑二十四堡在其周围环绕堵住，不许外窜。吴毕朗等困守月余，食粮枯尽，

---

① 《明宣宗实录·卷十三》，国立北平图书馆红格抄本，第367-368页。
② 张廷玉：《明史·卷三百十》，中华书局1974年版，第7995-7996页。

企图突围抢掠。萧授命令诸路官军分股围击，拼力追剿，凡突围者均被剿灭。没有办法，被围者纷纷出降。萧授威风大振。

萧授在湘黔边境，特别是在贵州境内屡建奇功，宣德十年（1435）四月，明宣宗颁布圣旨对其奖谕："论功，晋萧授佩征蛮副将军印。"

那一年，萧授七十九岁。正统元年（1436），明英宗朱祁镇接帝位，萧授总兵湖广、贵州，镇守如故。

后来，明英宗念萧授年高晋为左都督，敕都督佥事吴亮为副总兵官，协助萧授镇守湖广、贵州。正统十年（1445），萧授病逝，享年91岁。明英宗念其功高，追赐谥号"临武伯"。

第三节　流土共治是民族地区稳定的基石

保靖宣慰司流官治理的喧哗暂时告一段落，仍然由土官治理，保靖彭氏土司仍然世袭罔替，但辖地分治问题并没有从根本上解决，在四十多年后的明孝宗时期还闹得更凶。

彭勇杰因为诛杀彭药哈俾的事情暴露，被朝廷逮捕拷问而死于狱中，但其子孙所据寨如故。他的孙子彭武正统年间随征有功授两江口长官。彭武的儿子彭胜祖也在明宪宗成化年间以功授前职，甚至还随保靖司理事，虽无印署。《明史》记载：

> 弘治初，胜祖以年老，世英无官，恐仕珑夺其地，援例求世袭，奏行核实，仕珑辄沮之，以是仇恨益甚。两家所本善土人亦各分党仇杀。永顺宣慰使彭世麒取胜祖女，复左右之，以是互相攻击，奏诉无宁岁。

> 弘治十年，巡抚沈晖奏言，令世英入粟嗣父职，将以平之，而仕珑奏讦不止。是时，敕调世英从征贵州，而兵部移文有"两江长官司"字，仕珑疑世英得设官署，将不听约束，复奏言之。

> 于是巡抚阎仲宇、巡按王约等请以前后章奏下兵部、都察院议，令世英归所据小江七寨于仕珑，止领大江七寨，听仕珑约束。其原居两江口系襟喉要地，请调清水堡官兵守之。而徙世英

于沱埠，以绝争端。以后土官应袭子弟，悉令入学，渐染风化，以格(革)顽冥。如不入学者，不准承袭。世麒党于世英，法当治，但从征湖广颇效忠勤，已有旨许以功赎。仕珑、世英并逮问，胜祖照例发遣。

奏上。从之。①

由此可见，两江口的问题，都是世袭惹的祸。彭胜祖为儿子彭世英"援例求世袭"不可得而与彭仕珑厮杀。明孝宗弘治年间，朝廷为了处理两江口问题采取了以下几条措施：

(一)令彭世英归还其所据小江七寨给彭仕珑，止领大江七寨，并且听从彭仕珑的"约束"。彭仕珑显然占了上风，也基本上维持了世袭的传统。

(二)彭世英原来居住的"两江口"系襟喉要地，要彭世英由此迁徙到"沱埠"去住而调清水堡的官兵扼守两江口，目的是"以绝争端"。主要打击的对象仍然是彭世英。尤其是调清水堡的官兵扼守两江口更具象征意义——朝廷的官兵可以在土司辖地的要害处驻扎把守。勒令土司迁出原住地、朝廷官兵扼守襟喉要地，这是对土司世袭重重的一击。

(三)"土官应袭子弟，悉令入学，渐染风化，以革顽冥。如不入学者，不准承袭"，这是朝廷的强制性措施。"悉令入学"，没有例外。不入学者不准承袭，对世袭提出了新的要求。此后，土官子弟外出求学，接受汉文化的熏陶成为惯例。

(四)处罚了当事人。

很明显，朝廷对土司世袭问题逐步采取措施进行疏导，明武宗时期又进入一个新的阶段。但是，始终围绕着世袭问题而展开。

彭世英的儿子彭惠与保靖宣慰司使彭九霄往复仇杀，被系于狱，后免迁徙，仍居沱埠。《明史·卷三百十》记载如下：

正德十四年，保靖两江口土舍彭惠既以祖大虫可宜与彭药哈俾世仇，至是与宣慰彭九霄复构怨。永顺宣慰彭明辅与之联姻，助以兵力，遂与九霄往复仇杀，数年不息，死者五百余人，前后讦奏累八十余章。守巡官系惠于狱，明辅率众劫之去，寻复捕系。

---

① 张廷玉：《明史·卷三百十》，中华书局1974年版，第7997页。

事闻，诏都御史吴廷举勘处。廷举乃令镇巡议，以为惠罪当诛，但土蛮难尽以法绳，宜徙惠置辰、常城中，令九霄出价以易两江口故地。仍用文官左迁者二人为首领官，以劝相之。俟数年后革心向化，请敕奖谕，仍擢用为首领。

下兵部议，以惠徙内地，恐贻后患，令廷举再议。

于是廷举等复请以大江之右五寨归保靖，大江之左二寨属辰州，设大刺巡检司，流官一人主之。惠免迁徙，仍居沱埠，以土舍名目协理巡检事。部覆如廷举言。①

"面如削瓜"的吴廷举当时任右副都御史。②

吴廷举再议并获朝廷认可的方案是一个创举。为了更深入地了解当时的情况，有必要引用《明武宗实录》的记载。《明武宗实录》的记载相对详尽一些：

> 正德十四年冬十月。先是湖广保靖宣慰司两江口土舍彭惠祖大虫可宜永乐间与宣慰使彭药哈俾同管司事，谋杀彭药哈俾坐死，其子孙占居两江口，累因调征有功暂授冠带为长官。世与宣慰有隙，惠既例不得袭。
>
> 复因镇巡官檄还其小江七寨于宣慰司，积怨益顺。而永顺宣慰使彭明辅与之连(联)姻，助以兵力，遂与保靖宣慰使彭九霄往复仇杀，数年不息，死者五百余人。前后讦奏累八十余章。
>
> 守巡官系惠于狱，明辅率众劫之以去。寻复系之事闻，诏都御史吴廷举勘处。
>
> 廷举乃会镇巡等官议，以为惠罪当诛。但土夷难尽治以法。今宜徙置辰、常城中而令九霄出价以易两江口故地，仍用文官左迁者二人为首领官。以劝相之，俟数年后革心向化，则请敕奖谕，仍擢为首领者。下兵部集议，以惠徙内地恐贻后患，仍令廷举再勘。
>
> 于是，廷举等复请以大江之右五寨归靖，大江之左二寨属辰

---

① 张廷玉：《明史·卷三百十》，中华书局 1974 年版，第 7997-7998 页。
② 张廷玉：《明史·卷二百一》，中华书局 1974 年版，第 5309 页。

州，设大剌巡检司。令流官巡检一人主之，惠免迁徙，仍居陀步（沱埠），以土舍名目协理巡检。司事十年之上能改过自新或听调有功则量授土官副巡检。

又言。辰州知府杨玮、指挥傅铭等防守不严，致土兵劫狱皆有罪。

兵部议覆，诏如廷举言，明辅及玮等仍逮治。

继而明辅令永顺蛮民奏其从征屡有功，乞悉辞香炉山应得升赏以赎逮治之辱，乃并玮等置之。①

彭惠反复被拘仍然是世袭惹的祸。彭惠"既例不得袭"，除了保靖宣慰使这个世袭者反对外，还牵扯了另外一个世袭者——永顺宣慰使。双方相互攻伐，动乱不已，足以说明世袭体制既不得人心，又是地方动乱的重要因素。既得利益者为争夺世袭权兵戎相见、生灵涂炭，永顺宣慰司和保靖宣慰司双双介入，仇杀不断。

朝廷对吴廷举的第一个方案不满意，令吴廷举再议。吴廷举的第二个方案兵部议覆，皇帝诏书肯定，实际上剥夺了彭惠的世袭权利，开创了流官和土官共治的一个先例，也相对保障了这一带的安宁。

吴廷举第二个方案的重点是：

其一，大江七寨中的右五寨归保靖司，左二寨属辰州，设大喇巡检司，令流官巡检一人主之。

其二，彭惠免迁徙仍居陀步（沱埠），以土舍名目协理巡检。其中强调，"司事十年之上能改过自新或听调有功则量授土官副巡检"。

彭肇槐明白，两江口原本就是永顺司的辖地，永、保分置后才失去管辖权。明太祖朱元璋的时候因为有"世袭诰命"在，才有保靖司两个传承系统的分治。两江口的问题暴露出来后，朝廷一直在筹划改土归流。吴廷举设大喇巡检司的方案，令流官巡检一人主之、彭氏以土舍名目协理巡检，实质上就是改土为流，两江口彭氏的世袭权利已经被剥夺。由明而清，大喇巡检司由流官巡检主之、彭氏以土舍名目协理，这一带再也没有发生动乱。虽然二百多年以来，彭惠的后代彭志显、彭启忠、彭一正、彭应楚、

① 《明武宗实录·卷一七九》，国立北平图书馆红格抄本，第3496-3497页。

彭景、彭泽永、彭御椿、彭御桔等以土舍的名目精心协助流官治理大喇巡检司,彭氏土舍没有获得副巡检的职务,但流土共治,流官主之、土舍协理的优势有目共睹。如今与大刺巡检司原为一体的保靖司被强制改土归流,家族世袭的权利被彻底剥夺。原本与保靖司同为一体的永顺司彭氏家族世袭的权利必然会被废除。

国家层面上的家族世袭通过强力一次又一次地更替着,而区域层面的家族世袭则会因改土归流而从根本上废除。

总之,彭氏在永顺的世袭应该结束了。彭肇槐有这个觉悟。因此,彭肇槐不仅呈请自愿改土归流,而且还要求回江西原籍,同时,请量授武职,以报国恩,也算是明智的选择。

雍正十三年(1735),大喇司改为大喇里,隶龙山县。最后一任土舍彭御桔改授把总职。彭氏家族世袭彻底终结。

第四节　朝廷针对土司世袭弊端"从重究拟"

保靖彭世雄先于彭天保归附朱元璋,并因战功被正式任命为保靖军民安抚司安抚使。洪武元年(1368),彭世雄的儿子彭万里以"湖广保靖安抚司安抚使"的名义派遣他的儿子彭德胜奉表献马及方物,朱元璋下诏将保靖安抚司升格为保靖宣慰司,"以万里为宣慰使"[1]。

朱元璋的圣旨"锡以世袭诰命,谕尔世世子孙传守勿替引之",正式肯定土司的宣慰使可以世袭传承。唐末形成的州官三年一易、县官四年一易的政治制度,在土司辖区相当一个时期,都是以同姓同宗轮流、异姓替补或让朝廷官员遥领或强行继袭后追认等多种形式勉强维持,朱元璋的圣旨正式终结了这种局面,正式确认土司"世世子孙传守勿替引之"。

不可否认,土司世袭对维护地区的稳定有一定作用,特别是贤明的土司世袭并不危及地区和国家的安宁。但是,随着土司力量的壮大,各土司之间争夺权力、土地、人口等,仇杀不断,世袭的弊端越来越被人们所认识。

---

① 《明太祖实录·卷三五》,国立北平图书馆红格抄本,第 629 页。

彭显英字朝杰，号正斋。彭显英的父亲彭瑄在景泰四年（1453）去世，彭显英由祖父永顺彭世雄抚养成人。

彭显英于天顺六年（1462）承袭永顺宣慰使之位，成化二十二年（1486）获得朝廷恩准致仕，把宣慰使之位交给年方十岁的儿子彭世麒承袭，自己则躲在猛洞河别墅，优游林下，日与文人、诗士唱和岁月。同时对彭祖医药进行归纳整理，对自己的伤病进行治疗。

彭世麒从小秀异过人。袭宣慰使之职刚三年，弘治三年（1490）他的父亲彭显英便去世。

彭世麒倜傥好义，轻财乐施。加上父亲彭显英奠定的基础，凡朝中士大夫，如广东白沙里的白沙先生陈献章、东山甘泉湛若水，以及王阳明、李承箕等理学大家都是彭世麒的老师。彭世麒对他们一概卑礼厚币以求教。彭世麒还收集了不少的典章文物刻苦研读，文化、军事素质和精神面貌非同一般。

英雄少年彭世麒奉朝廷之命征调各省，功劳越来越大，是朝廷重奖的功臣。

正德五年（1510），才三十三岁的彭世麒即将宣慰使之位让给儿子彭明辅袭任，自己则乐于隐居，在颗砂修筑别墅，与泉石相伴。

彭世麒目睹彭明辅在嘉靖六年（1527）把宣慰使之位传给孙子彭宗汉，彭宗汉去世后又传给他的弟弟彭宗舜，彭宗舜又传给彭翼南。内部没有发生动乱和纠纷，传袭平稳有序，永顺宣慰司日益富强。

雍正二年（1724），彭肇槐把永顺宣慰司的衙署搬到颗砂彭世麒的别墅是人们预想不到的举动，但这一举动其实是彭氏家族治理溪州的必然。彭肇槐认可彭世麒的功绩，感悟彭氏家族世袭传承的历史，希望能翻开彭氏家族传承新篇章。彭肇槐从朝廷对土司的"严敕"感受到了一阵一阵的寒意。

土司的弊端早已暴露，朝廷再也不能容忍，彻底清算的时候应该到了。雍正二年（1724），五月辛酉日，胤禛皇帝"谕四川、陕西、湖广、广东、广西、云南、贵州督抚提镇等"，对土司的弊端进行了高度概括。他说：

> 朕闻各处土司，鲜知法纪。每于所属土民多端科派，较之有司征收正供不啻倍蓰，甚至取其马牛，夺其子女，生杀任情。土民受其鱼肉，敢怒而不敢言。

　　孰非朕之赤子？方令天下共享乐利而土民独使向隅。朕心深
为不忍。

　　胤禛在这个诏书中明确指出："嗣后，督抚提镇宜严饬所属土官，爱
恤土民，毋得肆为残暴，毋得滥行科派。倘申饬之后，不改前非，一经查
觉，土司参革，从重究拟。"①

　　明孝宗弘治十六年（1503）以来，永顺、保靖土司承袭子弟"悉令入
学"，接受正统儒家文化熏陶，以彭肇槐的睿智和阅历，焉能不知朝廷的
用意？土司之弊罪行累累，触目惊心，主要包括以下方面：

　　第一，弄虚作假，中饱私囊。"土司向例，征纳秋粮各舍把俱用老戥
称收，每老戥一分竟有汉平三四分不等。昔年此项银两并不按田征解，俱
照火坑分派，虽穷无立锥亦勉为上纳，凡膏腴美产尽为各舍把占据，亦无
丝毫钱粮，且将老戥所收银两照司法起解之外，余银尽饱欲壑"。

　　第二，目无法纪，胡作非为。永顺宣慰司"南邻六里红苗，西接酉阳，
北连容美、茅冈等一十八土司。每有苗目串通汉奸，以偷夺作生涯，以寻
事为活计。或朝出暮入，坐草拿人；或劫掠牛马，抢夺家财及借口与某人
有仇，捉张代李。而苗头土目利其所获，彼此瓜分。且将所捉男女用土塞
口，不令喊救，及至到寨，先打三斧，名为打财，方用长枷铐锁，坐卧不
能。甚将夫妻子母折离分卖，惨苦难名"。

　　第三，苛捐杂税繁多。"土官向日凡言，养蜂蜜之家每户每年征收蜂
蜜黄蜡若干。令家政经管，迨日久弊生，每有无蜂之家，因其曾经畜养俱
令买备供给"。

　　第四，词讼以贿赂为胜负。"土司恶习，凡舍把准理民间词讼，无论
户婚田土以及命盗各案，未审之先，不分曲直，只以贿赂为胜负。迨既审
后，胜者又索谢恩礼，负者亦有赎罪钱，甚有家贫无力出辨者，即籍没其
家产，折卖其人口"。

　　第五，分派礼，希图入己。"土司旧例，凡委官、舍把到任之始，所
属地方头目，派送礼物，名曰贺礼。虽至贫之家必勉力供应，且有不肖头
人，指一派十，希图入己"。

-----

　　① 《清实录·世宗实录·卷二〇》，第326页。

第六，科派吃食。"土司旧例，凡官舍往乡，所属头人，俱按人户科派吃食"。

第七，敲诈勒索。"土司旧例，凡所管舍把俱称为父母官，新委到任即受贺礼"。

第八，禁止土民盖瓦。"土司旧俗，有只许买马不许盖瓦之禁。以致土民家资饶裕者，皆不得盖造瓦房"。

第九，强取豪夺。"土司旧例，外来穷民来至土司地方挖山种地，该管舍把每年勒送盐米并四时节礼，方许耕种"。

第十，奢靡享乐。"土司向年每逢时令节及各委官、舍把下乡俱令民间妇女摇手摆项，歌舞侑觞，甚至酒酣兴豪有不可名言之事"。

第十一，摊派养兵费用。"土司有存城五营兵丁，每营一百名，以备捍御，一以供役使耳。其兵丁每年每名领工食银三两六钱，皆从民间派给"。

第十二，盘剥无度。"土司向例，每年每户派送食米并鸡鸭肉肘，自土官、家政、总理以及该管舍把四处断不可缺。虽无力穷民，亦必括据以供"。

第十三，赋租不公。"土司向日，凡民间烧锅一口名为火坑一个，每一个火坑每年派征银三钱，如有多者照数加征。倘有另项事故亦照火坑另派，以致穷苦土民实不堪命"。

第十四，年节盘剥愈甚。"土司俗例，每逢年节凡商贾客人，俱须馈送土官、家政、舍把、总理等礼物，名曰节礼。倘有不周，非强取其货物即抄掠其资。本夫贸迁有无，从古不废。土司如此，以致商旅裹足，财货不通"。

第十五，用夫无价。"土司向例，每用人夫，即令各舍把照户派拨，并无夫价，名曰当差"。

这是改土归流后设立的永顺府第一任知府袁承宠梳理的永顺土司的十五大罪状。其实远远不止这些，尤为严重的是：

(一)依仗世袭特权，肆意争夺地盘和物产，世相仇杀。

保靖司和永顺司分治时，基本上也依原来保靖州的管辖范围为基础，但因永顺司比保靖司地域广、人口多，保靖司总想多占一些，甚至还占据"家腊竹、江新寨"等地，两司争斗不绝，世相仇杀。

成化十三年(1477)，这个问题相当突出，引起了平蛮将军王信的高度重视。王信给双方写信"谕以祸福"，双方虽休兵，但是没有从根本上解决问题。

中编

弘治十六年(1503)，保靖司彭翰袭宣慰使之位后，与永顺宣慰使彭世麒又为争村寨相攻，双方多次奏诉于朝廷，朝廷要下所司勘处，但累年不能决断，事情越闹越大。

正德五年(1510)二月，朝廷不得不派抚按官前去处理。

抚按官通过实地勘查，认为应该"以家腊竹、江新寨宜仍归永顺，拗车、不齐二村归保靖"，要求双方"各从其土俗歃血割契以杜后争"。并且说"世麒、翰倚强暴悍宜加罚治。并劾先任参政夏暹、佥事赵璧等二十余人承勘顾避之罪"。

明武宗同意抚按官的意见并颁下圣旨。保靖司把家腊竹、江新寨退还给永顺司，拗车、不齐二村仍归保靖。处罚也是象征性的。彭世麒、彭翰各罚米三百石，承勘官罚米各二百石，已去职者罚一百石。

跨境抢劫，争夺物产。楠木是武陵山区特别是溪州的特产，向朝廷贡奉楠木是表达忠心的最好物证。保靖宣慰使彭图南自号楠木楚，就是因向朝廷贡楠有功而被封为"怀楠大将军，赐黄金数百"。有一次，他把楠木溪之大楠木树砍倒二百八十八根，每根长二丈八尺、径围五尺七寸，想方设法运到京城。

永顺宣慰使彭世麒和彭明辅父子正德十年(1515)砍伐大楠木三十根，稍小的二百根，亲自督运至京城。正德十三年(1518)，朝廷营建乾清宫，父子俩朝奉的楠木更多，有四百七十多根。当年六月运达，"各部经验，众皆骇之"[1]。因贡楠木有功，"诏世麒升都指挥使，赏蟒衣三袭，仍致仕；明辅授正三品散官，赏飞鱼服三袭，赐敕奖励，仍令镇巡官宴劳之"[2]。

酉阳土司也不甘落后，大量采伐大楠木朝贡。

大楠木资源短缺，三土司越界采伐的现象屡见不鲜。

嘉靖二十一年(1542)，永顺司与酉阳司为采大楠木而仇杀，保靖司又从中挑拨，成为地方祸乱的根源。

(二)互相勾结，谋篡司位。

在彭荩臣为宣慰使的时候，他的儿子彭守忠从嘉靖十九年(1540)到嘉

---

① 田仁利：《湘西土家族苗族自治州金石通纂》，湖南人民出版社2015年版，第452-453页。

② 张廷玉：《明史·卷三百十》，中华书局1974年版，第7993页。

靖三十五年(1556)的十六年间屡建奇功，嘉靖十四年(1535)，朝廷就给彭守忠赐冠带，明确彭守忠候袭保靖宣慰使。嘉靖三十九年(1560)三月初四，彭荩臣去世，彭守忠就任，但于当年十一月十三日病逝。他的妻子杨氏有孕在身，如果能够诞下遗腹子就是自然袭位人。于是，彭守忠的母亲彭白氏便替彭守忠"奉文管理印务，署司事"。杨氏诞下儿子彭养正，彭养正万历元年(1573)袭职，年十二岁，司事仍由祖母彭白氏裁决。

彭白氏虽然没有正式袭宣慰使之位，但以保靖宣慰使彭守忠、彭养正的名义号令保靖司。她是保靖司一个有能力的女政治家，在保靖司和周边都有巨大影响。

嘉靖四十一年(1562)，彭白氏捐银两为寨民纳秋粮，又命把总吴效才备牛酒犒赏苗人廖老洽等以旌其劳，以使安心把关守隘。

这些举动，深受军民欢迎，一时政令畅通，各溪峒都称颂彭白氏的善举。总督、都御史罗崇奎上报朝廷："白氏署印以来，法度一新，诸苗颇服，赏赍不悭，似应奖谕，以励其终。"

又称："白氏署印未久，政令方新。捐资赏犒，不惜重费。始初就能行其招徕之心，以后必能坚其效顺之志，理应优赏。"嘉靖帝下诏，赐金缎、银花、羊酒、银两等给彭白氏。①

彭顺臣自恃随堂兄彭荩臣征倭有功，对彭白氏代理司事有怨言，两江口土官彭志显以保靖土司易姓等言挑动，彭顺臣图谋刺杀彭白氏，酒后泄密，事败露，逃至永顺司。亡命数载，娶黄氏定居永顺之洗坝湖。后来，彭顺臣潜归保靖司探视妻儿，被彭守忠之妻杨氏窥见，令人追杀。彭白氏以兵堵于营门劝阻。彭顺臣得以幸免，并携子彭守一、彭守庆连夜逃至大井。

万历元年(1573)，彭养正二十岁，正式袭任保靖宣慰使职，从祖母彭白氏手中接过保靖司的执政权。当年冬天，便被朝廷征调带领保靖土兵赴广西怀远镇压反叛。彭养正率土兵四千人及报效家丁、杀手一千九百名于万历二年(1574)正月进抵独坡营，亲督把舍彭禹臣分兵设伏，出奇制胜，受到朝廷表彰。

① 谢华：《湘西土司辑略》，中华书局 1959 年版，第 82-83 页。

万历二十七年（1599），朝廷调保靖司和酉阳安抚使冉御龙征播州，彭养正因病不能前往，由长子彭象乾领兵随行，不久，彭养正病故，由彭象乾袭位。

彭养正生前不是很喜欢彭象乾，而钟爱其异母弟彭象坤，有意让彭象坤继袭，但在世时没有来得及作出正式安排。彭象坤便与彭象乾武力相拼。彭象乾的母舅酉阳司冉御龙的兄弟冉跃龙闻变驰救。

彭永年的父亲彭翼南次娶酉阳安抚使之女冉氏。这个冉氏是彭永年的生母。彭永年与酉阳冉氏有割不断的血缘关系。但是彭永年的嫡母彭氏是保靖宣慰使彭荩臣的女儿。这个嫡母虽无出，但嫡母的身份对彭永年和他的儿子彭元锦影响巨大。彭元锦只好站在彭象坤一边，出兵与酉阳司攻杀。战火越烧越大。

张廷玉的《明史》说及瞿汝稷时指出："永顺土司彭元锦助其弟保靖土司象坤，与酉阳冉跃龙相仇杀。汝稷驰檄元锦解兵去，三土司皆安。"①

张廷玉把彭元锦和彭象坤的关系弄错了。瞿汝稷当时为辰州知府。辰州对于永顺、保靖一直有"保证"制约作用，对相邻相郊的永顺、保靖、酉阳三土司的头面人物之间的关系不会弄错。

彭翼南的长子彭永年系次娶冉氏所生，次子长年、三子延年、四子大年、五子登年均为四娶江口官舍彭志显之女所生。

彭永年生五子，长子彭元锦、次子彭元锈、三子彭元钲、四子彭元铨、五子彭元锡。因此，彭元锦不是彭象坤的兄长。彭象坤是保靖宣慰使彭养正的儿子，是彭象乾的同父异母弟。

彭元锦与保靖司、酉阳司的关系都很密切，出兵支持彭养正中意的彭象坤继袭宣慰使之位看似出于正义，但无异于火上浇油。

瞿汝稷驰檄开导彭元锦。瞿汝稷的檄文入情入理，彭元锦读后立即班兵回永顺司。两个弱者相争，都希望强者帮忙。帮忙者中途突然退出，相争者茫然，一停手即冷静。彭象坤夺位失败，彭象乾才得以继续担任保靖宣慰使。

世袭过程中的腥风血雨，彭肇槐闻着、听着，不寒而栗。

---

① 张廷玉：《明史·卷二百十六》，中华书局 1974 年版，第 5697 页。

第五节 永、保土司"恃功骄肆" 已经不合时宜（上）

掌控一定数量的武装力量，服从朝廷征调，为国立功，是土司赖以生存的基础。冷兵器时代，朝廷利用土司及其兵卒特有的剽悍，东征西伐，南征北战，镇压内叛，抵御外患，不可或缺。然而，土司制度固有的劣根性得不到消除，是地方不安定的重要因素。当朝廷足够强大，土司之兵便丧失作用。彭肇槐知道，土司的历史功绩只能说明过去，恃功骄肆已经不合时宜。朝廷已经剥夺土司擅自用兵的权利，下一步就是取缔土司的地方武装。

雍正三年(1725)十二月乙酉，胤禛就土司问题谕兵部，指出："朕君临万方，中外一体，有功必赏，有罪必惩。初无偏党之心，亦并不存依违之见。"要求兵部"仍将此旨下与该管督抚提镇，转饬各土司"，对各土司特别强调：

> 自兹以往，尤宜益矢忠勤，各安驻牧，严束部落，不得滋事生非；和睦族邻，不可恣行仇杀。

> 尺地莫非王土，率土莫非王臣。番苗种类固多，皆系朕之赤子。或有强悍不平，各土司只宜赴该管上司陈告，岂得任意戕杀，以背朕好生保赤之念。

> 各该土官果能凛遵训诫，则世守职土，朕自加恩。若敢恃功骄肆，阳奉阴违，则国法具在，亦断不因今日之功赏，更从宽贷也。①

"有功必赏，有罪必惩"，功罪分明，不能混淆，也不得以功赎罪。

"或有强悍不平，各土司只宜赴该管上司陈告，岂得任意戕杀，以背朕好生保赤之念"，实际上剥夺了土司擅自用兵的权力。

"若敢恃功骄肆，阳奉阴违，则国法具在，亦断不因今日之功赏，更

① 《清实录·世宗实录·卷三九》，第578-579页。

从宽贷也",表达了朝廷对"恃功骄肆"不会宽贷的决心。

为朝廷立功是土司赖以生存和世袭罔替的基础,而土司能够做到这一点是因为土司私家掌控着一支强悍的军队。

永顺、保靖彭氏土司政权的全部历史和基本轨迹是尊重皇权,为国尽忠,因而这支军队特别能战斗,不断地为国捐躯,为国立功。

为了保证这一基本轨迹不偏移,土司政权历来实行军事化管理,军民一体。总司下是知州和长官司,管理各峒。而"旗"则是军事组织,是各州、长官司、各峒的中坚力量。

永顺宣慰司虽然行政上也有三知州、六长官司、三百八十峒,但军事战斗序列的五十八旗囊括了青壮年,甚至老年男性。

"旗各有长,管辖户口,分隶于各州司而统辖于总司,有事则调集为兵,以备战斗,无事则散处为民,以习耕凿。"①这种军民一体的体制,既为朝廷征战储备了兵力,也为巩固自己的统治夯实了基础。尤其是全面实施的世袭体制对内部稳定有着重要作用,旗的建设和巩固日益增长,战斗力越来越强。

作为军事单位的旗,保靖宣慰司有十六旗,分别为:虎豹广智,谋勇威驱,彪胜亲利,飞良先镇。永顺宣慰司有五十八旗,分别为:辰利东西南北雄,将能精锐爱先锋。左韬德茂亲勋策,右略灵通镇荩忠。武敌雨星飞义马,标冲水战涌祥龙。英长虎豹嘉威捷,福庆凯旋智胜功。以七字为句,每一字一旗,其五十六字,为五十六旗。后又添设"请谋"二字,共为五十八旗。总司还设有戎、猎、镶、苗、米房、吹鼓手六旗,伴当旗,长川旗、散人旗、总管旗。

总司各旗有明确分工。

戎旗,主要负责部队的装备(包括武器、服装、马匹)。

猎旗,就是打猎,是获取或补充后勤肉食给养的部队。这支部队特别重要,可以保证部队在任何地方、任何时候都能就地解决部分给养。

镶旗,是军事组织。"镶"确实有加工、装配、调配的意思,但不是加工金银首饰的部队,而是专管医药和战场救护的部队。对土兵有再装备的

---

① 张天如纂辑:《永顺府志·卷之十二》,乾隆二十八年刻本,第7页。

职能，履行加工、装饰、调配药草的职能，是用药草提高士兵战斗力的部队。

苗旗，千万不能理解为育苗的部队，而是发现苗头、负责侦查的部队。

米房旗，当然是供应粮草的后勤部队。

吹鼓手旗，是乐队和文艺团体。

伴当旗，是警卫部队，是总司在福石城的常驻部队。有五营，每营兵丁一百名，以备捍卫和役使。

长川旗，是舟桥部队，负责修路搭桥。

散人旗，平时负责收容社会上的闲散人员为己所用，战时负责伤病员搜救。

总管旗，可以说是带有宪兵性质的司令部、参谋部、监察部。

除了"旗"这一军事管理体制与众不同之外，土兵的阵法和战法也以军事单元的"旗"为标志，也很特殊。

湖广土兵，永顺为上，保靖次之，其兵甚强。

其阵法：每司立二十四旗。头，每旗一人居前，次三人横列为第二重，次五人横列为第三重，次七人横列为第四重，又其次七八人横列为第五重。其余皆置后，欢呼助阵。若在前者败，则二重居中者进补，两翼亦然。胜负以五重为限，若皆败，则无望矣。每旗十六人，二十四旗合三百八十四人，皆精选之兵也。

其调法：初檄所属照丁拣选，宣慰吁天祭以白牛，牛首置几上，银副之。下令曰：有敢死冲锋者，收此银，啖此牛首。勇者报名，汇而收之，更盟誓而食之。

战场上的纪律严厉。

其节制甚严，止许击刺，不许割首。违者与退缩皆斩。故凡战必捷，人莫敢撄。[1]

速战速决的战术，决定了"止许击刺，不许割首"的战法。土兵争的是集体荣誉和战斗的胜利，不追求个人杀敌的数量。

---

① 胡履新、张孔修纂修：《永顺县志·卷二十四》，民国十九年刊本，第2页。

这支军队除了由土司任意支配外，也是朝廷依仗的重要力量。

明太祖朱元璋在《赐保靖安抚司彭万里升宣慰司敕》中明确要求，"遇警则调调征毋后"。永顺、保靖土司的土兵服从朝廷调征，战功赫赫。张廷玉的《明史》对永顺、保靖宣慰及其土兵给予了极高的评价。有人对此评价如是说：

> 有明一代，永、保二司应调从征极为频繁。南至广西之思恩，西至贵州之遵义和四川之播州，北至湖北、河南，东至浙江、江苏和苏北之淮安，东北至于辽阳。均以善战立功。剿倭之役，称为东南战功第一。援辽虽败，责不在司兵，司兵为祖国效命，全军殉战，尤为时人所称颂。

历史上，永顺、保靖宣慰司的土兵特别能战斗，是不争的事实。之所以出现这种情况，固然与永顺、保靖土司的土兵的特质有关，但是根本原因是朝廷的兵力不够强大，不得不依仗这些地方武装。

成化六年（1470），荆、襄流民屯结事变，军务总督项忠要求朝廷调永顺、保靖土兵前往平定。[①]

当时，项忠（1421—1502）受命与湖广总兵李震一起前去镇压，项忠只要求朝廷征调永顺、保靖土兵参战。在永顺、保靖土兵没有到来之前，项忠把所属部队分列在重要关隘要道，设置了很多旗帜和战鼓，摆开了就要进攻的阵式，同时遣人招谕。

兵部尚书白圭遣锦衣百户吴绶参与指挥王信的军队。吴绶想争功，放出流言蜚语，阻止项忠调永顺、保靖土兵。白圭听信吴绶的流言要项忠停止征调土兵的计划。

项忠上疏争辩，并且弹劾吴绶。明宪宗把吴绶召回，同意项忠按原计划调征永顺、保靖土兵。永顺宣慰使彭显英、保靖宣慰使彭显宗率领土兵到达后，项忠即分兵八路发动进攻，终于取得全胜。

土司的土兵战功卓著，土司以功赎罪的事例也屡见不鲜。最典型的例子是正德十四年（1519）守巡官把两江口的彭惠逮捕入狱，永顺宣慰使彭明辅带兵劫狱将其救出，本应治罪。彭明辅和他的父亲彭世麒鼓动军民上奏

---

① 张廷玉：《明史·卷一百七十八》，中华书局1974年版，第4730页。

朝廷，念彭明辅屡次从征有功，愿辞去香炉山战功应得的全部升赏以赎逮治之辱，朝廷欣然同意。彭世麒请立坊，皇上还赐名为"表劳"。彭世麒听从彭明辅的建议，将"表劳"坊更名为"世忠堂"。内阁首辅、大学士刘健还亲自为"世忠堂"作铭。[①]

铭文如下：

> 彭之得姓，实出钱铿。自唐而殷，封于大彭。荫子及孙，不可胜数。族望宗焉，号之曰祖。周有不窋，自窜于兹。党类日兴，遂长其师。秦汉而下，屡至显官。事得其职，民以宁安。乱唐之季，世乱起民。有讳瑊者，刺史辰州。族人戴之，愿立其子。事闻于朝，朝义顺旨。自是子孙，官守其地。丹忱相照，世美相济。由宋而元，不去其任。宣抚或加，恩亦随荫。大明当天，四海就平。天宝献赟，稽首天庭。帝心嘉之，授以原职。旋加宣慰，用柔远域。天宝拜恩，矢心自盟。惟忠与义，誓竭丹诚。迄今世麒，闻命秉戍。更历七世，忠义罔替。昭勇昭毅，累羿褒扬。龙章命服，边郡之光。彭氏所居，有堂翼然。表以世式，允示家传。凡厥子孙，于焉视事。朝夕恪恭，靡敢或式。上酬君恩，下光祖烈。慎终若始，永保臣节。[②]

永顺、保靖土司土兵敢于冲锋、敢于牺牲的尖刀作用，朝廷熟知并充分加以运用。嘉靖三年(1524)九月，广西思恩发生叛乱，刘召命令部下黄安等夺权定罗堡，抢掠百姓。

兵备副使等发出命令要田州土官岑猛前去剿捕。岑猛假装同意，就是按兵不动。迫不得已，都指挥金事孙震前去刘召的营寨招抚。招抚不成，反而被刘召扣留。

守巡数次遣人劝谕刘召，要他放人。刘召诡言，只要官府撤回围剿的部队就能释放孙震。守巡迫不得已，只好答应。

刘召得寸进尺，要求所有在思恩的官军都必须撤走。守巡说这办不到，刘召便不放孙震。诸州土官与岑猛关系密切，都在观望，不愿听从朝廷围剿的命令。

中编

---

① 张廷玉：《明史·卷三百十》，中华书局1974年版，第7993页。
② 廖道南：《楚纪·卷之三十五》，明嘉靖二十五年李桂刻本，第3-4页。

　　总督都御史张嵿等要求朝廷调湖广永顺、保靖土兵各万人与本省官兵剿灭刘召，还说已经准备好了折粮银二十万以给军饷。

　　朝廷把张嵿等人的奏折发给兵部处理。兵部答复：永顺、保靖世仇，难于共事，调兵太多，则所过骚扰，宜敕都御史盛应期及太监总兵先遣官抚谕，命令刘召立即释放孙震。不然，则选调两广汉土兵及永顺土兵五千、两江土兵三千剿灭。

　　同时，兵部又指出：岑猛与刘召是一伙的，十分奸诈，都指挥孙震寡谋被执，兵备守巡等官皆有责任，法宜究治。但现在是用兵之际，责罚是以后的事，等事定由纪功御史具功罪上报朝廷。

　　明世宗同意兵部的意见，各种招抚措施用尽，岑猛就是不投降，两广督院抚臣才檄令彭明辅率领兵士一万人出征进剿。

　　朝廷还出榜晓谕地方："生擒岑猛出献者，赏银三千两；斩首来献者，二千两，仍分其财产，量受官职。"

　　彭明辅当时患病，指令彭宗汉统兵进剿。彭宗汉奋勇当先，攻破险寨，斩获其首领岑猛。

　　守臣以及兵部提请朝廷：彭宗汉尽忠奋勇，率领兵士擒斩首恶，其功可嘉，准令接替永顺宣慰使之职。①

　　彭宗汉袭职不久便病故，因无嗣，其弟彭宗舜继袭。

　　彭宗舜嘉靖六年（1527）袭职后，两广提督姚镆要彭宗舜率土兵六千进剿反叛。秋八月至南宁府驻扎，叛军首领卢苏、王绥闻土兵威名自愿投降。

　　随后，兵部王尚书向朝廷上报，称浔州府牛场、花相、黄岭等处贼叛，总督姚镆不能平定，朝廷下诏让王守仁（王阳明）兼左都御史，总督两广兼巡抚，复调彭宗舜和他的父亲彭明辅率兵进剿。

　　这是永顺宣慰司第二次大规模率兵南下。

　　嘉靖六年（1527），王守仁以兵部尚书兼左都御史，总督两广兼巡抚多重身份，调征永顺、保靖两土司的土兵各一万人参与征讨广西断藤峡反叛。

---

　　① 张廷玉：《明史·卷三百十》，中华书局1974年版，第7993页。

嘉靖七年（1528）二月，王守仁命湖广佥事汪溱、广西副使翁素、佥事吴天挺及参将张经、都指挥谢佩监湖广土兵，袭剿断藤峡叛军。之后，王守仁亲自指挥永顺司土兵进剿牛肠等寨、保靖司土兵进剿六寺等寨，约好于四月初二各自抵达地点。

当时，叛军听闻朝廷已经征调"湖广土兵抵达，均逃匿深险之中"；又听闻卢苏、王绶归降，王守仁进驻南宁，以为王守仁在散遣诸兵布阵，没到进攻的时候，于是防备弛缓。

永顺、保靖土兵皆偃旗息鼓驰马抵达，与朝廷大军一同突进，四面夹击。叛军大败，退守保仙女大山，据险结寨。官军攀木缘崖仰攻，连连攻破油榨、石壁、大陂等地，直击断藤峡。

王守仁秘密地给各路将领下达移兵剿贼计划，并且授予永顺司土兵和保靖司土兵临机处置之权，各自自主领兵进剿，约定必须在五月十三日抵达巢穴。

各路大军依计行事，奋力拼杀，终于按时攻破叛军巢穴。

叛军退守永安边界力山，王守仁指挥各路大军穷追不舍，叛军大败。溃逃的叛军也为副将沈希仪斩杀。至此，断藤峡叛军几乎被斩尽杀绝。

永顺、保靖土司土兵攻破贼军巢穴，俘贼获级八百余颗。

断藤峡之战，永顺司和保靖司贡献最大，兵力也遭受了惨重的损失。为此，王阳明亲自撰写《祭永顺宝靖土兵文 戊子》，予以悼念。他特意将保靖之"保"书写为"宝"。

王守仁与永顺宣慰使彭世麒是世交，多次带领彭世麒的儿子彭明辅和孙子彭宗汉、彭宗舜南征北战，还把彭宗舜的儿子彭翼南收为弟子。

断藤峡之战时，王守仁病得很重，向朝廷写了辞呈，朝廷没有批准。王守仁只好拖着病体倚重永顺、保靖土兵指挥决战。朝廷为永顺、保靖土兵阵亡将士举行公祭。王守仁病情加重，不能亲临祭所，便撰写了《祭永顺宝靖土兵文 戊子》，要知府以布告形式表达自己的伤感之怀，追思永顺、保靖土兵死难烈士背井离乡、卓绝奋战的悲壮情怀。《祭永顺宝靖土兵文 戊子》全文如下：

维湖广永顺、宝靖二司之土兵，多有物故于南宁诸处者。嘉靖七年六月十五日乙卯，钦差总制四省军务尚书、左都御史、新

建伯王委南宁府知府蒋山卿等告于南宁府城隍之神，使号召诸物故者之魂魄，以牛二、羊四、豕四，祭而告之曰：

呜呼！诸湖兵壮士，伤哉！尔等皆勤国事而来，死于兹土，山溪阻绝，不能一旦归见其父母妻子，旅魂飘摇于异域，无所依倚，呜呼痛哉！三年之间，两次调拨，使尔络绎奔走于道途，不获顾其家室，竟死客乡，此我等上官之罪也。复何言哉！复何言哉！古者，不得已而后用兵，先王不忍一夫不获其所，况忍群驱无辜之赤子而填之于沟壑？且兵之为患，非独锋镝死伤之酷而已也。所过之地皆为荆棘，所住之处遂成涂炭。民之毒苦，伤心惨目，可尽言乎？迩者，思、田之役，予所以必欲招抚之者，非但以思、田之人无可剿之罪，于义在所当抚，亦正不欲无故而驱尔等于兵刃之下也。而尔等竟又以疾病物故于此，则岂非命耶？呜呼，伤哉！人孰无死，岂必穷乡绝域能死人乎！今人不出户庭，或饮食伤多，或逸欲过节，医治不痊，亦死矣。今尔等之死，乃因驱驰国事，捍患御侮而死，盖得其死所矣。古人之固有愿以马革裹尸，不愿死于妇人女子之手者。若尔等之死，真无愧于马革裹尸之言矣。呜呼壮士！尔死何憾乎？

今尔等徒侣，皆已班师去矣，尔等游魂漂泊，正可随之西归。尔等尚知之乎？尔等其收尔游魂，敛尔精魄，驾风逐雾，随尔徒侣去归其乡，依尔祖宗之坟墓以栖尔魂，享尔妻子之蒸尝，以庇尔后。尔等徒侣或有征调之役，则尔等尚鼓尔生前义勇之气，以阴助尔徒侣立功报国，为民除患。岂不生为壮烈之夫，而殁为忠义之士也乎！

予因疾作，不能亲临祭所，一哭尔等，以舒予伤感之怀。临文凄怆，涕下沾臆。今委知府布告予衷，尔等有灵，尚知之乎？呜呼伤哉！①

王守仁嘉靖七年（1528）十一月二十九日卯时病逝于江西南安府大庾县青龙港（今江西省大余县境内）舟中，安葬于浙江绍兴府山阴县。

---

① 王守仁：《王阳明全集》，上海古籍出版社1992年版，第964-965页。

王守仁是浙江绍兴府余姚县(今浙江省余姚市)人。王守仁的"知行合一"的哲学思想，把学问和事业有机结合起来，集儒家、道家、佛家之精华于一体，是中国历史上与孔子、孟子、朱熹并称齐名的明代著名思想家、文学家、哲学家和军事家。

王守仁弘治十二年(1499)中进士，历任刑部主事、贵州龙场驿丞、庐陵知县、右佥都御史、南赣巡抚、两广总督等职，晚年官至兵部尚书、都察院左都御史。

王守仁曾经和吏部尚书徐阶闲论天下世族贵盛而悠远者，王阳明认为永顺彭氏可以当之。

徐阶反问："有何依据?"

王守仁说："迩者两役思田，宣慰世麒、明辅、宗舜三世咸证。及和门日侍讲宅，吾见其敏而勤，富而义，贵而礼，严而和，入而孝，出而忠。夫学莫贵乎勤，利莫先于义，接人莫急于礼，驭众莫要于和，立身莫切于孝，报国莫大于忠，彭氏世有'六德'，焉得不贵盛而悠远乎?"[1]

永顺、保靖土司为朝廷屡立大功，故恃功骄肆常见。

嘉靖三十三年(1554)冬天，朝廷征调永顺宣慰司宣慰使彭翼南及其祖父彭明辅与保靖宣慰司宣慰使彭荩臣，在中国东南沿海抗倭创造奇迹。但是其恃功骄肆也表现得非常突出。

嘉靖年间，倭寇在我国辽东、山东、江苏、浙江、上海及广东沿海一带剽掠抢劫，沿线居民深受其害。明朝官军屡战屡败，倭寇气焰更为嚣张。

嘉靖三十三年(1554)五月，"朝议以倭寇猖獗，设总督大臣"。明世宗命令张经暂时不理兵部事务，"总督江南、江北、浙江、山东、福建、湖广诸军，便宜行事"。张经随即征调两广狼兵、土兵听用。

当时，冯岳(1495—1581)，浙江慈溪县人，以兵部侍郎的身份总督湖广川贵军务，便令永顺和保靖土司的土兵前去参战。当年冬天，永顺宣慰使彭翼南统兵三千，他的祖父彭明辅统兵二千前往苏松。保靖宣慰使彭荩臣和他的儿子彭守忠也率所部三千人赴苏松抗倭。

---

① 田仁利:《湘西土家族苗族自治州金石通纂》，湖南人民出版社2015年版，第461页。

嘉靖三十三年(1554)十一月,朝廷免去张经右都御史兼兵部右侍郎的职务,"专办讨贼"。

当时,倭寇二万多人占据柘林、川沙洼,且后续部队不断向那里靠拢。张经天天选将练兵,谋划着捣毁倭寇巢穴的计谋。他认为江苏、浙江、山东的官兵屡战屡败,不堪重用,故期待狼兵、土兵到了以后就发动进攻。

嘉靖三十四年(1555)三月,广西田州瓦氏兵先到,一到就要求马上发动进攻,张经没有同意。随后,广西东兰的各路人马也相继赶到。张经把瓦氏兵交给总兵官俞大猷指挥,把东兰、那地、南丹兵交给游击邹继芳指挥,把归顺及思恩、东莞兵交给参将汤克宽指挥,分别驻扎在金山卫、闵港、乍浦,对倭寇从三个方向形成掎角之势,等待永顺司和保靖司土兵到来之后对倭寇实施包围,力图全歼。

刚好,工部侍郎赵文华以祭海的名义到达张经的总部,他与浙江巡按胡宗宪一起屡次催促张经发动进攻。张经说:"贼狡且众,待永、保兵至夹攻,庶万全。"

赵文华再三催促,张经以皇上给予的"便宜行事"权力坚持,就是不听赵文华的意见。赵文华恼羞成怒,给皇上上密折,说张经"糜饷殃民,畏贼失机,欲俟倭饱飏,剿余寇报功,宜亟治,以纾东南大祸"。

明世帝问宰相严嵩怎么办,严嵩同意赵文华的意见并且还说"苏松人怨经"。明世宗大怒,随即在嘉靖三十四年(1555)五月下诏逮捕张经问罪。

正在这个时候,保靖宣慰使彭荩臣所部三千人在石塘湾遭遇倭寇,与倭寇激战,倭寇败退。都司李经率保靖土兵追倭寇至新场,倭寇二千人埋伏下来不肯出战。

保靖土舍彭翅引军打探,中了埋伏,与所部皆战死(后来朝廷赠彭翅官职并赐棺殓具)。

彭荩臣发起猛攻,把倭寇打得大败。

倭寇向北边的平望驿逃走。正好彭翼南和彭明辅的土兵堵在那里,倭寇便朝王江泾方向逃窜。保靖和永顺的土兵与张经汇合,一场歼灭战由此打响。

五月初一,倭突袭嘉兴,张经派遣参将卢镗监督指挥保靖土兵前去增援,要俞大猷监督指挥永顺土兵由泖湖赶到平望驿,以汤克宽率领水军由中路攻击倭寇，合战于王江泾。

王江泾之战，取得了时代抗倭以来第一次重大胜利，斩贼首一千九百余级，焚溺死者甚众。《明史》评价此战是"自军兴来，称战功第一"。

赵文华上密折，明世宗下圣旨要逮捕张经问罪。但是圣旨还没到，张经趁机打了一个大胜仗。但明世宗还是对张经不依不饶，一定要严惩。

给事中李用敬、阎望云等给明世宗进言："王师大捷，倭夺气，不宜易帅。"

明世帝大怒，说张经欺诞不忠，知道赵文华弹劾他才出战，还把李用敬等人当作张经的同党，在朝廷各打五十大板，贬为庶民。

没过多久，明世宗也感到疑惑，问严嵩。严嵩谎称：徐阶、李用敬本江、浙人，都说张经养寇不战，是赵文华、胡宗宪合谋进剿，张经冒领战功，同时，还尽说赵文华、胡宗宪对皇上忠诚。

明世宗为严嵩的话所打动。之后，张经回到朝廷，详细说明进兵始末，并且还说自己任总督半载，前后俘斩五千倭寇，请求皇上恕罪。明世宗没有宽恕张经，将其打入死牢，当年十月与巡抚李天宠俱被斩首。天下冤之。①

张经是当时东南抗倭的主帅。王江泾之战，他从战略的全局出发，充分发挥永顺、保靖土兵的特殊战斗作用，取得抗倭以来第一战功，受到世人称赞。但他的结局令人唏嘘。

张经，字廷彝，侯官（今福建省福州市）人。正德十二年（1517）进士，任嘉兴知县。嘉靖六年（1527），张经以参将身份与王守仁等人在断藤峡平叛，目睹永顺、保靖土司的土兵英勇善战、敢于牺牲的壮举，对其战斗力铭记在心。王江泾之战，他只等永顺、保靖土兵到来汇集便发动进攻，而且还取得了胜利。

徐阶（1503—1583），字子升，松江华亭（今上海市松江区）人。明代名臣，嘉靖后期至隆庆初年内阁首辅，与永顺彭氏宣慰使和王守仁交往颇深。

嘉靖二年（1523），徐阶中进士第三，授翰林院编修。他个子矮小，皮肤白皙，言谈举止优雅。性颖敏，有权略。徐阶崇拜王守仁，经常与王守仁和王守仁的学生交往，在官场声誉很好。由于办事得力，从国子祭酒升

中
编

---

① 张廷玉：《明史·卷二百五》，中华书局 1974 年版，第 5406-5408 页。

为礼部右侍郎，又从礼部调任吏部。过去的吏部经常关门谢客，接待官员时话语也不多。徐阶到任后，凡官员来访，"折节下之，见必深坐"①。

徐阶善于了解下情，倾听呼声，甚得百官称赞。嘉靖皇帝以徐阶为官勤勉，擅写青词，就把他留在身边，众官推荐徐阶担任吏部尚书，嘉靖皇帝不仅拒绝，还加徐阶为太子太保，使其继续留在自己身边，参与决策朝廷机要大事。

徐阶和严嵩在朝十多年，都是嘉靖皇帝依赖的重臣，谁也奈何不了谁。双方谨慎以待。

徐阶"一品满三载，进勋为柱国，再进兼太子太傅、武英殿大学士。满六载，兼食大学士俸，再录子为中书舍人加少傅。九载，改兼吏部尚书。赐宴礼部，玺书褒谕有加"②。

对于倭寇侵扰，徐阶是主战派。"倭蹯东南，帝数以问阶，阶力主发兵。阶又念边卒苦饥，请收畿内麦数十万石，自居庸输宣府，紫荆输大同。帝悦，密传谕行之。"③

永顺、保靖彭氏土司的土兵在东南抗倭战功第一，少不了徐阶的后勤支持。同时，徐阶修永寿宫也离不开永顺、保靖彭氏土司的大力支持。大楠木不断地向朝廷输送，徐阶才有底气在嘉靖皇帝面前拍胸脯修皇宫。

嘉靖三十六年（1557），北京皇宫大火，烧毁奉天、谨身、华盖三大殿。嘉靖四十一年（1562），三大殿维修工程竣工。嘉靖四十年（1561），永寿宫大火，嘉靖皇帝迁居狭小的玉熙殿，总想把永寿宫恢复。征求严嵩的意见，严嵩说请搬回"大内"原来住的地方，惹得嘉靖皇帝不高兴。问徐阶，徐阶说请以三殿所余材，责成尚书雷礼营建，不要几个月就可建成。

嘉靖皇帝十分高兴，不仅同意了徐阶的建议，还任命徐阶的儿子尚宝丞徐璠兼工部主事，专门管理这项工程。三个多月后大功告成，嘉靖皇帝立即搬进去居住，还命名为万寿宫。徐阶因此更加受到嘉靖皇帝宠信，严嵩逐渐被冷落。

严嵩的儿子严世蕃贪横淫纵的罪行逐渐传到嘉靖皇帝那里，徐阶要御

---

① 张廷玉：《明史·卷二百十三》，中华书局1974年版，第5632页。
② 张廷玉：《明史·卷二百十三》，中华书局1974年版，第5633页。
③ 张廷玉：《明史·卷二百十三》，中华书局1974年版，第5634页。

史邹应龙上奏折弹劾严嵩。嘉靖皇帝勒令严嵩致仕，擢升邹应龙为通政司参议。嘉靖四十一年（1562），徐阶取代严嵩为内阁首辅。徐阶继任首辅后，大力革除严嵩弊政，选拔举荐高拱、张居正等人进入内阁，营救被严嵩陷害的官员。

嘉靖四十五年（1566），嘉靖皇帝去世，徐阶草拟遗诏，宣布凡朝廷斋醮、土木、珠宝、织作等一律免除，因"大礼"、"大狱"、言事得罪诸臣全部恢复官职。朝野号恸感激。

万历十年（1582），徐阶八十岁高龄，明神宗专程派人前去慰问，并赐玺书、金币。第二年，徐阶病死。赠太师，谥"文贞"。徐阶"立朝有相度，保全善类。嘉、隆之政，多所匡救。间有委蛇，亦不失大节"①。

朝廷这些重臣十分看重永、保土兵，是因为永、保土兵自有过人之处。

当时，朝廷高层正在为如何处理张经的问题博弈，永顺和保靖土司率领土兵在秋母亭、陆泾坝、胥口与倭寇激战，直到把倭寇赶入海才收兵。

后来，保靖、永顺土兵破倭后兵骄，所过皆劫掠，缘江上下深受其害。御史请求朝廷追究惩治，朝廷以"土兵新有功，遽加罚失远人心，宜谕责之"，并且命令"浙直练乡勇，嗣后不得轻调土兵"。②

话虽这么说，实际上做不到。嘉靖三十五年（1556）二月，倭寇又大规模侵入东南沿海一带。朝廷只好又调永、保土兵。彭翼南整旅载征率土兵一万，彭荩臣率土兵八千，彭守忠率三千杀手，和湖北容美土司的土兵一起奔赴东南，又一次抗倭。

这次倭寇入侵改变了策略。他们与杭州寺庙里的和尚徐海和陈东相勾结，在沿海大量走私，劫掠人口和财物。

朝廷的抗倭统帅是严嵩的干儿子赵文华。赵文华是工部尚书，以右副都御史名义总督江南、浙东军事，还有兵部右侍郎胡宗宪、都御史阮鹗、总兵俞大猷参与指挥。

八月十三日，土兵赶到浙江平湖，在赵文华、胡宗宪、阮鹗的指挥下由广城沿海堤攻进沈家庄，把倭寇团团围住。倭寇反扑，未果，退回一个

中编

① 张廷玉：《明史·卷二百十三》，中华书局 1974 年版，第 5634 页。
② 张廷玉：《明史·卷三百十》，中华书局 1974 年版，第 7994 页。

小岛固守，以鸟铳、佛郎机顽抗。

二十三日，彭荩臣命令土兵编竹笆遮挡火器。

二十四日，彭荩臣令兵暗搭浮桥，突至贼巢，顺风纵火。他的女婿彭翼南则率领大兵奋勇截杀，昼夜合战。

二十五日，倭寇抵挡不住，入海逃命，溺水烧死者数千。徐海交出陈东之后也投海自杀，平湖之战全捷。

徐阶对平湖之战中彭翼南的贡献作了充分肯定。他指出："遂收平湖全捷，徐海授首，贼众靡有孑遗，至今岛夷绝迹，不敢为东南患者，皆侯之力。"①

尽管永顺、保靖土司在抗倭平乱中功勋昭著，但其"恃功骄肆"也让朝廷头疼。

彭翼南是彭宗舜的次子。彭翼南嘉靖十五年(1536)六月一日生，隆庆元年(1567)六月十一日去世。短短三十二年，彭翼南做了很多惊天动地的事，是湖南历史上的重要人物。

徐阶称赞彭翼南是文武全才，"刊阳明遵海诸集以思贤"，"军中饷犒，靡不分给，故士卒用命，而所过不扰"，虽治军甚严，但所率土兵同样被责以"恃功骄肆"。

嘉靖皇帝原谅了彭翼南，特颁诏书对彭翼南予以赞赏：

> 蕞尔倭夷，连年内侵，东南要区，累遭屠戮。彭翼南闻调远赴，亟动勤王之念，竭力效命，用成奏凯之功，元凶就戮，余孽悉平，功劳懋着，良可嘉尚。

彭翼南去世后，徐阶特意为彭翼南撰写墓志铭，对彭翼南及其祖宗一并进行赞美。②

徐阶在《明隆庆宣慰使彭翼南墓志铭》中满怀深情地说：

> 余初从阳明先生游，闲论天下世族贵盛而悠远者，先生因及永顺彭氏可以当之。
>
> 余曰："何征?"
>
> 先生曰："迩者两役思田，宣慰世麒、明辅、宗舜三世咸证。

---

① 田仁利：《湘西土家族苗族自治州金石通纂》，湖南人民出版社2015年版，第461-462页。

② 田仁利：《湘西土家族苗族自治州金石通纂》，湖南人民出版社2015年版，第461页。

及和门日侍讲宅，吾见其敏而勤，富而义，贵而礼，严而和，入而孝，出而忠。夫学莫贵乎勤，利莫先于义，接人莫急于礼，驭众莫要于和，立身莫切于孝，报国莫大于忠，彭氏世有'六德'，焉得不贵盛而悠远乎?"

徐阶随后以吏部尚书的身份肯定永顺彭氏举国少见的特殊贡献。他说：

> 及余宦四方、总百揆、臣九有，凡天下世胄，举得调度而甄别之，其不肆则骄、不削则危者多矣。若彭氏父子，祖孙相继而贤，而贵盛，而悠远，亦仅见者，然则先生昔者之言，不既征哉！嘉靖乙卯、丙辰，倭寇祸我东南极惨。侯以弱冠，膺命提兵，两平定之，吴越闽广，至今蒙其福。余益嘉彭氏多贤嗣，我国家之有良翰也。

接着，徐阶历数唐代彭辅以来的彭氏祖辈的业绩，奠定彭翼南之为翼南的基础。然后，才指出："侯名翼南，冠之岁，大魁罗念庵，字以靖卿，勉其翊靖南服也，复号之曰北江，因其彭氏世居也。"随后，徐阶分叙了"世有六德"的具体情节。

(一)敏而勤。

> 侯为儿时，性颖敏，举动不凡。及少长，务学不倦，喜诵诗评史，延揽世儒为师友，资如东廓、念庵，则远宗之，道林、华峰，皆及门受学。刊阳明遵诲诸集以思贤，修司志、家谱诸书以传后。他如当路群贤曾侍侧者，罔不师法之。故多闻见，而富学识，非敏而勤者乎?

(二)富而义。

> 席祖父丰盈，疆场强盛，而不侮邻封，不敛民庶。凡送迎出予必裕，故士大夫工贾，胥得其欢心；军中饷犒，靡不分给，故士卒用命，而所过不扰；广积布粟，以赈饥寒，大施财木，以修黉梵；自备资粮，采进大木，助建朝殿，直拟万金。至于自奉饮馔，未尝兼味，衣服不着锦绮，仪从惟尚简朴。尝获贼中美姬，督臣以充赏，侯即沉之江，其不以娇贵而迩声色。每如此，非富而义者乎?

徐阶的这些描述,把彭翼南当作了完人。荣获抗倭东南战功第一后,土兵沿江骚扰,保靖土兵带头,永顺土兵参与,遭朝野斥责。作为宣慰使的女婿,彭翼南替彭荩臣顶包接受斥责可以理解,但徐阶仍然认为应该还彭翼南一个公道。徐阶指出,彭翼南"军中饷犒,靡不分给,故士卒用命,而所过不扰"。这无疑是替彭翼南鸣冤叫屈,平反昭雪。"自备资粮,采进大木,助建朝殿",徐阶受益多多,值得他大书。

(三)贵而礼。

自继职加封,略无毫发骄肆态,和易以混俗,敛退以容物,敬慎以事上,温恭以下贤。士无显晦,问聘咸勤;宾无少长,款遇必厚。间有不得于人,纵面毁无愠色,非贵而礼者若是乎?

徐阶说彭翼南"略无毫发骄肆态"并不能说明永顺土司及土兵不骄肆。

(四)严而和。

遇群下必庄必厉,居常则统纪有规,行师则部伍不紊。然其色威不猛,令肃而宽,虽围卒仆夫,待若家人父子,故其民聚而不散,睦而不乖,鸡犬相闻,远近悦服。卒之日,众若丧厥考妣,非严而和者能然乎?

(五)入而孝。

侯早失怙,鞠于大父。大父得轩,余同门有道叟也。侯一步一趋,一语一默,惟大父是效,政不禀命不敢行,人非旧役不敢任,晨昏之省,膳疾之侍,必亲必敬。及事孀母,咸亦如之。族尊长必加礼敬,卑幼多周恤之,若曰此吾父子一体之亲也。何如其孝耶?

(六)出而忠。

侯十九莅事,次年东征,其平望驿、王江泾、秋母亭、陆泾坝、胥口之大战,每身先士卒,多擒斩功。及寇复入,侯整旅载征,遂收平湖全捷,徐海授首,贼众靡有孑遗,至今岛夷绝迹,不敢为东南患者,皆侯之力。抚管镇筸,叛苗十余年不复出没。征剿支罗土寇,黄中率部归降。除施散之暴侵,拯川湖之水火。察管内疾苦,而向之流移悉复;均户口粮税,而昔之逋欠尽完。至朝觐贡献,岁无后期。故历任十三年,而膺钦奖宠赐者五,部院旌奖者三十，或进昭毅武阶，或升参布政文秩者，胥侯敹工之所致也。又何如其忠耶？

这是叙说彭翼南的战功。人们只知王江泾抗倭大战，不知翼南公抗倭还有平望驿、秋母亭、陆泾坝、胥口大战，还有平湖全捷。

"至今岛夷绝迹，不敢为东南患者，皆侯之力"，竭诚赞扬彭翼南的战功和影响。

徐阶满怀激情地呼号：

> 夫集有众善，备是六德，能率乃祖攸行，为昭代勋阀，宜其福享贵盛，而寿获悠远也。胡尔遽卒耶？噫嘻悲哉！

徐阶不愧为永顺彭氏的世交，对彭氏"集有众善"历历在目。

众善即八善。"上善若水"，"居善地，心善渊，与善仁，言善信，正善治，事善能，动善时"。

在徐阶看来，正是因为彭氏"集有众善，备有六德"，才有过去、现在和将来的功勋和富贵。

也不知如果彭翼南没有英年早逝，徐阶将会怎么倚重其人！从其所撰墓志铭看，徐阶惜才、爱才，对彭翼南英年早逝悲痛万分。

对于彭翼南的家室儿女，徐阶在墓志铭中也一一列出：

> 侯乃淑人保靖彭氏出，生嘉靖丙申六月一日，卒隆庆丁卯六月十一日，得年三十有二。有子男五、女四。元娶彭氏，保靖宣慰荩臣女，无出。次娶冉氏，酉阳宣抚玄女，受封淑人，生长子永年，继侯职。三娶向氏，桑植安抚仕禄女，先侯卒，无出。四娶彭氏，江口官舍志显女，生次子曰长年。其三子曰延年，四子曰大年，五子曰登年，皆侧室出。女亦冉氏辈出。男女咸幼，未聘。

徐阶为彭翼南撰墓志饴，特意撰上"赐进士及第特进上柱国金紫光禄大夫建极殿大学士少师兼太子太师吏部尚书"的头衔。

祖宗的历史功绩已青史留名，自己应该为朝廷立功才行。彭肇槐有这种历史的自觉性。

对于永顺宣慰使彭翼南在东南抗倭的历史功绩，人们没有忘记，民国三十七年(1938)，当时的政府还在永顺县城建造"翼南楼"以资纪念。

中编

"翼南楼"门柱上有一副对联，上联为"破虏溯当年，浙海东南传伟绩"；下联是"鼓鼙思壮士，大乡西北有高楼"。

第六节　永、保土司"恃功骄肆" 已经不合时宜（下）

土司武装归根结底是地方武装，随着土司势力的不断膨胀，其弊端逐渐显现，与朝廷关系的尴尬局面日趋严重，其对于朝廷的利用价值逐步降低。如果说朝廷倚重，恃功骄肆还有基础，可以把功劳当作骄肆的资本，朝廷还可以宽容。如果朝廷不再倚重，恃功骄肆只会加速消亡。这个总趋势彭肇槐是看到了的。

万历十八年（1590），丰臣秀吉完成了日本历史上的第一次统一。万历二十年（1592），日本出兵二十万入侵朝鲜，朝鲜向明朝廷求救，明朝军队与日本军队在朝鲜发生激战。

万历二十五年（1597），朝廷调永顺宣慰使彭元锦率兵万人增援。这是朝廷第一次调永顺土兵走出国门，境外抗倭。"宣慰彭元锦请自备衣粮听调，既而支吾，有要挟之迹，命罢之。"①

其实朝鲜之战当时已经平息，根本不需要再从永顺增兵，"命罢之"成为托词。

早在万历二十年（1592），明神宗派遣辽东总兵李如松为提督、兵部右侍郎宋应昌为经略率兵四万余人，于当年末便跨过鸭绿江进入朝鲜抗击日军。次年春天，平壤之战结束。随后丰臣秀吉就开始与明朝廷和谈。万历二十六年（1598），日本与明朝议和并逐渐从朝鲜撤军，根本不需要从永顺司调兵。但是，朝廷又不能明说，只能找一个理由"命罢之"。

于是"既而支吾，有要挟之迹"便成了彭元锦的罪名。这么做有点过分，朝廷也感到愧疚，"三十八年赐元锦都指挥衔，赠蟒衣一袭，妻汪氏封夫人"②。

---

① 张廷玉：《明史·卷三百十》，中华书局1974年版，第7994-7995页。
② 张廷玉：《明史·卷三百十》，中华书局1974年版，第7994-7995页。

虽然得到安慰，但彭元锦的内心，由此埋下了"支吾"的种子。浑河血战是天启元年（1621）发生在辽宁沈阳浑河边的一场战略决战。彭元锦和朝廷双方的关系更是尴尬。

当时，后金的军事统帅为努尔哈赤，明军的统帅是巡抚袁应泰和总兵童仲揆。

明军参战的部队主要由湖广永顺、保靖宣慰司土兵和四川酉阳、石柱宣抚司兵，以及浙江戚家军组成。

双方都作了充分准备。辽东经略熊廷弼从万历四十六年（1618）即开始从各地调集兵源，以资征战。

永顺、保靖土司土兵四千人正月二十六日起程。永顺宣慰使彭元锦发兵三千名，委派土知州田万年、都司刘庭藩统领，六月二十九日土兵到达山海关时，只有七百零六名。

兵部尚书黄嘉善认为是领兵官田万年、刘庭藩性情怯懦、约束不力造成的，要皇上下旨给总督及经略按法究处。明神宗的圣旨也认为是领兵官的责任，质问："土兵逗遛不进，逃散甚多，领兵官约束何在？"①

田万年、刘庭藩依议从重受到究处。由于兵员不足，朝廷继续从各地调兵。

根据辽东经略熊廷弼的要求，朝廷决定调土兵四万以资征剿。其中，调永顺宣慰司土兵八千，要都指挥使彭元锦亲自统调；保靖宣慰司土兵五千，由宣慰使彭象乾亲自统调；酉阳宣抚司土兵四千，由宣抚使冉跃龙亲领；石柱宣抚司土兵四千，由应袭宣抚使马祥麟同秦邦屏亲领。以遵义参将童仲揆统领。

另外还将四川副总兵陈策升授为援辽总兵官，统领这些土兵，并且要求两省抚按派员监兵兼程前来山海关，沿途不得骚扰迟滞，要一律保障其通行无阻。

为了促使彭元锦和彭象乾尽快统兵援辽，万历四十八年（1620）正月，朝廷还"加升湖广永顺土司都指挥使彭元锦为都督金事、保靖土司宣慰彭象乾为指挥使，各统兵援辽"②。

① 《明神宗实录·卷五八四》，国立北平图书馆红格抄本，第11167页。
② 《明神宗实录·卷五九〇》，国立北平图书馆红格抄本，第11321页。

这个时候，朝廷的方方面面对彭元锦的责难特别多。

当初，彭元锦认为援辽调兵三千不足以立功，愿调一万兵前往，朝廷嘉其忠义加升都督金事，赐以飞鱼服色，但是兵部只同意调兵八千。

彭元锦先派去三千，说自己有病在身，只能委派土知州田万年、都司刘庭藩统领。朝廷"以三千塞责，又上疏称病不行"加以指责。

有的指责彭元锦"称病不行，忠义何在"，有的甚至认为彭元锦"本无病而托病是挠国法也"，"刘廷藩押兵不效而又押兵是坏军法也"。

各个方面都说，一定要彭元锦心怀忠义之心统兵亲来，这也是众土司的愿望。

有的官吏认为彭元锦真的有病，由他选择忠勇头目代为统领也未尝不可。有的官吏则反驳："是遵何法哉？元锦不应如此骄恣。"有人认为不应该对彭元锦如此宽假，还以"一司推调，阻各司报效之诚"的严重性来要挟，力逼彭元锦亲自带队出征。

永顺宣慰司的土兵通过两次征调，已经有三千到达辽阳。第二次是舍把彭宗卿带领土兵四千人出发。

朝廷上下通过反复争辩，达成了共识：

> 土兵苗性难驯，决非汉官所能管押赢、头目所能统领。即今三千已到辽阳者，知州田万年老惫不能约束，又不听舍把彭宗卿等约束，若此后再有发遣而统领仍无主将，平时问谁弹压？临敌问谁调度？纵使一万五千皆帖耳听调而来以此塞援辽之数则可而实用何在？

各方面都要求皇上"严敕彭元锦遴选精兵，务足八千之数亲统领，星夜前来，毋挠法以自瘝忠义"。

明神宗遂颁旨："彭元锦素负忠义，议调援兵还着亲统赴辽，毋得仍前托病取罪。"

在这种情况下，彭元锦只得又募兵三千遵命而行，而且和保靖司彭象乾夫妇所带土兵一起到了通州。

彭象乾带着正妻蓬氏和五千土兵于三月十九日出征，四月至常德，六月十三日行至真定，七月初三日，他的部队与彭元锦的部队都到达通州。兵部给每个土兵赏银五钱。

永顺司三千土兵得赏银后过通州继续往北行进，而保靖司的五千土兵得赏银后于七月初三日夜忽然逃散三千。原因是彭象乾病在涿州未至，这些土兵怀疑彭象乾已经称病告归，担心彭象乾把朝廷给他们的招抚截留。

这件事令皇上非常恼火，"责令监军道，严督各官设法招抚，务令尽数回营。彭象乾等待事完议处"①。

彭象乾和守备邹汝联及监军道王世德等设法招安，相机截捕。保定、山东、河南、凤阳、湖广各督抚，速檄各道镇侦伺逃兵，经由津关隘路预提大兵阻截。

对于截获的逃兵，先行晓谕利害，省悟者给免罪印照资助行粮，选差谋勇将领押赴出关。如抗违不载，即督兵捕剿以正军法。

朝廷采取的这些措施终于将大部逃兵追回。彭象乾因病不能随行，遣其子侄率亲兵出关。这时，四川酉阳安抚司和石柱安抚司的白杆子兵到达援辽前线已经三年。

万历四十八年(1620)，是明朝皇位新旧交替之年。明神宗朱翊钧七月二十一日去世，由长子朱常洛继位。不到一个月，九月初一，朱常洛因服食李可灼进献的"红丸"而暴毙于乾清宫，由长子朱由校继位，是为明熹宗。

明熹宗天启元年(1621)，努尔哈赤趁明朝辽东经略熊廷弼去职，巡抚袁应泰举措失当的机会，于三月发动进攻，占领沈阳，随后在沈阳城边的浑河与明军血战，最后以努尔哈赤惨胜结束战斗。保靖宣慰司的参战土兵在浑河血战中全军皆殁。

天启二年(1622)，进彭象乾都督金事，赠彭象周、彭绳、彭天祐各都司金书，"一门殉战，义烈为诸土司冠"。彭元锦落得个"声教四讫"的名声。尽管如此，永顺、保靖土司仍然坚持为国家效力。

彭朝柱是彭象乾的长子，天启七年(1627)，彭象乾致仕后袭保靖宣慰使职。崇祯十六年(1643)，张献忠攻长沙、益阳，常德、澧州一带日夕告警。偏沅巡抚(湖广省设巡抚，半年驻贵州施秉之偏桥关，半年驻沅州，故称偏沅巡抚)调保靖司兵固守常德和澧州。

张献忠大举进攻，攻破常武，辰常总兵温如珍退守辰州府，后来还归

① 《明神宗实录·卷五九六》，国立北平图书馆红格抄本，第11435–11436页。

附张献忠。

南明永历元年（1647），敕调彭象乾及其子彭朝柱勤王。得此敕令后，彭朝柱即发精兵三千，星夜援辰，温如珍败走，彭朝柱追至湘江南岸望城坡下。南明朝廷特赐彭朝柱蟒玉正一品服色，左军都督府都督。

是年（1647）九月，左良玉溃军余部王永成、马进忠为清军所迫，窜至辰城，四乡粮草又尽，进踞永顺，图攻保靖，逼近保靖司巴勇地方。彭朝柱四路堵截，令其子彭鼎率兵进击，王、马等退扎永顺西古村、安布子营七处。十二月二十九日，王、马残部又引马骑数千，于永顺南渭州渡河进攻保靖。彭朝柱令其子彭鼎率舍把彭养锐、彭象震等引药弩千余，从后路抄出，劫其主营，放火焚烧，王、马大败，奔山投崖死者无数，余众退走。

以上举动当时引起的震动很大，也是给清廷帮了个大忙。这一年，清恭顺王孔有德临抚辰州，彭朝柱差舍把彭伦、邱尚仁等备册籍赴营投诚，诏赐龙牌嘉之，领职如故。尤其重要的是清廷还给予了"男不剃发，女不改妆"这一特殊待遇。

顺治十一年（1654），李自成孙李来亨、妻弟高必正攻破司治，扎营对河山阜两个月。彭朝柱一面报辰常总镇请兵，一面调各旗目兵，日夜伏击，又令其子彭鼎调苗兵万余，从箐林开路进攻，总镇也发兵前来，由水路接应。李、高应战，箭伤死者数千人，高必正亦被药箭射死，余众崩溃。其在辰的把目、客民，均还司治，境内重安。

康熙十九年（1680），吴三桂踞荆湖，以兵临辰州，授土司印札。永顺宣慰使彭廷椿父子拒吴，缴其札三纸，印二颗，并献雷公嘴铁厂等地于清军。

吴三桂的士兵驻扎在辰龙关，清军不能攻，密令永顺司进击。永顺宣慰使彭廷椿率苗、土劲兵三千，自裹钱粮，驻扎王村，拒吴上游，遣南渭州彭凌高率部间道协同清军，一从高岸入，一从郭家湾入，绕出关外，攻克辰龙关。清廷以功颁给康字号永顺等处军民宣慰使司印一颗，授其子彭泓海总兵衔。

正当土司彭廷椿、彭泓海父子并南渭州知州彭凌高于辰龙关协同清军与吴军激战之时，吴三桂部下得知彭廷椿父子拒吴并缴其札三纸，十分愤怒，当即密谋，令其十人化装成商人，通宵兼程至永顺司城纵火，火光熊熊，烧了一大片寝宫。后虽经五百兵丁及百姓扑救，司城衙署仍被毁坏。

彭廷椿父子在战后的回程之中才得知司城被烧毁的消息，为时已晚。虽然康熙五十一年（1712）永顺司司城得以重建，但历史档案的损失无法弥补。

不能否认，永顺、保靖彭氏土司南征北战、东讨西伐战功卓著，平叛、抗倭、援辽及归清均表现不俗，为国家排除内忧外患作出了重要贡献。长期以来，永顺、保靖彭氏土司统治一方，其最大的功劳是抚苗，最大的罪过是镇苗。

永、保土司因为地处湘鄂川（渝）贵边区，这一带苗民众多，抚苗、征苗成为永顺、保靖土司的基本职责。在无休止的镇压下，苗民的反抗愈加强烈。面对血淋淋的现实，永顺、保靖土司也有于心不忍的时候。对此朝廷非常不满，一直在采取措施直接干预。嘉靖二十七年（1548）十月，巡按湖广御史贾大亨上奏朝廷：

> 湖广十年之内，两举征苗，师疲于久役，财匮于供亿，而卒未奏荡平之绩者，则由土官土军不用命故也。且各土官先非大勋劳于国也，特以颇习夷情力能制御故，世之爵。土籍为外藩，乃今享富贵而忘其所自居。

> 官守而旷其职业，不唯不能治苗，且纵苗为恶，挟苗为重，剿苗则不克，抚苗则即听舞，智罔利非一日矣。

这是贾大亨对土司、土官、土兵抚苗实际情况的概括总结。他把征苗没有取得全胜的原因归咎于"土官土军不用命"，指责土司"官守而旷其职业，不唯不能治苗，且纵苗为恶，挟苗为重，剿苗则不克，抚苗则即听舞，智罔利非一日矣"。

但是他又不得不承认必须要依靠土司镇苗。他在奏折中指出：

> 臣巡行地方见闻颇真，盖土官之力实能制苗死命。今欲使苗驯服不叛，唯宜于土官责之。

> 臣谨与各该守臣计议，拟以箪子坪各寨苗夷分属保靖宣慰彭荩臣约束，镇溪各寨苗夷分属永顺宣慰彭明辅督同土指挥田应朝约束，以后各苗或有不靖即勘系何寨分将该管土官坐以故纵之

罪，而易置黜削之则，苗患当自此鲜矣。

为了把永顺土司和保靖土司的职责进一步明确，贾大亨强调：

> 且今荩臣、应朝亦复起倩苗夷，擅兵仇杀更乞。天语严谕切
> 责，仍敕巡抚衙门体勘。如其畏威息兵防夷着效，请薄罚而姑宥
> 之，以观其后。若仍习乱干纪扰苗起衅，即当治以重典，用儆
> 其余。

朝廷同意了贾大亨的建议，明世宗下诏命令彭荩臣等"悉遵所分苗寨，用心管摄。其应朝等仇杀事情，下抚臣勘处具奏"①。

尽管有明世宗的诏令，永顺司、保靖司悉心分管苗寨，手段也够残酷，但朝廷仍然不满意。特别是明神宗的湖广参政蔡复一还在其《抚治苗疆议》中指责永、保土司没有执行朝廷的诏令，朝廷的诏令"只属虚文，毫无实效"。

蔡复一是一个很复杂的人物。福建泉州府同安县金门（今福建省金门县）人，明神宗万历五年（1577）生。万历二十二年（1594）中举，次年中进士，授官刑部主事。上任不久，就上疏弹劾石显冒杀平民、邀功朝廷之罪。结果石显被处死，蔡复一因此扬名朝野。后迁任湖广参政，分守荆、岳，致力于清积逋、核虚冒、革加派、足军粮、严保甲、禁驿骚、杜参谒、赈洪害、弥兵哗。他的《抚治苗疆议》就是这个时候提出的。

在《抚治苗疆议》中，蔡复一指责永顺、保靖二土司对苗疆的控制不力。为此，朝廷才根据蔡复一的《抚治苗疆议》，大修三百余里边墙，西南至贵州铜仁，东北至湖南保靖，蓄备军力，直接镇压苗民的反抗。

嘉靖三十年（1551）四月，"贵州铜仁苗寨既破，其贼首龙许保、吴黑苗等窜匿到湖广总镇阜苗寨，乃纠同腊尔山、冷水溪及四川小平、茶落寨苗，许保等亦约结残苗男妇七八十人，俱服土兵衣甲，诡言永、保二司兵出哨者，突入思州府。知府李允简方视事执之，并知事王月谦、经历卢惠。劫狱出囚，尽攫仓库、居民财物，杀戮极惨，纵火焚烧而去。允简寻逸归，以忧死"。

"巡按御史董威以其事闻，因参守土诸臣都御史任辙、总兵官沈希仪、

---

① 《明世宗实录·卷三四一》，国立北平图书馆红格抄本，第6202-6204页。

参议刘望之、金事俞冲、参将石邦宪等，俱失事当罪，且言除患者必追其所由，察恶者必究其所主，贵之苗患蔓延而不息者，以湖广永、保，四川酉阳各土司以养苗为利，招藏泄漏，独贻患于贵州故也"。

董威把责任推向湖广永、保，四川酉阳各土司，冠以"养苗为利，招藏泄漏"的罪名，并坚决反对"苗可抚"的对策。他认为，"而湖广任事之臣始终执迷，以扰军门，而曰苗可抚。以今观之其可抚与否？昭然明矣。盖今任事者，即前之议抚者。不过，期遂必抚之私，以饰前日之罪，而不顾贵州之害耳"。

苗民七八十人闹出这么大的动静，董威上奏皇上："惟陛下申诫都御史张岳勿泥前议，期于必剿，仍削土司冠服，以彰朝廷威信，地方幸甚。"

董威建议皇上"夺俸戴罪勒贼，仍请切责张岳及檄湖广贵州巡按御史会勘湖广不肯进兵之由"。

董威对永、保土司极为不满，"星驰具奏：至于永、保、酉阳各土司彭明辅、彭荩臣、冉玄俱褫其冠带，令戴罪自効"。

苗民冒充土兵事件影响很大，严嵩也掺和进来。

"大学士严嵩亦言，总督张岳前议调集汉、土官兵十万约会三省分哨进剿，又奏贵苗已剿，湖苗听抚，似为无事，今乃有此，据董威所奏，则由岳听抚之误也。盖苗寇虽分湖贵，其实巢穴相通，须并征剿，苗无所逃，方得平定。今湖苗初曰听抚而不时出冲营寨，贵苗虽曰征剿而首恶龙许保等未获有，且藏在湖苗寨内，同出攻劫思州似此失事。张岳岂能辞责？但今用人方息，本官在彼既久，事体已熟，未可轻易，宜姑示罚治以责后效"。

嘉靖皇帝十分震惊，先"曰：朝廷设置总督欲其事权归一，以尽除苗患。张岳原奏分哨进兵，又称湖苗听抚，乃今失事重大，即宜逮治。念系紧急用人，姑令以兵部右侍郎兼右金都御史职衔，戴罪任事。仍与沈希仪俱住俸立功，任辙革职、冠带办事，余失事人员俱如拟逮问住俸。湖广听抚误事官，令巡按御史速查回奏。赵锦等不从实究论，又泛言塞责，何有计安地方之意？其自陈状以闻锦等伏罪"。

嘉靖皇帝又"曰：尔等不思地方残破，酿成臣患，犹自朦胧掩饰，甚非人臣之道，锦及左都御史屠侨、都给事中何光裕各夺俸三月"。

另外，"巡按湖广御史谷峤亦参论，张岳及湖广镇巡该道，与麻阳哨把总林泽等得旨，地方诸臣轻信苗寇听抚，致贵州失事，法本不赦，念用人之际，姑令自劾，林泽等及参议张景贤、副使刘天授、参政陶钦夔各住俸戴罪立功。原任巡抚屠大山亦住俸，仍以旧职巡抚地方，协力征苗。俟事宁，并议原任总兵李熙以去任弗问，仍夺禄俸半年"。①

在非得鱼死网破的情况下，苗寨兵力再强也难免被杀戮和剿灭。这种情况在中国历史上反复上演着。而苗寨也顽强地支撑着，其生命力之顽强令人难以想象。但对苗民的剿抚权，朝廷已经上收，改为直接屯兵镇抚。

第七节　家族承袭混战让世袭陷入两难

对土司家族世袭特权的态度，其内部也是不统一的。有人热衷，有人不愿意，有人还是被推着上台的。彭肇槐对此有深切的感受。

彭永年，彭翼南的长子，嘉靖三十七年（1558）闰七月二十四日生。《明神宗实录》将其记为"彭龟年"。

隆庆三年（1569）三月，彭永年未满十一岁，便继袭永顺宣慰使之位。但为"试用"。万历十年（1582），彭永年去世，寿二十四岁，被誉为少年英雄。

万历元年（1573 年）十月，广西瑶民叛乱，湖广赵抚臣、广西郭抚臣商议，向永顺司借调土兵三千名专剿太平河等处叛乱。彭永年以十五岁的少年之躯率兵前往，以摧枯拉朽之势直捣广西怀远、谏冲、唐山、大蓝、大黄等地叛军巢穴，奋勇督兵，斩首级二百三十二颗，生擒男妇三十五口解送广西官府。

郭抚臣对彭永年给予了高度评价，说："永顺宣慰荫袭彭永年能驭众志，切奉公，号令严肃而比休用命，威声所及，枭獍寒心，唐山之克敌，独先天有之，收功亦伟，除叙录题奏外，行仰广西布政司动支官银一十二两，折充花币赍送。"

---

① 《明世宗实录·卷三四一》，第 6642－6644 页。

巡按御史发布檄文，称："永顺宣慰官带荫袭彭永年，世笃忠勤，身先士卒，领征怀远，斩获多功，进岭冲锋，已著犁庭之绩，谏充奏凯，共成破竹之功，西贼寒心，群酋授首，除疏外，理应优奖，行仰分守右江道动支官银一十二两，折充花币赍送。"

万历三年(1575)正月，礼部清吏司批开讨平巨寇叛瑶赍赏银，钦赐二十两。

万历五年(1577)九月，湖广抚按司道叙录前功，"实授祖职"。这才免去试用期。

彭永年年纪虽轻，但很睿智。万历六年(1578)正月，金云峰、贾邦奇派遣同党杨时贡、杨老三传送"大乾起运图"到永顺、保靖、酉阳，游说惑世，纠合猖乱。①

彭永年当即将其盘获擒解，受到湖广抚臣的表扬：

贾邦奇习学白莲邪教，遂萌恶念，造刻妖书，欲谋不轨，若非彭永年即行拿解，必致扰乱地方，今乃不动一兵，一旦就擒。

此固永年素性忠赤之诚心，亦由该道平日宣布之严切，功实可嘉。行仰宣慰彭永年当愈励忠赤之心，益广明察之智，凡可以防奸杜患者，尽心为之，务期奸邪远遁，地方清平，使忠顺之心始终一致，庶贤名垂于不朽。

贾邦奇案影响很大，当年四月，贵州抚臣也赞赏了彭永年的行为，认为杨时贡等敢以妖书惑世，而土司彭永年不独弗为所惑，且能搜获擒解，剪灭祸根，非实心忠君爱民者不能有此。

兵部也题本上奏，获得皇上恩准，晋升彭永年为昭毅将军，特加正一品服色。

彭永年英年早逝，但他早婚早育，有五个儿子，分别叫彭元锦、彭元锈、彭元铤、彭元铨、彭元锡。他的英年早逝给彭元锦带来了巨大的压力，彭元锦年纪轻轻就得处理宣慰使的事务。

彭元锦，彭永年长子，万历十五年(1587)袭职。他是一个有作为的土司，战功卓著。

---

① 《明神宗实录·卷七六》，国立北平图书馆红格抄本，第1646页。

朝廷修清宁宫，他奉献楠木立下大功，奉敕加升飞鱼服色一袭，升授湖广都司都指挥使，晋升骠骑将军，特赐蟒衣一袭。他特别注重加强文化教育，培养人才。他修建若云书院，使土司和土舍子弟能够就近入学；修建彭氏宗祠和神武祠，追记列祖列宗忠君爱国的事迹，启迪后人。

任职期间，他充分发挥总司"苗"字旗搜集情报的功能，在京城和全国各地遍遣把目(探子)搜集情报。有的把目行凶作恶，败坏永顺司的名声，但他们搜集的情报使永顺司获益不少。他利用"苗"字旗提供的情报作出决策，一方面减少盲动性，避免重大损失，另一方面又常因很少贸然行动、反应迟缓而得罪上司。

万历二十五年(1597)，日本兵进犯朝鲜，朝廷调永顺司土兵万人赴援，彭元锦自备衣粮随时启程，后来朝廷以他"既而支吾"有要挟之嫌就此作罢。

而"苗"字旗提供的情报是战事已经平定，不需要再调。事实也真如此。这在彭元锦心中留下了阴影。

浑河血战彭元锦举步维艰，受到的责难最多。

当时，彭元锦正在养病，"上疏称病不行"，获得批准。永顺司发兵三千，"委土知州田万年、都司刘庭藩统领"，他的叔祖太、舍把彭宗卿监军。

这支部队正月二十六日起程，行走了五个多月，六月二十九日到关。

由于田万年、刘庭藩性情怯懦，土兵逗留不进，到处流连，逃散甚多，三千兵到山海关时只剩七百零六名。①

依过去的惯例，朝廷寄希望于永顺土司的土兵能独挑大梁。眼前的局面，大大出乎朝廷预料，顿时乱作一团。

都察院右佥都御史、湖广巡抚徐北魁持疏弹劾彭元锦，指责彭元锦"称病不行忠义何在?"

浑河之战结束后，张廷玉的《明史》记载，"于是巡抚徐兆魁言：'调永顺兵八千，费逾十万，今奔溃，虚糜无益。'罢之"②。

张廷玉撰《明史》说及这事时，把朝廷万历二十五年(1597)调永顺土兵

---

① 《明神宗实录·卷五八四》，国立北平图书馆红格抄本，第11167页。
② 张廷玉：《明史·卷三百十》，中华书局1974年版，第7994-7995页。

赴辽援朝和万历四十八年（1620）赴辽抗金混为一团，是一个失误。

《明神宗实录·卷五九六》详细记载了两次征调永顺土兵赴辽的具体情况。万历二十五年，赴辽援朝抗倭，因战事平定，朝廷"命罢之"。万历四十八年，朝廷调永顺兵八千是非调不可，欲罢不能，何来"罢之"？

张廷玉的指责或有失轻率。

能打胜仗即有益，今奔溃则虚糜无益？徐兆魁作为巡抚也不能这么算账。《明实录》记载了各路援军请求增加军费的折子，尤其是石柱土司的女英雄秦良玉（马祥麟的母亲）的折子算的军费账特别细致。她上疏指出："自川抵辽一概计费每名不过四两……况安家银两名为安家，实与各兵备置器械以御敌用。臣兵跋涉万里，若非器械颓损不堪，何敢喋喋比恳。"如要继续征调土兵，秦良玉也要求朝廷"必先颁赏安家，以鼓前军之气而结后众之心"。①

当时，永顺和保靖土司所管辖的人口不到三十八万，这样的一个人口基数，要承担援辽的重要任务，其财力和人力损耗是难以想象的。朝廷的安家银两仅够士兵备置器械以御敌，给所征土兵抵辽计费每名不过银四两。

徐兆魁的奇账，张廷玉录之为鉴。但不能用"罢之"概括。

彭元锦的儿子彭廷机早亡，彭廷机的儿子彭泓澍年仅十三便于崇祯五年（1632）继祖父彭元锦宣慰使之职。顺治十七年（1660），彭泓澍英年早逝，在任二十九年，寿四十二岁。

崇祯十七年（1644），李自成的起义军攻占北京，崇祯皇帝朱由检在煤山自缢。清军入主中原，明朝宗室及文武大臣大多逃亡南方。福王朱由崧监国南京之后称帝，改元弘光（1644—1645）。昭宗永历帝朱由榔（1646—1661）在总兵官刘承胤唆使下，迁都湖南的武冈。

武冈离永顺司很近。被多尔衮的八旗军和明朝总兵吴三桂联合起来打败的李自成起义军残部也企图在南方建立抗清基地，对与永顺司相邻的辰州府构成威胁。弘光元年（1644），蒙六部奏调，彭泓澍率领永顺司土兵赴辰州府加以阻击，李自成的残部未能进城。

刘承胤奏报彭泓澍保辰州有功，永历帝朱由榔为笼络人心，加升彭泓

① 《明神宗实录·卷五九四》，国立北平图书馆红格抄本，第11395页。

澍为总兵官、都督同知。

永历元年（1647）冬天，李自成余部从不同方向进攻永顺司连营二百余里，彭泓澍带领兵马将其驱逐出永顺境外。

彭泓澍通过总司的"苗"字旗关注着局势的变化。顺治四年（1647），清军正蓝旗宁南大将军阿尔津和明朝降将恭顺王孔有德兵临辰州府，彭泓澍立即遣员解献舆图册籍归命投诚，得谕嘉赏。

顺治四年（1647）十二月，左良玉溃军王永成、马进忠被清军所逼率余部数千人入川，从辰州攻入溪州，途经保靖和南渭州交界处，被南渭州和保靖土司兵阻击。王、马怀恨，便派人火烧福石城。

火是从正街两头和衙署右侧烧起来的。正街、河街、中街、御街一片火海，衙署及彭氏宗祠神主悉成灰烬。经守城官兵和当地百姓努力扑救，彭氏宗祠以东的建筑物才得以保留。

顺治八年（1651），李自成残部又攻入永顺司境内，又一次烧毁福石城并盘踞永顺司境内多日，彭泓澍调集兵力剿杀才将其赶跑。

顺治十年（1653），洪承畴受命经略湖广、广东、广西、云南、贵州等处，总督军务兼理粮饷，对彭泓澍归顺清朝廷，长期没有授予印信深表同情。顺治十三年（1656），洪承畴和阿尔津、固山额真卓罗三人联合持节上疏朝廷，称：永顺久经归诚，奏请铸给印信。

顺治皇帝亲自派员至吏部和兵部协调，立即办理。不仅永顺司总司得到印信，所辖南渭州、施溶州、上溪州和腊惹峒、驴迟峒、麦着黄峒、施溶溪、田家峒、白岩峒等三知州六长官司也各具印信一颗。

彭泓澍的儿子彭肇桓也受到朝廷的嘉奖。

顺治十四年（1657），阿尔津发布檄文：钦奉圣旨，赏赐永顺左都督、令加太保彭泓澍坐蟒貂帽、腰刀、鞋带、手巾、合包、小刀、玲珑、白箭、撒袋、马匹、鞍辔和全红蓝蟒彩缎、各色闪缎、各色花缎，钦颁顺字号永顺等处军民宣慰使印信一颗，以示恩宠。彭泓澍率领儿子及三知州六长官一同赴朝谢恩。

顺治十七年（1660），彭泓澍英年早逝，永顺司给他立德政碑。称赞他性情淳朴，智勇深沉，睦邻友好，每遇贤豪则心焉契许，遇庸众也不嫌弃。他的帐下英才倾诚乐附，只要有一长一技，亦殷殷录用。夸奖他兼容并包，涵宏拓落，乐易于老安少怀，刑赏宽严有度，忠厚之至。赞美他崇俭易奢，蓄物力于有余，不以度支扰黎民。颂扬他饮马带甲之风清，军纪严明，武健严酷，力勉安贞。

顺治十八年（1661），彭泓澍的长子彭肇桓嗣立。不到三年，康熙三年（1664），彭肇桓病故，因无嗣，彭泓澍的次子彭肇相继位。

彭肇相继位，有人认为永顺宣慰使之位违背了永顺彭氏袭位的传统，彭肇桓之后应由另一支系传承。不久，宣慰使之位便被族人彭廷榆（彭肇相堂祖父）所夺，并追杀彭肇相。

保靖宣慰使彭鼎命令他的儿子彭泽虬带兵三百攻入永顺司救了彭肇相，诛杀了彭廷榆父子七人，并报告朝廷。彭肇相得以复位。

彭鼎于顺治十七年（1660）袭保靖宣慰使之位，康熙二十六年（1687）去世，在位二十八年。他自认为是"守成"的榜样，他的墓碑上有一自叙：

余故叙于父祖之下，以示后世之为子孙者。遇其建立之时，则以效祖宗之功烈；遇其守成之时，则以效余今日之职也。尚其勉之勿怠。

除了"自叙"，他的墓碑上还有康熙二十六年（1687）湖广辰州府粮捕厅加一级奉政大夫世弟罗拱宸撰写的墓志铭。

墓志铭肯定彭鼎的善政，对他镇压苗民的"功德"给予赞扬。

乙丑夏秋，篁苗逆命，公因奉命他征。其时郭协总镇，靳、赵、王、李辅行，虽有士卒战而弗克，无如险峭，久而未下。

十月内，檄调靖兵五百人，外发枪炮手数亦如之，廿二日竟逼其栅，逆魁彭永龄引领而去。

十一月十五日，公自出粮，不费国用，亲率五营副将彭泽蛟、泽虬、彭辅、彭巽、余大吉共统精兵千余人，廿四日抵湾溪，谒见监军辰沅靖总正，效劳计虑。佥曰："在德不在威，惟剿抚并行可矣。"

廿七日，驻爆木营，会诸同事者，口不谈兵策。

廿八日，我军大进，攻取主朝、大塘、鸭保等寨，惟公节次独斩首百余颗，生擒七十有二名，逆苗畏服，丑类底定。

公于次年正月廿四日报捷班师，内外咸宁，汉土胥平，公之

仁且智而勇在天下矣。

墓志铭记载,彭鼎加剧永顺司争斗。

> 靖治邻封,惟永顺为较近,永之家难,世代频仍,延及彭肇相者,未几为房族廷榆所夺,相几不免。公念乱世贼子,风化所关,于是仗大义,执大信,命其子泽虬率三百众,诛廷榆父子七人于境内,亟其首以报当事,返其孤以归旧物,余党侧目,中外快心,此公之功与德在邻封矣。

永顺司内部一些人对彭元锦支系沿袭宣慰使之位提出意见多达四次,想要推举另一支系的能者袭替。在彭肇相袭位不久,彭廷榆便把彭肇相赶下了台。

彭廷榆势力强大,兄弟就有六人。彭鼎把彭廷榆视为"乱世贼子,风化所关",以"仗大义,执大信"的名义命令其子彭泽虬率三百士兵攻入永顺司境内,诛杀了彭廷榆父子七人并将他们的首级割下来呈献给朝廷,又把彭肇相扶上位。

康熙十二年(1673),彭肇相去世,也无嗣,族人又相争袭。一些人拥立"七房孙允植",即彭永植上位。

彭廷椿,是彭肇相的叔祖,是彭元锦的三弟彭元钲的儿子(官舍三房),当时已经六十岁。他的儿子彭泓海年富力强,势力不小,口碑也不错,当地人普遍认为"承立主少"。彭廷榆父子会作乱,朝廷有关方面对这方面的传言也将信将疑。彭廷椿和彭泓海决定回避,躲到邻近的上峒司境内。

当年八月初九日,彭永植离奇地患疾天亡,永顺司所辖的南渭州知州彭凌高以"不可一日无主"的名义邀约永顺司舍把和五十八旗旗长共同签字画押,于八月二十一日远迎彭廷椿、彭泓海父子归司并拥戴彭廷椿摄司事。

尽管彭廷椿受众人拥戴归司摄事,但也有人不配合,特别是官舍二房彭元锈之子彭廷椹、彭廷林举家迁出司城,隐居于岔烈坝(今湖南永顺县西米乡境),拒不听从宗室屡召回司商议司事。

彭廷椿采取火烧绵山之策,烧掉彭廷林全家的房屋,企图召回彭廷林,也未能如愿,致使彭廷林被迫再迁铁砂枯的卯从枯(今湖南永顺县西米乡境),并命其地名曰"江西寨"。

彭廷椹则归隐于福甲村(今湖南永顺县羊峰乡境)。

康熙十二年（1673），吴三桂发动叛乱，次年控制湖广。保靖司彭鼎派人到吴三桂处捏文加害，控告彭廷椿非法承袭。

康熙十四年（1675），彭廷椿亲自到长沙申辩。

康熙十五年（1676），彭尚选等数次串通罗玉明作乱，还抬出彭肇梧，企图把彭廷椿赶下台。彭廷椿组织兵力几番拼杀并擒斩首恶，时间达五年之久。

康熙十八年（1679），"三藩之乱"平定，彭廷椿、彭泓海父子率同舍把、州司三百八十峒军民，首倡向化，并申檄宣慰、经历伪札两张、伪印两颗，献出雷公嘴铜厂，差舍把前赴都部院暨钦命安远靖寇大将军多罗贝勒军前投诚。

康熙十九年（1680）正月，将军部院奉旨，发给宣慰号纸一道，差员同舍把朱应、范赍送到永顺司。同时，朝廷还颁给彭廷椿的儿子总兵官札付一道。

通过长时间的反复和周折，彭廷椿的宣慰使职务终于得到朝廷认可。

与此同时，朝廷还给彭廷椿一道密旨，要其进剿辰龙关吴三桂残余。

彭廷椿亲率劲兵三千，自备口粮，驻扎王村，搭备浮桥，砍修道路，遵引左镇拒贼上游。随后，由高望界径抵辰州府，获得辰龙关大捷。

康熙二十二年（1683），钦颁康字五千二百一十六号永顺军民宣慰司印信一颗。

当时朝廷营建太和殿，永顺司先后两次贡奉楠木。第一次五十四根，第二次六十八根。彭廷椿父子均督率五十八旗人夫发运交辰州河（沅江）。

彭肇槐深知，祖父彭廷椿承袭永顺宣慰司宣慰使之职经历了曲折而惊险的过程，且多有不得已而为之的隐情。

明末，永顺宣慰使彭元锦率兵援辽兵败，饱受诟病。其他几个弟弟，如彭元锈、彭元铨、彭元锡，都还有后人，而且彭元锈的后人袭位的次序还靠前。但是，"七房孙允植"争袭，并且还获得成功，在世人看来于情于理都说不过去。

永顺宣慰司彭氏的后代是严格地按"世明宗翼永，元廷弘（泓）肇景"的班辈命名的。这个"七房孙允植"的"允"应该是"永"字辈的人物。

嘉靖年间的宣慰使彭世麒享年五十六岁，有十三个儿子，分别是明辅、明臣、明弼、明卿、明相、明良、明佐、明伦、明义、明信、明时、明道、明智。永顺彭氏素有"长子传七代，幺儿传四代"的说法，是说同父同母兄弟因出生年月不同，长子传至七代，幺儿传至四代，长子的七代和幺儿的四代年龄相仿，不相上下。

彭世麒的四世孙与七世孙争袭宣慰使之位在年龄上不是问题。问题是彭元锦也有四个兄弟，世袭传承也没有规范的文本作依据，有人要反对某人世袭传承，从年代久远的世袭源头上做文章也有一定道理。彭肇槐世袭传承基础稳固，但动摇起来也很容易。没有强权支撑和朝廷认可，一切都是枉然。

彭廷椿康熙二十四（1685）四月二十一日去世，儿子彭泓海嗣立。

彭泓海是永顺宣慰使中的一个杰出人物，也可以说是永顺宣慰司衰败过程中一位有中兴迹象的宣慰使。他于康熙二十四年（1685）袭职，康熙五十一年（1712）致仕退休。致仕一年后，康熙五十二年（1713），永顺司各土官头目为之立德政碑。己卯（1699）科举人朱鸿飞为其撰写碑文。这个碑文概括了彭泓海的一生。碑文如下：

甘棠遗爱

壹片石铭恩德厚

千秋人颂山碑新

钦命世镇湖广永顺等处军民宣慰使司宣慰使都督府致仕恩爵主爷德政碑

尝闻恩可结民心，不能使民心之不忘；功可显当时，不能使后世之取法。苟能如是矣，而得之于人者，犹难得之于天。此数者，求之往古亦不多遘，况以论于斯世乎？

使君中涵彭公致仕之明年，余过灵溪，适有属辖之五十八旗、三百八十峒之军民扶老携幼，蚁集司城，向余告曰："吾永，建自汉，为朝廷南服世臣，迄于今且千载，其间执圭守土代不乏人，咸以苗蛮之故，用法峻严，服民以威，不以德也，是以治乱相寻，无息肩日。自我恩爵嗣世，天性仁厚，举无失轨，去猛存宽，用贤退客，易杀戮为鞭扑，而犴狴形消，开入告以听民，覆盆无枉。虑民之荒于业也，而自勤耕稼；恐俗之流于顽也，而申

戊申三百年纪——永顺宣慰使彭肇槐与改土归流

· 196 ·

之孝悌。节用以恤民膏，轻赋而苏物力。崇俭抑奢，弋缇之袍不厌；修文偃武，刁斗之警无闻。和邻，而睚眦之边衅自弥；乐天，而虞芮之质成屡至。凡举措设施，皆以养民守土为本。以故民乐宽仁镇静之恩，生息庶富甲于诸司。四十年徒见祥风化日，皆其赐也，民曷敢忘？又若自捐军糈，三次慑苗于镇筸；亲随王师，身先开关于辰龙；闻兴殿工，采木以贡。诸如此类，虽兴师动众，民不知劳，皆由抚循之得其法也。故功在朝廷，而恩留疆土，亦足以垂法于后世者，民曷敢忘？今恩爵以民社之重，授之新使君，而率由旧章，孰非奉训有自哉。故谢世虽已一载，而恩德自在百世，咏歌感叹，有难忘诸民心者。敢乞文人之笔，勒诸金石，以志民心之不忘，庶其可乎？"

余既诺之，退而有深思焉。夫楚之南北，列茅土者比比，余尝挟策而游，殆有年矣。有一至者焉，又往过之，则非旧矣。有再至三至者焉，而往过之，则非旧矣。问其故，则曰："刑之不措，而民不堪命也；苛政无时，而户口逃亡也；好兵仇邻，而宗社不守也；贻谋不善，而令绪无闻也。若而然者，恩未及民，何有乎去思？功无可纪，何有乎取法？其在人者尚不能得，况望得之天耶？兹若使君，真不啻天壤矣，德既若彼，功复若此，无怪乎阖司黎庶爱戴之深，依恋之切，有若赤子之于慈父母。故于驰驱绿野之日，犹不忍忘召伯之甘棠，非余所谓结民心而不忘者耶。显当时而法后世者耶。况使君晚得令嗣，牟乎荀龙之半，而新使君徽猷迈德，行将羽仪天朝，是又后先济美，世难多有，皆使君盛德所致，岂非得之于人者，而复得之于天耶？"

然则是碑也，不特为军民申依恋不忘之诚，抑可风诸有土者，奉为典型，毋有失度，得以永守世业，则使君之丰功盛德，宁有涯哉？

乐此盛举，余不敢以不文辞，因拜手而为之记。

皇清康熙五十二年二月　谷旦立

彭泓海是否真如朱鸿飞写的那样优秀？很难说。朱鸿飞的碑文描述，"余过灵溪，适有属辖之五十八旗、三百八十峒之军民融合扶老携幼，蚁

中
编

集司城"，对朱鸿飞诉说彭泓海的功德。碑文指出彭泓海受人尊重和拥戴，是因为"凡举措设施，皆以养民守土为本"，其要者为"去猛存宽""自勤耕稼""节用以恤民膏，轻赋而苏物力""崇俭抑奢""修文偃武""四十年徒见祥风化日"。

朱鸿飞对彭泓海的溢美之词很多。其实，彭泓海"凡举措施，皆以养民守土为本"，起作用的关键是废除了"峰尖岭畔准其耕种，平原处荆棘漫塞，不许开垦"之法。

长期以来，土民在峰尖岭畔耕种，土地瘠薄，广种薄收，靠天吃饭。而山下的一些小平原荆棘漫塞，土地肥沃，水利灌溉方便，但因为守险而戒敌之需，土司立法规定，不许耕种。彭泓海任宣慰使后，废弃了这一传统，组织和动员土民从峰尖岭畔搬下来，在沟壑纵横的小平原开垦肥田沃土，大大地提高了农业生产的效率，增加了物质财富，改善了土民的生活，发展了经济。

彭泓海的可观政绩，是在清朝钳制土司的方略大调整的背景下取得的。

康熙三十九年(1700)，湖广总督郭秀上疏朝廷，指出：

> 辰州西南一带，惟籍镇箪一协兵威弹压。其地上接贵州铜仁，地广五百余里，险隘四十余处。明时沿边筑墙三百八十里，分防官军七千八百人，边民犹受其患。后来，协兵减少为一千六百名，康熙二十三年又裁去五百名，仅一千一百名，分防麻阳县、镇溪所、大小塘汛八十余处。
>
> 历任督抚提镇诸臣，止议以永顺、保靖二土司分寨抚管。

郭秀认为，永顺、保靖二土司的土兵不是正规部队，没有经过正规训练，只能偶尔供朝廷征调，不能让他们永远抚管。

郭秀要求将沅镇总兵移镇箪，把辰州府的将士及永、保二土司都统归镇箪总兵管辖。

朝廷同意了郭秀的建议，改镇箪协为镇，以辰州镇总兵移驻。

时移势易，彭泓海经受住了管理体制变革的考验。永顺司的溪州政治、经济、文化中心正在丧失和转移，五溪的政治、经济、文化中心正在南移。

彭泓海的举措设施也相应调整，所以军民"蚁集司城"同声赞美。

彭泓海"晚得令嗣"，东汉时荀龙（荀淑）有子八人，彭泓海的儿子有"荀龙之半"之称，即有四个儿子：彭肇槐、彭肇模、彭肇楷、彭肇极。

彭肇槐是长子，也很睿智。彭泓海致仕前就由彭肇槐协助处理政务。

彭肇槐经历了朝廷钳制土司的磨砺。

康熙三十九年（1700），辰州府的官兵及永顺、保靖二宣慰司的土兵统归镇筸总兵管辖，改镇筸协为镇，以辰州镇总兵移驻。

这对彭肇槐震动很大。康熙五十一年（1712），彭泓海因年老而致仕。彭肇槐袭永顺宣慰使之职后继续奉行彭泓海"养民守土"的举措，加大溪沟两畔肥田沃土的开发，也相应采取了一些对策，把主要精力放在保境安民上。

康熙五十九年（1720）七月，容美宣慰司宣慰使田旻如统兵越境桑植宣慰司侵扰永顺司，"凶残不仁，神人共愤"。

彭肇槐早有防备，在边境组织力量反击，田旻如没有攻入永顺司境内，溃逃而去。随后田旻如又绕道忠峒司，掳去白崖、洗罗地方男妇百余人，分一半男妇给忠峒安抚司（今宣恩县沙道沟镇）的安抚使以示感谢。洗罗花溪彭凤林之妻田氏就在其中，忠峒土司看上了田氏的美貌，田氏抗节不污，被闭暗室中，绝其饮食，田氏宁死不屈自尽死。

忠峒司付尸归葬，彭肇槐派五十八旗之"胜"字号旗老旗长魏先治、他砂巡视向德志为田氏修墓，表彰她的节烈豪气。彭肇槐亲笔撰写墓志铭，号召永顺司的军民团结起来，保境安民。①

据传，永顺彭氏土司内部流传着一个魔咒：九五至尊，八善为本，七窍生烟，六德绵延，五子登科，四讫声教，三世而斩，两地分居，一脉相承。彭肇槐觉得永顺宣慰使在他这一代可能会终结，因此把两地分居当作一件大事来抓。

首先，他让大儿子彭景燧在灵溪司城处理永顺宣慰司的日常事务，自己则搬到明武宗正德年间的永顺宣慰使彭世麒的颗砂行署操控一切，经营这一带的田庄和山林。雍正二年（1724）甚至将司城迁至颗砂。

灵溪司城地势险峻，易守难攻，但肥田沃土不多，日常生活所需全靠

① 田仁利：《湘西土家族苗族自治州金石通纂》，湖南人民出版社2015年版，第602页。

调入,不适合屯兵供养。而颗砂地势平坦,田肥土沃,水源丰富,易于发展农业和屯兵。

其次,他安排儿子彭景禧回老祖宗彭构云为官定居的江西宜春落户。要儿子彭景海和彭景炯去五十八旗第一旗"辰"旗腹地比沙沟开垦肥田沃土当地主老爷,不再过问政事。

其实,稍微睿智一点的宣慰使都应该多少感受得到,清王朝的执政理念已经不同以往,特别是削三藩的势头震撼尤大。

在保靖司的相争和残杀中,彭肇槐关注着动态,始终保持中立态度,不介入,并严阵以待,不允许这种争斗蔓延到永顺司境内。

彭御彬没有办法,只好从永顺司的西南方向绕道咸丰、来凤请求容美、桑植土司联手追剿彭泽蛟。

依地理位置,去容美、桑植,过境永顺司是最近的。但由于彭肇槐不介入和保境安民的举措全面落实,没有给彭御彬可乘之机。

雍正二年(1724)十月,彭御彬以追击彭泽蛟为名,潜结容美(鹤峰州)土司田旻如、桑植土司向国栋的土兵绕过永顺司从西南方向进入保靖司境内,并以追剿彭泽蛟的名义率土兵抢虏保靖司民财,造成了严重的后果。

当时,纠合的土兵有四千多,在保靖棱多坪驻扎一个多月,焚劫庄寨六十余处,掳男妇数千余人,折卖于西阳、施南等处。[1]

此举显然应该"从重究拟"。正是在这种情况下,雍正四年(1726),署理湖广总督福敏和湖南巡抚布兰泰才以贪暴参革提勘保靖司,勒令保靖司改土归流。改土归流后,官府追回被掠去的难民还家复业,计有五百四十六名。

彭肇槐按照福敏的命令带兵两百直接参与桑植、保靖的改土归流,组织民工保障改土归流士兵的后勤供应,与杨凯有过密切接触和配合,彭肇槐和他商量自己自愿献土的意愿。杨凯对彭肇槐的意愿充分肯定并赞许。

彭肇槐的祖父承袭永顺宣慰使之位充满了腥风血雨,祖孙三代自觉地完成了职能的转变。这是彭肇槐呈请自愿改土为流的思想基础。

---

[1] 张天如纂辑:《永顺府志·卷之十二》,乾隆二十八年刻本,第12页。

下　编

土司制度是封建王朝对边地民族地区采取的特殊民族政策和政治制度，形成于元，完善于明。其产生和形成是由民族地区的经济基础决定的，有其存在的必然性、合理性，其内在的发展规律是不以人们的意志为转移的。

实施土司治理的西南少数民族地区大都偏僻边远，自然环境恶劣，中央政府实施直接管理相对比较困难，采取土司制度，利用当地首领、贵族代替中央管辖地方少数民族，从而达到封建王朝中央有效控制西南少数民族地区的目的。相比于内地，土司治理地区交通不便、经济落后、社会进步缓慢，土司制度在形成和发展之初，对于维护地方稳定、促进经济发展、巩固中央政权发挥了积极作用。

明朝是土司制度完善和发展的鼎盛时期，也是朝廷利用土司、土兵对内镇压反叛、对外抵御外敌最有成效的时期。但是，土司势力的不断壮大，逐渐危及朝廷的安全和地方的稳定。各土司之间的争斗、土司内部各派势力的冲突，往往通过武力解决，导致生灵涂炭、民不聊生，成为地方动乱的根源。

谁都知道，土司坐大是土司家族世袭惹的祸。但是，正是由于世袭制度的存在，土司家族才得以凝聚足够的力量和威权，实现对管辖地区的长期统治和治理。土司制度与生俱来的家族世袭特征所具有的封建割据性，以及由此带来的独断专行、攻伐反叛，让封建王朝不能容忍。尤其是在土司制度发展至鼎盛期后，其固有弊端日益显现，土民反对的呼声越来越高，朝廷如鲠在喉，意欲废除。虽然以强力全面推动改土归流也不是不可能，但如何确保改土归流平稳安全、有序有效更为重要。

改土归流意味着什么？意味着该地区的治理由世袭的土官改为有任期的流官。朝廷的力量足够强大吗？流官队伍能用、够用吗？朝廷最初的结论是"流官不谙土俗，治之尤难，必其同类乃能相安无事"。

全面改土归流的条件没有成熟就必须慎重。慎重并非不改，改是既定的，也是必须的。保靖宣慰司与大喇司分治，大喇司流土共治，就很成功。

如果说，明代的改土归流是朝廷为阻防土司作乱而采取的应急措施，这一措施规范了土司的行为，加强了朝廷对土司的控制，但并没有动摇土司制度的基础和要害；那么，雍正年间胤禛的改土归流击中的则是土司制度的要害，是彻底废除和剥夺土司治理地区的家族世袭。

永顺宣慰使彭肇槐呈请自愿改土为流，并且坚持回江西祖籍为流官，以自己的实际行动配合朝廷终结区域性家族世袭的土司制度，客观上为永顺宣慰司的彻底改土归流扫清障碍作出了贡献，为加快这一地区的政治、经济、文化、社会发展创造了有利条件。土司制度的废除和改土归流的实施，在一定程度上破除了各民族交往交流交融的制度性障碍，推进了民族地区融入中华民族共同体的历史进程。

永顺宣慰司创造了一个奇迹。

第六章　胤禛实施全面改土归流

胤禛才能非凡，善于治国。他为政务实，循名责实，兴利除弊，反对因循玩愒，也不放弃坚持和开拓；他勤于政事，施政严猛而整饬有度，信赏必罚；他雷厉风行，但刚毅明察而谨慎；他具有精准分析问题的能力和果断处置问题的魄力；他力行整顿规范，又能向现实妥协。在改土归流问题上，胤禛的这些品德得以充分展示。胤禛不愧为历代定鼎守成帝王中的奇才。

第一节　颁诏严规　西南地区全面改流

通过大量的准备工作，雍正五年（1727）十二月己亥，胤禛正式颁发圣旨，谕兵部：

向来云、贵、川、广，以及楚省各土司，僻在边隅，肆为不法，扰害地方，剽掠行旅，且彼此互相仇杀，争夺不休。而于所辖苗蛮，尤复任意残害，草菅民命，罪恶多端，不可悉数。是以朕命各省督抚等悉心筹划，可否令其改土归流，各（共）遵王化。

此，朕念边地穷民皆吾赤子，欲令永除困苦，咸乐安全，并非以烟瘴荒陋之区尚有土地人民之可利，因之开拓疆宇，增益版图而为此举也。

今幸承平日久，国家声教远敷，而任事大臣又能（为）宣布朕意，剿抚兼施，所在土司俱已望风归向，并未重烦兵力，而愿为内属者，数省皆然。自此土司所属之彝民即我内地之编氓，土司所辖之头目即我内地之黎献。民胞物与，一视同仁。所当加意抚绥安辑，使人人得所，共登衽席，而后可副朕怀也。

但地方辽阔，文官武弁需员甚多，其间未必尽属贤良之辈。且恐官弁等之意以为土民昔在水火，今既内附已脱从前之暴虐，即略有需索亦属无伤。

此等意见则万万不可。

着该督抚提镇等严切晓谕，不妨至再至三，且需时时留心访察。稍觉其人不宜苗疆之任，即时调换。并严禁兵丁胥役之生事滋扰。务俾政事清明，地方宁谧，安居乐业，共享升平。

倘(倘)有不遵朕旨，丝毫苛索于土民、地方者，着该上司立即参劾，重治其罪。即系平日保举之人亦不可为之容隐。果能据实纠参，朕必宥其失察之愆，嘉其公忠之谊。

该督抚提镇等可共体朕心，各尽怀保边民之道。钦此。①

胤禛的诏书，篇幅不短，内容也相当丰富，是规范改土归流的法律文书。

(一)说明改土归流的原因和目的。

原因是："向来云、贵、川、广，以及楚省各土司，僻在边隅，肆为不法，扰害地方，剽掠行旅，且彼此互相仇杀，争夺不休。而于所辖苗蛮尤复任意残害，草菅民命，罪恶多端，不可悉数。"

目的是："是以朕命各省督抚等悉心筹划，可否令其改土归流，各遵王化。"

为了让大家更加明白改土归流的原因，胤禛接着又强调指出："此，朕念边地穷民皆吾赤子，欲令永除困苦，咸乐安全，并非以烟瘴荒陋之区尚有土地人民之可利，因之开拓疆宇，增益版图而为此举也。"

这是胤禛在驳斥一种论调。

不管世人怎么看，胤禛的诏书已经将改土归流的原因和目的说明了。

(二)强调改土归流的时机已经成熟。

胤禛指出："今幸承平日久，国家声教远敷，而任事大臣又能宣布朕意，剿抚兼施，所在土司俱已望风归向，并未重烦兵力，而愿为内附者，

---

① 《永顺府志·卷之首》，第1-2页。《清实录·世宗实录·卷六四》，第986-987页。个别文字有异。以《清实录·世宗实录》为准。括号内的是《永顺府志》版本不同之字。

数省皆然。"

(三)明确纪律和惩罚措施。

为了保障改土归流顺利进行，胤禛在圣旨中强调了严厉的纪律和违规惩罚措施。

首先，说明这么做的原因。胤禛认为，第一个原因是："自此土司所属之彝民即我内地之编氓，土司所辖之头目即我内地之黎献。民胞物与，一视同仁。所当加意抚绥安辑，使人人得所，共登衽席，而后可副朕怀也。"

第二个原因是："但地方辽阔，文官武弁需员甚多，其间未必尽属贤良之辈。"为此，胤禛还进一步分析了劣员的犯罪心理："且恐官弁等之意以为土民昔在水火，今既内附已脱从前之暴虐，即略有需索亦属无伤。"

胤禛严厉指出："此等意见则万万不可。"既说明了理由，又堵住了"需索"者的念想。

其次，明确纪律及违纪违规违法的惩罚措施，态度也非同寻常。

(1)对官员的要求："着该督抚提镇等严切晓谕，不妨至再至三，且需时时留心访察。稍觉其人不宜苗疆之任，即时调换。"

责任人：督抚提镇等。督，总督也。抚，巡抚也。提镇，提督、总兵也。一个"等"囊括了各级官员。

办法：

①"严切晓谕。"就是要认真做好宣传工作。"严切"二字的分量不轻。雍正强调"不妨至再至三"，就是要反复宣传。

②"且需时时留心访察。稍觉其人不宜苗疆之任，即时调换。"一个"稍觉"，一个"不宜"，一个"即时"，把换人当作了撒手锏。

(2)对兵丁胥役的要求："并严禁兵丁胥役之生事滋扰。务俾政事清明，地方宁谧，安居乐业，共享升平。"

(3)处罚措施：

①"倘(傥)有不遵朕旨，丝毫苛索于土民、地方者，着该上司立即参劾，重治其罪。"

"丝毫"的措辞不是随便用的，是指凡涉及苛索于民、地方者，不论情节轻重，"着该上司立即参劾，重治其罪"。这可不是闹着玩的。胤禛认为，凡有此行为，处罚还不能到此为止。

②"即系平日保举之人亦不可为之容隐。果能据实纠参，朕必宥其失察之愆，嘉其公忠之谊。"

也就是说，有任何苛索于土民、地方者，保举之人亦有责任。如果能够据实纠正和举报，则不仅可以原谅保举之人的罪过，而且还要嘉奖其一心为公、忠于圣上的情谊。

细细揣摩，胤禛不仅要求各级官员对改土归流"悉心策划"，还有"可否令其改土归流"的商量余地，但是改土归流纪律和惩罚是相当严格的，容不得半点马虎。

第二节　改流违规　桑植副将革职留任

胤禛说到做到，对违纪违法者绝不姑息。与永顺宣慰司相邻的桑植宣慰司在改土归流过程中发生了一系列违规事件，胤禛的处罚是及时而严厉的。

据迈柱雍正六年(1728)三月十一日的奏折所言，桑植司改土归流过程中的违规情节相当严重：

> 桑、保二土司新经改土归流，任事官弁宜爱恤土民，毫无扰累，而使知向化之乐，更宜慰安邻司，释其疑惧，而可杜衅隙之端。今闻得副将杨凯将驻扎桑植兵丁占住民房，将帐房扯于屋内，土民深为不便。又兵丁强买货物，以致商民裹足不前。
>
> 臣查：营房一项，已经署督臣福敏捐银，给发该将盖造草房，给兵栖止，何以尚占民居？当即饬行署九溪副将印务总兵官周一德并新设同知铁显祖密查。
>
> 去后，今据周一德复称：因塘房未盖，兵丁实将帐房扯立居民屋内。杨凯于本年正月初八日方始发银与工。至兵丁强买货物，系十一月初旬，有兵王一昌等争买猪肉，恃强殴辱。该副将薄惩，未服人心。等语。
>
> 又据铁显祖禀称：杨副将姑息兵丁，约束稍宽，众兵到桑有

占住民房者，有买食物恃强短价者，亦有强取强拿并捉民夫驮负行李什物者，以致小民栖止不安，奔走无暇。又因盖造兵房，使土目派百姓砍木助工等语合之。

臣所访闻无异。本应据实参劾，因该副将先与容美土司追还从前抢去桑植户口过于急躁致容美土司激切呈办。经臣具折奏明。

现又据田旻如叠诉杨凯逼迫情由，臣正在行司确查。今若将杨凯即行疏参，恐长土司傲慢之风。除谆饬杨凯痛加改过外，合将情由具折奏闻。倘该副将仍不悛改，或应参处，或请改调，容臣另奏请旨。①

迈柱的奏折说明，多方证言证实，桑植副将杨凯违规情节严重，但是迈柱担心其中有容美土司田旻如的掺和，担心疏参杨凯会助长土司的傲慢，所以暂时不参劾而是以教育为主，让杨凯"痛加改过"。

胤禛信任杨凯，同意迈柱的建议，但同时提出了田旻如掺和的几种可能，要迈柱进一步调查。以下便是胤禛批谕全文：

所见甚是。但，杨凯明白解事，宁肯如此负朕，为此谬举乎？或因过于从事为人所诬陷亦未可定。尔当再四详审。且田旻如恃其富厚，到处钻营，岂有不向杨凯贿求之理？今杨凯乃破面向伊追还户口系出于秉公不徇耶？抑或因勒索不遂，挟怨相通耶？均未可知。兹朕有命福敏寄与杨凯之札，尔其转发于伊，杨凯回字附，便呈览。②

从胤禛的批谕看，他也怀疑是容美土司在作怪，袒护杨凯之意甚是明朗。但胤禛对桑植的违规事件还是挺重视的，对迈柱也是充分信任的，并且还把福敏与杨凯的往来信件一并转与迈柱，以便迈柱确查。

湖南巡抚王国栋对桑植的违规事件也很重视，也上奏折报告，但与迈柱所说差异太大。王国栋在"奏为呈明事"的奏折中说：

湖南桑植地方，甫经改流，皇上怜悯苗民受土司残害，设立文武各官抚绥弹压。副将杨凯先由游击超擢辰州副将，以其熟谙

① 《朱批谕旨·五十三册》，第82页。
② 《朱批谕旨·五十三册》，第82页。

苗务，特恩调补桑植。岳州府额外同知铁显祖，系减则案内讹误知县，亦为其熟悉苗情破格擢用。

此二员者，自当文武和衷，恩抚土民，辑宁苗地，方不负皇上任使隆恩。乃文武不睦，动辄龃龉。同知铁显祖科派扰民，先据杨凯将伊劣迹禀报，臣亦密访得实。随会同督臣迈柱题参在案。但臣又访知杨凯莅任以来不能钤束兵丁，每事宽纵致扰居民。臣已札致督臣、提臣其杨凯居官之处，自必查核确实，具奏。①

这对胤禛来说，无疑被打了一闷棍，也丢了面子。

桑植的副将和同知文武不和睦，互有违规，动辄龃龉，且是杨凯首先挑起的，是副将杨凯先将同知铁显祖劣迹禀报，其中并没有胤禛担心的容美土司田旻如"挟怨相通"。

胤禛在王国栋的奏折上批下了冷冷的一个字："览"。

迈柱亦非等闲之辈。雍正六年（1728）三月十九日，迈柱就"桑土正籍抚绥文武不能共济合先陈明恭请训旨事"又上一折，态度模棱两可：

窃臣前因桑植副将杨凯束兵不严及盖造兵房派民砍木等事，并据同知铁显祖禀复情由，业经具折奏闻，正在候旨间。今准署提臣刘世明咨称：

桑植副将杨凯不严束兵丁，占居民房，强买货物，以及盖造营房滥派土民砍木等情。本署提督已经严檄行查。

兹据复称并禀：同知铁显祖私派银两、强占田土、纵役讹诈等情，是否实据？或系该副将偏复偏禀？其事之真伪，殊难肯定。

除将该副将事实密行访察外，但归流之初，全赖抚绥，似此文武不和，若使均留桑植，必致贻误等因，并钞禀移咨到臣。

除檄行湖南布、按二司将杨凯、铁显祖各情由严查确实报参外，臣查：杨凯纵兵扰民并其禀揭铁显祖私派等项虽虚实未定，而该员等不能和衷共事，情已显然，理当一并题参解任质审。缘

———————————

① 《朱批谕旨·十七册》，第74页。

两员尚知苗情，且一时难得署事之员，臣愚见，一面行司查审，一面令辰沅道王柔星往桑植细加确访，则两人之是非真假可以立明。俟查明到日，臣即据实参究，庶边土不致贻误而官方亦得严肃矣。

是否有当，恭请皇上训示施行。

谨奏。①

胤禛何等精明。如果说胤禛起先还怀疑田旻如掺和杨凯的违规案，从而有包容杨凯的心态，那么从王国栋和迈柱的这一奏折中进一步确认桑植同知铁显祖的违规行为可能是副将杨凯"偏复偏禀"，同知与参将不合，造成文武不能和衷共事的局面。胤禛不能容忍，降旨将杨凯、铁显祖解任严审。

胤禛在迈柱的奏折上批谕：

如此情形，无论孰是孰非，今附土众观瞻之下成何体统！已降旨令解任严审矣。可彻底究讯定拟以为无耻劣员之戒！

胤禛的怒火在燃烧，进一步颁发圣旨：

桑植土民新近改土为流，文武官弁应当加意抚绥，和衷共济，使苗民得所慰其向化之心。今据迈柱奏称，副将杨凯不能严束兵丁，种种扰累。杨凯又复禀称同知铁显祖私派银两、纵役讹诈等语。似此抚绥无术，文武不合，断难姑容，以滋土民之累。

杨凯、铁显祖着俱行解任。将杨凯纵兵扰民及铁显祖私派强占等情俱交与迈柱一一确审定拟具奏。

杨凯、铁显祖俱系傅敏保举委用之员，今被参劾，着将傅敏交都察院议具奏。钦此。②

福敏（傅敏）当时是吏部尚书，胤禛颁发的改土归流的铁律谁也不能违抗。福敏作为杨凯、铁显祖的保举之人，难脱其咎。据《清实录·世宗实录·卷六十八》记载，雍正六年（1728）四月癸卯，"吏部尚书福敏缘事革职"。

胤禛并没有因此罢休，桑植土司、保靖土司的改土归流已经折腾了一

---

① 《朱批谕旨·五十三册》，第84页。
② 张天如纂辑：《永顺府志·卷之首》，乾隆二十八年刻本，第3页。

年多，应该有一个了断，以稳定大局。

永顺司已经自请改土归流，容美司迟迟未动，应该借此机会震慑一下。

雍正六年(1728)八月六日，胤禛谕湖广督抚等，正式宣布桑植、保靖土司改土归流。

胤禛指出：

> 桑植土司向国栋、保靖土司彭御彬暴虐不仁，动辄杀戮，且骨肉相残，土民如在水火，朕闻之，深加悯恻。既有被害男妇纷纷来归，情愿编入版籍，以免残虐。若拒而不纳，则怨之土民，必至无遗类矣！

> 朕抚有四海，内地苗疆皆朕版图，汉土民人皆朕赤子。若一夫不获，当厝朕怀。况数千土民安忍置之度外。今俯顺舆情，俱准改土为流。

> 设官经缉弹压，其应当审理之。旧案着该督抚一并审结。俱带兵入内官弁等须仰体朕心，不得杀戮无辜；并晓谕平日奉法之土司仍各安居乐业，不必疑惧。

> 其土司向被桑植、保靖二土司残虐者，着加意抚恤，去其苛政，务使出水火而登衽席，以副朕除暴安民之意。如有助恶党羽，即予剪除。倘归诚向化，皆从宽释。

> 其向国栋、彭御彬应安插何省不令失所之处？着该督抚酌量定议，以广朕法外之仁。

> 仍将此晓谕附近土民，咸使悉知朕意。

> 杨凯着受为桑植司副将。钦此。①

《清实录·世宗实录·卷六七》记载了胤禛的这一圣旨，但没有《桑植县志》所说的"杨凯着受为桑植司副将。钦此"字样。

"湖南永顺府知府臣张天如恭录"的胤禛这份"上谕"也没有"杨凯着受为桑植司副将"字样。"咸使悉知朕意"后即为"钦此"。此时的桑植司副将杨凯已经被参劾。

---

① 周来贺修，卢元勋纂：《桑植县志·卷之一》，同治十一年刻本，第8页。

《桑植县志》的编纂者造假了。

胤禛八月六日的圣谕强调了桑植、保靖土司实施改土归流的必要性，但是，要求：

（一）"设官经缉弹压，其应当审理之。"

"旧案着该督抚一并审结。俱带兵入内官弁等须仰体朕心，不得杀戮无辜；并晓谕平日奉法之土司仍各安居乐业，不心疑惧。"

（二）放过向国栋、彭御彬。

当时，羁押在案的桑植宣慰司宣慰使向国栋和保靖宣慰司宣慰使彭御彬，经湖南巡抚布兰泰和藩臬二司审理后已经重判。胤禛在谕旨中定调："其向国栋、彭御彬应安插何省不令失所之处？着该督抚酌量定议，以广朕法外之仁。"

胤禛考虑的是"应安插何省不令失所之处"，着督抚酌量定议，"以广朕法外之仁"。就是说向国栋、彭御彬的"罪过"不仅一律赦免，而且还要安置妥当。

（三）出了两个"安民告示"。

胤禛在谕旨中"晓谕平日奉法之土司仍各安居乐业，不必疑惧"，"如有助恶党羽，即予剪除。倘归诚向化，皆从宽释"。这样的措辞，既是安抚又是威慑，表明胤禛不会容忍土司作恶，要动手了。容美土司应该听清楚了的。

胤禛另一方面又要求："仍将此晓谕附近土民，咸使悉知朕意。"这个"晓谕"又是一个安民告示，就是说要做好宣传舆论工作，把改土归流的目的和意义讲清楚，做到家喻户晓。让土民知道，朝廷正在筹划改土归流，大家要积极配合。

为了加快容美土司改土归流的步伐，胤禛特别升任王柔为湖北按察使具体落实。

"杨凯着受为桑植司副将"，是纂修《桑植县志》的官员们加上去的。雍正六年（1728）八月，杨凯早已解职"桑植副将"，因违规，面临惩罚，何来"着受为桑植副将"？只是因为迈柱等人求情挽留，杨凯停职留用，后因表现突出，胤禛才又应迈柱所请，命其为永顺副将。

清代武官副将从二品，位次于总兵。有人认为清代的副将相当于现代的军长，可为一说。不过，副将统理一协军务倒是事实。副将又称协镇，别称协台。《桑植县志》的编纂者要为杨凯张目，恐违背了历史事实。

雍正六年（1728）十月二十日，迈柱"奏为复奏事"：

> 本年二月，臣奏原任桑植副将杨凯纵兵扰民等情由一折。奉有朱批。臣谨遵密谕，即将福敏之字发与杨凯去后，兹据辰沅道王柔将杨凯回复福敏禀单一封呈缴前来理合。遵旨恭缴，伏祈皇上睿鉴。至杨凯与同知铁显祖文武不和等由，经臣复奏，已蒙特旨，将二员解任质审现在。容臣审实具题另候敕旨施行。
>
> 谨奏。①

胤禛没有好气色，在迈柱的折子上批谕："知道了。一面之词，殊难凭信。其是非黑白，虚公质审自然水落石出也。"

雍正七年（1729）七月十五日，迈柱上折胤禛请求将杨凯革职留用。

君臣间的交流是这样的。迈柱的"奏请为恩留用能员以收后效事"奏折说：

> 窃照：原任解任桑植副将杨凯与革职同知铁显祖互揭一案，奉旨交臣审拟。
>
> 兹据湖布、按二司会讯审拟，杖徒前解前来。经臣亲审，按法定拟，现在具题。
>
> 但查：副将杨凯熟谙苗情，允称干练，乃边疆有用之才。虽法应拟罪，而事属因公，并非营私贪污之比。臣念人才难得，仰恩皇上洪恩宽免，准以革职留楚效力。俟有相当员缺补用以责后效。可否？伏候睿裁。
>
> 至铁显祖才本平常，不敢渎请。合并陈明。
>
> 谨奏。②

胤禛批谕："照迈柱所请，杨凯着革职留任效力行走。该部知道。"

在迈柱的关照下，杨凯得以"革职留楚效力"，随后才为永顺副将。《桑植县志》弄虚作假作到皇上头上也太大胆。尊重历史，不是一件容易的事。

---

① 《朱批谕旨·五十四册》，第2-3页。
② 《朱批谕旨·五十四册》，第20-21页。

第三节　重拳出击　桑植、容美完成改流

不管怎么说，雍正六年(1728)八月六日，胤禛正式颁发桑植、保靖土司改土归流的圣旨，对于稳定大局至关重要。严惩杨凯、铁显祖，震慑力度和影响力度超强，不仅桑植司境内外的大小土司请辞献土，容美土司的改土归流也呈现出新的局面。但是，胤禛的头脑仍然清醒，谨慎地面对土司地区改土归流。

雍正六年(1728)九月初八日，迈柱奏：

> 下峒土司向鼎晟自请改流一案，先蒙皇上谕旨：查其有无别故，于苗疆内地民人果否有益。
>
> 业经抚臣王国栋同臣查，据辰沅道王柔等回复缘由，会折具奏闻。
>
> 兹于本年九月初二日据镇箪镇臣周一德呈称：据下峒土民田士义呈告，土官向鼎晟贪淫残暴，过恶百端，致令土民含冤莫诉，请饬法司提审究治等情到臣。
>
> 除行湖南按察司严提审究外，臣查向鼎晟恶绩。现据土民告发，如审系情实，自应另疏具题参革。所管下峒地方虽止百里，然接连之桑植、永顺俱已改流，四面皆为内地，若留下峒夹杂其中，恐有藏奸生事，似应于审案内并请改流。庶地方一气相通，事属妥便。合先陈明，伏乞皇上睿鉴。
>
> 谨奏。

胤禛十分谨慎。在迈柱的奏折上批谕：

> 卿相机酌量为之。近日以来，整理苗瑶事件似觉繁多。当仰体朕意。遇可以将就者，安静处之为上。若审度必应整理，尤当谋及万全。他日善后事宜，不至棘手，然后方可举行。稍涉疑虑之事，何妨徐徐缓图耶。[1]

---

① 《朱批谕旨·五十三册》，第96页。

向鼎晟即向鼎盛。桑植通行的汉语言属西南官话区，晟、盛不分。

据《清实录·世宗实录·卷七四》记载，雍正六年（1728）十月辛卯，胤禛仍然没有同意向鼎晟改土归流，特谕吏部，对土司应区别对待。

胤禛谕吏部的内容如下：

湖广土司甚多，各司其地，供职输将，与流官无异。其不守法度者，该督抚题参议处，改土为流，以安地方。若能循分奉法，抚绥其民，即与州县之循良相同，朕深嘉悦，何必改土为流，使失其世业？

前据湖南巡抚王国栋奏称：下峒长官司向鼎晟恳请改土为流，甚为诚切。朕未准行。今又奏称：土民有控告该土司之案，正在查审。

朕思：从前该土司改土为流之请，大抵由于土民之怂恿，及土司所请未曾准行，而土民复又列款控告，冀朕严治土司之罪而尽改为流。其所控必非实情，着该督抚留心详察。

凡属土民必不敢控告土司，皆由汉奸唆使播弄，冀生事端，以便从中逞奸滋弊耳。

若各处土司等因他处已改为流不得已而仿效呈请者，朕皆不准。若被汉奸唆使控告，俾土司获罪而改土为流者，朕更不忍。

该督抚等当以朕内外一体之怀，通行晓谕，俾土司等守土奉法，共受国恩，不必改土为流，始为向化。至于土司实在不法，恶迹确著者，该督抚据实参劾治罪。①

胤禛谕吏部的这个圣旨提出了对土司改流应区别情况分别处理的对策，十分难得。这是朝廷内部掌控局势的重要文件。

"何必改土归流，使其失世业？"虽然是对"与州县之一循良相同"的土司而言的，但是道出了改土归流的实质，就是要剥夺其"世业"。

胤禛强调"俾土司等守土奉法，共受国恩，不必改土为流，始为向化"，意味深长。始，开始、最初之意也。向化，归化，归服、顺服之意也。就是说，从现在开始，要归化，要归服、归顺朝廷，服从国家统一管

① 《清实录·世宗实录·卷七四》，第1104页。

理，按照朝廷的章程办。谕旨为循良土司今后的日子，留下了充分的余地。

胤禛要的是全面改土归流，求的是稳妥，对吏部的谕旨是降温。

雍正十三年（1735），下峒土司和上峒土司一并改土为流。同治《桑植县志》肯定了这些土司的历史地位，也记载了他们请辞献土的结局。

柿溪宣抚司世袭辑略

向克武　其先亦系蛮酋。宋末柿溪苗叛，克武奉调剿平，以功授柿溪宣抚司职，其地即今之上、下二峒。每年纳粟粮银六两六钱。

向万明　克武子。袭任。

向万才　万明弟。以兄无子袭任。

向永通　万才子。袭任。

向世禄　永通子。袭任。

向天福　世禄子。袭任。

向定安　天福子。袭任。

向仕德　定安子。袭任。

向仕金　仕德弟。以兄无子袭任。生仲贤、仲贵。仕金卒，二子争袭。明宣德四年改宣抚司为长官司，分上、下二峒。命兄弟各管土民，分纳粟粮。三年一次朝觐。

上峒长官司世袭辑略

向仲贤　仕金长子。分防上峒，即柿溪宣抚司旧治。

向世雄　仲贤子。袭任。

向荣宏　世雄子。袭任。

向定邦　荣宏子。袭任。

向瑶长　定邦子。袭任。

向友芳　瑶长子。袭任。

向世奇　友芳子。袭任。

向秉忠　世奇子。袭任。万历三十年调征播州杨应龙，进攻九龙寨之板角关擒贼首杨朝栋等，敕赐匾额曰"钦奖元勋"，升授宣抚司回任。

向得禄　秉忠子。仍袭长官司。

向国栋　得禄子。崇祯间以功特加宣抚司衔回任。

向九鸾　国栋子。袭任。康熙二年内附，二十一年颁长官司印篆约束土苗。

向应正　九鸾子。未任。

向元钦　九鸾孙。袭任。

向玉衡　元钦子。袭任。雍正十三年请辞献土。总督迈柱奏闻奉旨命允赏给世袭把总职衔。

下峒长官司世袭辑略

向仲贵　仕金次子。兄弟争袭，朝廷令分防下峒。

向世瑛　仲贵子。未任。

向　广　仲贵孙。袭任。

向　勇　广子。袭任。

向显宗　勇子。袭任。

向忠葵　显宗子。袭任。

向天爵　忠葵子。袭任。

向国用　天爵子。袭任。嘉靖隆庆间以征倭功奖赐回司。

向怀忠　国用子。袭任。

向德隆　怀忠子。袭任。万历三十年调征播州杨应龙，破九崖有功加级回司。

向日葵　德隆子。袭任。国朝康熙二年内附，十八年缴吴逆所给伪札，二十三年给下峒长官司印约束土苗。

向应昌　日葵子。未任。

向鼎成　日葵孙。袭任。

向良（梁）佐　鼎成子。雍正十三年与上峒司向玉衡同时献土并给世袭把总职衔。①

据乾隆《永顺府志·卷之首·上谕》记载，雍正十三年（1735），雍正是这么说的：

---

① 周来贺修，卢元勋纂：《桑植县志·卷之八》，同治十一年刻本，第19-22页。

向玉衡，尔系上峒长官司，既无防御之责亦无管束军民之任，恳请辞职。准将原缺裁汰。

但念尔祖父曾经随征效力，不忍其废置。特赏给把总职衔，准尔子孙永远承袭。若有年力精壮情愿随营差操者，准其食俸效用。才具优长者，着该管大臣保题，照武职例升转。钦哉，故敕。

又，下峒长官司向梁佐、大喇司土司彭炳俱给世袭把总职衔。敕书同时颁发。①

历史事实证明，胤禛改土归流的目的就是要土司和土司管辖的边地穷民"各遵王化"，剥夺土司区域性世袭的特权并不是一定要消灭土司这一群体。但是，又不能因为这些土司仍然在原有领地居住，有的还担任一定的职务，突出者还可食禄效用，从而认定这是土司制度残存。殊不知，这是对改土归流后土司土官的安置。

胤禛对改土归流的土司安置一抓到底，从来没有松懈。

胤禛于雍正十一年（1733）六月丙寅，谕内阁：

从前云贵广西等处不法土司除首恶外，其余人等则令安插内地，给以房屋地亩，俾得存养，不致失所。

闻该省督抚等不即留心经理，迟至一二年后始拨给房地以为养赡。而地亩又相隔遥远，土司不能亲自耕作，惟赖该县知县代征粮谷卖银移交。每年非被佃户侵收，即被胥吏中饱。有名无实。以致各土司饥饿困顿，竟有私自逃匿者。重负朕体恤生全之至意。

着通行晓谕有安插土司之地方，今该督抚悉心稽查，若有从前办理不善之处，即行更改并饬有司等不时体察，务令安全，以受国家豢养之泽。倘仍疏忽从事，必严加议处。②

不管督抚如何落实，雍正皇帝的态度是明朗的。

尽管胤禛对于容美土司心有芥蒂，但也保持着清醒的头脑，只求决事

---

① 张天如纂辑：《永顺府志·卷之首》，乾隆二十八年刻本，第12页。
② 《清实录·世宗实录·卷一三二》，第132页。

决人，不求灭人，对相关人员的处置也是宽容的。

当时，王柔以湖北按察使的名义给胤禛上奏折说：

奏为请绥边土事。

窃照：容美土弁田旻如不法，经督臣题参奉旨着来京询问。嗣因该土弁恳请宽限。至今未报起程。

前于十月二十五日，臣接督臣密札：据彝陵镇禀称，容美斑竹园等处土民男妇三百余人逃出邬阳关等情。当饬归、巴等州县安抚。

去后，兹于十二月初四日复接督臣密札，奉有檄问田旻如，看伊如何回复，一面就近酌调官兵详筹妥备之。

上谕密钞转行到臣。

臣查：田旻如倚恃土职，恣意妄行。我皇上屡加赦宥，仍不悛改。今复蒙圣恩宽大，暂停革职，着令赴京询问，理应即日起程，何得藉词宽限。如果克期就道，情犹可原。倘仍复推延，自应加以兵威，使知惩戒。

从前永、保、桑等处，臣仰承圣训，敬谨办理，并无滋扰，今容美情形，臣久悉其大概，且现任楚省，更当身任其事，恳请皇上准臣总任办理，拨带官兵，前压该境。

先于附近诸土司宣布我皇上德威，晓以大义，悉使安静，绝其附和。即择能干土弁传谕田旻如，开其愚蒙，使知觉悟，谅不待张弓发矢，自可输诚。

倘仍负固执迷逞其螳臂，只需分布附近各营官兵四路堵截，伊自困于范围之内，便可设计就擒而使边土永臻绥靖也。

但必事权归一，呼应始灵。更恳皇上将一切机宜准臣措置调度，无致将弁掣肘，庶臣得以悉心筹划，慎重办理，一劳永逸，断不致有轻率孟浪及迟误事机之虞耳。

除经回明督抚二臣听候示行外，臣谨恭折奏请。伏乞睿鉴，俯赐俞允施行。

谨奏。

胤禛对王柔贪功和要权的奏折十分不满，怒批：

下编

観汝似有疯颠(癫)之疾，不然何狂诞至于此极也！①

胤禛不想大动干戈。王柔带了少量随从赴险。最后，田旻如在众叛亲离的情况下自缢而亡。雍正十二年(1734)(甲寅)夏四月丁未，兵部等衙门议复。

湖广总督迈柱奏言：

容美宣慰土司田旻如，行事奸狡，赋性狂妄，滥给札付，私征钱粮，制度僭越，掳掠邻近土民。种种恶迹，罪不容诛。

经臣胪列纠参，蒙旨暂停革职审拟，令其来京询问，诡意抗违不出，假抚恤荒民之名，具折诳奏，宽限两月，藐抗如故。且移居平山寨，作狂悖负嵎之举。阖司土民见其不法，恐干天讨，投出者共有五百七十余人。

又有石梁司长官张彤硅先率土民投缴印信令箭。其不能投出之土众又计诱田旻如出洞，催令起程。

旻如自知众怨亲离，投缳自缢。按其情罪，未足蔽辜。伊子弟俱非善类，难以承袭。请将容美司改土归流。俾土众早登衽席。

应如所请，将田旻如原领敕书印信号纸，缴部查销，其一切善后事宜，应令该督妥协办理。

从之。②

应该说，田旻如不仅罪大恶极，而且负隅顽抗，朝廷下定决心予以严惩。但是处理后的安置事宜，胤禛仍然网开一面。

雍正十二年(1734)十二月辛酉，刑部议奏：湖广容美土司田旻如，朋谋抗拒官兵。该犯虽惧罪自缢，仍应戮尸，妻子给功臣之家为奴，财产入官。同谋者之向日芳等俱应分别治罪。

得旨：田旻如畏罪潜逃，投缳自尽，倘与抗拒官兵者有间。着从宽免其戮尸。

田旻如孽由自作，其眷属及胁从之人俱系听伊指使，情有可

① 《朱批谕旨·三十六册》，第105-106页。
② 《清实录·世宗实录·卷一四二》，第785页。

· 220 ·

原。所拟斩绞各犯，俱从宽免死，交与总督迈柱分别安插别省居住。

田旻如之衣饰等物，仍赏给伊之妻子，田产不必入官。着查明变价，并给伊妻子以为度日之费。

所有牵连各犯，着迈柱斟其情罪，减等发落。其首先缴印之石梁司长官张彤砫着赏给千总职衔，支食俸薪，以示奖励。①

胤禛的圣旨明确指出田旻如"倘与抗拒官兵者有间"，故对其遗体、遗属予以宽大处理。

雍正十三年(1735)三月己卯，吏部等衙门议复迈柱条奏，"容美新设州曰鹤峰"。

湖广最为凶残的土司田旻如被灭，在湖北影响很大。各地纷纷要求改土为流。

《清实录·世宗实录·卷一四三》记载，雍正十二年(1734)五月己卯，兵部议复：

湖广总督迈柱疏言，湖北施南宣抚司覃禹鼎与容美土司田旻如翁婿，济恶奸贪残暴，在施南铜鼓山，私开路径，直抵容美，派夫运米，私藏炮位。

今容美土民能明大义，将覃禹鼎及施南司印信一并押解到臣。理合请旨革职，严审，明正其罪。

又据施南土民周一昌、覃祚德等向化输诚，呈请改土归流，急救倒悬。请分设文武官弁以资弹压。

如所请，将施南宣抚司地方准其改土归流。一切善后事宜，令该督妥协办理。

从之。②

对于迈柱所请施南宣抚司改流事，胤禛的态度是"令该督妥协办理"，意思就是说要迈柱亲自抓。

迈柱亲自抓了，成效卓著。《清实录·世宗实录·卷一四四》记载：

下
编

---

① 《清实录·世宗实录·卷一五〇》，第861-862页。
② 《清实录·世宗实录·卷一四三》，第793页。

雍正十二年(1734)六月丁未。湖广总督迈柱奏言，忠峒宣抚司田光祖等十五土司齐集省城，呈恳归流。

因见永顺、保靖、桑植诸处改土以来土民安辑，各得其所。

今土众等既不甘土弁之鱼肉，而土弁又不能仍前弹压，是以激切呈请归流。

倘蒙俞允，将各土弁分发各营，给以外委千、把总衔，令其食粮以终余年，则土司官民各遂其生矣。

得旨：忠峒等十五土司望风归响，愿入版图。朕俯念舆情，准其改流。其一切善后事宜，着总督迈柱详筹定议。①

这是容美司和永顺、保靖、桑植诸处改土归流正反两个方面的对比和成效产生的蝴蝶效应。十五土司改土归流后的安置是"给以外委千、把总衔，令其食粮以终余年"。

至此，湖北的改土归流大局已定。

雍正十二年(1734)八月辛未，"调湖北按察使王柔来京。直隶按察使窦启瑛为湖北按察使司按察使"。②

雍正十三年(1735)三月已卯，吏部等衙门议复：

湖广总督迈柱条奏苗疆建置事宜。

一彝陵州请改置一府。裁知州、州判、学正、吏目缺。设知府、通判、教授、训导、经历、司狱各一员，附郭一县，设知县、教谕、典史各一员，俱驻府城。分防同知一员，驻湾潭。

一容美土司请改置一州。设知州、吏目各一员，驻州城。州同一员，驻五里坪。州判一员，驻北佳坪。改慈利县属之。大崖关归新州管辖。添设巡检一员，驻扎其地。其大崖关外原设土百户一员，请行裁汰。

一五峰司请改置一县。设知县、典史各一员，驻县城。改长阳县属之。渔洋关归新县管辖。添设县丞一员，驻扎其地。所有新设州县及归州长阳与兴山、巴东等州县俱隶彝陵新设之府

---

① 《清实录·世宗实录·卷一四四》，第800页。
② 《清实录·世宗实录·卷一四六》，第822页。

管辖。

一府属地方，请设游击一员、守备一员、千总二员、把总四员，外委千、把总四员，兵七百名，分防驻扎。其各紧要隘口酌添塘汛三十九处，武弁俱于彝陵镇右营内抽拨，均应如所请。

从之。寻定彝陵新设府曰宜昌。附郭县曰东湖。容美新设州曰鹤峰。五峰新设县曰长乐。[①]

这时的迈柱终于眉开眼笑。雍正十三年(1735)秋七月庚申日，兵部等衙门议复：

湖广总督迈柱奏言，湖南添平、麻寮二所，向有世袭千百户土官六十员，分住石门、慈利二县。

近年楚省土司，俱经改归为流。今添平等所正千户覃庆永等，俱呈缴印信札付，恳请辞职。查此等千百户，既无防御之责，亦无管束军人之任。请将土官六十员尽行裁汰。应如所请。

得旨：土官覃庆永等，准其辞职裁汰。但朕念伊等祖父曾经随征效力，不忍令其废置。着赏给千、把总职衔，准伊等子孙永远承袭。若有年力精壮情愿随营差操者，准其食俸效力。才具优长者，着该管大臣保题，照武职例升转。[②]

---

① 《清实录·世宗实录·卷一五三》，第879页。
② 《清实录·世宗实录·卷一五八》，第942页。

第七章　彭肇槐主动呈请改土为流

雍正五年（1727）六月初八日，迈柱接吏部咨钦奉上谕，布兰泰到江西，迈柱将一切事务交代清楚，八月进京面圣，聆听胤禛的"治楚之道"。

雍正五年十二月初一日，迈柱抵达湖广总督任所，十二月十八日便以湖广总督的名义上了三个折子。

第一个奏折"为陈明赈济情形并招民复业仰慰睿怀事"：

窃臣蒙皇上洪恩，简升湖广总督重寄。惟期察吏安民，稍报涓埃。兹于本年十二月初一日抵任所。有地方事宜现在遵旨次第奉行外，臣查：

楚北咸宁、沔阳等州县卫今夏被水，得蒙皇恩，全免钱粮，又发赈银六万两赈济，民庆更生。其前此乏食之民，有觅食于附近州县者，有流移于外省者，现亦陆续渐归复业。

臣见春耕在迩，恐有远在邻省地方因乏口粮不能回籍者尚多，随遵旨抚臣马会伯商酌，委典史苏士俊等给领耗羡公项银两各赴四川、河南、江西等处逐一招徕，按口给粮，护押回籍。俟回籍之后，查有极贫无力之户再给资种，俾其尽力耕耘。并饬地方官善为抚恤，人人得所，以慰皇上爱育黎元至意。

湖南亦与抚臣王国栋商酌一体举行，理合缮折具奏，伏乞睿鉴施行。

谨奏。①

不要认为这个奏折仅仅是汇报赈灾、复业事项，最引人注目的是"湖南亦与抚臣王国栋商酌一体"这样的措辞。

胤禛看了此奏折，很高兴，批谕涉及的内容相当广泛：

---

① 《朱批谕旨·五十三册》，第74页。

欣悦览之。

据福敏陈奏湖广情形，又须尔大费一番心力。

若止循分尽职料理地方事宜，尚不足以言报。必使通省风移俗易，咸革薄从，厚返浇还，淳有焕然一新景象，方为不负朕之委任也。

敬之，慎之。①

胤禛从福敏的陈奏中认识到湖广问题严重，指示迈柱"湖广情形，又须尔大费一番心力"。

胤禛给迈柱当面训示的"治楚之道"没有完整的文献记载，无从知晓，但从胤禛的这个批示可以略知一二。甚至可以说，这个谕旨是迈柱入楚的施政大纲。

其一，"若止循分尽职料理地方事宜，尚不足以言报"。就是说光尽职还不行，迈柱必须要有开创性的业绩才行。

其二，"必使通省风移俗易，咸革薄从，厚返浇还，淳有焕然一新景象，方为不负朕之委任也"。这一条最重要。

咸，全部之义也。革薄，革除薄俗。从，跟随、从前之义也。咸革薄从，就是说要革除过去那些不好的风俗习惯。厚返浇还，相对于咸革薄从而言，就是要把好的传统找回来，坚持下去，普及开来。淳，浓也。胤禛在这里是说，湖广真正有了焕然一新景象，你才不负朕之委任也。使湖南、湖北移风易俗，是胤禛交给迈柱的重要任务，而且迈柱还必须完成。

其三，"敬之，慎之"，是皇上的殷切希望和告诫！

由此可见，迈柱治下，特别是改土归流后管辖保靖土司、永顺土司的永顺府特别注重革除陋习皆缘于此。

① 《朱批谕旨·五十三册》，第74页。

第一节　迈柱奏报彭肇槐自愿改土为流

如果说，胤禛任命迈柱为湖广总督授予了特别使命，那么迈柱到任后第二个折子推荐王柔、留下王柔就是为了完成特别使命而采取的特别举措。而这个王柔便成了联系胤禛、迈柱、彭肇槐的纽带和麻烦的根源。

迈柱来到湖广总督任上后给胤禛上的第二个奏折如是说：

窃照：抚臣朱纲陈奏六里红苗并布政使祖秉圭条陈黑苗、花苗事宜，钦奉皇上命办理，正在悉心体察筹划间，适乾州同知王柔系专管之员，因赴部引见路过武昌。臣见其年壮才优，询以苗地情形，指陈明晰。且经历苗疆道里形势，尤为熟谙。

臣从地方需才起见，理合具折奏请皇上于该员引见后仍命回楚，俾臣办理苗疆诸事。得人委任以收驾轻就熟之效，伏乞皇上睿鉴施行。

谨奏。

不管迈柱与王柔后来配合如何，迈柱此时是非留下王柔不可的。胤禛批谕：

因闻此人甚有才情，所以调来引见。见后自然仍命回楚。①

朱纲原系湖南省布政使，当时已经升任云南巡抚，故迈柱有"抚臣朱纲"之称。

王柔(1689—1765)，山东烟台人。有才识，能办事，但激进。进京引见后由乾州同知特授监司，任职衡永郴道。道，又称道台，司之下设道，是巡抚、总督与知府之间的地方长官。此时的王柔不是一般的道台，其因深受胤禛器重，行事过于张扬。

辰沅靖道，康熙四十三年(1704)十二月二十日已经移驻凤凰镇篁镇。

雍正五年(1727)十二月，王柔在武昌与迈柱相遇，迈柱"见其年壮才优，询以苗地情形，指陈明晰"，"且经历苗疆道里形势，尤为熟谙"。

---

① 《朱批谕旨·五十三册》，第74-75页。

因迈柱赏识推荐，王柔"赴部引见"后即由乾州同知任职湖南衡永郴道，短暂过渡后即任辰沅靖道，直接介入湖广的改土归流。

迈柱履新湖广总督后所上的第三个奏折是关于永顺宣慰使彭肇槐呈请自愿改土为流的。奏折的全文如下：

为奏闻事。

窃照桑植、保靖二司土民，先因土官凌虐难堪，愿入版籍，蒙我皇上天恩，准其改土归流。土众欢呼响附，各土司亦感戴圣恩，闻风向化。

今据桑植副将杨凯详据：永顺宣慰使彭肇槐呈请自愿改土为流，绘具舆图并册开土民一万九千八百六十一户，男妇九万九千三百七十一名口，并称祖籍江西，愿入江西原籍，请量授武职，仰报国恩等情前来。

除另疏会题并批行湖南布、按二司将设官分汛一切布置善后事宜议详外，臣谨据缮折奏闻，伏乞皇上睿鉴施行。

谨奏。

胤禛的批谕是："此事具题到日，候朕再加斟酌。"①

胤禛没有同意永顺宣慰使彭肇槐改土归流，"候朕再加斟酌"就是这个意思。

特别注意，这是迈柱雍正五年(1727)十二月初一日抵达湖广总督任所后，十八日便根据杨凯的"详据"向胤禛报告："永顺宣慰使彭肇槐呈请自愿改土为流。"

迈柱的奏折，还值得注意的有以下几点：

(一)对桑植、保靖土司改土归流的评估。

"桑植、保靖二司土民，先因土官凌虐难堪"的措辞，与福敏、布兰泰的评价截然不同。"愿入版籍"，是民众的呼声。

"蒙我皇上天恩，准其改土归流"。"俯准"也是准。但是胤禛并没有正式下达同意桑植、保靖土司改土归流的圣旨。

"土众欢呼响附，各土司亦感戴圣恩，闻风向化"，是说彭肇槐呈请自

① 《朱批谕旨·五十三册》，第75页。

愿改土为流的背景及外部原因。

（二）彭肇槐绘具永顺宣慰司舆图并册开土民一万九千八百六十一户，男妇九万九千三百七十一名口。这是献土献民，把自己管辖的地区范围和人口一并交给朝廷处置。

（三）彭肇槐称祖籍江西，愿入江西原籍，请量授武职，仰报国恩，就是说彭肇槐知道自己从哪里来就应该回到哪里去。这是彭肇槐睿智的表现。

迈柱是何等聪明之人，他明白，胤禛批谕"候朕再加斟酌"之事正是要干的大事，必须抓紧谋划。

迈柱入楚履新后的三个奏折及胤禛的批谕奠定了迈柱在湖广总督任上施政的基础。

尽管第二个奏折中迈柱非要留下的王柔后来与他闹得很不愉快，但对迈柱施政大有益处。迈柱的选择没有错。

其实，王柔不失为一干才，受到胤禛重用，也能揣摩透胤禛的心思，总想有一番作为，报答圣恩。但是性格急躁，勇猛有余，谨慎不够。

王柔在衡永郴道任上就给胤禛上了一折，"奏为敬陈管见事"。王柔的这个奏折囊括了湖南的一些重大问题，提出了一些重要建议。胤禛很重视。王柔在奏折中说：

窃臣一介庸愚，知识短浅，荷蒙皇上鸿恩由厅员特授监司殊荣。异数报称无由，谨将地方情形素所熟悉，实有裨于国计民生者，敬抒一得，为我皇上陈之。

一六里之宜归复也。

查：乾州六里地方，与保靖土司接壤。乾州隔越突远，鞭长莫及。今保靖奉旨设流，臣愚以为六里地方宜归保靖同知就近管辖。

一边营之宜严密也。

查：设立边徼营讯，必须声息相通，首尾联络。今桑植添设副将而容美等土司未设流官，保靖添设游击而永顺六里未经措置。形势间隔，声气难通。臣愚以为宜将桑植副将移于容美，而桑植分驻都司弁兵防守。保靖游击改为副将移于六里。永顺分驻都司，保靖分驻守备，各带弁兵防守。

一鸟枪之宜勒缴也。

查：沿边红苗习用鸟枪。凡偷劫牛畜，悉持为逞凶之具，兼用以拘捕伤人。臣请敕下镇臣饬将备会同文员带兵勒缴。如敢藏匿，即以私造军器例立置重典，庶顽苗惧威，凶器既无，地方得以安静矣。

一税关之宜移设也。

湖南辰州征收盐木课税由来久矣，惟是该州地方山峻滩急，每遇山水暴涨之时，地棍通同奸商，乘黑夜阴雨，私偷过关，无可稽查。臣详查形势，常德水势稍平，为南北要冲。若移税关于其地，则偷越之弊可杜，于税务大有裨益矣。

一厂利之宜亟兴也。

湖南边界地方，重山复岭，金银铜锡铅铁所产者，不一其处。郴州、桂阳虽开采黑白二铅，而其余封闭者尚多。人迹罕到之区，率奸棍勾通蠹役，强霸偷挖，微弱穷民反往滇厂佣工。

伏祈敕下楚省督抚查境内产矿地方，令有司据实通报，遴委能员按厂分管，尽收尽解，毋俾土豪强霸，奸民窃挖。虽未必处处有济，但得一二有成效者，则经费有济数十万，失业之民得有营生之处矣。

谨奏。

王柔的这些建议，对于改土归流后的社会稳定、区划设置、经济发展有重要参考价值。胤禛高度重视，批谕：

王柔条奏各款，该督抚详悉商酌。应题者具题，应折奏者具折奏闻。内开采一事，另有面谕王柔之旨。①

胤禛对王柔信任有加，随后不久将其调任辰沅靖道。

在杨凯、铁显祖革职后，胤禛谕旨王柔着署理桑植副将、同知各印务，王柔随即于雍正六年（1728）六月初二日抵桑植任事。后任辰永靖道，直接参与永顺宣慰司的改土归流。

胤禛对王柔的信任福及家人。胤禛不仅补授王柔的父亲王㮕为四川成

① 《朱批谕旨·三十六册》，第65-66页。

都府知府，而且旋即命王柔之弟王机"往河工效力补用"。

王柔自己也感叹，"斯一家父子兄弟屡沐皇恩"。他在给胤禛"奏为恭谢天恩事"的折子中感激涕零：

> 窃臣山左庸愚，才识鄙陋。荷蒙特授监司重任。抵楚之后，涓埃未报。复奉谕旨，着臣署理桑植副将、同知各印务。随于六月初二抵桑植任事。

> 接读家信，知臣父王桴奉旨补授四川成都知府。继又接家信，知臣弟王机蒙恩命往河工效力补用。当即望阙叩头谢恩。

> 伏念臣何人？斯一家父子兄弟屡沐皇恩，至优至渥。理应奏谢。

> 复恐违例僭妄。今因陈奏开辟苗疆要务，特具折叩谢天恩，稍达愚悃。臣父子兄弟惟思竭尽驽骀，努力勤慎，以仰报高厚于万一耳。

> 谨奏。

胤禛批谕：

> 览奏谢，知道了。

> 竭力勉为之，诸凡不可急躁。太过犹如不及，须缓缓次第为之。

> 汝所奏数折均大有关系之事，候朕详细酌定，另降谕旨。

> 至于未经归流各土司尽数改归之说，则万不可行。

> 再者，汝任不比寻常，道员而督抚，止议给三百金，殊属不通之至。朕已谕与汝五千金养廉，以为犒赏之需矣。

> 从来有非常之人方可建非常之业。汝所奏事件亦非迈柱、王国栋如此力量督抚所能督办者，倘或孟浪举行而不能收功。所谓画虎不成，其间关系匪细目。今且以安静处之，不可轻躁。当领悉朕意，少待机会，徐徐循序料理为上。①

胤禛器重王柔，特别关照王柔，深知王柔的急躁个性有可能坏事，但又想利用他的急躁个性办事，从而达到自己的预期目的，因此不得不耐心

---

① 《朱批谕旨·三十六册》，第66页。

开导。

胤禛明确指出，"汝所奏数折均大有关系之事，候朕详细酌定，另降谕旨。至于未经归流各土司尽数改归之说，则万不可行"。

这对王柔是一重重提醒，也说明王柔所上数折中主张"未经归流各土司尽数改归"，胤禛认为此说"万不可行"。

"从来有非常之人方可建非常之业。汝所奏事件亦非迈柱、王国栋如此力量督抚所能办者"，是提醒王柔要知道自己的分量，重大之事须量力而行。

胤禛给王柔五千金养廉，以为犒赏之需，已经破例。胤禛栽培王柔费尽心思。

没过多久，胤禛又"恩赏哈密瓜一篓"。王柔在谢恩奏折中表示：

"现今桑植、永、保三司开修道路、盖造营房以及差委官役犒赏正多需费，臣即以皇恩所赏此项银两，节省办公，俟事竣之日再具清折奏闻。"

胤禛批谕："无庸奏闻。原系赐尔之物，酌量应用处用之可也。"

王柔在谢恩奏折中同时表示：

朱谕"凡事不可急骤，太过犹如不及。诸凡徐徐次第为之"，此诚圣主俯恤臣下，因人教诲之至意。

臣惟有益加勉励于桑、永、保新辟地方，加意抚绥。其于现今一切应行之事，自揣犹可努力向前次第料理，不敢稍廑宸念。

倘遇有重大事情，臣另当恭折请旨批示遵行。

总不敢稍萌自是之念，轻躁邀功，尤不敢略存自满之心，偷安暴弃。

此则，臣一点悃忱，永矢图报，蚤夜凛凛，无刻或谖者耳。

所有奉到朱批，理合恭缴。

胤禛在"总不敢稍萌自是之念，轻躁邀功，尤不敢略存自满之心，偷安暴弃"句旁批谕："此二语可嘉。"①

王柔的态度诚恳，可一遇到问题，急躁的本性又暴露出来。这给胤禛，也给迈柱带来了无尽的烦恼。

---

① 《朱批谕旨·三十六册》，第67页。

但是，不同的声音也为决策者提供了更多的参考，符合用人的辩证法，也有利于事业的发展。湖广的改土归流正是在这种情况下稳步推进的，永顺宣慰使彭肇槐正是在这种情况下接受考验的。

王柔从雍正六年（1728）六月初二日到当年十一月十二日，在桑植履职将近半年，新任副将朱文华到桑植后，王柔交代清楚，便"起程赴永顺、保靖各土峒一带巡察"，"沿边地方广阔建治设营之议尚未奉行"事项。

十二月初三日，王柔行至永顺猛洞河地方，见有人贴招子。上书"张宦为母聘医施药，病愈免谢"字样，王柔窃疑此等作为或非善类，因遂询问该地土人。

据该地土人说，近日见有四人沿村舍药贴此招子。

王柔即遣差役四处访拿。前后陆续拘到许英贤、陈世名及卢安臣、卢瑞臣、刘英士、卢安相、赵张太等到案，再三盘诘，各取口供。王柔得出结论，给胤禛上奏折说：

> 查：该犯等俱系江西人。前以代张易珍舍药为词，后据许英贤供出兵书符咒，吃血酒给官职，分往各省招人等语。
>
> 臣见其供吐凿凿，不禁寸衷愤激，昼夜靡宁。故于上年十二月二十日自永顺起程，于本年正月初八日星赴长沙回明抚臣。
>
> 随令臣与布、按二司公同审讯。与前供无异。
>
> 继经抚臣复讯并发臬司审问。许英贤俱改前供，似属虚实未定。
>
> 本不应冒昧径奏致厪宸念，但目前狡供恐事涉匪，虚贻误不浅。臣何敢隐默不言？故特缮折奏闻，并将从前微臣所取供单录呈御览。
>
> 伏恳皇上密下各省督抚，暗行访拿各犯对质，则虚实自明矣。
>
> 谨奏。

本是一桩假案，王柔还要上奏。胤禛在王柔所书"密下各省"段批"迈柱、王国栋业经密咨各该督抚察拿矣"。

胤禛实心要用王柔，原谅他的失误。在王柔的折子上批谕：

> 此事据王国栋讯供后之奏，似属荒唐。

然遇此等事件，宁防异外之虞不宜玩忽。汝为国家留意访奸，不避多事之咎，朕甚嘉之。即使涉虚，你有何过？

案内如许英贤辈，断非安分良民，察究亦不为冤。抑无辜百凡处，但能秉公为之。朕保汝一切无碍也。

勉之。①

许英贤案当时闹得沸沸扬扬，王柔的声誉受到很大的影响。但胤禛原谅了王柔，认为他是"秉公为之。朕保汝一切无碍也"。胤禛一心要保王柔，但对他的飘浮急躁加深了认识。

刚开始时，迈柱对王柔也有纵容、包庇之嫌。雍正六年（1728）二月初三日，迈柱给胤禛上奏，诉说：

各属土司从前构怨，兴兵彼此杀掠，习以为常。

故桑植土民向被容美土司掳去男妇千有余口。今桑植已改土归流，自应招徕复业。先经副将杨凯、同知铁显祖等查开户口姓名，檄行容美司送归故里。

随据容美司田旻如呈称，从前掳掠人口至今已三十余年，所有桑植协文内姓名俱不可考，实令职司身无所措等语。

迈柱认为，"除行南北两司会查详议外"，暂缓任何措施。

迈柱对胤禛诉说：

伏思桑植、保靖二土司新归版籍，而永顺司又自请归流。创辟之初，一切布置事宜，臣现在细查酌议，尚未定局。此时正宜安辑人心，慰谕邻境。

况容美从前掠去桑植户口事越三十余年，一旦急于追还，恐田旻如不无疑惧。

臣愚以为此事似宜从缓。俟将桑、保、永顺三处设官分汛布置妥协，然后将桑民在容美者饬令退还。谅亦不敢不遵。

且各处兵防已密，民情已定，田旻如即有煽惑之技，亦无可施矣。臣愚昧之见，未知是否，伏请皇上训旨，以便遵循。

胤禛知道迈柱老成持重，断不会有如此动作，桑植向容美要求归还掳

① 《朱批谕旨·三十六册》，第68—69页。

去人口也不可能是杨凯、铁显祖的主张。胤禛心知肚明，是王柔在作怪，批谕道：

> 尔从缓之见，是。王柔似一实心效力之员，俟其旋楚与之筹计。尔甫经莅任，朕又远隔数千里之外，率意措置或恐未当。百凡慎重为第一要著。
>
> 再者，闻各土司俱有耳目腹心布于督抚左右，须当谨防。而一切事尤宜缜密料理，毋稍疏忽。
>
> 此系朱纲奏朕之语，不识伊曾向福敏、马会伯言及否也。①

后来，迈柱和王柔的关系才闹得很僵。

不管怎样，永顺宣慰司的改土归流在胤禛的主持下，由个性稳重的迈柱和个性急躁的王柔具体操作、稳步推进。而胤禛自己也没有疏于对臣工的教育和管理，一直保持着清醒的头脑，没有丝毫懈怠。

迈柱在湖广总督任上的日子不好过。署理湖广总督的福敏虽然已经调离，可其处吏部尚书高位，迈柱必须小心处理福敏的遗留问题。

雍正六年（1728）四月二十日，迈柱又上了一份奏折，"奏为恭缴御批奏折事"，就是要上缴、否定皇上过去御批了的奏折。

"恭缴御批奏折"这在一般人看来是不可能的事，而迈柱干成了。迈柱在奏折中说：

> 窃臣：前准吏部尚书福敏差赍御批奏折一件到臣。
>
> 随查：福敏所奏桑植、保靖归流，请设县治并立营制缘由。
>
> 臣正在查议。间因永顺土司自请改土归流，已蒙皇上恩允。则现今布置善后事宜，应将三土司地方酌量形势，另为妥议，与福敏前奏布置桑、保二处之局面不同。
>
> 臣现令湖南布、按二司会同镇筸总兵周一德、辰沅靖道王柔勘明定议。
>
> 俟详到之日复核会题请旨外，所有奉到朱批、福敏原折，理合附缴。
>
> 伏乞皇上睿鉴。

---

① 《朱批谕旨·五十三册》，第80页。

谨奏。

对于迈柱意欲否定已经被胤禛批示同意的福敏奏折，胤禛不仅同意，而且对福敏作了负面评价，对"其所论议"，要迈柱"酌量机宜料理"。胤禛的批谕如此：

福敏原属识见平常之人，其所论议何足为准？卿酌量机宜料理可也。①

不仅所请改土归流事项"已蒙皇上恩允"，其他事项，迈柱也得到了特别授权。

雍正六年（1728）五月二十二日，迈柱给胤禛上奏折说及雍正五年（1727）十一月福敏题参原任彝陵镇总兵刘业溥一案，欲废止皇上恩准的福敏署理湖广总督时所奏公粮留用方案，胤禛均批谕。特别是废止公粮留用案，胤禛批谕：

应如是。公粮尽数查补之议，乃福敏一时谬见。何可踵而行之。②

有了胤禛的特别授权，迈柱在湖广总督任上终于逐步干出了让胤禛基本满意的成果。尽管处理彭肇槐的问题做得不够完美，但彭肇槐改土为流后回江西原籍为流官，不仅为朝廷终结家族区域性世袭作出了贡献，而且为永顺宣慰司彻底进行改土归流打下了基础，创造了条件。

第二节　彭肇槐坚持回江西祖籍做流官

雍正六年（1728）二月壬寅，胤禛谕兵部：

永顺土司彭肇槐，恪慎小心，恭顺素着，兼能抚辑土民，遵守法度，甚属可嘉。

据湖广督抚等奏称：彭肇槐情愿改土为流，使土人同沾王化。朕本不欲从其所请。

① 《朱批谕旨·五十三册》，第89页。
② 《朱批谕旨·五十三册》，第91页。

又据辰沅靖道王柔面奏：彭肇槐实愿改土为流，情词恳切。

朕念该土司既具向化诚心，不忍拒却，特沛殊恩，以示优眷。

彭肇愧着授为参将，即于新设流官地方补用。并赐以拖沙喇哈番之职，世袭罔替。再赏银一万两，听其在江西祖籍地方立产安插，俾其子孙永远得所。着该部定议具奏。①

暂不说雍正这一圣旨的具体内容，先说颁发的时间。

雍正六年，干支纪年为戊申，二月壬寅为二月二十一日，公元 1728 年 3 月 31 日。

胤禛谕兵部转云贵川广以及楚省的关于全面实施改土归流的诏书，是雍正五年（1727）十二月已亥日颁布的，"朕命各省督抚等悉心筹划，可否令其改土归流，各遵王化"。

雍正五年，干支纪年为丁未，十二月（腊月）已亥日为十八日，公元 1728 年 1 月 28 日。

迈柱是雍正五年十二月初一抵湖广总督任所武昌的，十二月十八日给胤禛上奏折以根据杨凯的报告说彭肇槐呈请自愿改土为流，早于胤禛谕兵部全面改土归流的诏书。

彭肇槐奉福敏之命直接参与桑植、保靖土司的改土归流，胤禛关于桑植、保靖土司改土归流的诏书是雍正六年（1728）八月六日才颁布。彭肇槐呈请自愿改土为流的时间更早于桑植、保靖土司正式改土归流。

彭肇槐呈请改土为流，是自觉自愿的。而且有湖广总督迈柱和湖南巡抚王国栋等同奏以及辰沅靖道王柔的面奏，只是措辞有所不同。一个是"情愿改土为流"，一个是"实愿改土为流"。总之都是"愿改土为流"，愿意放弃彭氏家族在永顺宣慰司的世袭特权而为流官。

改土归流，就是改掉土司、土府等土官在这一地区的世袭权归流官治理，就是要剥夺土官家族在这一地区的世袭权利。这在土司治理地区是不可逆转的大趋势。彭肇槐看到了，而他"情愿改土为流"。就是说，他愿意放弃家族在永顺宣慰司的世袭权利，让这里归流官治理。同时他也愿为流

---

① 《清实录·世宗实录·卷六六》，第 1013 页。

官，为朝廷效力。胤禛答应了："彭肇槐着授为参将，即于新设流官地方补用。"胤禛不仅同意，而且要给予奖励："并赐以拖沙喇哈番之职，世袭罔替。"

拖沙喇哈番，又称云骑尉，仅是一个爵位，不是官位。"世袭罔替"显然不同于一个家族在一个地区实行统治权世袭。但是作为网开一面的特例，胤禛授其爵位世袭。

彭肇槐清楚，自己的家族自后梁开平四年(910)被楚王马殷所救归楚，从江西庐陵来到永顺后，历经五代之梁、唐、晋、汉、周和宋、元、明、清九代王朝，世袭罔替已经八百一十八年。在每一代王朝统治期间，土司首领都必须靠强力来争取统治地位，维持世袭罔替，获得后又都以丧失而告终，不得不让位于更强大的家族，世袭罔替。

世袭罔替人人不能容忍，但人人都想得到。每一个王朝都不能容忍一个家族在一个地区世袭罔替，都在不断地削弱区域性的家族世袭体制，但是因为土司治理地区地处边远，自然条件恶劣，朝廷鞭长莫及，不得已维持着家族世袭罔替体制。如今，朝廷足够强大，改土归流，剥夺家族区域性世袭罔替体制的时机成熟，谁要是阻挡，无异于螳臂当车。

彭肇槐有这样的觉悟。胤禛要的就是这个结果。彭肇槐请求回江西祖籍，胤禛不仅答应了，还给予赏赐："赏银一万两，听其在江西祖籍地方立产安插，俾其子孙永远得所。"

彭肇槐对自己的抉择没有后悔，没有怨声。胤禛倒是心有不安，总是思虑念叨。雍正六年(1728)十一月，胤禛又颁布圣旨，首先指出：

前据湖广督抚合词奏称：永顺土司彭肇槐情愿改土为流，使土人同沾王化。

朕念彭肇槐恪慎小心，恭顺素著，抚辑土民，遵守法度，与流官无异，又恐各土官勉强效法，则不胜其烦。

原不欲从其请，适因辰沅靖道王柔来京引见，朕详细询问，王柔面奏彭肇槐之意甚属诚切，且奏伊有许多万不得已之情。

朕因王柔深知永顺土司情形，故勉从所请，加以特恩，赐以世职，并赏给万金为立产安居之费。

胤禛在这个圣旨中对彭肇槐的评价有所不同："朕念彭肇槐恪慎小心，

恭顺素着，抚辑土民，遵守法度，与流官无异。"

"与流官无异"道出了问题的实质，也是对彭肇槐为政的充分肯定。这才是胤禛顾念的原因。从上述表述可以看出，胤禛既有责己的意思，又有责人的念头。

接着，胤禛谈对彭肇槐的安置，可以看出，方案反复调整变动皆源于王柔：

> 又据王柔奏称：彭肇槐抚绥苗众，素得其心，恳请授以武职，即于新设流官地方补用，管辖苗人，实有裨益等语。朕亦准王柔之请，将彭肇槐授为苗疆参将。此皆今年春间事也。

这就是说，胤禛是听了王柔的话才授彭肇槐苗疆参将的。之后，胤禛放弃一言九鼎的权威，变动彭肇槐苗疆参将的职务，又是因王柔之故：

> 今据王柔折奏：臣历桑植、永顺地方，驻扎数月，见彭肇槐才具平庸，性耽安逸，且不谙兵法纪律，若仍留彼地，恐致营务废弛。不若将彭肇槐移于内地，隶督抚提镇标下，暂为借补，俾其学习军政。但臣先经冒奏，今理合检举等语。

> 朕从前之允彭肇槐改土为流，复授为苗疆参将者，皆因王柔之奏。以为伊必确有所见，故从其请也。

最后，胤禛要迈柱、王国栋和王柔一道与彭肇槐会商安置问题，并提出了三套方案：

> 今王柔又称彭肇槐不宜苗地之任，请改内地武职。

> 朕思：武弁职掌各有攸司，将来倘以不能供职而罹处分，朕心实为不忍。而国法又不可废，岂非两难。

> 王柔此奏，既前后不同，则从前在京之代奏者，或亦有不符之处。

> 着湖广总督迈柱、巡抚王国栋，会同辰沅靖道王柔，将朕意明白宣示于彭肇槐备悉，询问伊原系恭顺之土司，岂必改土为流，始为向化。

> 若从朕本念，仍旧复其土官，为国家输诚效力，以受朕恩，朕亦嘉悦。

> 倘伊意必欲改土为流，亦着该督抚询问伊自度才力，可居何

等武职，不妨据实陈奏。朕另调用。

或伊愿回江西祖籍闲居，则给与世职俸禄，以赡养之，务期妥协。俾该土司永承国家渥泽，以副朕加恩优待之至意。[①]

皇上有令，迈柱、王国栋、王柔自然要“将朕意明白宣示于彭肇槐备悉”，询问如何安置为好。

改土为流之后是否回江西祖籍，这对彭肇槐又是一个考验。彭肇槐与三位要员谈妥，毅然决然回江西祖籍，从而为朝廷终结永顺区域性的家族世袭体制，在永顺宣慰司彻底进行改土归流扫清了障碍。

彭肇槐纳土后，朝廷将永顺宣慰司和保靖宣慰司破解，设立永顺府，管辖永顺县、龙山县、保靖县和桑植县四县，在有关地区设立协或厅，彻底终结彭氏地方政权的世袭历史。

江西彭氏自五代时入主溪州后，永顺司的传承三十六任，二十六世：彭瑊，彭士愁，彭师裕，彭允林，彭允殊，彭文勇，彭儒猛，彭仕端，彭仕羲，彭师（思）晏，彭仕诚，彭福石（思）宠，彭安国，彭思万，腊木送，彭胜祖，彭万潜，彭添（天）保，彭源，彭仲，彭世雄，彭显英，彭世麒，彭明辅，彭宗汉，彭宗舜，彭翼南，彭永年，彭元锦，彭泓澍，彭肇桓，彭肇相，彭永植，彭廷椿，彭泓海，彭肇槐。

保靖司的传承从彭师暠算起，三十九任，约三十六世：彭师暠，彭允禄，彭文通，彭儒毅，彭仕隆，彭云从，彭翼，彭凌霄，彭邦宏，彭勇，彭泰定，彭师孔，彭定国，彭思善，彭本荣，彭齐贤，彭博，彭廷珪，彭世雄，彭万里，彭勇烈，彭勇杰，彭药哈俾，彭南木处（彭图南），彭显宗，彭仕垅，彭翰，彭九霄，彭虎臣，彭良臣，彭荩臣，彭守忠（母署司事），彭养正，彭象乾，彭朝柱，彭鼎，彭泽虬（龙），彭泽虹，彭御彬。

雍正五年（1727）三月十二日左右，胤禛和鄂尔泰在抚夷之法上高度统一。那日，鄂尔泰就胤禛转来四川永宁协副将张瑛三个条奏上“已归流之土民宜从国制一条”发表意见。他说：“臣愚以为抚夷之法，须以汉化夷，以夷制夷。”

鄂尔泰说得很直白：“即如土官，类多残刻而夷民畏服并无异志者，

① 张天如纂辑：《永顺府志·卷之首》，乾隆二十八年刻本，第6-7页。

此正可以转移之一机。"

"类",大抵、大都之意。"残刻",残酷刻薄。"异志",奇异的想法和志向,指反抗和取而代之。鄂尔泰在云贵发现了一个奇怪的现象,即土官大都残暴残酷,夷民不仅畏服,并且没有反抗和取而代之的人。

鄂尔泰认为,"此正可以转移之一机",是说这种现象正是我们可以利用的一个重要环节和关键。

鄂尔泰坚定地主张全面实施改土归流,毫不犹豫地全面剥夺土司家族的世袭权利。但是,他也主张一定要用土官,一定要流官、土官共治,"以汉化夷,以夷制夷"。

鄂尔泰不是要改土为流吗?要用土官不是自相矛盾?因为他所用的土官已经没有世袭权利。他所用的土官是流官主导下的土官。他的意见是:"但使流官大破因循苟且之习,力存委屈开导之意,则积久渐入,知尊知亲,生杀惟命,而形迹名目之间,俱毋庸置议矣。"

鄂尔泰的意见有一个因果关系。因:"使流官大破因循苟且之习,力存委屈开导之意"。这是流官的责任。"大破""力存",不遗余力。"因循苟且之习",大破;"委屈开导之意",力存。既是对土民而言,更是对土官的基本要求。果:"积久渐入,知尊知亲,生杀惟命,而形迹名目之间,俱毋庸置论"。就是,日子一长,就懂事了,懂得规矩了,就能唯命是从。

鄂尔泰斗胆,"俱毋庸置议矣"。胤禛同意鄂尔泰的全部观点,说"甚是"。

胤禛和鄂尔泰的抚夷之法,因当务之急是改土归流,朝廷上下并没有完全形成共识,臣下不明圣意。至少迈柱、王国栋、王柔还没有真正领会到胤禛和鄂尔泰的"以汉化夷,以夷制夷"的方略,错失了彭肇槐这颗以夷制夷的好棋子,情有可原。但是,胤禛内心的纠结和矛盾一直难以解开,不时地显露出来。

第三节　胤禛对彭肇槐改土为流的纠结

雍正五年(1727)十一月乙卯，胤禛"谕吏部"颁发了官员休致的法规。福敏当时已经是吏部尚书，虽然没有到位仍然署理湖广总督印务，但是知道其中的奥秘。彭肇槐刚刚休致两个月，福敏便要彭肇槐统兵进入桑植、保靖，直接参与改土归流，显示出福敏与彭肇槐关系非同一般。

雍正五年(1727)十一月初十日，福敏以"吏部尚书署理湖广总督印务臣福敏"的名义向胤禛上奏折。

谨奏，为土苗感恩向化亟请设县立营以定久安长治之策事。

窃臣接准部咨随即密委副将杨凯、游击王进昌等领兵前往桑植、保靖。续据禀报，各官兵于十月十二日已抵桑、保二司地方。土苗男妇载道欢迎并据向氏缴印归诚缘由。经臣具疏题报在案。

查：桑保二司今改土归流，若分属州县管辖，皆相距窎远，难以控制。请改为二县，各设知县一员、典史一员。桑植隶于岳州府，以现设之岳州府额外同知分防管辖。保靖隶于辰州府，以原设之保靖同知分防管辖。所设二县恭候皇上钦定县名，敕部铸给同知、知县关防印信，以昭职守。

再查：副将杨凯现已奉旨授为桑植副将，应为一协，设中军守备一员、千总二员、把总四员，共兵五百名。保靖应立一营，设游击一员、中军守备一员、千总一员、把总二员，共兵三百名。该营听桑植副将管辖。其新设副将、游击关防，请敕部铸给。

至前拨九、辰二协兵各二百五十名，镇筸镇兵三百名，皆系紧要重地，不便久悬。臣现咨提。臣会商于楚省各标协营内酌量缓急如数抽拨，俟酌定另行会题。

再，现值寒冬雨雪之候，桑、保议建营房尚需时日。臣现捐银盖草房四百间，令兵栖止。

再查：永顺土司彭肇槐素常恭顺。臣令拨领土兵二百名同进，又官兵米粮，该土司用夫运送，克期无误。

下编

应否议叙,以为奉法勤劳者劝,理合奏明,仰请圣恩。伏乞皇上睿鉴施行。

臣谨奏。①

胤禛在"永顺土司彭肇槐素常恭顺。臣令拨领土兵二百名同进,又官兵米粮,该土司用夫运送,克期无误"旁批谕"应奖赏者,备细声明,题请可也",表示赞赏。胤禛最后批谕"览"。

虽然这个奏折提出的保靖土司改土归流后设县隶辰州府,桑植土司改土归流后设县隶岳州府等方案,经胤禛认可,后来又被迈柱否认,但是可以明确以下基本事实:

福敏之令彭肇槐"同进""克期无误",彭肇槐已经被福敏捆上了改土归流的战车,直接参与桑植、保靖土司的改土归流。按照福敏的意思,永顺宣慰司不应该在改土归流之列。

福敏不仅重用彭肇槐,而且把桑植、保靖土司改土归流后设县归属地等善后工作安排妥当,并且上报朝廷,朝廷当时即认可。

福敏一直在京城为官,或许,他以文人特有的敏锐已经知觉胤禛与鄂尔泰在雍正五年(1727)三月已经确立了"抚夷之法,须以汉化夷,以夷制夷"的方略,故有此举。

而彭肇槐与向国栋、彭御彬同为宣慰使,他深知,朝廷决心改土归流的大局已定,向国栋、彭御彬的今天就是自己的明天。他以献土意愿与杨凯请商,杨凯深嘉其议。迈柱于雍正五年(1727)十二月初一日抵达湖广总督武昌任所,十八日便根据杨凯的报告给胤禛上折子报告称:"今据桑植副将杨凯详据:永顺宣慰使彭肇槐呈请自愿改土为流。愿入江西原籍,请量授武职,仰报国恩。"

迈柱、王国栋原则上同意彭肇槐的请求,批行湖南布、按二司将设官分汛一切布置,善后事宜详议。但是,胤禛的态度暧昧,还要斟酌。胤禛经过深思熟虑,雍正六年(1728)二月才颁发圣旨,"谕兵部":

永顺土司彭肇槐,恪慎小心,恭顺素着,兼能抚辑土民,遵守法度,甚属可嘉。

---

① 《朱批谕旨·十册》,第30页。

据湖广督抚等奏称：彭肇槐情愿改土为流，使土人同沾王化。朕意本不欲从其所请。

又据辰沅靖道王柔面奏：彭肇槐实愿改土为流，情词恳切。

朕念该土司既具向化诚心，不忍拒却，特沛殊恩，以示优眷。

彭肇槐着授为参将，即于新设流官地方补用，并赐以拖沙喇哈番之职，世袭罔替。再赏银一万两，听其在江西祖籍地方立产安插，俾其子孙永远得所。着该部定议具奏。①

这是胤禛根据湖广总督迈柱、湖南巡抚王国栋等人的奏折，以及王柔的面奏作出的判断和决策。

胤禛的圣旨，首先肯定"永顺土司彭肇槐，恪慎小心，恭顺素着，兼能抚辑土民，遵守法度，甚属可嘉"。

其次，"据湖广督抚等奏称：彭肇槐情愿改土为流，使土人同沾王化"。这就是迈柱、王国栋的奏称。当时，胤禛的批谕是"候朕再加斟酌"。

"候朕再加斟酌"的结果就是："朕意本不欲从其所请。"理由很简单，就是与鄂尔泰商定的"抚夷之法"。

但是，后来改变主意了，原因："又据辰沅靖道王柔面奏：彭肇槐实愿改土为流，情词恳切。"王柔的面奏起到了决定性作用。情非得已，胤禛接受了彭肇槐的请求："朕念该土司既具向化诚心，不忍拒却，特沛殊恩，以示优眷。"即是同意彭肇槐改土为流。彭氏家族在永顺宣慰司的世袭权利必须剥夺、终止，而"特沛殊恩，以示优眷"：

一是"着授为参将，即于新设流官地方补用"。这正是彭肇槐所期待的。即，立即之谓。"新设流官地方补用"，不具体，但已经确定彭肇槐为流官参将。彭氏家族在永顺宣慰司的世袭权利从现在开始，已经消失。

二是"赐以拖沙喇哈番之职，世袭罔替"。这是爵位奖赏。拖沙喇哈番，爵名，又名云骑尉，八等五品。爵位的世袭罔替截然不同于区域性的土司权利的世袭罔替。因为彭肇槐自觉结束彭氏家族在永顺宣慰司的权利

---

① 张天如纂辑：《永顺府志·卷之首》，乾隆二十八年刻本，第2页。《清实录·世宗实录·卷六六》，第1013页也记载了谕兵部的圣旨。

世袭罔替，胤禛特别给予这样的爵位奖赏。

三是"再赏银一万两，听其在江西祖籍立产安插，俾其子孙永远得所"。就是说，彭肇槐虽为流官，但是仍然要回江西原籍落户。

以上各项都很具体，只是"即于新设流官处补用"暂时没有明确。胤禛"着兵部定议具奏"。

后来兵部"定议"，安排彭肇槐在永顺为副将。这是朝廷落实胤禛与鄂尔泰"以汉化夷，以夷制夷"抚夷方略的举措。

彭肇槐呈请自愿改土为流，胤禛的批谕、朝廷的安置，既达到了剥夺家族世袭的目的，又符合"以汉化夷，以夷制夷"的方略，两全其美。可是，王柔一直干扰着胤禛的决策。

对于彭肇槐这样有高度自觉性的宣慰使，湖广总督迈柱、湖南巡抚王国栋同样给予了特别关注，也曾上折子奏请皇上引见。胤禛批谕："彭肇槐来京引见之奏已有旨谕部矣。"

永顺知府张天如纂辑的乾隆《永顺府志·卷之九·土司》记载：

> 雍正五年，宣慰使彭肇槐献土并请归江西祖籍。入都引见宪皇帝，嘉之，赐银一万两，授参将并世袭拖沙喇哈番，家属归吉水。改永顺司为府，分其地为永顺、龙山县。①

"宪皇帝"，指清世宗爱新觉罗·胤禛，即雍正皇帝。雍正十三年（1735）八月，胤禛驾崩后谥号为"敬天昌运中表正文武英明宽仁信毅睿圣大孝至诚宪皇帝"。故而张天如称之为"宪皇帝"。

"入都引见宪皇帝"，是说彭肇槐到过国都（北京）被"引见"。"引见"即引导入见。"引见"是胤禛施政选拔人才的重要措施。雍正二年（1724）五月"庚寅，谕兵部"：

> 各省武职有未经引见者，可行文督抚提镇，自副将以下、游击以上，除地方有紧要事务及曾经引见之员外，将人才可观、素有声名者，每省陆续保送四五人，轮流来京引见。②

雍正二年（1724）七月癸丑，又"谕兵部"：

---

① 张天如纂辑：《永顺府志·卷之九》，乾隆二十八年刻本，第12-13页。
② 《清实录·世宗实录·卷二〇》，第302页。

各省副将以下、游击以上官员未经引见，无由识认，着令轮流来京，朕亲识其汉仗弓马，即可知其优劣。至伊等操守如何，训练营伍如何之处，各省将军督抚提镇于咨送引见时据实密奏。①

热衷于引见官员是胤禛即位初期发现人才、笼络官员的重要手段。随着皇权的巩固，这一举措才逐步淡化。雍正十一年（1733）三月"辛卯。谕兵部"：

云贵、两广、福建、四川参将以上人员，除未经引见外，若有引见已过三年应令赴京者，着该督抚先行请旨，不必即令起程。②

彭肇槐是由王柔引见胤禛的。引见过程中，王柔越俎代庖的表现很突出，没有给彭肇槐太多说话的机会，因而王柔对彭肇槐"性耽安逸"的评价已经深入了胤禛之心。但过后胤禛细想，对王柔的戒备之心加重。

彭肇槐呈请自愿为流，迈柱仍然采取重兵弹压的措施以防万一。显示国威固然重要，但在永顺宣慰司大可不必。连胤禛都看得出这是王柔的主意，要迈柱注意。

保靖、桑植土司改土归流，福敏不仅要彭肇槐带兵与改土归流官兵同进，还要他组织土民保障改土归流官兵的后勤供应。永顺土司呈请自愿改土为流，迈柱提出"必须官兵弹压"，讽刺意味太浓。胤禛提醒迈柱注意王柔，对王柔的意见要慎重考虑后决定取舍，否则就会出错。君臣之间是这么交流的：

雍正六年（1728）七月初九日，迈柱上奏：

为奏明事。窃查永顺土司彭肇槐自请归流荷蒙皇上俞允，加恩赏赉。现据该弁呈缴印信号纸。

臣查：该土司地方二千余里，人口有十万之多，必须官兵弹压。兹邻近标协无可调拨，因常德与永顺尚近，现咨署提臣刘世明于提标内酌拨官兵暂往防守，俟营制议定题准之后撤回并谆饬镇臣周一德、道臣王柔加意抚绥料理矣。理合奏明，伏乞皇上睿鉴。

---

① 《清实录·世宗实录·卷二二》，第354-355页。
② 《清实录·世宗实录·卷一二九》，第680页。

谨奏。

胤禛在这个奏折上批示：

> 饬令属员慎重，周详办理，仍当不时察访其情形，毋稍懈
> 忽。至于王柔实心任事，但恐失之躁急，当加裁抑而用之，庶不
> 至有差谬。①

胤禛把矛头对准王柔。胤禛认为，不加分析研究，断然采取王柔的建议，会犯错。去了布兰泰又来了个王柔，胤禛省不了心了。

王柔跳上跳下，能够办一些棘手事。但是，胤禛对王柔面奏彭肇槐改土为流，耿耿于怀，不断提及。

据乾隆《永顺府志》记载，雍正六年（1728）十月，胤禛在圣旨中说：

> 今年三月间，湖南巡抚王国栋折奏，下峒长官司向鼎晟愿效
> 永顺土司之例改土为流，沾沐皇恩等语。
>
> 朕比时即谕王国栋：湖广土司甚多，各司其地，供职输将，
> 与流官无异。其不守法度者，该督抚题参议处，改土为流，以安
> 地方。若能循分奉法，抚绥其民，即与州县之循良相同，朕深嘉
> 悦，何必改土为流，使失其世业？
>
> 前永顺土司彭肇槐恳请时，朕意本不准行，恐他处仿例呈
> 请，未免纷扰。且恐谨慎小心者，不敢不请，而顽悍者仍复照
> 旧，于地方无益。适因道员王柔在京奏称：彭肇槐之意甚属诚
> 恳，且伊有不得已之情等语。朕是以勉从所请，加以特恩。

联想一下，胤禛要迈柱对王柔的意见和建议"当加裁抑而用之"，而他自己则听从了王柔的意见，同意彭肇槐改土为流，其中的悔意流露无遗，"勉从所请"已经坦露也。

胤禛是要下一盘改土归流的大棋，又要实现"以汉化夷，以夷制夷"的方略，对"与州县之循良相同"的土司也有"何必改土为流，使失其世业"的念头，说明胤禛在寻找改土归流与"以汉化夷，以夷制夷"的最佳结合点。在这种思想的支配下，胤禛对土民的控告也有自己独特的看法。他认为：

> 今下峒土司果相继俱呈前来，甚非朕意。特谕总督迈柱、巡

---

① 《朱批谕旨·五十三册》，第92—93页。

抚王国栋不必准其呈牒。此今年三月之密谕也。

今又据王国栋奏称：向鼎晟恳请改土为流，甚为诚切。而现今土民又有控告该土司之案，正在查审。

朕思：从前该土司改土为流之请，大抵由于土民之怂恿，及土司所请未曾准行而土民复又列款控告，冀朕严治土司之罪而尽为改流，似此举动与朕初意更大相矛盾。其所控告必非实情。着该督抚留心详察。

凡属土民必无敢于控告土司之事，皆由于汉奸之唆使播弄，冀生事端，以便从中逞奸滋弊耳。

若各处土司等因他处已改为流不得已而仿效呈请者，朕皆不准。

若被汉奸唆使土民控告，俾土司获罪而改土为流，朕更不忍。

该督抚等当以朕内外一体之怀，通行晓谕，俾土司等守土奉法，共受国恩，不必改土为流，始为向化。

至于土司实在不法，恶绩确著者，该督抚据实参劾治罪。①

《永顺府志》辑录"上谕"十分慎重，明确标辑录入。胤禛的上谕是"湖南永顺府知府臣张天如恭录"。"恭录"只是说照录无误。

据《清实录·世宗实录·卷七四》记载，雍正的这个圣旨是雍正六年（1728）十月"辛卯，谕吏部"的圣旨。鄂尔泰等人编纂的《清实录·世宗实录》记载的这个圣旨与原件相比删掉了如下内容：

一是删掉了"今年三月间"至"朕比时即谕王国栋"这一段表述，将谕王国栋的谕旨变成了直接谕吏部圣旨的内容。

二是删掉了"前永顺土司彭肇槐恳请时"至"加以特恩"一段文字。这段文字是对后来的"不必改土为流"所作说明。

朝廷明白胤禛的意思，对守土奉法土司的改土归流，只求改掉土官治理为流官治理就行。而土官则不一定异地安排为流官，就地安置更为妥当。

---

① 张天如纂辑：《永顺府志·卷之首》，乾隆二十八年刻本，第4—6页。

三是简化了向鼎晟呈请改土为流的过程。特别是删掉胤禛"今年三月之密谕也""似此举动与朕初意更大相矛盾"等重要字眼。

《清实录·世宗实录》，不是世宗谕旨实录。《清实录·世宗实录》是鄂尔泰、张廷玉、福敏、徐本等于胤禛去世后编纂的。

《清实录·世宗实录》的删节点泄露了天机。现把《清实录·世宗实录》删节后的记载照录如下：

辛卯，谕吏部：湖广土司甚多，各司其地，供职输将，与流官无异。其不守法度者，该督抚题参议处，改土为流，以安地方。若能循分奉法，抚绥其民，即与州县之循良相同，朕深嘉悦，何必改土为流，使失其世业？

前据湖南巡抚王国栋奏称：下峒长官司向鼎晟恳请改土为流，甚为诚切。朕未准行。今又奏称：土民有控告该土司之案，正在查审。

朕思：从前该土司改土为流之请，大抵由于土民之怂恿，及土司所请未曾准行，而土民复又列款控告，冀朕严治土司之罪而尽改为流。其所控必非实情，着该督抚留心详察。

凡属土民必不敢控告土司，皆由汉奸唆使播弄，冀生事端，以便从中逞奸滋弊耳。

若各处土司等因他处已改为流不得已而仿效呈请者，朕皆不准。若被汉奸唆使控告，俾土司获罪而改土为流者，朕更不忍。

该督抚等当以朕内外一体之怀，通行晓谕，俾土司等守土奉法，共受国恩，不必改土为流，始为向化。至于土司实在不法，恶绩确著者，该督抚据实参劾治罪。①

从胤禛的这个圣旨看，改土归流的目的很明确，"共遵王化"也好，"各遵王化"也行，"同沾王化"也罢，"共登衽席"也可，都是他想要普天之下皆知的。

"尽为改流"本是初意，全国各地的改土归流最终取得成功。鄂尔泰等人的《清实录·世宗实录》也不得不删掉"似此举动与朕初意更大相矛盾"。

---

① 《清实录·世宗实录·卷七四》，第1104—1105页。

胤禛把"守土奉法，共受国恩"和"实在不法，恶绩确著"的土司区别对待不失为一英明决策。一是减少了震动，二是降低了安置成本，三是落实了"以汉化夷，以夷制夷"方略。

"守土奉法，共受国恩"的土司同样要改土归流，但土官"不必改土为流"，即不必异地安置为流官。就地安置，也必须"始为向化"。始为向化，即一切得从新开始，一切按照朝廷的旨意办，一切和流官一样。土司世袭特权不复存在，而以夷制夷的功能仍在。这就是胤禛内心纠结和矛盾的原因。

对于彭肇槐的安置，胤禛内心的纠结谁人知? 对王柔这个人，胤禛也颇为矛盾。雍正六年(1728)十一月，胤禛的圣旨又提及他，似乎又在责怪他。

胤禛是这么说的：

前据湖广督抚合词奏称：永顺土司彭肇槐情愿改土为流，使土人同沾王化。

朕念彭肇槐恪慎小心，恭顺素着，抚辑土民，遵守法度，与流官无异，又恐各土官勉强效法，则不胜其烦。

原不欲从其请，适因辰沅靖道王柔来京引见，朕详细询问，王柔面奏彭肇槐之意甚属诚切，且奏伊有许多万不得已之情。

朕因王柔深知永顺土司情形，故勉从所请，加以特恩，赐以世职，并赏给万金为立产安居之费。

胤禛对彭肇槐评价相当高，达到了美化的程度。胤禛自责，不该听王柔的话。胤禛也曾告诫迈柱，听王柔的话会致"差谬"。但是，胤禛自己有时也会对王柔的话偏听偏信：

又据王柔奏称：彭肇槐抚绥苗众，素得其心，恳请授以武职，即于新设流官地方补用，管辖苗人，实有裨益等语。朕亦准王柔之请，将彭肇槐授为苗疆参将。此皆今年春间事也。

按胤禛的说法，王柔认为"彭肇槐抚绥苗众，素得其心"，"恳请授以武职，即于新设流官地方补用，管辖苗人，实有裨益"。看来王柔知道"以汉化夷，以夷制夷"的方略。

正是因为王柔说了将彭肇槐授以武职，即于新设流官处补用的好处，

下编

胤禛才将彭肇槐授为苗疆参将。

胤禛感叹："此皆今年春间事也。"

为什么又变了呢？胤禛说：

> 今据王柔折奏：臣历桑植、永顺地方，驻扎数月，见彭肇槐才具平庸，性耽安逸，且不谙兵法纪律，若仍留彼地，恐致营务废弛。不若将彭肇槐移于内地，隶督抚提镇标下，暂为借补，俾其学习军政。但臣先经冒奏，今理合检举等语。

> 朕从前之允彭肇槐改土为流，复授苗疆参将者，该因王柔之奏。以为伊必确有所见，故从其请也。

> 今王柔又称彭肇槐不宜苗地之任，请改内地武职。

> 朕思：武弁职掌各有攸司，将来倘以不能供职而罹处分，朕心实为不忍。而国法又不可废，岂非两难。

胤禛认为："王柔此奏，既前后不同，则从前在京之代奏者，或亦有不符之处。"他想了一个解决问题的办法：

> 着湖广总督迈柱、巡抚王国栋，会同辰沅靖道王柔，将朕意明白宣示于彭肇槐备悉，询问伊原系恭顺之土司，岂必改土为流，始为向化。

> 若从朕本念，仍旧复其土官，为国家输诚效力，以受朕恩，朕亦嘉悦。

> 倘伊意必欲改土为流，亦着该督抚询问伊自度才力，可居何等武职，不妨据实陈奏。朕另调用。

> 或伊愿回江西祖籍闲居，则给与世职俸禄，以赡养之，务期妥协。俾该土司永承国家渥泽，以副朕加恩优待之至意。①

从胤禛的这些话可以看出，之前王柔带彭肇槐引见时，彭肇槐很少说话，王柔"代奏"现象严重。胤禛提出三种安置方案供彭肇槐选择。

胤禛所说"恭顺之土司，岂必改土为流，始为向化。若从朕本念，仍旧复其土官，为国家输诚效力，以受朕恩"，只是说说而已。这是不可能的。全面改土归流，实现流官治理，终结土司家族世袭体制，是既定方

---

① 张天如纂辑：《永顺府志·卷之首》，乾隆二十八年刻本，第6-7页。

针，必须坚定不移地执行下去。但改土归流，土官也必须如流官一样，有一定任期，甚至仍可留原地任职，在流官主导下，实现流官、土官共治。

彭肇槐初心不改，坚持回祖籍江西为流官，从而为永顺宣慰司彻底进行改土归流创造了条件。

《清实录·世宗实录·卷八一》记载，雍正七年（1729）五月"戊午，吏部议覆。湖广总督迈柱疏言"：

湖南保靖、桑植、永顺三土司，新经改土为流，请于永顺东南之旧司治、西北之江西寨，各设知县一员、典史一员。田家峒、施溶州、隆头地方，各设巡检一员。其永顺原设大喇司巡检应裁。保靖之旧司治设知县、典史各一员。张家坝设巡检一员。其保靖原设同知应裁。桑植以南，原属九溪卫之安福所，应归并桑植合为一县。添设知县、典史各一员。

以上分设四县，应设知府一员管辖，并设经历一员，俱驻扎永顺。其永顺原设同知，移驻喜鹊营，专督永、保新设二县捕务。桑植原设同知，改为通判，移驻江西寨，专督安福所。江西寨新设二县捕务。

再，永顺请设副将一员，即将桑植副将移驻，立为永顺协，并设守备一员、千总二员、把总四员、兵八百名。

保靖请设游击一员，即将永定营游击裁，改立为保靖营，并设守备一员、千总一员、把总二员、兵四百名，俱听永顺副将统辖。

桑植应于九溪协拨守备一员、千总一员、把总二员、兵三百名驻防，听九溪协节制。

均应如所请。

从之。

寻定永顺新设府曰永顺府，永顺东南新设县曰永顺，西北新设县曰龙山，保靖新设县曰保靖，桑植新设县曰桑植。①

---

① 《清实录·世宗实录·卷八一》，第68页。

第四节　彭肇槐家人安置有负胤禛恩施

迈柱等人挽留彭肇槐失败，彭肇槐坚持回江西原籍，胤禛和鄂尔泰
"以汉化夷，以夷制夷"的一盘好棋动错了一颗子。胤禛心中不悦，在处理
如何安置彭肇槐家人的过程中，怒火仍在一阵阵燃烧。

雍正七年（1729）十二月十五日，迈柱给胤禛上奏折，遭到一顿臭骂。
迈柱的奏折全文是：

奏，为覆奏事。

窃查：先据彭肇槐呈请留伊母弟在永缘由。经臣折奏奉有朱批
仰见，睿谟深远，措置咸宜，臣即钦遵写字差齐，与彭肇槐委曲开
导，使知圣恩广大。令将母弟即速迎养，并咨江南督臣饬催。

去后，今据彭肇槐回禀内称：肇槐获邀，皇上高厚洪恩，赏
银授职，理应将嫡母、生母并弟肇模等迎养任所，同归原籍。伏
乞饬令地方官晓示，俾肇模等各将田产变价随同原籍安插。若愚
昧迟留，饬令递解回籍。等情到臣。

除行湖南布政司，转行永顺府遵照催，今查明家口名数造册
请咨递送回籍外，所有彭肇槐感激天恩，遵照令伊母弟回籍禀覆
情由，合先具折奏闻。

谨奏。①

据统计，胤禛批阅的奏折共有两万两千多件，胤禛"御制序"，允禄、
鄂尔泰等编的《朱批谕旨》不过百分之二三。全书收录奏折七千余件，具折
人达二百多人。其中，多者以一人分数册，少者以数人合一册。迈柱的奏
折较多，在五十三册和五十册中收录。

从迈柱的这个奏折看，关于彭肇槐"呈请留伊母弟在永"一事，迈柱还
有一个奏折，胤禛也有一个批谕。可惜《朱批谕旨》没有收录，我们只能从
迈柱雍正七年（1729）十二月十五日的奏折中看到当时朝廷如何安置彭肇槐

---

① 《朱批谕旨·五十四册》，第37页。

家人的举措。

（一）彭肇槐回江西原籍为流官，家人如何安置没有一刀切。有随同回江西原籍的，也有留在原永顺宣慰司现居住地的。

（二）是去江西原籍还是留在永顺宣慰司现居住地，有一个原则或统一的标准或界限划分，并由朝廷决定。

从鄂尔泰与胤禛商定的云贵改土归流土官的一系列安置情况来看，彭肇槐家人的安置如下。

（1）原则上：为官的一律随彭肇槐回江西原籍，已经为民的，仍旧可以留在现居住地；在福石城老司城和颗砂新司城居住的一律回江西原籍，已经在旗峒安家立业的仍旧可以留在现居地。

（2）特例特批。

从迈柱的奏折来看，按照上述原则，彭肇槐的家人安置的矛盾焦点是彭肇槐的母、弟，尤其是弟弟彭肇模，而不是彭肇槐的儿子，更不是已经在乡下当地主老爷的儿子，甚至不包括已经脱离司城隐形于大山之中的长子彭景燧。

彭肇槐"呈请留伊母弟在永缘由"尽管没有明说，但是从后来彭肇模病死常德和迈柱奏折中的"迎养任所"判断，彭肇模系重病在身。但是，有的人在打小报告，说可能是装病，必须尽快回江西原籍。

迈柱一时也拿不定主意，只好如实上奏。胤禛没有同意彭肇槐的请求。迈柱认为胤禛的"朱批仰见""睿谟深远，措置咸宜"，亲自写信给彭肇槐"委曲开导，使知圣恩广大。令将母弟即速迎养，并且咨江南督臣饬催"。

江南督臣指两江总督。两江行省，清廷九大行省之一。康熙二十一年（1682）由江西、江南总督合并而成，总管江苏、安徽、江西的军民事务，治所南京。迈柱的"江南督臣"指两江总督，属习惯用语。

迈柱"咨江南督臣饬催"也是很厉害的一着。因为此时的彭肇槐已经归两江总督调遣。

彭肇槐看到朝廷如此态度，回复迈柱，"理应将嫡母、生母并弟肇模等迎养任所，同归原籍"。注意其中的字眼"迎养任所"。为此，彭肇槐提出了两个处理办法：

其一，"伏乞饬令地方官晓示，俾肇模等各将田产变价随同原籍安插。"

彭肇模等的安置费用，朝廷没有特许，将原有田产变价出售才有费用。理由也充分。

其二，"若愚昧迟留，饬令递解回籍。"

彭肇槐的态度应该是明朗的。

迈柱也认可，"除行湖南布政司，转行永顺府遵照催"。

迈柱还安排"查明家口名数造册请咨递送回籍"。

要彭肇槐重病的弟弟彭肇模也必须同彭肇槐一样回江西原籍是一昏招，胤禛一时认可但心中不快，于是在迈柱的奏折上批谕："此等易于措置之事尚然筹虑不及，何颜具此一奏耶?"①

可以想象，迈柱知道这一个批复后该是一个什么状况。但事已至此，又不得不走下去。过了一年多，杨永斌从贵州威宁知府升任湖南布政使时才解决这个问题。

杨永斌为湖南布政使后效法迈柱，清查沅阳州之法伏查湖南民欠，按照跟随鄂尔泰办理厂矿的经验振兴矿业。雍正八年（1730）二月二十一日，鄂尔泰由广西回黔道经长沙时又"将厂务、苗疆事宜备细禀商，复蒙指示"，杨永斌在次日即给胤禛上奏折说，"已将应行办理之法禀请督抚转为奏闻在案"。胤禛在谕旨中进一步鼓励他"效法鄂尔泰，事事不欺不瞒"。②

正是由于杨永泰这个布政使成全，彭肇模等才得以启程回归江西原籍。

雍正九年（1731）四月初一日，迈柱奏云：

窃照：原永顺土司彭肇槐之弟彭肇模等并家口，应令回江西原籍。

臣咨两江督臣饬催肇槐即速遣人迎接，并行湖南布政司查催。

去后，因肇模等以变卖房产为词托故延捱。

今据布政使杨永斌详明估价八百八十二两七钱，于公项内垫给肇模等，俟召买有人收价还库。

---

① 《朱批谕旨·五十四册》，第37页。

② 《朱批谕旨·五十二册》，第1页。

臣并于公项内给赏盘费银一百两。缮给咨牌，委官将彭肇模、彭肇楷、彭肇极并妻室子女仆婢及肇模等生母麦氏、鲁氏、向氏等护送前往江西。

抚臣转行安插去讫。

止有肇槐之母樊氏，据称年老不能起程。又经咨催两江督臣勒令肇槐作速遣人迎养外，所有彭肇模等家口起押回籍缘由，伏祈睿鉴。谨奏。①

这是迈柱表功的奏折。从这个奏折看，杨永斌显得格外积极。彭肇模等以变卖房产为词托故延挨，杨永斌先将彭肇模等人的房产详明估价，从公项内垫付价款，催着彭肇模等起程。迈柱又从公项内给盘费银一百两，委官护送前往江西。

迈柱在这个奏折中既已说明委官护送前往江西，后又来了一个"起押回籍"让人不快。押，有跟着照料或看管之意。起押，容易让人误以为押送、押解。

彭肇槐有多个母亲，既有"嫡母"，又有"生母"和"庶母"，其中有"麦氏、鲁氏、向氏等"，"生母"应是樊氏。

彭肇槐的老母亲樊老太太是一个人物，以年老不能起程为由推辞，并未随彭肇模等家口"起押回籍"。但是，迈柱不仅"咨催两江督臣勒令肇槐作速遣人迎养"，还要两江总督在湖南、江西边界交接，务必将"彭肇模等家口起押回籍"。

对于这样一个表功的奏折，人们知其一不知其二。因为很多专家学者在讨论永顺改土归流时，只引用迈柱的奏折，而忽视了胤禛的批示。就是说，不知道雍正皇帝对迈柱的奏折是怎么批的。殊不知，雍正皇帝对迈柱的这些做法并不满意，胤禛批示：

起押回籍固是，但不可加以严迫，宜再三训饬属员恐奉行不善，将朕从前之恩施暨肇槐归向之忠诚俱付之流水矣。②

从胤禛的御批来看，他对迈柱等人的做法并不满意，认为迈柱等人的

---

① 《朱批谕旨·五十四册》，第49页。
② 《朱批谕旨·五十四册》，第49页。

做法有可能将"朕从前之恩施暨肇槐归向之忠诚俱付之流水矣"。可以想象，迈柱和他的下属还能对彭肇槐及其亲属怎么样？可以这样说，当时的地方官吏看到雍正皇帝如此态度，对待永顺土司左也不是，右也不是，不如不管。这给永顺土司的亲属去来留有很大的空间。

应该承认，永顺彭氏土司的一部分人回江西原籍，是或护送或"起押"成行的。但也只是少数。特别值得一提的是，彭肇槐生母樊氏也并未随彭肇模等家口"起押回籍"，且不少迁出者随后又迁回来了。特别是迈柱非赶走不可的彭肇模。清乾隆《永顺府志》和《永顺县志》都有此记载。据乾隆《永顺府志·卷之八·节烈》载：

> 彭肇模妻李氏永顺土司彭肇槐弟妇也。雍正六年，奉文随彭肇模迁常德，夫殁，李氏年二十八。乾隆元年，请扶柩归，事病姑甚孝，遣子景煌、景灿皆为诸生，知府张天如旌之。①

根据这个记载可以推断，彭肇模是真病了，在常德就不行了，只得停下来养病，而且还死在了常德。"乾隆元年，请扶柩归"是说这一年通过一定程序才得以将彭肇模的灵柩拉回永顺。

"雍正六年"是笔误，应该是雍正九年(1731)。雍正九年四月，朝廷上下还在为彭肇模的去留纠结。湖广总督迈柱四月初一向胤禛报告，已经委官护送彭肇模等"前往江西"，而且还照会两江总督将他们"起押回籍"。只是到常德时，彭肇模病情加重，只好在常德养病。后来病故于常德，具体时间不明。

雍正十三年(1735)八月二十三日，胤禛暴毙，弘历即位，改明年为乾隆元年。

《永顺府志》《永顺县志》都明确记载，乾隆元年(1736)，彭肇模的妻子李氏"请扶柩归"。"请"，请求也。"归"，归永顺也。彭肇模的妻子李氏请扶柩归，又事病姑甚孝，遣子景煌、景灿皆为诸生。所以知府张天如才旌之。

旧时妻称夫的母亲为姑。李氏事病姑就是侍候彭肇模的母亲。对于彭肇模妻子的这种孝行，当时的永顺知府张天如还予以表彰奖励。这也说

---

① 张天如纂辑：《永顺府志·卷之八》，乾隆二十八年刻本，第2页。

明，彭肇模的母亲和儿子也没有去江西。

据《永顺府志》记载，张天如是浙江会稽县人，拔贡，由永绥同知升，乾隆二十四年任，乾隆二十八年辑郡志，告养去，随升山东道。

张天如是一个有作为的官吏。他能够表彰彭肇模的妻子李氏，这也说明，乾隆盛世前后，清王朝对土司的后代并没有特别加以限制。但是江西彭氏入主溪州，统治溪州八百一十八年后，首要人物又回到江西原籍是不争的事实。

江西彭氏入主溪州八百余年，与当地"土家人"共同生活，接受他们的语言与风俗习惯，成为地地道道的"土家人"，与其他"土家人"基本上没有分别。而在此以前和之后，溪州大地也有不少土蛮和土民在民族迁徙流动中受到中原文化浸染而成为汉人，这一转变的过程就是民族融合。

第八章　永顺宣慰司彻底改土归流

　　永顺，是中国历史上创造过不少奇迹的地方。

　　永顺彭氏始祖是尧时举用的十大贤臣之一，是大彭氏国的传人。永顺老司城的溪州刺史彭士愁与五姓主首同楚王马希范在溪州息战议和铸立溪州铜柱盟誓，确立事实上的自治自主权利，奠定了少数民族地区特殊治理模式的基础。彭士愁的二儿子彭师暠的后人保靖宣慰司最先获得明太祖朱元璋的世袭诰命。永顺老司城彭氏原有辖地大喇巡检司"流官一人主之"，彭氏以大喇巡检司土舍名目协理巡检事，创造了流官主之、土官协理的模式。永顺彭氏土司"世席富强，每遇征伐，辄愿荷戈前驱，国家亦赖以挞伐"。抵御外患，"盖东南战功第一"。此外，永顺彭氏土司加强文化修养，刻意培育"八善""世忠""六德""五禁"正能量的土司文化精髓。永顺彭氏土司治理溪州八百多年以来形成的历史文化遗产沉淀丰厚，堪称瑰宝。

　　永顺彭氏土司彭肇槐呈请自愿改土为流，回归原籍，自觉地为朝廷终结区域性的家族世袭体制作出贡献，积极为朝廷在永顺宣慰司彻底进行改土归流奠定基础，创造条件。朝廷在此基础上颁布"二十一条禁令"，加快了"以汉化夷，以夷制夷"的进程，加强了中央王朝对土司地区的统治，促进了永顺府政治、经济、文化的全面进步和发展，巩固了统一多民族国家的稳定，可谓功不可没。永顺宣慰司的改土归流虽仿效云贵，但比云贵更彻底，历史不会忘记。

第一节　胤禛颁旨永顺府自报田亩征科定赋

　　王柔在湘西一带是有一定声望的，只不过负面影响也多。乾隆《永顺府志》在《卷之首·上谕》中照录了雍正十二年（1734）八月的上谕对其进行鞭挞。原文如下。

雍正十二年八月奉上谕：

湖广土司改土归流一案乃总督迈柱委令按察使王柔办理者。

其建立府县营汛添设官弁兵丁及一切善后事宜关系甚为
紧要。

王柔踏勘计议之后应就近具详督臣，候督臣悉心筹划其可行
不可行，妥议具题请旨。不但事无歧误，即上司下属之礼。况亦
当如是也。

乃王柔屡次具折直达朕前，其中建置各条未经督臣等公同详
议，且可据以为准。且地方此等重大事件亦无据臬司一折而即批
发施行之理。

揣王柔之意必料督臣已有定议，特欲借此一奏，将来诸事竣
后可引为己功，以夸耀于众。识见甚属卑鄙。且数年以来，王柔
条奏苗疆事件甚多，其中不可行者十居八九，孟浪粗疏，有忝方
面之任，着严行申饬并将所奏各折悉行发还。①

胤禛对王柔的质量太差的奏折，愤怒至极，尤其对其越级上奏十分不
满，"着严行申饬并将所奏各折悉行发还"。

长期以来，胤禛对王柔的奏折都较为不满，但是没有不满到非得颁发
圣旨加以否定并"悉行发还"的程度。

之前，胤禛在王柔"为沥陈苦衷跪恳天鉴事"的奏折上曾经严厉批
评道：

观汝自莅任道员以来，一味任性纵肆。凡所陈奏躁言妄论十
居八九，率不可行。

朕悉寻宽恕者，念汝存心尚有效力之诚耳。近日所奏弥觉狂
诞不经，颇露特恩使气景象。果如此，则是在上既无表率之能，
在下又无逊顺之雅，乃为朽木粪土之质，不堪雕琢造就。

朕从前望汝、成汝之意误矣！嗣后若犹不知改悔勉励，一经

① 张天如纂辑：《永顺府志·卷之首》，乾隆二十八年刻本，第11页。

督臣迈柱参劾，必严加惩处，不汝姑贷，当切加详慎，莫负恩谕。①

随后，胤禛在王柔"奏为请绥边土事"的奏折上对其更是破口大骂：

观汝似有疯颠（癫）之疾，不然何狂诞至于此极也。②

在王柔"奏为敬陈楚蜀水陆道途之险请敕开辟疏凿以利攸往事"的奏折上，胤禛无可奈何地质问：

观汝屡次谕奏俱属狂妄不经，莫非尔身果有疯证耶？全不计及事之可否施行，乃于君父之前矢口乱道，是诚何心？大抵素性偏于粗浮，所以但喜多事而不耐闲静耳。③

胤禛对王柔的忍耐是有限度的，但是，《永顺府志》恭录的胤禛这道圣旨是王柔任湖北按察使时颁发的，与湖南特别是永顺没有直接关系。由于胤禛的圣旨又涉及"且数年以来，王柔条苗疆事件甚多，其中不可行者十居八九"，把王柔辰沅靖道以及辰永靖道任上的劣绩一并罗列。《永顺府志》"恭录"也不为过。

王柔本是胤禛器重的人才，也是迈柱特意留住的人才，想不到把胤禛弄得如此难堪，把迈柱也弄得十分尴尬。

迈柱与王柔本是上下属关系，但两人的施政理念不同，产生的分歧难以弥合。

雍正六年（1728）二月初三日，迈柱刚履新不久，便向胤禛上折说及改土归流事：

各属土司从前构怨，兴兵彼此杀掠，习以为常。

故桑植土民向被容美土司掳去男妇千有余口。今桑植已改土归流，自应招徕复业。先经副将杨凯、同知铁显祖等查开户口姓名，檄行容美司送归故里。

随据容美司田旻如呈称，从前掳掠人口至今已三十余年，所有桑植协文内姓名俱不可考，实令职司身无所措等语。

---

① 《朱批谕旨·三十六册》，第 103 页。
② 《朱批谕旨·三十六册》，第 106 页。
③ 《朱批谕旨·三十六册》，第 108 页。

到臣除行南北两司会查详议外，臣伏思：

桑植、保靖二土司新归版籍，而永顺司又自请归流。创辟之初，一切布置事宜，臣现在细查酌议，尚未定局。此时正宜安辑人心，慰谕邻境。

况容美从前掠去桑植户口事越三十余年，一旦急于追还，恐田旻如不无疑惧。

臣愚以为此事似宜从缓。俟将桑、保、永顺三处设官分汛布置妥协，然后将桑民在容美者饬令退还。谅亦不敢不遵。

且各处兵防已密，民情已定，田旻如即有煽惑之技，亦无可施矣。臣愚昧之见，未知是否，伏请皇上训旨，以便遵循。

迈柱的奏折并没指明要容美土司田旻如归还三十年前掳去的桑植司人口是王柔在操办，但胤禛知道这是王柔的主意，批示：

尔从缓之见，是。王柔似一实心效力之员，俟其旋楚与之筹计。尔甫经莅任，朕又远隔数千里之外，率意措置或恐未当。百凡慎重为第一要著。

再者，闻各土司俱有耳目腹心布于督抚左右，须当谨防。而一切事尤宜缜密料理，毋稍疏忽。

此系朱纲奏朕之语，不识伊曾向福敏、马会伯言及否也。①

胤禛同意了迈柱的意见而且重重提醒迈柱“各土司俱有耳目腹心布于督抚左右，须当谨防”，并且还指出情报的来源及追查总督移交时是否将此类重要情报作了交代。当时朱纲已从湖南布政使升任云南巡抚。

从这一奏一批也可以看出，迈柱与王柔的博弈刚刚开始。

雍正六年（1728）七月初九日，迈柱因永顺土司彭肇槐自请归流事给胤禛上折，胤禛在批谕中又特别提醒迈柱，要对王柔“加裁抑而用之，庶不至有差谬”。

迈柱也不是等闲之辈，胤禛反复提醒，他不得不想个办法制约王柔。那就是要镇筸总兵周一德与其“公商妥协”。雍正六年（1728）七月二十一日迈柱给胤禛上折“陈明经理苗疆事”，实际上是对自己这么办作了一番解

① 《朱批谕旨·五十三册》，第80页。

释：我这么做就是要周一德制约王柔。

迈柱的奏折是这么说的：

窃照：新任辰沅靖道王柔到省呈钞：该道折稿条奏归复六里及容美设营、移改关税、开采矿厂等款，奉旨："条奏各款该督抚详悉商酌，应题者具本题请，应折奏者具折奏。闻内开采一事，另有面谕王柔之旨。钦此。"

臣思：六里、土司等处，地在边疆，人多野性。一切事宜必须从长计议，动出万全。该道王柔身受殊恩，报效心急，自必踊跃。趋事犹恐一人之见或有疏漏。臣见镇筸总兵周一德久任楚疆，熟知风土，且老成持重。而苗疆系其专管，随令该镇会同王柔和衷办理，公商妥协。覆到之日，臣与抚臣王国栋会酌具奏。

谨缮折陈明，伏乞皇上睿鉴。

谨奏。

迈柱在湖广总督任上伊始特意留下的王柔，却不能让迈柱省心。迈柱的奏折，道出了自己的无奈。胤禛深知迈柱心中的烦恼，只能这样批谕：

苗疆事务饬委文武会合商办更属允协。其加详加慎料理可也。①

迈柱和胤禛对于王柔的轻浮一直在包容。

雍正六年(1728)八月十八日，迈柱奏"为恭陈查勘苗疆事宜仰祈睿鉴事"给胤禛上奏折：

窃照：辰沅道王柔条陈六里红苗地方招民开垦及开矿等事，臣前因王柔虽任事心切，恐其少年或有轻率，是以委令镇筸镇臣周一德协同王柔亲往逐一查勘，业经具折奏明。

缘地处万山之中，夏月草木繁茂，难以深入，须候秋冬草枯叶落之后方可往勘。

今据该镇周一德禀称，已经先令熟悉苗情之年满千总李其英带同苗头寨长等潜赴六里探看情形。

① 《朱批谕旨·五十三册》，第93页。

兹据各差回称：彼地除崇山峻岭而外，其中田土已经开种者，俱系苗业未开者，不及其半。成功之后，约略水田不过二三千亩，山地亦如之。粮赋无几。

至于铅厂、朱砂厂，若令苗开采，难以约束、稽查。若募汉人，必起顽苗觊觎之心。且称将来官员往勘，必由杨孟寨经过。此寨甚大，苗亦强悍。再有五里苗寨稠密，人亦众多。恐此二处不能不用兵威。等语。

今举行之始，本职请委副将一员，同都、守、千、把领兵一千名于秋尽冬初进内安设，本职带标兵五百名一齐进内弹压，庶得联络相通。

兵粮须两路运进。一由泸溪运至红苗之阿谷塞，一由王村运至六里之花园寨。兵整粮足，方称万全。苟不慎之于始，将来恐未必有益，反滋事端。等情到臣。

除密谕该镇一面留心整备，俟草枯叶落之后会同王柔前进亲勘外，臣查：

六里红苗从前敢于行凶窃劫，皆借保靖土司为藏奸窟穴。今保靖改流，自不敢如向日之生事。至于此内地土可否招垦，矿砂可否开采，必须镇、道会勘明确，方可定议。

所有现据该镇具禀情由，谨缮折奏闻。仰祈睿鉴，训示施行。

谨奏。①

胤祯批谕：

据周一德所禀观之。用力多而收功少。何必冒险而行此举？王柔踊跃急公过于从事，恐涉于轻率。卿当详慎为之。朕在数千里外，从未经历其地，凭何指授方略耶？全赖卿等讲求一劳永逸之计，必谋出万全而后施措，岂可因一时高兴贪功遂行险以侥幸乎？殊非朕之本意，须再四详慎为要。

六里地方的招垦、开矿问题各方面的态度基本一致，可是王柔一意孤行。"于九月初八日擅行遍出告示，声言招民往六里地方开辟，以致一带

---

① 《朱批谕旨·五十三册》，第94-95页。

· 263 ·

无恒之辈聚伙成群，转展(辗)敛钱招集"。迈柱"恐其一时摇动苗情，业经飞谕停止并婉言训饬"。

雍正六年(1728)十二月初六日，迈柱在给胤禛的奏折中还说道："去后，随又据王柔禀请发银二千两为进六里官兵盘费。又两次禀请发佐贰官六员。又请发兵丁为该道差遣六里之用。此皆不详慎持重之故。但此等行为臣惟批饬不允其行且时为密谕劝诲即可以令其改正。现在该员亦已知所详慎不致如前之轻率也。"①

胤禛在迈柱的字里行间批谕："切加训饬，莫令太过。"

很明显，胤禛的语气并不是太强烈。因为当时君臣上下除了关注改土归流这一大事外，发展经济仍属紧要。六里苗的招垦、开矿被制止，其他地方的矿业发展势头迅猛。乾隆《永顺府志》的作者们似乎要为迈柱和胤禛作证，在《卷之首·上谕》特地恭录了雍正十三年(1735)的一个圣旨：

> 楚南地方产铁甚广，采取最易，虽历来饬禁而刨挖难以杜绝，但外来商贩转运递贩以致出洋亦未可定。着湖广督抚与两江督抚会同悉心妥议：应否准其刨挖？关口如何严行稽查？务期公私两有裨益。
>
> 钦此。

据《永顺府志》记载：

> 遵旨议定：湖南安化等州县地名小桥等六十八处产铁，均属内地，并无妨碍，自应听其开采，以裕民用。其设炉开采处所，一切采砂锤炼人等责令山主难觅土著良民，不许招集外来人等致生事端。
>
> 饬令该管文武官弁勤加查察。如巡查员弁兵役人等有苟纵情弊，文武官弁盘查不实着，降二级调用。兵役人等杖一百，枷号一月。
>
> 受贿者以枉法从重论。
>
> 其本省汉民商贩收买转运者，将收铁斤数与贩卖地方逐一呈明。该地方官查验给予印照，并饬取商牙船行不致出洋，甘结存

---

① 《朱批谕旨·五十四册》，第8页。

案，仍移明发卖地方官员验明铁照相符，移送给照地方官销毁。

稽察官弁如有勒措留难及借端需索者，或被首告，或被查出，题参降二级调用。

取财者计赃科罪。如有违例夹带百斤以下者，杖一百，徒三年；百斤以上者，发边卫充军。

仍严饬沿江海各州县及口岸汛弁，务须实力稽查。疏纵出洋或借端勒索分别查察。

是年，奉总督迈柱题准：长沙府之安化县，永州府之东安县，宝庆府之邵阳、武冈、新宁三州县，辰州府之沅陵、辰溪、溆浦三县，澧州之石门、慈利、安福、永定四县，桂阳州及所属之临武县俱有铁矿，查明并无妨碍，听民间自行开采。

又沅州府之芷江县、永顺府之桑植县、郴州之兴宁县铁矿均准百姓采取。[1]

当时，迈柱制止王柔在六里苗开矿是不得已而为之。从《永顺府志》记载的情况来看，迈柱发展经济的举措力度还挺大。

虽然迈柱在雍正六年(1728)十二月初六日的奏折中也为王柔开脱，甚至说"现在该员亦已知所详慎不致如前之轻率也"，但王柔的轻浮实则变本加厉。

本来，改土归流地区自报田亩征税，上下左右基本达成了共识，鄂尔泰在云贵就是这么做的。对于执行过程中的偏差，鄂尔泰和胤禛有明确的意见。雍正六年(1728)七月初五日，鄂尔泰"奏为奏闻事"的折子中说：

雍正六年六月三十日，准两广督臣孔毓珣札开泗城改土归流，其田土未清，人情尚属未定。前经刘守议详各款，据以具奏。

今奉朱批谕旨抄录奉商应作何料理？粤省已详委左江道思明府同知土田州岑应祺丈量。边氓夙未经见。前任刘守论日征收之处未议，是否可行等因，并录原奏折略内开，奉朱批："卿斟酌合宜，委令办理。朕不洞知地方情形，难以悬谕。当与鄂尔泰商酌可也。钦此。"

---

① 张天如纂辑：《永顺府志·卷之首》，乾隆二十八年刻本，第11—14页。

下编

265

臣查：泗城与西隆江北地方议归黔省，若丈量田地恐致滋事。当经委员将每年应征钱粮并随粮征纳陋规及历年遇事滥派各项银两查明造册，据报应征粮米计有一千九百六十余石，应征粮银仅三千二百一十两零。除官役俸薪工食等项外，不敷放给兵饷，西隆册亨等四甲半尚有破收银二千四百五两零。因官无养廉，役无工食，是以改流后历任征收相沿已久，而各甲夷民俱遵循完纳，应将官役所得之项革去四百余两，酌留二千两归入正项。又泗城长坝等十七甲半有公议盐银及土官收用之项，若照旧额征收仍不免苦累，应每亭酌留一半，共留银五千六百六十两零归入正额统计。合算新设永丰一州共征银一万八百七十一两零，共征米一千九百六十六石零，则官俸兵饷并衙役工食皆已足用。又泗城土府借称修理衙门名色，每年每亭派银六十两，共银七千九百五十两。今设官、安兵，应建衙署、塘汛、营房等项，亦暂留一半银三千九百七十五两为修建之费，俟修盖完日另行裁减。其余滥派各项，逐细开列出示，永行禁革，以苏民困。续又据南笼府知府黄世文详称，清查各亭、村寨内有水冲荒绝田土，无存、无可拨补者共六亭半，应征银米请予豁免，共应免银四百两零，米七十七石六十零，并免征收修理衙门银六十五两共一百三十五亭，应完之银除俸工兵饷已自有余，恐日后完纳维艰，徒多积欠，每亭再恳量减银一十一两二钱四分，共减银一千五百一十七两零。

臣又批行准其减免并出示晓谕，夷民无不悦服。现在，饬令造册，详题按数征收。

兹接奉商酌之谕旨，臣随将泗城、江北原来未经丈量系酌照旧时额数征收以资官兵俸饷、胥役工食。内有水冲荒绝田土将原征银米准予豁免。所有土官陋规，业尽行禁革，夷民安之。

现俱宁帖在粤属江南一带，虽措置应有不同，然丈量一事，似断不应轻举。缘人心未定，遂绳以官法，旧主未忘，复增以新怨。恐非所以。便目前计久远也。

昨岁奉命协办泗城事，曾据愚知向粤前抚详切言之。即如重参土府提问，土目究从前之苛派。追既往之贼私，虽事属应行，亦不妨少缓。新定地方，先务不在此。前据滇黔委员禀：庄田等事，随经严饬而粤前抚或未之深思耳。

兹读奏略如援原任泗城知府刘兴第之详，分给岑映翰存祀并养土官眷口以及族目各役之田等议甚属妥协。第每白止田二亩，约令上税一两，即为己业，谁不乐从？但不论肥瘠每白概征银四钱，未免轻重不一。此系遥度之见。未知当否。等语。备札回复。督臣孔毓珣嘱其裁酌而行讫。缘系奉旨着臣商酌之件，合行奏闻。伏乞圣主睿鉴。臣谨奏。

改土归流地区为什么不能丈量田地，只能照旧额征收赋税，鄂尔泰阐述得多么精辟。雍正赞不绝口："甚好。是当之极。"①

王柔非要另搞一套，自讨没趣。

关于这个情况，王国栋早已报告胤禛，胤禛当时并没有予以足够重视。王国栋的奏折全文如下：

湖南巡抚王国栋谨奏，为奏明事。

窃惟保靖、桑植、永顺三土司奉旨先后改流，其作何分建州县，一切善后事宜现在会同督臣熟商经理，惟三土司地土颇广，输纳无多，自宜通行查丈以清国课第。从前田地类多土民瓜分耕种，甘受土司苛派并不按亩升科，相沿已久，安之若素，化导改革似当以渐始为安妥。前据原任桑植同知铁显祖、现任辰沅靖道王柔先后详请清丈。经臣会商督臣及密询该管文武，皆以宽期为便，除经密饬王柔暂缓丈量，俟设官定制之后再行设法清丈外，所有各该土司地方宽期丈量之处，合先奏闻。

再，桑植、永顺地方前偶有时疫，自交八月以后，疫气渐消，人民现已平复。

又，湖南各府早稻收成前已奏明，兹查中、晚二稻收成计六七八九分不等，现在米价每石七八九钱不等，合并奏闻。

谨奏。②

---

① 《朱批谕旨·二十六册》，第74—76页。
② 《朱批谕旨·十七册》，第75—76页。

胤禛在"经臣会商督臣"处批谕:"汝二人宽期之见极是。原不必急行之事即不行。丈量微有不清之处,有何干碍? 王柔等所见浅矣。"

最后,胤禛批谕"知道了"。

如果说王国栋的奏折没有引起胤禛足够重视,那么迈柱的奏折,胤禛不得不高看一眼。其实,王国栋和迈柱的奏折中有一个最大的隐情没有全面公开。

雍正六年(1728)十二月初二,迈柱上奏胤禛:

为密陈改土归流事。

窃查:保靖、桑植向因该土司残虐,额外诛求二处土民归流向化之心实属诚切。

至永顺一司,从前彭肇槐素称宽厚,不事苛派,况系世袭斯土,族众繁衍,今一旦自行献土归流,在彭肇槐虽出自中心,而伊族众土民等,向流思土心不划一。

臣愚以为当此建治之初,必宜仰体宸衷。先以收拾土人之心,始可坚其归流之念。似应只将各土人名下田亩谕令全数自行报出,一体照轻,则起科严绝私派,宣示皇仁。

将大过惩处,小过宽宥,务使知归流之可乐,则思土之心渐轻。

俟行之三年,土苗信服再为因事勘丈,量加酌增,以足国用,庶几地方安静无虞矣。

如果臣言有当,伏乞皇上特敕恩旨施行。

谨奏。①

为了稳定,迈柱、王国栋提出永顺土司改土归流后,实行宽松的税收政策。这也是鄂尔泰在云改土归流的经验。胤禛对迈柱的这个奏折很高兴,批示:"所见甚是,朕于前此亦经有旨矣。"②

王柔置王国栋和迈柱的决定于不顾,逼得迈柱、王国栋于雍正七年(1729)二月初九日联合上奏胤禛。

---

① 《朱批谕旨·五十四册》,第6-7页。
② 《朱批谕旨·五十四册》,第6-7页。

遵查：辰沅靖道王柔奏称土司既经归流即与内地民人无异，按亩升科应以改土之日为始等语。

臣查：上年王柔曾经详请勘丈保、永、桑田亩，经臣批令不宜滋扰，随具折。奏明：土司田赋应令自首，不便清丈，俟归化诚切再为酌议等因，钦蒙俞允。今细绎王大臣等奏覆益信王柔所请，按田清丈，同内地升科之处实属难行。

再查王柔奏称：新改边土地方，树木丛多，岚气深重，官兵易致感染。俟建治后，当即召募民人，令其砍伐开垦田地等语。

臣等查各土司，层峦深箐，树木虽多，但访之土人从无山岚瘴气。

去年驻防官兵所染，乃一时时疾，即内地州县亦间有之，原非岚气所致。若一旦召募民人往彼，砍伐木植，则汉奸利其所有，势必易起争端。

此时改土之初，惟当加意抚绥，不宜多事滋扰，应将王柔奏请砍木开垦之处无庸议可也。臣等谨缮折覆奏，伏乞皇上睿鉴施行。

谨奏。①

从这个奏折看，王柔是一意孤行，没有把迈柱和王国栋放在眼里。迈柱和王国栋否定王柔的做法，请求胤禛阻止王柔的激进行为。胤禛最后批谕："所见甚是。彭肇槐来京引见之奏，已有旨谕部矣。"

胤禛没有具体回答迈柱、王国栋奏折提到的问题，只有"所见甚是"加以肯定，但是并没有果断阻止王柔的行为。胤禛感念到彭肇槐的不易，想见一见，又深恶王柔轻浮，感觉到王柔会把好事办砸。

本来，王柔还有一个大胆的开发计划，胤禛很是欣赏，甚至还有"候发廷臣议复有旨"的批谕。但是，从迈柱、王国栋的奏折中，胤禛看到，王柔的计划虽好，但是难以推行。

王柔的开发计划是这样向胤禛陈述的：

皇上仁慈，普照有见。夫各土司之暴虐与顽苗之仇杀不忍弃

---

① 《朱批谕旨·五十四册》，第 10—11 页。

于化外，急思登诸衽席。敕谕楚省臣工先后经理，建官分治，设兵弹压，并不惜动支帑金之浩繁。其所以为苗民谋生，全者备矣。

但既经设有官役之治理，弁兵之防卫，则其为俸工之支给与粮饷之请领。

是每年各添此数万之经费而不可以稍减。则凡臣工之承办者，理宜谋此经费之所出。

臣反复思维，欲求经久之长策，莫若及时开垦，随地兴殖之为善也。

大张开垦之示檄，饬腹地各州县查有家室之农民而身无过犯者，准本地乡保出具甘结该州县具文申送该府厅点验以凭安插其各边徼之荒土，则晓谕该苗土等令各据实呈报，更严饬该府厅与各县务再遍历查勘。除先尽苗土认领垦种外，其余山林地土之犹有弃遗者，则约计亩数，分给各招徕之农民，认承垦种。统饬该县编造鱼鳞册，申送该司道存案查考。照例五年起科，以凭转详督抚题达。如此，则野无旷土，自民多余粮，而官兵之食米易于觅买，取资无尽矣。

至科粮久有定例。查田分则因则起科，悉属宽大便民之典，固已较土司火坑之苛征、苗目保寨之科敛，其轻重已大相径庭。则苗土良弱者，谅自无不心愿而乐从也。

其地产五金之处，则准令该地民夷之采取。而外来之奸匪禁焉。

以及山之材木拱把者，则令其封禁而畜植合抱者，则准其采伐而兴贩。

悉令按例输税。

如此，则边徼之民夷更悉将于农忙而用力南亩，农闲而有事兴殖，将见衣食饶裕而咸有身家之顾虑，自不肯聚集为非矣。

迨果家富人足，其兴行教化之道亦即可次第举行。其新设之各府厅县等则责成加意治理，即于此奏效之多寡而分政绩之优劣，予以劝惩。如此，利无不兴，夷无不格，而吏无不勤，其兵粮无资于外，佥俸饷无损于额，赋固大利于民生，复有益于国计矣。为此缮折具奏，伏乞皇上睿鉴施行。

谨奏。①

王柔的奏折，如情如理，引人入胜。胤禛自然被说服。但事关重大，遂批谕："候发廷臣议复有旨。"

考验胤禛智慧的时候到了。自报田亩，是鄂尔泰在云贵的宝贵经验。迈柱、王国栋坚持这么做没有什么不妥。王柔不仅开始丈量而且还要大力开发，虽然激进，但并没有错，而且还必须这么做才行。雍正八年（1730）三月，胤禛终于下定决心，颁下如下圣旨：

任土作贡，古今之通义。

闻湖南新设永顺一府，所辖永顺、龙山、保靖、桑植四县。向来三土司每年秋粮共银二百八十两：永顺一百六十两、保靖九十六两、桑植二十四两。皆由土司交纳。

虽有秋粮之名，实不从田亩征收。永顺则名火坑钱，民间炊爨每一坑征银二钱二分；保靖则名锄头钱，每一锄入山纳银三五钱不等；桑植则名烟火钱，与火坑相等。所交秋粮即于此内量行拨解。

至于成熟之田，土官多择其肥饶者自行种收，余复为舍把、头人分占。民间止有零星硗角之地。每年杂派数次，任意轻重。此土司征民之陋规也。

改土归流之后，各有司因田亩未经清丈，或按土司均摊，或照土司田种旧册摊派，以完秋粮二百八十两之数。虽较土司陋规十不及一，民皆欢欣乐输。

然无田之民或以火坑等项尚未尽除。而有力之家隐占田亩不输赋税，殊非任土作贡之义。

但若令有司勘丈，又恐愚民无知，转生疑畏。再四思维，惟有令本人自行开报一法。

着将永顺一府秋粮二百八十两豁免一年。

---

① 《朱批谕旨·三十六册》，第89-90页。

俾土民咸知向日火坑等项从此永远解除。

其有产之家令有司详明劝谕，许将伊等祖父遗留，或用价置买，或招佃开垦。已经成熟田地若干亩，开明四至，并将上、中、下地亩价值，若干之处，限一年内自行开报。地方官给予印照，准其永远为业。

此次免其税契，俟一年报齐之后，有司照册确查，按田肥瘠分别升科，以完此额赋。

如有隐漏者，照例究治。一切杂派、私征严行禁革。

如此，则无业之民得免竭蹶输将，而有力之家，可以永为世业。庶得爱养。

均平之道是在该督抚等督率有司，善于经理开导，使土众民人明白晓谕，共受国恩。倘奉行不善，仍令土民不免疑惧，则咎有关归矣。①

胤禛免永顺府秋粮一年的举动，终结了土司名目繁多的征税办法，明确了限一年自报田亩，按田肥瘠分别征科，且以原定额为基础，只要"完此额赋"即可。同时，一切杂派、私征严行禁革。这种退一步进两步的办法，考虑周到，既照顾了方方面面的利益，又为今后的大开发留有充分的余地，极大地调动了开荒种地的积极性。

"豁免一年""自行开报""一年报齐"。大有文章可做，留有充分余地。

"有产之家令有司详明劝谕，许将伊等祖父遗留，或用价置买，或招佃开垦"。上限，追溯到祖父这一代。自行开报的面积可以进一步扩展，并且还可以买卖，雇人开垦，即"招佃开垦"。这个办法比官府组织动员大开发效果更好。

胤禛的谕旨还明确一条，"已经成熟田地若干亩，开明四至，并将上、中、下地亩价值，若干之处。限一年内自行开报"。等于一年之内成熟之田也可申报，而且自己明确界限。多占一点不是难事，不仅不会追究，"地方官给予印照，准其永远为业"，有保障。

"蹶"，为做噩梦之义；"输将"，指缴纳赋税。"则无业之民得免竭蹶

---

① 张天如纂辑：《永顺府志·卷之首》，乾隆二十八年刻本，第9-10页。

输将"，意即无业游民也要吃饭，也有煮饭的火坑，免去了"向日火坑等项"，无业游民也可开荒种地，再也不用为税赋无源而担忧。

改土归流之后，土司治理地区的生产力得到一次大解放。相当多的无业之民有地可种，成为有产之家；相当多的有产之家拥有了更多的财产。土地可以买卖，必然，一些有产之家也将不断地丧失土地而成为无业之民。总之，不管其后土司治理地区的大开发的成效如何，人们的评价如何，大开发对于推动这些地区经济发展、社会进步的作用是毋庸置疑的。

第二节　同知潘果苛刻凌虐引发民变遭怒斥

对于迈柱，胤禛是器重的，但是对他的所作所为也有不满之处。迈柱识人凭直觉，用人也缺乏肚量。王柔和周一德本是迈柱选择的搭档，稍有不合，迈柱便要拆散，而且还要胤禛颁旨移调。胤禛并未听从，因为，此二人在平息永顺民变时发挥了重要作用。

雍正七年(1729)四月二十一日，迈柱"奏为密请睿裁事"：

窃查：辰沅靖道王柔与总兵周一德同事一方，彼此不甚和衷，臣叠次勉谕镇道各宜协恭办事，总为国家效力，使地方相安，民苗帖服。不宜各执己见，致误公务。

然两人性质原有不同。王柔急于见才而举动轻率，周一德诸凡持重而计虑详细，以致微有龃龉不合。

臣思两员俱系有用之才，若胸怀嫌隙而使之同在一处，惟恐有妨地方公事。

为此密请皇上睿裁，可否将两员之内特颁谕旨移调一员，庶彼此各得展其所长。臣仍不时劝谕协恭办理外，谨具折密奏，伏乞睿鉴施行。

谨奏。①

迈柱的内心是想挤走王柔，但不好明说。胤禛心知肚明，没有同意迈

下编

① 《朱批谕旨·五十四册》，第16页。

柱的请求，批谕：

> 观王柔、周一德皆颇具急公之心，朕以为共事无妨。天下未有公而不和之理，日久相知，自当辑睦。将朕此谕便中作尔意转示二人知之。

臣子们辑睦一体未必是好事，也不正常。适量的龃龉可以磨砺出真知，也便于驾驭。胤禛自然要否定迈柱的要求，迈柱也能体会到胤禛的意思。

雍正七年(1729)，永顺发生民变。署湖广提督印务岳超龙，先于迈柱上折。胤禛随即颁发圣旨严惩，并有意避开迈柱和王国栋，让署理湖北巡抚印务的赵弘恩牵头审理。《永顺府志》记载的圣旨如下：

> 雍正七年五月，奉上谕：据署湖广提督印务岳超龙折奏，永顺土民聚焦多人，控告同知潘果酷刑重耗，滥差妨农，纵役强奸民妇。又借名皇谷，勒卖儿女赔补。苗众约有二千人，扎驻永顺城外。臣现咨镇臣周一德，前往抚谕，倘仍逞蠢顽，不即解散，则应调遣官兵相剿抚等语。

> 从前永顺土司恳请改土为流，朕屡次降旨不允。后以该土司情词恳切，始勉从其请，加以特恩，并令该地方官抚绥苗众，和辑乂安，使之得所。

> 今土民聚众妄行，干犯国法，虽系伊等秉性愚顽，然亦必由该同知不能拊循之所致。

> 潘果系王国栋保题之员，何以居官之劣如此？

> 今若交与湖广督抚审理，恐伊等瞻顾回护但云土司凶悍，渐不可长，而不能得其实情。

> 昨降谕旨，令赵弘恩署理湖北巡抚印务。赵弘恩等平日熟悉苗疆情形，着于到楚之时，先赴湖南审理此案。

> 再令御史苗寿、唐继祖前往会同审讯。

> 其土民倡首之人自应查出治罪。若潘果实有苛刻凌虐等情，应置重典，以彰国宪。

> 提臣岳超龙奏折及土民控告呈词款迹俱发与赵弘恩等，逐一秉公讯问。

湖北巡抚印务，着布政使徐鼎暂行署理，俟赵弘恩此案件审定之后，再赴署理湖北之任。

钦此。①

《清实录·世宗实录》也记录了这一圣旨，并且指出系庚申日发布的。但是，删掉了"潘果系王国栋保题之员，何以居官之劣如此"字样。

按照雍正五年(1727)十二月胤禛宣布的改土归流法规，"即系平日保举之人亦不可为之容隐。果能据实纠参，朕必宥其失察之愆，嘉其公忠之谊"。可是，这时的迈柱和王国栋均没有将情况上报。胤禛只好采取特殊措施：

(一)"潘果系王国栋保题之员，何以居官之劣如此。今若交与湖广督抚审理，恐伊等瞻顾回护但云土司凶悍，渐不可长，而不能得其实情。"这是胤禛的担忧，怕王国栋、迈柱包庇。

(二)"昨降谕旨，令赵弘恩署理湖北巡抚印务。赵弘恩等平日熟悉苗疆情形，着于到楚之时，先赴湖南审理此案。再令御史苗寿、唐继祖前往会同审讯。"审理阵容如此庞大，足见胤禛的决心之大。

赵弘恩进入湖南之后便留在湖南，接替王国栋任湖南巡抚。

潘果是宜章县的知县，是王国栋推荐补授永顺同知的。王国栋有推卸责任之嫌的奏折是这么说的：

湖南巡抚臣王国栋谨奏，为奏闻土苗聚众抚谕解散地方宁谧事。

窃查：湖南辰州府属新设改流之永顺地方，原设同知一员，专司抚绥弹压。前任郴州宜章县知县潘果，系属苗疆州县，在宜邑任事二载，地方安静。臣随题请补授永顺同知。

该同知赴任时，臣复再三训饬：永顺土司初经向化，地方事宜逐渐整理，方不惊扰。

随据该同知禀称：土司旧用舍把、头目不下百数。此辈向预民事，凌制小民。卑职始至，大张条约禁革，不许私擅行事，务绝假借之端，以免欺凌之累。等情前来。

---

① 张天如纂辑：《永顺府志·卷之首》，乾隆二十八年刻本，第7-9页。

臣又当即批饬，渐次料理，毋得骤事更张。

去后讵两月以来，闻得永顺土民于本年四月十六日拥众百余及田、王二峒亦聚集多苗，在永顺南门城外聚众噪嚷，四路守塞，声言潘同知酷刑重耗，差役下乡苛索滋扰，并捉拿衙役等情。

臣思：新附苗疆非内地可比，虽所称劣迹虚实未定，而抚绥不善，即难辞责，似此不职厅员，断难姑容。臣一面将该同知会疏题参，一面飞檄辰沅靖道王柔、辰州府知府袁承宠，持臣告示前往晓谕，解散土众。

委常德府通判刘法祖署理同知事务。

又，檄行布、按二司将该同知摘取印信，押回内地，确查劣迹实情，严拿扰民蠹役及究处倡首土民，确审定拟在案。

嗣据该道府禀称：田、王二峒土众已遵奉约束，渐次散去。永顺舍把、土民亦遵奉晓谕，俱已解散。具呈恳请销案等情到臣。复饬行该道府，悉心安辑，再加晓谕，毋仍蹈前辙，务期永远宁谧。

至该同知所有劣迹虚实并土民聚众起衅情由，已檄行司道府详加确查，统候奉旨饬审，一并定拟，另行题报。

臣谨将现在永顺土民聚众已经解散情形具折奏闻。

又，臣拣选未当，惶惧实深，业于疏内检举，听候部议。合并奏明。

谨奏。①

胤禛怒不可遏，批道：

汝犹腼颜陈奏，可谓无耻之极矣。

似此新辟苗疆要任，所保题者乃潘果之流，其他寻常之缺尚可问乎？

以汝此等督抚而令朕假以举劾之责何从信任？然亦无怪乎？

汝等朕简用之，督抚皆如王国栋等辈，则督抚保题之员应皆如潘果等流也。奈何？奈何？

---

① 《朱批谕旨·十七册》，第100—101页。

此皆朕乏识人之明。源不清而望流之洁，庸可得乎？

朕亦无颜降旨责汝矣，惟自愧而已，夫复何论？

皇上辱骂，臣子只能听着，事还得办。王国栋接下来又上折推荐了袁振绪。胤禛虽担忧也只能恩准。王国栋的折子是这么说的：

湖南巡抚臣王国栋谨奏，为永顺地方辽阔委员分驻以资弹压事。

窃查：湖南新改流土司地方惟永顺一隅最为宽广，又田、王二峒各苗更为顽梗，现在驻永止有同知一员管辖，实属鞭长莫及。

臣向于江西寨相近永顺地方委乾州同知沈元曾分驻管理。

今沈元曾奉差往京，查有原任醴陵县知县袁振绪谙练苗情，因攸县丈量事竣回省。臣即檄委协理辰州同知，驻扎江西寨，同永顺同知分管在案。

但查该员原系减则案内解任之员，经臣查系无干，题请开复并请留楚补用，部议准其开复，应否留楚之处俟引见时钦定。

今因该员委勘攸县田亩尚未给咨，引见惟是。

永顺地方系新辟苗疆，非才裕守廉、熟谙风土之员不能胜任。

查袁振绪实属廉干之员，可于苗疆紧要缺内补用。

仰恳圣恩准其留楚，弹压地方。并请于永顺等处新设四县内酌量将该员题补一缺，俟料理地方诸务就绪后再行给咨引见。庶要地得人而臣亦得收臂指之效矣，为此具折奏闻。伏乞皇上睿鉴，批示遵行。

谨奏。①

这是潘果案后王国栋推荐留用袁振绪的奏折。

从王国栋的奏折表述看，袁振绪是胤禛要引见的人，王国栋建议先用后引见。后来袁振绪任新设置的永顺府龙山县知县，干得还不错。

永顺通判李珣提拔为永顺同知，后升辰州府知府。雍正十二年（1734）接替袁承宠任永顺府知府，后升辰永道道员。

---

① 《朱批谕旨·十七册》，第101-102页。

对于王国栋的奏折提到的袁振绪，胤禛倒是有所保留，重重提醒："或又如潘果之流亦未可定，既据奏称为地方人才起见，姑照所请，委曲怀疑而试用之。已有旨谕部矣"。

对于永顺民变，王国栋深深自责，胤禛耿耿于怀。王国栋请求当面向胤禛汇报作检讨，胤禛加以训斥，没有同意。君臣间的交流情况如下：

> 湖南巡抚臣王国栋谨奏。为圣恩高厚臣罪难辞，仰恳陛见面聆圣训事。
>
> 窃臣奏永顺土众解散一折，蒙皇上朱批严饬切责，臣跪读之下，恐惧战栗，无地自容。
>
> 身任封疆似此紧要地方，误荐潘果，抚绥不善。潘果有难辞之责，即臣有莫逭之罪。
>
> 伏念臣愚无知识，屡荷皇上特达之知。一差陕西典试，一差广东典试，一差河南督学，一差浙江观风整俗使。升辞之日，俱蒙皇上谆切训诲，开导指示，臣俱敬谨镂心，不敢稍忘，得免陨越。
>
> 今自浙莅楚将及二年，办理地方事务，夙夜只惧如对君亲。奈才识浅薄，责任重大，而楚风刁悍，逼近苗瑶，臣有忝职守，以致上烦圣虑。臣寝食居处，刻不自安。
>
> 缘臣在外日久，弗获亲聆皇上提撕警觉，此心茅塞，自难免于错误，仰恳圣慈准赐陛见。
>
> 臣将楚南一切紧要案件次第赶办，于十月武闱竣事之后，暂以印务交布政使赵城获理。臣兼程入都瞻仰圣颜，将湖南吏治民风及各属苗疆事理，凡折奏所不能尽悉之情形，得一一面陈君父之前，跪恳皇上详明诲导，庶臣知所遵循，勉尽厥职，得以稍报殊恩。皆皇上造就裁成之德也，臣不胜战栗惶恐之至。
>
> 谨奏。①

看来，王国栋也有许多难言之隐，非得当面向胤禛说清。可胤禛就是不给这个机会。胤禛在王国栋奏折中说及履职经历这一段话旁批："此等

---

① 《朱批谕旨·十七册》，第102-103页。

差使稍知公廉自爱者皆能胜任。今将巡抚专阃重任比较，殊属不伦之论。"

在王国栋说及"自浙莅楚"时，胤禛批："得免陨越全赖田文镜、李卫之方耳。"

在王国栋说及自己的才识时，胤禛批："汝限于才识，令联无法可施。"

在王国栋说及"在外日久，弗获亲聆皇上提撕"时，胤禛批："此语更属可笑。"

这时的胤禛已经对王国栋失去了信心。在王国栋奏折的末尾发表了一大通议论：

> 所当训谕者，从未闻朕训谕之人、不知朕意所向之人及全未经历学习之人。
>
> 汝于未任观风整俗使以前，受朕面训何啻至再至三。
>
> 如鄂尔泰以江苏布政使擢授总督来京陛见，如此重任亦不过留京四五日，面见数次。
>
> 田文镜从祭岳回京即命往山西察赈，此后诸任再未面领朕训。
>
> 李卫自云南来时止留京三日。
>
> 此三人并非多听朕谕，深知朕之意向而能迎合之也。
>
> 岂有闻教而不能受，受教而不能遵，遵教而不能行之人。
>
> 令其旷官离职，往返道途，谆谆频加训谕之理。此奏更属可笑。
>
> 尔切勿存凡事见面一言即了之念，若然则廷臣无一获罪者矣。何愚暗至于此极？
>
> 况朕已事事不辞，千万言批谕，总不能领会，不能奉行，不能振作鼓舞，不能察吏化民，而忽思及陛见面请训谕，实不解汝具何肺腑？
>
> 朕意与其令汝前来受朕诲导，反不如将汝隶于田文镜、李卫之属下，随二人学习数年或可助汝心力之不及也。①

---

① 《朱批谕旨·十七册》，第103-104页。

随后，王国栋调整为刑部侍郎。赵弘恩接任湖南巡抚。

永顺宣慰司改土归流后潘果苛政引发的事变并不算严重，但是是在彭肇槐呈请自愿改土为流回江西原籍这一背景下发生的，胤禛不能不予以高度重视。

胤禛在责骂王国栋等人的同时，不由得说到"从前永顺土司恳请改土为流，朕屡次降旨不允许。后以该土司情词恳切，始勉从其请，加以特恩，并令该地方官抚绥苗众，和辑乂安，使之得所"，其内心的郁闷可想而知。

雍正七年(1729)五月初二日，迈柱上奏胤禛，又遭到胤禛臭骂。

迈柱说：

为奏闻事。

窃照：永、保、桑三司地方，自改土年余，土民乐业，甚为宁静。

臣犹恐各官恣肆扰民，不时申饬。

又檄行辰沅道王柔转饬所属苗土官员务须勤修厥政，清白乃心。

一切词状作速审结，勿许衙役索钱，勿令犯证守候，勿任一时之性而使刑罚过当，勿徇一己之私而使曲直不分。

讼平事理，斯为称职，倘有违犯，定必严加参处等。

因去后，不意永顺同知潘果到任仅及两月，于四月十六日有土民百余及田、王二峒苗人在南门城外噪嚷，守塞四路，并捉衙役六人。云潘同知酷刑重耗、差役苛索等情。

据帖防永顺游击禀报，提臣转咨到臣，除与抚臣会疏，将潘果题恭外，臣即飞檄辰沅道王柔、镇筸总兵周一德星驰前往弹压抚辑。确查起衅实情并拿倡首土恶及扰民蠹役。究审其余附和。

土苗抚慰，各令安业。

仍差员前往访查潘果劣迹及土众解散情形，到日另奏。

臣现同抚、提二臣敬谨办理，仰副皇上，宁辑边陲至意，合先缮折奏闻。

谨奏。①

胤禛对这一个奏折非常不满，批道：

浮词满纸，朕殊愧览。此奏可谓无耻之极。已有旨矣。

反倒是王柔，对永顺民变的自责，让胤禛心里略感安慰。归根结底，王柔孟浪没有浪出动乱。王柔的折子是这么说的：

钦奉朱批："朕一生得力，处在'不负人'三字。"

臣跪读之下，不觉感激涕零。

如臣于上年十月内接京钞见顺天乡试题名录，内臣胞弟王检中试第三名举人。

又于上年十二月间接京钞见臣父王桴特授顺天府府丞。

至臣于杨绪一案，从前愚昧相与，罪实难辞复。蒙我皇上宽免处分，再四矜全是即就臣父子兄弟而论，我皇上非惟不负于臣，而且恩施弥厚。

乃臣于雍正六年五月抵任以来，逮今将及三载。

如永顺改土，臣以疏忽而土蛮滋事，以至上干宸念。如六里废弛至今未经开辟，红苗凶顽未尽悛改。

臣日反躬自责，有负于君恩为甚多。

臣辗转五内惭愧益深，战栗愈甚，几无刻可以自容。

今幸抚臣赵弘恩抵任以来，诸事急图整饬，庶臣之素矢图报于君上者或得稍伸犬马之征忱于万一耳。臣不胜感激奋励之至，所有奉到朱批原折，理合呈缴。

谨奏。②

胤禛批谕：

感恩思报何为羞恩？若恃恩自满，难保不负恩矣。报之之道，惟常勉求从容中理期于有济。凡事过犹不及，不可一味孟浪勇往。置是非成败于不论，为急公效力也。勉之，志之。

胤禛在开导。王柔似乎也从赵弘恩的身上看到了希望。迈柱属下的官

下编

---

① 《朱批谕旨·五十四册》，第18页。
② 《朱批谕旨·三十六册》，第18页。

员因改土归流问题，一个个倒下，迈柱施政困难。

七月十五日，迈柱上奏折请求留用杨凯：

> 查：副将杨凯熟诸苗情，允称干练，乃边疆有用之才。虽法应拟罪，而事属因公，并非营私贪污之比。

> 臣念人才难得，仰恳皇上洪恩宽免，准以革职留楚效力，俟有相当员缺补用以责后效。可否？伏候睿裁。

> 至铁显祖才本平常，不敢渎请。合并陈明。

> 谨奏。

胤禛批复："照迈柱所请，杨凯着革职留任效力行走。该部知道。"①

同日，迈柱又上折作自我批评："臣查永顺归流全赖文武各官抚绥有术。臣虽谆檄训饬，而同知潘果犹致土民有此不法之事，臣实自耻。"②呼应胤禛所批"无耻之极"。"臣实自耻"，出自迈柱这样的老臣之口实属无奈。

由宜章知县调任永顺府永顺县同知的潘果不到两个月即被革职查办。潘果回原籍无锡，在偏僻之径被人杀害，尸体高挂树上。朝廷也只好不了了之。

对于"勤修厥政，清白一心"的官员，即或有错，胤禛也网开一面。极典型的要数王柔。

王柔与迈柱对着干，胤禛一方面鞭挞王柔，一方面又重用王柔，甚至还提拔他为湖北按察使。王柔自恃有胤禛撑腰，仍然我行我素。迈柱虽然稳重沉着，但也不是省油的灯，他对王柔的火气不小，还给"小鞋"穿。有王柔所告御状为证。

《朱批谕旨》第三十六册记载，王柔的奏折题头就是"湖北按察使臣王柔谨奏，为沥陈苦衷跪恳天鉴事"，可见其心中的郁闷。

王柔在奏折中说：

> 窃臣自雍正六年春升授道员。蒙皇上特恩着臣折奏。臣惟感高厚难酬。凡事关国计民生者，知无不言，言无不尽。未免触督

---

① 《朱批谕旨·五十四册》，第21页。
② 《朱批谕旨·五十四册》，第22页。

臣之避忌，积恨日久。

但从前远处苗疆，犹不过牌票文案之间，受其斥辱，臣何敢琐渎。

今臣仰荷圣恩，升任湖北臬司，惟知谨守理法，凡遇事案有情罪可疑者，臣俱详加究讯，一经审出冤抑，则承审各官均有处分。而保荐之上司亦有干碍。督臣不无蓄怨在心。

近复因伟璈受贿一事，臣以案多疑实不能瞻顾阿从，于会详未敢书行益致。督臣怒不可解，遇事寻衅。

如臣所奏牍锾一事，奉朱批："此系汝任内事，详明该督抚题请，方属合宜。"臣当经具详，而督臣即斥臣为多事。

更如兵饷小建一事，经臣具奏，而督臣复厉言变色，将臣痛加詈辱。

臣惟念朝廷莫如爵，倘稍露词色，督臣必谪臣以倚恃君恩，目无国法，致臣难以自剖。是以俯首忍受，笑面相迎。

执意见臣顺受不抗，习以为常，于僚属同见之际，有议论未合者，辄肆行怒骂，几视臣同奴隶矣。

臣既不能曲就，势必受骂无休，但臣职任提刑，为通省各府州县之表率，似此屡遭挫辱，而竟一味忍气吞声，臣亦几成阴险小人，观瞻不雅。

我皇上亦何乐有此无品之臣耶。所有屡辱难受屈衷，不得不跪恳圣慈之垂怜。臣曷胜惶恐，待命之至。

谨奏。①

胤禛除在奏折字里行间批谕外，最后批了一大段话：

观汝自莅任道员以来，一味任性纵肆。凡所陈奏躁言妄论十居八九，率不可行。

朕悉寻宽恕者，念汝存心尚有效力之诚耳！近日所奏弥觉狂诞不经，颇露特恩使气景象。果如此，则是在上既无表率之能，在下又无逊顺之雅，乃为朽木粪土之质，不堪雕琢造就。

---

① 《朱批谕旨·三十六册》，第104-105页。

朕从前望汝、成汝之意误矣。嗣后，若犹不知改悔勉励，一经督臣迈柱参劾，必严加惩处，不汝姑贷。当切加详慎，莫负恩谕。

据《清实录·世宗实录·卷一四六》记载，雍正十二年(1734)八月"辛未。调湖北按察使王柔来京，直隶按察使窦启瑛为湖北按察使司按察使"①。

雍正十二年(1734)十一月丁亥，雍正"命原任湖北按察使王柔前往江南，与太仆寺卿俞兆岳协办海塘事务"②。

对于海塘事务，胤禛看得很重。其中的腐败不容忽视。王柔到后立即予以揭露是无可否认的事实。雍正十三年(1735)七月壬子，胤禛谕内阁：

朕为浙省海塘宵旰焦劳，无时或释，且不惜多费帑金。冀登斯民于衽席。年来所降谕旨不下数十百次。隆升、程元章、汪隆、张坦麟皆朕特简之大员，委以防川之巨任，且训谕谆谆，望其实力奉行，勉以和衷共济。岂料伊等私心蔽锢，意见参差，但分彼此之形，全无公忠之念。安有身在地方，目见堤岸空虚而不督率属员先事预防急为修补者？隆升、程元章、汪隆、张坦麟俱着交部严查议奏。③

王柔有缺陷，但能办事，勤于鞭挞引导以利用其办难事、大事，这就是帝王的驭人之术。

第三节　迈柱在湖广行省大力推行移风易俗

迈柱何许人也？喜塔拉氏，与西林觉罗氏的鄂尔泰同属满洲镶蓝旗人。

迈柱本是鄂尔泰的岳父。鄂尔泰在奏折中曾称，"臣接开家信，知蒙圣主以臣胞兄鄂临泰女特颁恩谕许字怡亲王弘晈阿哥，臣率同臣妻席他拉氏并臣子恕奴、约奴、孚奴叩头谢恩"。

---

① 《清实录·世宗实录·卷一四六》，第822页。
② 《清实录·世宗实录·卷一四九》，第849页。
③ 《清实录·世宗实录·卷一五八》，第937页。

喜塔拉氏，席他拉氏，是满语的汉语音译。以迈柱当时的地位及人品，岂是王柔之辈所能撼动？迈柱该怎么做就怎么做。虽然有时候也惹皇上不悦，但总体来说胤禛对迈柱还是满意的。

迈柱于雍正五年(1727)十二月十八日抵湖广总督任所接替福敏后，以湖广总督名义给胤禛上的第一个奏折是"为陈明赈济情形并招民复业仰慰睿怀事"。胤禛批谕：

欣悦览之。

据福敏陈奏湖广情形，又须尔大费一番心力。

若止循分尽职料理地方事宜，尚不足以言报。必使通省风移俗易，咸革薄从，厚返浇还，淳有焕然一新景象，方为不负朕之委任也。

敬之，慎之。

迈柱牢记履新湖广的两大任务：一为循分尽职料理地方事宜；二为必使通省风移俗易。

风移俗易在胤禛的心目中分量很重，因为风移俗易牵涉到社会的方方面面。最令胤禛痛心的是盛京的风俗，他决心采取果断措施加以解决。

据《清实录·世宗实录》记载，雍正三年(1725)五月癸亥，胤禛"谕内阁"：

盛京风俗，甚属不堪。俱因苏努为将军八年，俯徇无知小人之心，沽取虚名，私恩小惠，逞其机诈，唯利是图，毫无裨益。

地方军民之处风俗由是大坏。非有为国家实心效力之大臣尽心竭诚大加整理，不能挽回风俗。着都察院、左都御史尹泰以原品往盛京署礼部侍郎兼理府尹事。①

雍正四年(1726)十月"庚申，谕内阁部院大臣等"：

朕宵旰勤劳，励精图治，谆谆以正人心端，风俗为首务。而欲人心风俗同归于善，必先去其营求请托之私而后可以成公平之化。

大臣者，群僚之表率也。职官者，士庶之仪型也。大臣不能去营求请托之私，则标准不立，而百僚士庶相习成风，更无所底止矣。

---

① 《清实录·世宗实录·卷三二》，第494页。

外省督抚藩臬皆地方大吏，其所办理皆地方紧要之事，若在京大臣以私情嘱托，必致进退人才不得其实，听断狱讼不得其平。

种种倚仗势力颠倒是非，夤缘奔竞之事，皆由此起，民生何由安？吏治何由肃乎？

夫交以道，接以礼，圣人所不废。内外官员几有问候书札及馈遗往来而无所干渎者，不必拒绝。有关说情请托者宜严行禁止。

地方大吏，正当谢绝知交嘱托之私情，以除向来相沿之陋习。在廷诸臣亦不可举国法以谢亲知。秉公去私，共襄移风易俗之化。慎之，勉之。①

胤禛对于浙江的移风易俗问题更是特别关注。是月，"甲子，谕九卿等"：

朕闻浙省风俗浇漓甚于他省，若不力为整顿挽回，及其陷于重罪加之以刑，实为不忍。

朕意专遣一官前往浙江省问风俗，稽察奸伪。应劝导者劝导之，应惩治者惩治之。务使绅衿士庶有所儆戒，尽除浮薄嚣凌之习，归于谨厚，以昭一道同风之治。

其如何设立衙门，铸给关防之处，着详议具奏。

寻议查：唐贞观置观风俗使巡省天下。观风俗之得失。今遣官前往浙江省问风俗，稽察奸伪，应授为浙江等处观风整俗使。铸给关防，以重职守。

从之。②

随即"以河南学政、光禄寺卿王国栋为浙江观风整俗使"③。

雍正五年(1727)四月"癸丑，谕内阁"：

朕以移风易俗为心。凡习俗相沿不能振拔者，咸兴以自新之路。

如山西之乐户，浙江之惰民，皆除其贱籍，使为良民。所以

---

① 《清实录·世宗实录·卷四九》，第734-735页。
② 《清实录·世宗实录·卷四九》，第737页。
③ 《清实录·世宗实录·卷四九》，第737页。

励廉耻而广风化也。

近闻江南薇州府则有伴当，宁国府则有世仆。本地呼为细民，几与乐户、惰民相同。

又有甚者，如二姓丁户、村庄相等，而此姓乃系彼姓伴当、世仆。凡彼姓有婚丧之事，此姓即往服役。稍有不合，加以棰楚及讯其仆役。起自何时，则皆茫然无考。非实有上下之分，不过相沿恶习耳。

此朕得诸传闻者。若果有之，应予开豁为良，俾得奋兴向上，免至污贱终身，累及后裔。

着该督抚查明定议具奏。

寻礼部议复：安庆巡抚魏廷珍遵旨议奏江南薇、宁等处向有伴当、世仆名色，请嗣后绅衿之家典买奴仆。有文契可考未经赎身者，本身及其子孙俱应听从伊主役使。即已赎身，其本身及在主家所生子孙仍应存主仆名分。其不在主家所生者，应照旗人开户之例，豁免为良。至年代久远，文契无存，不受主家豢养者，概不得以世仆名之。永行严禁。应如所议。

从之。①

迈柱在湖广总督任上移风易俗的动作不少。雍正六年（1728）十月二十日，迈柱给胤禛上奏折，"奏为楚省强窃贼盗众多亟宜整饬以安民生事"，其中又有，"一营汛弁兵宜令其就近分查保甲也"，"一典史纵窃不获宜照案数处分也"，"一牙行被盗窃去客商银货等项宜令行主先赔赃物以杜窝引诈财之弊也"，"一沿江沿湖小船宜挨编字号设连环保结也"。

胤禛对此微词甚多，在奏折的字里行间又批又点，最后一顿奚落：

所奏四条，朕甚鄙之。虽因地方多盗筹划消弭起见，然皆枝叶边事，非拔本塞源之论。

封疆大吏果以靖盗为念，惟在勤察访，严赏罚，训饬文武属员实力奉行而已。

又在威惠兼施。于平时，令百姓咸知恩之可感，法之可畏。

---

① 《清实录·世宗实录·卷五六》，第863—864页。

闾阎各安本分，生理有赖，不虑饥寒，然后申之以孝悌廉耻之义。庶望渐臻化行俗美若但规规。

以目前小术为务，徒滋纷扰，究复何益？

果能令属员亦心悦诚服，犹如臂之使指，胡令不行，曷禁不止？

计不出此而欲惟法，是赖恐利条益密而百弊丛生，措置愈难，将见善良动干功令而奸宄更得乘机肆志也。

览汝此奏，专务烦碎，不本大体，识见甚属卑浅。朕深为楚省忧之。①

迈柱的缉盗之法，应该是整顿风俗的措施，胤禛并没有看重，反而发布了截然不同的长篇大论，这样的论述至今读来也耳目一新。

胤禛的议论，振聋发聩，指点迷津，主要观点是要组织各级机构和官员都行动起来，要发动广大百姓也行动起来。迈柱茅塞顿开。

据统计，雍正七年(1729)正月十九日至三月初三日，不到两个月，迈柱关于移风易俗的奏折就有六个之多，涉及各个方面。

雍正七年(1729)正月十九日，迈柱"为谨陈厂关事宜仰请圣训事"，对相关税课收支提出了四条整饬措施：一是"捏造日收簿票之弊宜革除也"，二是"料票宜用联三串票也"，三是"游湖关宜另立簿票也"，四是"剥载寡妇南粮料豆等船及七尺以下空船似宜仍循旧例也"。胤禛对此赞赏，指出"种种弊窦匪伊朝夕，必极力整饬，方可革除"。②

严格治安管理。朝廷有规定，"废员定例不许出境滋事"。雍正七年(1729)三月初三日，迈柱和湖北巡抚马会伯奏称，已经严查潜入武昌的违禁聚赌被题参的苏州翰林张应造，胤禛也认为"此举甚是，亦属可嘉"。

同日，迈柱又禀，案犯金依皋至革职知府金依尧任所就食，非旗逃而是串供，宜就近审明咨解。胤禛以为"此事系未奉朕皆饬禁""犹可恕"，但迈柱还是严惩获罪官员。

对于传言，迈柱一查到底。依然是三月初三，迈柱就湖北襄阳与河北

① 《朱批谕旨·五十四册》，第3-5页。
② 《朱批谕旨·五十四册》，第9-10页。

唐县的借粮案，"密饬该管文武各官严谨巡防队员，并提不法棍徒重究"，很快"讹言已息，安静无事"。胤禛重视，批谕："此事当咨明豫督田文镜，令其严加察究。"

对于兵丁的移风易俗，迈柱也抓得很紧，极力革除废弛之息，务戢骄纵之风。但是推进很难，有时候还会出现越禁越重的怪现象。例如，竹山营事件，迈柱先奏为奏闻事：

> 臣访闻湖北竹山营兵丁甚属骄横。有典史徐士英二月内查夜值。众兵聚赌，典史往拿，彼敢于拒捕，打散典史从人，擒住典史，勒写甘结。
>
> 得典史跟役报明把总到彼，方行解脱。典史随奔告守备，有明日重处之说。彼等恐罹责处，遂次日纠约多人男妇成群打入典史宅内，典史惊惧，逾墙逃入县署，彼等遂擒拿典史之妻，揪出大门肆行辱骂。闻有道士相劝，方得乘空亦奔入知县署内。
>
> 彼时，游击方元、知县刘宏隽俱皆公出，闻信驰回，将思惩治，而彼等暗书匿名揭帖，内皆骄横不法之言，贴于游击、知县署前。彼地文武畏惧，不敢通报，止具禀帖禀明副将、知府，竟寝其事。
>
> 臣既有访闻，不敢隐匿，理合奏闻。①

胤禛阅读此折，怒火攻心，批谕：

> 似此奏情形，汝名为总督，所督者何事？能不汗颜乎？当严查重究，以惩不法！
>
> 至若地方文武，果皆如是软懦，则方元、刘宏隽亦应指参以为溺职者戒。
>
> 湖广兵丁骄悍不训，朕前经面谕皆缘魏经国任内市恩邀誉，一味姑息所纵成者，若不留心整饬，极力振作，仍然因循宽假，将来不知作何底止也。朕实为汝愧之。

迈柱在这个奏折中对竹山案没做任何辩解，只是陈述事实。而在另一个奏折中，就雍正七年(1729)正月十三日胤禛的批谕巧妙地进行了辩解。

---

① 《朱批谕旨·五十四册》，第12—13页。

下编

迈柱说:

窃臣于雍正七年正月十三日蒙皇上发下奏闻事一折内奉朱批。臣跪读之下羞愧悚惶,不觉汗流浃背,无地自容。

伏念臣才本疏庸,谬膺重任,凡蒙皇上训示,一字不敢暂忘。地方诸务,一刻不敢少怠。如楚兵骄悍,奉皇上面谕,留心整理。

臣到任后,即严行檄饬申明军纪,力除废弛之习,务戢骄纵之风。

又于调考将弁之时,面加切谕。不啻再四。

不意竹山营兵丁犹有与典史争斗一事。臣身任总督,虽该营辟远,处在万山之中,既无道路之传闻而该地方文武各官又无只字禀报。

然臣不能早为觉察题参,实难辞咎。

除将容隐不报之府、县及约束不严之将、备等官,另疏一并指参外,至臣失察之咎蒙皇上不即谴斥批谕训诲,使臣知愧。天地之包容无以逾此。

臣惟有凛遵益加惕励,以副圣慈。谨缮折恭谢天恩。伏祈睿鉴。

谨奏。①

胤禛知道迈柱的难处,批谕:"尽力整理,留心访察,毋被属员朦隐。"

湖南巡抚任上的王国栋是从浙江观风整俗使任上提拔上来的官员,都察院的李徽为湖南观风整肃使,湖南的移风易俗自然要与众不同。改土归流后的永顺府要迎来新气象,移风易俗必须真正动起来,配备得力的永顺知府至关重要。

迈柱于雍正七年(1729)七月二十七日给雍正上折,"奏为要郡需能员,仰恳圣恩允补以裨苗疆事"。

窃照:辰州府知府袁承宠,现今疏请调补新设永顺府知府所遗员缺。

---

① 《朱批谕旨·五十四册》,第13—14页。

臣查：辰州所属俱系苗疆且逼处六里红苗。知府一员实为紧要。恐部选人员于地方情形未能谙悉，今查凤凰营通判白丰办事明敏，允属才能，且久任苗疆，熟谙边务。现委署理永顺同知事务，抚辑有方，以之补授辰州知府，洵为人地相宜。如蒙圣慈破格俯允，伏乞皇上批示遵行。

　　　谨奏。

胤禛批谕："该部议奏。"①

"要郡需能员"，迈柱的请求得到了满足，与永顺宣慰司相邻相知并有一定约束力的辰州知府袁承宠转任改土归流后新设置的永顺知府，得心应手。迈柱面授机宜，袁承宠在任上大刀阔斧地开展移风易俗变革。

胤禛关注着湖广行省的一举一动。雍正七年（1729）十月二十日，胤禛在迈柱关于稻谷收成情况的奏折上故弄玄虚地"向伊密宣朕谕"：

　　　其既往之咎，朕悉予宽贷。向后当诸凡谨慎，一一只遵训谕而行。奉公守法，教养土民痛改从前土司陋行，自然子子孙孙永沐国恩也。②

在迈柱、王国栋、袁承宠的共同努力下，湖广行省的移风易俗取得了显著成效。特别是改土归流后设置的永顺府，移风易俗终于取得了预想不到的成果。

第四节　迈柱重用袁承宠二十一禁动真格（上）

永顺宣慰司改土归流后，朝廷在原永顺宣慰司、保靖宣慰司、桑植宣慰司的基础上设永顺府和永绥协、古丈厅等建置。永顺府辖永顺县、保靖县、龙山县、桑植县。首任永顺知府袁承宠认真梳理土司治理时期的陈规陋习，颁布了二十一条禁令。③

这是改土归流后，原永顺、保靖土司治理地区实行政治、经济、文化

下编

---

①　《朱批谕旨·五十四册》，第25页。
②　《朱批谕旨·五十五册》，第32页。
③　张天如纂辑：《永顺府志·卷之十一》，乾隆二十八年刻本，第17—25页。

重要变革的具体内容。

(一)"土司老戥宜禁革也。"

理由是:"查土司向例,征纳秋粮各舍把俱用老戥称收,每老戥一分竟有汉平三四分不等。昔年此项银两并不按田征解,俱照火坑分派,虽穷无立锥亦勉为上纳,凡膏腴美产尽为各舍把占据,亦无丝毫钱粮,且将老戥所收银两照司法起解之外,余银尽饱欲壑。今虽改流,田土尚未清丈,不得不循旧例。令该管乡保照户派收,诚恐仍蹈锢弊,应将老戥永行革除,俱用部法征收。"

古溪州地域广阔、人口稀少,以火坑而不以山林田土面积计税的方法显然有失公平。用老戥征纳秋粮更是赤裸裸地盘剥,中饱私囊。当禁。

(二)"苗土凶徒捉拿人畜烧劫抵事宜禁也。"

理由是:"查永顺一府南邻六里红苗,西接酉阳,北连容美、茅冈等一十八土司。每有苗土头目串通汉奸,以偷夺作生涯,以寻事为活计。或朝出暮入,坐草拿人;或劫掠牛马,抢夺家财及借口与某人有仇,捉张代李。而苗头土目利其所获,彼此瓜分。且将所捉男女用土塞口,不令喊救,及至到寨,先打三斧,名为打财,方用长枷铐锁,坐卧不能。甚将夫妻子母拆离分卖,惨苦难名。应通饬各该土司及六里苗寨各头目,倘再有借称抵事捉人拿畜烧家劫掳者,定将该头目从重治罪。"

这一禁令在一定程度上保障了人民群众的生命财产安全,是民心所向。

(三)"蜂蜜黄蜡陋例宜永行厘剔也。"

理由是:"查土官向日凡言,养蜂蜜之家每户每年征收蜂蜜黄蜡若干。令家政经管,迨日久弊生,每有无蜂之家,因其曾经畜养俱令买备供给,今既改流,应一并禁革。"

永顺彭氏土司征收蜂蜜、蜂蜡用于战争,土官从中谋利、谋私不可饶恕。袁承宠在此解说此禁令的理由时有"今既改流,应一并禁革"的话,对彭氏土司把蜂蜜、蜂蜡作为战备物资的价值有所认识。"今既""一并"说明袁承宠把此事与彭氏土司联系得很紧,"今既改流"应一并禁革,断的是土官的财路。

(四)"谢恩赎罪宜禁绝也。"

理由是:"查土司恶习,凡舍把准理民间词讼,无论户婚田土以及命盗各案，未审之先，不分曲直，只以贿赂为胜负。迨既审后，胜者又索谢恩礼，负者亦有赎罪钱，甚有家贫无力出辨者，即籍没其家产，折卖其人口。今虽改流，设立乡约保正，凡有批行查处事件，闻有不肖之徒仍踵陋习，除现在查拿究治外，一并禁除。"

"有理三扁担，无理扁担三"，原告、被告通吃的恶习应该禁革。

（五）"官员到日贺礼宜禁革也。"

理由是："查土司旧例，凡委官、舍把到任之始，所属地方头目，派送礼物，名曰贺礼。虽至贫之家必勉力供应，且有不肖头人，指一派十，希图入己。今虽改流，访闻有一二私派者，现在查究应永行禁革。"

作为一名封建官吏，袁承宠有这样的胆识真的不容易。土司这种旧例理应禁革。那个时候他能够提出"应永行禁革"，也预见到了土司的旧例之顽劣，需要长期坚持禁革。

（六）"派送食物宜永禁也。"

理由是："查土司旧例，凡官舍往乡，所属头人，俱按人户科派吃食。今虽改土，经过各官概不收受。然各头人仍踵锢弊，不无派累小民，即曰不收已经派备难以分给。每致中饱者有之，应一并严禁。不许仍指供应名色，再行派累。"

这是土司旧例在改土归流以后仍然存在的现象，是基层官员盘剥普通百姓的伎俩。袁承宠有的放矢，把土司的旧例和改土归流后新动向一并加以禁革，而且强调，"宜永禁也"。这对普通百姓也是一种解脱。

（七）"保正乡约擅受贺礼宜严禁也。"

理由是："查土司旧例，凡所管舍把俱称为父母官，新委到任即受贺礼。以致土民因仍故习，每于保正乡约承役之时，俱送贺礼或称为老爷，或称为父母官。以致舍把之名虽除，舍把之实未改，应永行严革。嗣后倘保正乡约仍敢受贺并称老爷者，严加究治。至于保靖县将旗长改为耆长，土人不识文义，耆与旗同音，亦仍以父母官称之。当饬令俱照内地改为保正，勿使仍踵锢弊。"

袁承宠的这一禁令针对性很强，这些顽疾应该永行严禁严革。

（八）"骨种坐床恶俗悉宜严禁以正风化也。"

理由是："查土司旧俗，凡姑氏之女必嫁舅氏之子名曰骨种。无论年

下编

293

之大小，竟有姑家之女年长十余岁必待舅家之子成立婚配。不知律条甚明，亦应杖惩离异，其曰坐床，尤乖伦理。凡兄亡收嫂，弟亡收弟妇，律应重典。而土苗恶俗皆觍然不顾，均应照例严禁。"

袁承宠这一条禁令是有科学依据的，特别是严禁还骨种恶习，无论对家庭、对家族、对社会都有积极意义。坐床习俗侵犯了妇女的人身自由，也应该严禁。袁承宠作为永顺知府能发布这样的禁令，非常了不起。

（九）"不许盖瓦宜弛禁也。"

理由是："查土司旧俗，有只许买马不许盖瓦之禁。以致土民家资饶裕者，皆不得盖造瓦房。查服舍，违式律内，并无土瓦之禁。今土司独为禁止，以致刀耕火种之民耕作不遑，尚欲诛茅补屋，卒无宁息，请一并弛禁，听民自便。"

袁承宠的这条禁令对于改善百姓的居住条件十分重要。土司只许买马、不许盖瓦是迫于当时的历史环境，那就是战争。中央王朝征召不断，马匹是最重要的战略物资和装备，故土司辖区内允许民众进行马匹买卖。但是，土司把盖瓦列为禁止之列是不妥当的。

（十）"土民客家应一例编里也。"

理由是："查土司地方江西、辰州、沅泸等处，外来之人甚多，且置有产业，葬有坟墓，住居三五十年以至二三代者皆自称客家，不当土差，切思川蜀等处。凡住居三十年以上置有产业，丁粮，俱准为土著。今既有产业居住年久应与土民一例编甲，以便稽查。至于初至贸易客民并无产业，居址未定者不在此限，但亦须房主保管以杜奸匪。"

这是袁承宠为加强管理而采取的特殊措施。他提出"凡住居三十年以上置有产业，丁粮，俱准为土著"是一条基本政策。强调"今既有产业居住年久应与土民一例编甲，以便稽查"，丝毫没有隐瞒这么做的目的。同时规定，"至于初至贸易客民并无产业，居址未定者不在此限，但亦须房主保管以杜奸匪"。这就是他的户口政策。

（十一）"外来农民送纳土舍礼物盐米宜禁革也。"

理由是："查土司旧例，外来穷民来至土司地方挖山种地，该管舍把每年勒送盐米并四时节礼，方许耕种。今既改土归流，现奉严禁汉人擅入，应严饬向来舍把及弟男子侄，不许私招汉人入土，希图盐米礼物。即久住之汉人亦不许再送舍把盐米各项，其所种地土俟清丈之时一并查明，升科各舍把不得干预取咎。"

这是对外来穷民采取的特殊政策，也对舍把收受这些穷民的礼物作了限制。湘西这一带人少地广，很多山地并没有明确归属，只要锄头进山就可开发种植。这是土司收取锄头钱、火坑钱的由来。这是人多地少的地区难以想象和理解的。

（十二）"土司恶俗之宜急禁也。"

理由是："查土司向年每逢时令节及各委官、舍把下乡俱令民间妇女摇手摆项，歌舞侑觞，甚至酒酣兴豪有不可名言之事。切思民间妇女均属赤子，乃以之歌舞取乐，风化尚堪问乎？应请严禁以正风化。"

袁承宠的这条"急禁令"是针对土司腐朽生活的，并没有禁止歌舞。但在执行过程中可能有偏差。这条禁令可能要全面理解。袁承宠在这里禁止的是"每逢时令节及各委官、舍把下乡俱令民间妇女摇手摆项"，"歌舞侑觞"，尤其是酒酣兴豪时有伤风化之事。而土家族的大摆手、小摆手以及毛古斯舞等歌舞系男女老少同乐并没有在禁止之列，这里禁止的是民间妇女"摇手摆项"的歌舞。袁承宠的禁令本身没有错，执行过程中有偏差不能责怪袁承宠。

第五节　迈柱重用袁承宠二十一禁动真格（下）

（十三）"土兵宜革黜也。"

理由是："查土司有存城五营兵丁，每营一百名，以备捍御，一以供役使耳。其兵丁每年每名领工食银三两六钱，米三石六斗，皆从民间派给。今虽改流，土兵无用，闻有仍向原派小民索取工食者，应尽行革退。如老弱病废情愿归农者，听其自便。倘年力精壮，技勇娴熟，情愿入武者，俟有空粮，给予顶食。如有愿充府、县民壮者，亦照题定工食，准令充役，不得指称土兵派取银米。"

这条禁令伤筋动骨，断了土司的命根子，没有一定的勇气难以做到。袁承宠要做而且还拿出了具体的安置政策，态度鲜明，措施果断，没有半

下编

点含糊。一句话，先解散，尽行革退，然后区别情况，合理安置。这是改土归流后新成立的永顺府必须办的事。

（十四）"杀牲饮血宜严禁也。"

理由是："查土俗旧例，凡遇疾病死丧，必杀牛祭鬼，抑或互争不明之事，亦杀牛吃血。近奉禁宰耕牛严例，始易以羊、禽。今既改流，凡一切淫祀俱宜禁绝。而况不当祭之鬼乎，且土民穷苦，每因祭祀破废家资，遂至恣为不善，应一并禁除。"

这条禁令的合理性不言自明。

（十五）"土民馈送宜禁绝也。"

理由是："查土司向例，每年每户派送食米并鸡鸭肉肘，自土官、家政、总理以及该管舍把四处断不可缺。虽无力穷民，亦必拮据以供，今虽改土并无土官、总理、家政名目，访闻各舍把子弟尚因仍陋例私行取索者，应亟请禁除。"

这条禁令百姓是高兴的，土官、家政、总理以及该管舍把自然割舍不掉，从而对袁承宠恨之入骨。想当家政、总理或舍把的人自然也不会满意。但是，这一点非常重要。土司向例应该禁绝。

（十六）"火坑钱宜严禁也。"

理由是："查土司向日，凡民间烧锅一口名为火坑一个，每一个火坑每年派征银三钱，如有多者照数加征。倘有另项事故亦照火坑另派，以致穷苦土民实不堪命。今虽改流，闻有悯不畏死之舍把，犹指土官假名派收，现在查拿，祈永行革除。"

火坑钱是一种计税方法，既以田亩征税，火坑钱当在严禁之列。

（十七）"外来商旅馈送宜并除也。"

理由是："查土司俗例，每逢年节凡商贾客人，俱须馈送土官、家政、舍把、总理等礼物，名曰节礼。倘有不周，非强取其货物即抄掠其资。本夫贸迁有无，从古不废。土司如此，以致商旅裹足，财货不通。今虽改流，而不肖土民仍踵锢弊，亦未可定，应速行禁革。"

土司的盘剥政策很多，也很霸道。袁承宠这条禁令就是要优化投资环境，招商引资，这对于搞活永顺府的经济非常重要。

（十八）"雇觅民夫宜应酌定夫价也。"

理由是："查土司向例，每用人夫，即令各舍把照户派拨，并无夫价，名曰当差。今既改流，凡上宪过牲，以及一切公务，不无需用人夫之处。乃土民不通汉语，即重价雇觅，皆不肯应付，不得不令乡保头人公平雇请，讵有不肖之徒，仍踵锢弊，按户派拨，胆将所发夫价银两，侵蚀分肥，总因土民从不知领夫价之故。应请每夫一名，每日连饭米共给夫价银两四分，勒于石碑，遍行晓谕，使人人共知。倘再敢派拨侵吞夫价，定将乡保头人责革究追。"

袁承宠不愧是永顺府历史上的名宦。他把工作做到这一步令人难以想象。"应请每夫一名，每日连饭米共给夫价银两四分，勒于石碑，遍行晓谕，使人人共知"，谁"再敢派拨侵吞夫价"？

（十九）"保靖土人宜俱令剃头也。"

理由是："查保靖飞、良、先、正四旗，接壤苗边其间不剃头发者十之六七，只因从前屡受苗害，是以土司令其蓄发与苗往来，以通线索。近闻此辈每假充苗人，肆行不法。今既改土归流，似此假苗应一例剃头，使不法之徒难假借为匪。"

剃头没有不对，蓄长发也不一定是民族特点，不过袁承宠把它作为剿匪的措施就严重了一点，同时也有民族歧视的因素。但作为封建地主阶层的代言人，袁承宠制定这一措施的出发点是防止土民"假充苗人，肆行不法"，能够做到这一点已经很不容易了。

（二十）"服饰宜分男女也。"

理由是："查土司地处万山之中，界连诸苗，男女服饰均皆一式。头裹刺花巾帕，衣裙尽刺花边，与红苗无异。凡耕作出入，男女同行，无拘亲疏，道途相遇，不分男女，以歌声为奸淫之媒。虽亲夫当前，无所畏避。卑府莅任，闻此恶习，随即出示化道，分别服制，革除唱和，应加严禁。"

从袁承宠的这个禁令来看，土家族男女服饰的分别由此开始，不能不说这是一个进步。特别是对男女有别、亲疏要分、交往守礼采取了强硬措施，也不能不说有正面的意义，但进一步强化封建礼教使永顺府辖区出现了男女通奸沉潭吊打、游街示众的现象，男方一纸休书便可把出轨的女性

下编

扫地出门等偏激行为，这可能是袁承宠没有想到的。

（二十一）"公媳内外宜有别也。"

理由是："查土司书属蔀屋穷檐四围以竹，中若磬声并不供奉祖先。半室高搭木床，翁姑子媳联为一榻，不分内外，甚至外来贸易客民，寓居于此。男女不分，挨肩擦背，以致伦理俱废，风化难堪。现在出示化导令，写天地君亲牌位，分别嫌疑，祈赐通，饬以挽颓风。"

现今土家族地区房屋一般都有三间（或三套间），"联为一榻"的现象已经绝迹，且生活区和卧室区都用墙板隔开，一家人睡眠均为各自专用木床和独立房间。没有出嫁的女儿还有自己的闺房，一般人是不能进入的。有条件的人家还有专门的客房，堂屋有天地君亲牌位。不能不说这是袁承宠的功德。

土司地区长期以来土家语言和汉语言通用。永顺、保靖彭氏的很多头领都有土家语名字，用汉字标记。这是土家语和汉语融合通用的重要特征。在老司城彭氏土司的核心辖区，土家语言是交际语言，因没有文字，所以用汉语标记。对外交流则土家语言和汉语通用，以汉语为主。

特别是明孝宗时规定："以后土官应袭子弟，悉令入学，渐染风化，以格顽冥。如不入学者，不准承袭。"彭氏土司的后人都积极把子女送到外地入学，接受汉文化教育，加速了汉语在土家地区的推广和普及。但是，土家语言仍在土家地区通用。各地的土音"嘲哳难辨""各有不同""且一邑之间，四乡之音，彼此亦多不一"。

改土归流后，永顺知府袁承宠的"二十一禁"并没有禁止土家语的流通，各县的知县引导民众说汉语（官话），"能道官话者十有五六"。特别是永顺知县王伯麟乾隆四年（1739）任永顺知县后，"复遵宪檄开义馆、选师儒、勤训迪，兼谕各乡保随时导引一切语言必照内地，并旧时陋习尽为革除。虽一齐众楚，骤难改变，而前唱后和犹可转移"。他认为，"以见化导之权仍在上也"。

尽管雍正十一年（1733）七月"湖南观风整俗使李徽缘事革职。裁观风整俗使"。[①] 但观风整俗在永顺府取得的成效不容否定。

应该说改土归流后成立的永顺府，特别是第一任知府袁承宠的二十一

---

① 《清实录·世宗实录·卷一三三》，第715页。

条禁令，既是安抚永顺府辖内军民的告示，又是声讨永顺、保靖彭氏土司的檄文。

袁承宠的成功，迈柱很高兴，给予了极高的评价，特地推荐他为湖北粮道，同时又推荐辰州府知府李珣为永顺府知府。李珣曾任桑植同知、永顺同知，这样的人事安排有利于大局稳定。

雍正十二年(1734)四月十六日，迈柱给胤禛上折，指出：

> 湖北粮道武弘彦押运赴淮，行至扬州病故。经抚臣德龄会疏题报在案。

> 查：粮道一缺，有综核通省粮储督理漕运重务，必得才守兼优之员方能胜任。臣于北南知府中详加拣选，有湖南永顺府知府袁承宠年力精壮，洁己率属，才猷练达。在永五载，事事调剂有方，属吏苗民，咸深爱戴。

> 请以袁承宠授湖北督粮道，洵为得人。如蒙皇上俞允，则永顺知府缺系新设府治尤为紧要。查辰州府知府李珣素悉苗情，操守谨饬，请以李珣调补永顺府知府实属相宜。……①

迈柱在这个奏折中提出了袁承宠职务变动后相关的一揽子备用人选。胤禛批谕："湖北粮道等员缺，照所请行。有旨谕部矣。"

雍正十三年(1735)七月壬寅，胤禛"升湖北粮道袁承宠为湖北按察使司按察使"②。

永顺、保靖彭氏地方政权延续了八百一十八年，很多陋习不是一下子就能解决的。永顺府采取这样严厉的措施不仅需要勇气而且需要智慧。对于永顺知府所作的努力，人们不会忘记。彭肇槐虽然为流官离开了永顺，不可能不关心永顺的变化。他给自己的曾孙命名为彭承宠，既是要告诫自己的后代保持老祖宗如彭福石宠的好传统，又要像永顺知府袁承宠那样禁革陋习。

雍正十二年(1734)五月，与永顺、保靖相邻的酉阳宣慰司也顺利改土归流。《清实录·世宗实录》是这么记载的：

---

① 《朱批谕旨·五十四册》，第84页。
② 《清实录·世宗实录·卷一五八》，第932页。

办理军机大臣等议复。

四川总督黄廷桂、巡抚鄂昌奏言：酉阳宣慰土司冉元龄年老患病，以庶出第三子冉广烜捏报嫡长子，请袭以代理司事。冉广烜加派贪饕，奸恶残暴，以致族目人等情急叠控，俱愿改归内地。众口同声，断难姑容。

查：酉阳司属地方，与楚黔接壤，风俗情形与内地无异。土民等苦其虐累，久已离心，颙望改归，如出汤火。请改土归流，以顺民情而振声势。应如所请，将该地方归入内地，设官经理。

令黄廷桂等以冉广烜贪虐各款具本参究。

再，酉阳司附近东南一隅尚有石耶、邑梅、地坝、平茶四土司久欲内响并应乘机改流以收全局。一切事宜，令黄廷桂、鄂昌妥协办理。

从之。[1]

酉阳宣慰司与永顺、保靖宣慰司相邻相交，与楚黔接壤，说其"风俗情形与内地无异"则失之偏颇，应该说风俗情形与永、保相近才符合实际。移风易俗任重道远。鄂尔泰的"以汉化夷"固然有理，但胤禛对内地的风俗也十分不满，汉民族的陈规陋习要移要易，少数民族不合理的风俗也要移要易。袁承宠的努力不可否认。

第六节　彭氏土司后人立乡规民约奉公守法

胤禛不愧为一代明君，一方面倡导移风易俗，另一方面也主张守正笃行中华传统文化。作为治理华夏大国的少数民族君主实在不易。雍正十一年(1733)四月己卯，胤禛谕内阁：

朕览本朝人刊写书籍，凡遇胡虏夷狄等字，每作空白，又改易形声，如以夷为彝，以虏为卤之类。殊不可解。揣其意，盖为本朝忌讳避之以明其敬慎，不知此固背理犯义不敬之甚者也。

---

[1]《清实录·世宗实录·卷一四三》，第799页。

夫中外者，地所画之境也；上下者天所定之分也。我朝肇基东海之滨，统一诸国君临天下，所承之统尧舜以来中外一家之统也。所用之人，大小文武中外一家之人也。所以行之政礼乐征伐中外一家之政也。内而直隶各省臣民，外而蒙古极边诸部落以及海噬山陬、梯航纳贡异域遐方，莫不尊亲，奉以为主。乃复追溯开创帝业之地目为外夷。以为宜讳于文字之间，是徒辨地境之中外，而竟忘天分之上下不且背谬已极哉！

孟子曰舜东夷之人也，文王西夷之人也。舜，古之圣帝而孟子以为夷；文王周室受命之祖，孟子为周之臣子亦以文王为夷。然则夷之字样不过方域之名，自古圣贤不以为讳也。

至以虏之一字，加之本朝，尤为错谬。《汉书》注曰生得曰虏。谓生得其人，以索贯而拘之也。敌国分隔，互相讥诋。北人以南为岛夷，南人以北为索虏。汉唐宋元明，边烽不息，每于不能臣服之国指之为虏。我满洲居东海之滨，若言东夷之人则可。今普天之下率土皆臣。虽穷边远徼，我朝犹不忍以虏视之。惟准葛尔背天逆命，自弃于王化之外，或可呼之为胡虏耳。

总之，帝王之承天御宇，中外一家，上下一体。君父臣子之分定于天，尊亲忠孝之情根于性。未闻臣子之于君父合体同心犹可以丝毫形迹相歧视者也。

我朝正位建极百年于兹，列圣相承，功德隆盛。世祖章皇帝入抚中夏，救斯民于水火而登之衽席，仁心仁政，洋谥中国。圣祖仁皇帝临御六十余年，深仁厚泽，沦肌浃髓，中国之圣主。自尧舜以来能伦比者有几。朕以凉德缵承统绪，勤求治理，勉效祖考。虽未能跂及万一，然十载之秉公矢诚，朗如天日。满汉蒙古并无歧视。此心久为臣民所共晓。

夫满汉名色，犹直省之各有籍贯，并非中外之分别也。若昧于君臣之义，不体列圣抚育，中外廓然大公之盛心，犹泥满汉之形迹于文艺记载间删改夷虏诸字以避忌讳，将以此为臣子之尊敬君父乎！不知即此一念，已犯大不敬之罪矣。

嗣后，临文作字及刊刻书籍，如仍蹈前辙，将此等字样空白

及更换者照大不敬律治罪。

各省该督抚、学政有司钦遵张揭告示，穷乡僻壤咸使闻知。
其从前书籍若一概责令填补更换，恐卷帙繁多，或有遗漏而不肖
官吏，遂借不遵功令之名致滋扰累，着一并晓谕。有情愿填补更
换者听其自为之。①

烦琐的解读没有必要，有心人可以细细揣摩到胤禛的苦心，领略到他
的中华民族共同体意识和守正笃行中华传统文化的决心。胤禛的重臣迈柱
在湖广行省任上也交出了让胤禛满意的答卷。

雍正十三年(1735)七月辛酉，胤禛"谕内阁"：

迈柱简任封疆宣力有年，着补授内阁大学士，来京办事。湖
广总督缺员着张广泗补授。迈柱俟张广泗到任，将总督事件交代
清楚，起程来京。

查郎阿自领兵以来，所办军务俱属妥协。今大兵已撤，查郎
阿补授大学士，仍管理陕西总督印务。查郎阿回任后着史贻直来
京，刘于义经手事务甚多，着仍留肃州，给钦差大臣关防。查郎
阿回到肃州之日将陕西地方事宜及军需案件与刘于义悉心计议，
分别办理。奏闻请旨。刘于义俟军需诸项告竣，请旨回京。②

雍正十三年(1735)八月甲戌，"吏部题：湖广总督迈柱、陕西总督查
郎阿已奉谕旨，补授大学士，其应加殿阁及兼尚书职衔，恭候钦定。得
旨：迈柱着为武英殿大学士兼吏部尚书，查郎阿着为文华殿大学士兼兵部
尚书"。③

改土归流的功臣得到了重用和妥善安置。

雍正十三年(1735)八月己丑，胤禛"崩"。

上不豫，皇四子宝亲王弘历、皇五子和亲王弘昼朝夕侍侧。

戌刻，上疾大渐，召庄亲王允禄，果亲王允礼，大学士鄂尔
泰、张廷玉，领侍卫内大臣公丰盛额、讷亲，内大臣户部侍郎海
望至寝宫前，大学士鄂尔泰、张廷玉恭捧上御笔亲书密旨，命皇

---

① 《清实录·世宗实录·卷一三〇》，第696-697页。
② 《清实录·世宗实录·卷一五八》，第942页。
③ 《清实录·世宗实录·卷一五九》，第950页。

四子宝亲王弘历为皇太子，即皇帝位。

　　少顷，皇太子传旨庄亲王允禄、果亲王允礼、大学士鄂尔泰、大学士张廷玉辅政。

　　己丑子刻，上崩。[①]

　　改土归流的主持人、一代明君逝去，改土归流的策划者和对改土归流虽有微词但能坚定维护的重臣共同辅佐新君，改土归流的大业得以传承，乾隆盛世来临。改土归流后永顺土民及彭氏族人的思想境界也进一步提升。

　　道光二十年（1840），英国对中国发动侵略战争——鸦片战争。中国失败赔款割地，签订不平等的《南京条约》，开始沦为半封建半殖民地社会。社会动荡加剧，民族矛盾和阶级矛盾更加激烈。光绪四年（1878），彭氏族人集聚在龙山县辰旗里的茨岩塘，商议如何继承祖宗美德、报效国家的问题。通过反复协商，他们决定为从江西来到溪州的彭瑊立寺，把祖宗功在国家、利在后代的历史铭刻其上，并确立"五约"，精忠报国。

　　瑊公寺在新中国成立初期还有人专门负责接待，安排祭祀事宜。后来作为茨岩小学的礼堂使用。后因学校扩大规模而被拆毁。因为所刻碑文有规范族规、明确族约的性质，需要族人遵循，因而除了碑刻之外，另有木刻本散发。原碑不见，木刻本还有留存。龙山县茨岩塘镇螃蟹口瑊公后裔彭克勤（又名彭南浩）保存的《瑊公寺记》木刻本（原文无标点）中说道：

　　乾隆六十年，槐公曾孙承宠公，由江西来永扫墓，收族修谱定派，连而一之。无如支远人多，各分门户，妄称同姓不同宗者。查史书，彭氏族谱、家谱及辰州、江西吉安志书，吾族自征君由河间徙袁州，繁衍吴楚六府十三邑，后由十三邑而分派江西、两广、两湖、河南以及山东、川、陕、云、贵、江苏、浙、闽、直隶连属。是谱者俱系陆终鬼方氏生六子第三子征君之后裔，岂独永郡乎哉？

　　今虽代远年渊，谱牒昭然，彭无二姓也。昔则推而远之，兹

————————
　　①《清实录·世宗实录·卷一五九》，第954页。

则引而近之，系淮阳之世族。根虽万株是珹公之苗裔，班应一体排行不乱，则尊卑攸分、休戚相关，则家风丕振。今造珹公寺于茨岩塘，一笃桑梓之谊，一妥先祖之灵，此系我等造端而恢宏其事，光宗耀祖是所望于群公。

一禁抗粮滋事。

一禁把持官长。

一禁邀盟结社。

一禁同姓为婚。

一禁乱伦占配。

传曰："同姓为婚，其生不蕃。"奈何一家人结为夫妇称为丈婿，至同人道于物类乎？愿我族人凛凛戒之！

《珹公寺记》在官府提出"二十一禁"的基础上，明确提出"五禁"的族规民约，说明永顺彭氏土司的后人具有强烈的奉公守法、与时俱进的开拓精神。

"一禁抗粮滋事。"就是要缴皇粮国税，不准抗粮滋事。这是国家认同观的具体表现。

"一禁把持官长。"强调的是恭顺，服从领导，不准与官府对着干，不准腐蚀、拉拢和威胁利诱官员。

"一禁邀盟结社。"就是要彭氏土司的后人做遵纪守法的顺民。能够在宗族内部提出这一禁令非常难得，特别是在改土归流后又遇到国家动荡的大局势下提出这一条禁令，对于地区的安定和自身的安全都十分重要。

"一禁同姓为婚。"理由说得很清楚，措辞特别严厉，"传曰：'同姓为婚，其生不蕃。'奈何一家人结为夫妇称为丈婿，至同人道于物类乎？愿我族人凛凛戒之！"

"一禁乱伦占配。"这是规范伦理道德的禁令，在没有婚姻法明确之前，有此禁令不容易，具有进步意义。

"五禁"是继"八善""世忠""六德"后彭氏土司后人进行自我约束的行为规范，是彭氏土司后人在改土归流丧失政权以后作为皇民的基本操守。

"八善""世忠""六德""五禁"是永顺彭氏土司文化最核心的内容。保证了彭氏土司后人在其后的历史长河中为中华民族的繁衍生息、发展壮大继续作出应有的贡献。

乾隆五十九年(1794)十二月二十四日爆发的苗民起义,打出的旗号是"驱客民,复故土"。

当时,彭肇槐之曾孙彭承宠在乾隆五十六年(1791)袭父彭文垣云骑尉之职已经三年,受朝廷征调前来镇压苗民起义。他利用战争间隙到永顺"扫墓"并议定子孙后代命名的新班辈。

彭肇槐在改土归流前已经有了一个方案,他的孙子辈已经按这个方案的头一个字"文"命名,到彭承宠这一代已经是彭肇槐的重孙辈,也是按这个方案命名的。但是,这个方案有风险,彭承宠作为世袭传人认为必须修改。同行的彭景炎作为他的长辈也参加了新班辈的议定。

新班辈的方案原来是这样的:文承楚上国,武继南英邦,昭经信述永,奕月长庚生。

这个方案用了很多典。"楚上国"是指春秋战国时楚国之前的大彭氏国,就是尧所封彭祖于今徐州所建立的大彭氏国。

这个"楚上国"虽是暗喻、暗指,但表现出对彭祖之大彭氏国无限的思恋和自豪。

与"文"相对应的是"武",就是要继承永顺宣慰使彭翼南东南抗倭第一战功的武功。

"昭"就是显扬、显示的意思;"经"就是老祖宗彭玕、彭瑊所传承的《石本五经》儒家经典。其中,孔子的《论语·述而》第一句就是:"子曰:'述而不作,信而好古,窃比于我老彭。'"在这个班辈里以"信""述"二字高度概括,同时把"老彭"的传承和孔子的评价高度融合。

"奕"既可以理解为积累和重复,又可以理解为发扬光大。"长庚",《诗·小雅·大东》有云:"东有启明,西有长庚。"古代指傍晚出现在西方天空的金星。

因此,可以说这个二十字班辈字字是典,句句豪气。可是,竖读或把最后一个字连读难免让人揪心。文武昭奕,承继经月,楚南信长,上英述庚,都没有犯忌,可"国邦永生"虽然寄托了对大彭氏国和成为历史的永顺宣慰司这个邦的缅怀之情也无可厚非，但大彭氏国被灭，永顺宣慰司改土归流后已不复存在，其中的怀念难免会惹来麻烦，有可能演变为政治事件。这样一点破，于是众议还是改为四字句稳妥一些。

这样就达成了共识。新班辈为：文承楚善，武继南英，昭经信述，奕月长庚。

但是，彭氏后人始终将彭祖、大彭氏国、永顺宣慰司深深地铭记在心中，他们不会忘记自己的根，不会截断自己的源。

第九章　永顺土司历史文化遗产保护

永顺宣慰使彭肇槐自愿呈请改土归流，终结了永顺彭氏土司治理溪州八百一十八年的历史，其顺应时代发展、服从国家统一管理的历史贡献理应被后世铭记，永顺彭氏土司在溪州大地上创造和留下的丰厚历史文化遗产，也得到了党和政府的妥善保护和利用。

1961 年 3 月 4 日，中华人民共和国国务院公布，溪州铜柱为第一批全国重点文物保护单位。2001 年 6 月 25 日，中华人民共和国国务院公布，老司城遗址为第五批全国重点文物保护单位。2015 年 7 月 4 日，联合国教科文组织第三十九届世界遗产委员会将以永顺县老司城土司遗址领衔的"中国土司遗址"项目正式列入《世界遗产名录》。随后，永顺老司城遗址公园开园。这些举措无疑是党和政府及中国和世界各族人民对永顺土司文化遗产宝贵价值的充分肯定。

如今，专门管理和研究老司城土司文化的永顺老司城遗址管理处、老司城博物馆、中国土司文化研究院等机构已在这一片废墟上建立起来。曾经的永顺土司早期行署所在地王村（芙蓉镇），尚遗存有土王桥、土司行宫、土司王府等土司建筑。永顺宣慰使彭显英于明宪宗成化二十二年（1486）在此建成猛洞河别墅，把宣慰使之任交给年方十岁的儿子彭世麒，自己则在猛洞河别墅优游林下，与文人墨客唱和岁月，对彭祖医药进行归纳整理。彭肇槐改土为流后，猛洞河别墅改建成崇文书院，成为培养人才的摇篮。由于这里地理位置优越，山清水秀，风景优美，改土归流后新设置的永顺府衙和永顺县衙都修建于此。如今这块土地已成为闻名遐迩的风景名胜区，土司祭祀重地不二门观音崖已建成国家森林公园。从前的土司军事要塞，曾为贺龙领导的中国革命克敌制胜、突围成功作出特殊贡献的遗址堡垒，都已成为重要历史文化遗产，得到了应有的保护和利用。

第一节　知府张天如与土司遗址保护

在废除陋习的同时，永顺彭氏土司八百多年的固有遗产如何处置是一个必须面对的问题。

土司财产。首先是衙署。永顺宣慰司既已改土归流，衙署财产充公是很自然的事，但是不应该毁坏。永顺土司的旧衙署老司城和颗砂新司城充公，无可厚非，但把老司城地上的建筑物一律拆掉，去修永顺府衙和县衙，不一定必须这样做。其中的争议少不了，但大势已去，阻挡无益。幸好一些有识之士，合议出资，要买下山地基址，"乞留基址以为公所"，县政府同意，并发给执照，强调"公共管业"，"永远承管"。以下是永顺县政府的执照：

旧司城土官衙署执照

湖南省永顺县正堂加五级纪录陈。

为给照事，照得旧司治土官衙署，空闲朽坏，奉卸变价充公。所遗山地基址，据旧城保民彭景焕、彭廷胜、彭洪涵、陈于恭、谢邦俊、彭文等备价具呈，乞留基址以为公所。

除将缴到地价分别充公报解外，所有旧司城后山并基，应听彭景焕公共管业，合行给照。

为此照给彭景焕等收执，永远承管，均勿故违，须至执照。

今开旧司治土名界限：前齐大街，后齐茅亭上岭，左齐龙爪大路，右齐桂花庄。

县字二十四号。乾隆十五年三月二十四日。

给刘君佐、谢邦俊、彭洪涵、彭洪俊、彭廷胜、彭景焕、彭景煌、陈于恭、魏国文、张梅、彭肇栋、彭景炽等收执。

这个执照至今仍然保存完整。其中清楚记载"旧司治土官衙署，空闲朽坏，奉卸变价充公"。彭肇槐改土为流后，新设永顺府衙和永顺县衙，都在颗砂新司城——彭显英的别墅区临时办公。选定猛洞河畔彭世麒父亲彭显英的别墅区后，修建永顺府衙和永顺县衙急需大量木材，拆除邻近的老司城土司衙署是最简捷的办法。尽管如今老司城遗址被列为世界文化遗产，可人们看到的只是卵石砌成的地基。如果没有这个明确责、权、利的执照，人们恐怕连地基都看不到。

王柔，个性鲜明，急躁狂妄，但办事认真，心地不坏。

乾隆《永顺府志》记载，雍正十三年(1735)，王柔以巡道的名义给永顺府所辖发布"保护土司坟墓檄"，要求各县对永顺、保靖和桑植土司的祖宗坟墓实施全面保护。

《永顺府志》所载王柔发布的檄文属实，但是时间有误。雍正十一年(1733)王柔已升任湖北按察使，前去处理容美土司田旻如改土归流之事。王柔发布这一檄文的时间最迟应是雍正十一年。王柔的檄文如下：

保护土司坟墓檄

照得永顺一府，系永、保、桑三土司改土归流地方。

查：永顺土司，向称恭顺，其上世皆立勋，名载在史策。至我朝，亦着劳绩。今感沐皇仁，首先纳土，表请置吏。伏蒙圣慈，特予高爵重禄以奖忠诚，恩至渥也。

但该土司已作流官，移驻江西。恐其祖先坟墓倘有棍徒侵削盗葬，甚至乡僻处所有刨挖、偷盗等情，亦未可定。

再保靖、桑植两土司，其改土归流或非本意，然其先世亦有贤劳，不得以子孙不肖祸延伊祖。

况常人坟墓有被损伤亦应钦依律条，分别斩绞治罪。该地方官失察匿报，均干严参，岂可以废司祖墓置之不顾？合亟饬行查护，文到即速移行各厅、县，出示晓谕：

查明三土司历代土官坟墓共有几处，坐落某保某甲某处山，逐细造册，开报到道备案。

即着落该地保甲查看，取具日后永远不致损伤。甘结送府存案。

如有不法棍徒侵剥树木，恃强盗葬及刨挖、偷盗等情，许该地保甲即时飞报。该地方官勘明通详，严拿究拟。

倘该保甲有敢匿报，一经发觉，即以通同盗贼律，从重治罪。

该县如或失察，亦即通揭请参。

仰惟圣朝恩流无外，即事有殊于吴越，不必表忠观之碑，而地已附于岐丰，敢忘泽枯骨之意。所望贤良，共垂德惠，伫看福报，延及子孙。勉之，慎之。①

巡道的职责是巡察州、府、县官员履职情况。这个檄文的重要性，永顺府及相关各县不能不引起高度重视。

王柔对永顺土司历史贡献的高度评价，没有私心。尽管如此，永顺彭氏土司祖宗的坟墓一直被盗，彭氏族人敢怒而不敢言。其中一些有识之士不断地向官府反映。乾隆二十五年（1760），知府张天如先是札调，后是发檄文加以保护。

乾隆二十五年知府张天如札永顺县署云

照得永顺、龙山，向为彭姓土官世居之所，郡城三十里有土官坟墓宗祠。

本府因公经过，见旧宇荒陇，荒废不治，樵人牧竖，践踏自如，将来日渐荒圮，为人乘机侵占，而拓土灭没，不可复识矣。

考：

欧阳文忠公五代史称：王钱氏虐民，苏文忠公表忠。观碑则盛着其功德，情词慷慨。

又查：名臣忠烈，历有培护祠墓设奉祀生掌其祭祀之例。

永顺土司，自梁开平间，历五代、宋、元、明以至本朝，无论初年，斩刈荆棘，启辟田野，栉风沐雨之劳，即其朝正敌忾，历奉征调，亦颇着劳绩。

雍正五年，桑、保土司暴虐残忍，独永顺土司彭肇槐，邻境相望，不染其俗，素能辑和其人民而向化献土，受朝廷赏赉之荣，回江西原籍得奉世爵。其千余年坟茔祠宇，亦地方官所当时为经理也。

合饬查议：即查明彭氏支裔之在永者是否系属嫡派，有无田土遗留，祠宇尚存几楹，坟茔存留几冢，应主何人以奉祠事，田

① 张天如纂辑：《永顺府志·卷之十一》，乾隆二十八年刻本，第15—16页。

土山地如何。清查记载，可免后人侵占。先行妥议禀覆，务期使彭氏之先，得长妥其魂魄，庶于存恤之典有合焉。[①]

永顺知府张天如在此对永顺彭氏土司的历史贡献也进行了高度评价，特别是对彭肇槐的评价字斟句酌，十分贴切。一个"独"，突出唯一；"邻境相望，不染其俗"更显其独特；尤其是"回江西原籍得奉世爵"，切中要害。可是有的专家学者对"回江西原籍"的特殊性认识不足，引用张天如这一札时故意漏掉"原籍"二字。

张天如要关心土司后人，要保护土司坟墓是真心的。他大胆而正面地对永顺彭氏土司的历史进行高度概括，对彭肇槐的特殊贡献进行赞赏，虽然是强调保护土司坟茔的理由和地方官员担责的必要，但也说明凡是有一定阅历和历史知识、有一定素养的人都不会否认永顺彭氏土司和彭肇槐的客观存在和历史功绩，都会给予应有的尊重。

把现代哲学语言中的"历史唯物主义者"的帽子戴在张天如这样的封建官僚的头顶上，可能不妥，但是张天如尊重历史，不以点概全，既看到彭御彬、向国栋的罪过，又不否认其祖辈的历史功绩，值得肯定。

张天如札保靖县：

查：保靖土司历传三十有六至彭泽洪则病废，权移彭御彬则贪残凶暴，遂以改土。但其先人弹压诸苗，敌忾投诚，皆有功业可纪。至今祠宇无存，茔墓不治，似非存恤之意。

除永顺土司祠墓已饬永邑查明酌立奉祀外，合行札饬，即将土司历官年代确查详覆，并查明土司祠宇坟茔在于何处，有无田产维系，嫡派应否清其界址，以免侵占。选立奉祀以绵血食，逐一查明，妥议具覆。[②]

又札桑植县：

查：向国栋虽贪残暴虐，其先世投诚敌忾，颇有劳绩。上、下峒土司则历世相承，有功无过，俱应查其坟墓处所界址，使无樵牧践踏、豪强侵占之事。上、下峒有承袭土弁，奉祀有人，其

① 张天如纂辑：《永顺府志·卷之十一》，乾隆二十八年刻本，第16-17页。
② 张天如纂辑：《永顺府志·卷之十一》，乾隆二十八年刻本，第16页。

下
编

桑植司亦须选择端恪之人以奉祭祀。

又札龙山县：

　　该县有大喇司世袭把总，其历代世系并先后曾否着有功绩，坟墓现在何处，曾否加意保护，须逐一确查寻据。各县查明册覆。禁止侵占践踏并各择其子孙一人为奉为祀生。岁时祭扫保护。详见冢墓志。①

张天如，浙江会稽县人，拔贡。乾隆二十四年（1759）由永绥同知晋永顺知府。后为山东道员。研究永顺彭氏土司历史，对张天如的认知不能忽略。

第二节　土司军事要塞与清末战乱兵火

综观永顺土司的发展历史和基本轨迹，其核心思想是尊重皇权，为国尽忠。为了保证这一基本轨迹不偏移，历来是军民一体，军事化管理。

总司下是三知州和六长官司，管理三百八十峒。但是，起决定性作用的核心组织是军事战斗序列的五十八旗。

五十八旗的名称分别为：辰利东西南北雄，将能精锐爱先锋。左韬德花亲勋策，右略灵通镇芬忠。武敌雨星飞义马，标冲水贱涌祥龙。英长虎豹嘉威捷，福庆凯旋智胜功。后添"请谋"二字，共五十八字，每字为一旗。"旗各有长，管辖户口，分隶于各州司而统辖于总司。有事则调集为兵，以备战斗；无事则散处为民，以习耕凿。"②

很明显，旗是于峒之上、各州司之下的特殊军事组织，是总司直接控制的武装力量。为了与旗的功能相适应，总司还有一条特别规定："峰尖岭畔准其垦种，平原处荆棘蔓塞，不许开垦。土司之法所以守险而戒敌也。"③

这一法规，在彭肇槐的父亲彭泓海康熙二十四年（1685）袭永顺宣慰使

① 张天如纂辑：《永顺府志·卷之十一》，乾隆二十八年刻本，第17页。
② 张天如纂辑：《永顺府志·卷之十二》，乾隆二十八年刻本，第7页。
③ 张天如纂辑：《永顺府志·卷之十二》，乾隆二十八年刻本，第7页。

之后"以养民守土为本"，即已废除。但是，历史上形成的每一旗除了分散在各峒的既能耕种营生又能备战操练的峰尖岭畔外，还有一个更大更险峻的山峰作为中心要塞。

五十八旗之第一旗辰旗，地处今龙山县北部与茅坪乡、红岩溪镇、茨岩塘镇相邻相郊的一大片区域。改土归流时龙山设县，县名以五十八旗之第一旗辰旗对应十二生肖的辰龙而得名。县下设里，大体上也依旗而置。

辰旗划分为三里。上辰旗里，茅坪一带；中辰旗里，水沙坪、比沙沟一带；下辰旗里茨岩塘一带。

中辰旗里有三峒：猫儿峒、卜拉峒、冒峒。冒峒的"阙止界"就是辰旗的中心要塞，是永顺彭氏土司苦心经营的地方。彭肇槐呈请自愿改土为流之前，便要自己的两个儿子景炯、景烯到这个要塞的山麓当地主老爷。

乾隆五十九年(1794)十二月二十四日爆发的苗民起义，曾攻下乾州厅城，包围松桃、永绥、凤凰厅城，与前来镇压的清军相持约两年之久。

清政府征调七省十八万清兵大军前来镇压，彭肇槐最小的儿子彭景炎率部在列。事件平息后，清廷"屯田养勇"，彭景炎带着部下与早已安居在龙山县辰旗里比沙沟"大房寨"的彭景烯团聚的同时，让部队在"阙止界"安营扎寨，构筑城堡屯兵，还修建了一座别墅，供自己习文练武，享受天伦之乐。

由于彭景炎经常到这里巡视和居住，人们在"大房寨"找不到他，便戏称这一带叫"炎藏坡"。如今这里的地名，地图上标记的"烟厂坡"或"烟厂"是人们为了便于记忆和书写，使用了"炎藏坡"的谐音。

彭景炎经常吟诗的地方叫"炎吟坳上"，一直保留至今，周边妇孺皆知。

比沙沟"大房寨"是块风水宝地，既有福石城的险要和雄姿，又有两条溪河发源、交汇形成的小平原，水源充足，是披荆斩棘、改造河道、开垦肥田沃土的好地方，与彭肇槐所据颗砂行署所处地形相类似。

彭景烯和彭景炯在比沙沟建造的别墅规模很大。彭景烯的别墅还曾辉煌过，有时候演戏就是十天半个月，成为当地影响巨大的场所。

彭氏对旗、峒有着特殊的感情。三知州、六长官司治下的三百八十峒的峒是最基层的管理机构。尽管这些地方不一定都有石洞、溶洞，但彭氏

下编

对峒情有独钟，最基层的管理机构就是峒。

比沙沟西方的冒峒、卜拉峒、猫儿峒，这些名称至今也还保留着。比沙沟的峒山湾更是溶洞成群，既有喀斯特地貌的倒洞，又有丹霞地貌的乍口洞，还有三羊洞和曾被石达开部队攻陷的长毛洞。

炎藏坡四周，处处有洞，而且尽是奇洞。

炎藏坡的地理位置十分重要，离龙山县城十多公里。不仅与水沙坪、茨岩塘、比沙沟相邻相郊，还是水沙坪、茨岩塘、比沙沟一带蜿蜒群山的顶部。

炎藏坡是一块以"阙止界"为顶点、正北南走向的扇形地。西北方向，有一条从水沙坪到茨岩塘的爬坡山路，坡上的猴子垭有一座"穆公庙"，供奉的是武穆王马殷。

彭景炎别墅西边，是水沙坪到比沙沟的古邮路。"拦英堡""烽守堡""吴霸"均在古邮路旁。"烽守堡"邮路旁的"穆公庙"供奉的是武穆王岳飞。

彭景炎别墅的后山山脉叫王岭。王岭的最高峰叫"阙止界"。阙，楼阁也，泛指王庭的最高处。既把江西庐陵老家的"王岭"移植到此，又把东西线的界址确定在这里。而今东西线的界岩仍在。

"阙止界"表面上是两层意思，一是说王岭的地界到此为止，二是说东西线的分界线在此。其实也暗指"土司王"的楼阁在此。

阙止界以其上部的丹霞地貌、下部的喀斯特地貌显得格外雄伟壮观。有人称这里为"茄子界"是语音误记，也有图简便的成分。

与王岭相呼应的是王家坝。既然是屯兵，除了军事设施外，还要有田土耕种。王家坝尽是良田，又分上坝和下坝。下坝有良田五十三丘。

王岭的赤石洞完全是对江西庐陵老家地名的复制。

炎藏坡的丹霞地貌与喀斯特地貌共生共存体形成的天然壕沟构成了坚固的军事壕沟。尤其是丹霞地貌的溶洞群幽深奇险，蔚为大观。

炎藏坡比永顺老司城更险要，也更开阔。

炎藏坡的正南方，与吴着冲在洛塔的"吴王堡"相望，又与古溪州的郡治(郡州坪)相连。炎藏坡以王岭下的军机处为中心可以分为东西两线。如今军机处的所在地地名叫"军机屋场"。炎藏坡的西线包括"吴霸""穆公庙""拦英堡""烽守堡""军湾""坟湾""殿亏"，止于"阙止界"。彭景炎的别墅区、"陆毛塘""苗子湾"在东西线的腹地。

西南方向的"吴霸"专门为吴着冲而设。这里有一个大型的摆手堂，一直由彭氏直接掌控。"吴霸"既是祭祀吴着冲的地方，又是盛大节日跳摆手舞的场所。

炎藏坡北面后山的村庄叫"小洛塔"，祭祀吴着冲的地方原本应该设置在这一带。但是，这里的居民大都是从洛塔迁来的田氏。虽然田氏也是彭氏依靠的力量，但他们认为，这里的正北方向的朝向不宜设置为吴着冲祭祀场所。

吴霸地处炎藏坡西南方向，夹在冒峒与卜拉峒中间，周边有不少向氏居民。向氏是五代时协助彭氏剿灭吴着冲的重要力量。因为吴着冲的影响很大，为了笼络人心，彭氏就在老司城立吴着寺让人们祭祀，并创建白天由彭氏管理，晚上由吴着冲管理的统治模式愚弄百姓。彭景炎让吴霸这地方由吴着冲霸占着，沿袭了老祖宗的传统。

其实这也是彭景炎的小九九。吴霸与炎藏坡呈掎角之势。吴霸实际上是彭氏的前哨站。从这里可以眺望炎藏坡的一举一动，而炎藏坡看吴霸也一目了然。"吴霸"由吴着冲霸占着对炎藏坡更有利。

吴霸这一带系喀斯特地貌与丹霞地貌共生共存体。自生桥、摆手堂在丹霞地貌上。西线主要是喀斯特地貌。"拦英堡""烽守堡"都是军事重地。

堡垒附近的"军湾"就是驻军的地方。"坟湾"是石达开的部队与当地守军血战的地方。

彭景炎的别墅是一座四合院。石达开的部队攻破西线部分防线时曾经在这里驻扎过。别墅区旁的山泉水井因为淹死了石达开的士兵，石达开的部队还用灶锅堵塞山泉水井。喀斯特地貌的溶洞多，泉水没入其他溶洞，因此，炎藏坡少了一股水源。

埋石达开士兵的地方叫"坟山窝亏"。20 世纪 70 年代，因为要办小学，这个坟被挖了。

石达开的部队撤离时烧毁了彭景炎的别墅，同时也破坏了"陆毛堂"的各种建筑。

古溪州各地都有"芦毛塘"。芦毛塘无芦毛，是"陆毛堂"读音的误记。

陆毛堂是彭氏缅怀先祖陆终和他所生六个儿子的场所。陆毛是指这些儿子皆陆终所生。

司马迁在《史记》中指出：

> 吴回生陆终。陆终生子六人，坼剖而产焉。其长一曰昆吾，二曰参胡，三曰彭祖，四曰会人，五曰曹姓，六曰季连，芈姓，楚其后也。昆吾氏，夏之时尝为侯伯，桀之时汤灭之。彭祖氏，殷之时尝为侯伯，殷之末世灭彭祖氏。[1]

炎藏坡上的陆毛堂很隐蔽。四周是喀斯特地貌的岩峰，中间是一个小盆地。相传北向的岩壁上有陆终的石雕像，像下有六个堂（塘、潭），还有彭祖庙。此地有叫陆神潭的。

陆毛堂既是祭祀祖宗的地方，又是执行家法的地方，后逐步演绎成了执法处。

陆毛堂的后山朝东方向是炎吟坳上。炎吟坳上的上端是学校，至今那里仍叫"学堂坪"。学堂坪处于屯兵处的中心位置，适合屯兵处各方孩子入学。那里的一口水井至今仍然保留着。

炎吟坳上的下部是"苗子湾"，是关俘虏的地方。苗子湾是一个独立的单元。有两口供俘虏饮用的水井和适宜耕种的水田和荒山。

"堵垭上"是看守俘虏的垭口。口语中的"蚊子大坪"实际上是"问职大坪"音记，是俘虏起床集合听从安排的操坪。俘虏死亡就扔进那里的大天坑。

彭景炎除了在比沙沟大房寨居住外，大部分时间就在炎藏坡。上有稚童的琅琅读书声，下有俘虏的哀号。他在炎吟坳上吟诗作赋，既显得悠闲，又难以掩饰他的凶残。

太平天国石达开的部队攻破炎藏坡的西线，把他的别墅一把火烧了个干干净净。他的后人从此一蹶不振。

清朝末年，龙山县境的兵事特别多。据光绪《龙山县志》记载，嘉庆元年（1796）二月，白莲教起义军乘清政府抽调兵力镇压乾嘉苗民起义，龙山县城无兵之机进攻龙山县城。知县林龙章"捐俸募勇丁誓守城"。双方在龙山县的北部周旋。一直到当年五月，湖南总督福宁统兵到龙山围剿才"斩

---

① 司马迁：《史记》，中华书局 1959 年版，第 1690 页。

首无算降散数万人。龙山平"。"阵亡兵勇"中有"兵十二名","勇一百三十五名"。其中,彭景焯的儿子彭文林在阵亡"勇"之列。①

嘉庆二年(1797)正月,苗民起义镇压下去之后,清政府调度一定的兵力在龙山屯兵。

彭景炎在炎藏坡的屯兵于咸丰年间对阻止石达开的部队北上发挥了重要作用。光绪《龙山县志》记载:

(咸丰十一年)十二月乙卯,粤贼石达开犯龙山。贼党数十万人由泸、乾而上,是日由保靖一里耶入县境。县城偏西北,故东南境极辽阔。自黔寇踞来凤邑,西北已受其扰。及石党入,而东南并残破,无完土矣。贼贪而狡,所在尽藏一空。甚至掘茔墓,涸井夷灶以求之。而其最惨酷者则莫过于搜洞。如是近一月始出境。

凡洞皆高险,贼猝不得上,则以毒烟熏之。取民间所用风车燃毒烟于内,卷竹篁为筒接车口上向洞持风扇扇之。其烟直入,无旁散者。凡洞只一门,烟入不得出,即皆闷逼而死。或中有水塘则争伏堰上以口鼻浸水中。然均之死矣。

如他砂、沙坪两洞匿者各二百余人,固无一幸存者。

同时,墨龙界、梁家湾各处里民据高险结寨而居,获以滚木礧石,贼力攻之不得上,乃舍去。夫洞实绝地,斯民之愚如斯,吁可哀已。

己巳,总镇周达武击贼于茨岩塘。贼由沙坪犯茨岩塘,众十数万,蔽岩谷而出,望之不见其尾。贼前扑易佩绅营,其军力与战,逾时未退。适总镇周达武率所部方至,贼于是悉众转击之。

达武遽据高险,抚精锐搏战。余筑其垒其间,且筑且战。迄贼退而营垒屹然。麾下战死者二人。副将、某都司某也。

方贼退时,而贵州总兵江忠潮、江西巡道席宝田、永州总兵王永章各军又适至,截贼于路。贼方转战而前。而易佩绅、周达武两军复蹑其后击之。贼腹背受敌,力不支,夺路走岩谷,死者

① 符为霖主修,谢宝文增修:《龙山县志·卷之七》,光绪戊寅秋七月刊本,第1-6页。

无算，所杀伤数百人。

先是石达开由广西入湖南西边规道沅辰，顺流东下犯省城。经各军抵击之，乃折而上。至是复谋由永、慈下犯，复阻于茨岩塘，迄不得逞。自是贼无意湖南矣。浃旬遂出龙山境而西入四川。

同治元年正月乙酉，粤贼石达开率其党出龙山境。①

石达开的部队从沙坪进攻茨岩塘的全过程，《龙山县志》的记载基本上是准确的。光绪《龙山县志》在"凡例"中特别指出："旧志有土司一门，今不予其专立而附于兵防内，犹班史于项羽降本纪为列传之意，夷乱阶贼割据也。嘉庆、咸丰两次流寇之扰皆详记其堵剿事宜，欲当事鉴于已然而惩毖其后患也。"②

县志作者说及的周达武一方战死的两个首领之一的"某都司某"，正是彭景炎屯兵的军机处重要将领。身材高大的"某都司某"战死后被草草埋在彭景炎屯兵的军机处的中堂，如今，那里叫"军机屋场"。

炎藏坡正处沙坪进入茨岩塘的要道。当时，炎藏坡城堡的西线别墅区一度被攻陷，屯兵利用喀斯特地貌形成的天然壕沟且战且退，顽强抵抗。后因周达武带领部队增援，石达开无法从西线进入茨岩塘。

彭景炎的别墅被石达开的部队占领，撤退时被焚毁。原屯兵军士住的地方叫"军湾"。军湾的后山埋的是阵亡士兵，故叫"坟湾"。

炎藏坡城堡的东线地势险要，王岭的赤石洞、陆毛垭、阙止界、殿亏互连互通，也与茨岩塘接壤，离茨岩塘更近，是茨岩塘的屏障之一。

东线比沙沟的一个山洞也被攻陷，石达开的部队还占领了一个多月，人们将其称为"长毛洞"。

当时，大房寨别墅内的彭景烸、彭景炎的家眷往洛塔山下逃遁。据传二人所携带的精心保留下来的永顺土司王的官印还掉在了"纸彭湾"，收藏在河坎里的金条至今还有一根没有找到。

东线的战斗异常激烈。从"军机处"（军机屋场）在阙止界东侧以及阙止

---

① 符为霖主修，谢宝文增修：《龙山县志·卷之七》，光绪戊寅秋七月刊本，第12–13页。
② 符为霖主修，谢宝文增修：《龙山县志·卷之首》，光绪戊寅秋七月刊本，第2页。

界东侧留下的"策东坡"地名等设施综合分析，炎藏坡屯兵防控重点在东线。

关于茨岩塘保卫战，光绪《龙山县志》记载基本上是正确的，但是作者描述的"达武邃据高险，扬精锐搏战。余筑其垒其间，且筑且战。迄贼退而营垒屹然"有误。

无论是西线还是东线，喀斯特地貌与丹霞地貌共生共存体所形成的天然壕沟和溶洞异常险峻，构成了多道异常坚固的防线。"且筑且战"是想当然，"营垒屹然"倒是事实。如今这些天然营垒屹然，挺拔险峻。

炎藏坡屯兵的作用丧失，日益衰败。"主人"彭景炎的儿子彭文才及其后人坚持了下来，而"客人"都走了，留下的只是"易家屋场""龙家屋场""文忠德屋场""毕盖屋场""覃家屋场""龙二老屋场""朱家屋场""蔡家屋场""宋家堡""熊家堡""谭家堡""何家坪"等地名，这是他们曾经生活和战斗过的痕迹。

王岭可以耕种的土地均被周边村民开垦，人们戏说烟厂彭氏只剩下"岭岗"了。

第三节　不二门与"心雁声"铭刻诗考

历史上，古溪州道教、儒教、佛教多元文化互相融合，各知州、各长官司、各旗峒的信仰、风俗习惯、禁忌、文艺等，各有差异，但又互相依赖、认同、仿效、渗透。总司、旗峒、家族三个层面祭祀活动各不相同。总司和州司层面的大摆手祭祀的是八部大王，也就是参加周武王伐纣牧野盟誓的"庸、蜀、羌、髳、微、卢、彭、濮"八国首领。旗峒层面的小摆手供奉的是彭公爵主、田好汉、向老官人。家族层面的社巴、打廪跳排供奉的是各自的祖先。祭祀场所大都选在山清水秀、景色奇特的地方，长年累月的文化沉淀和建设，使这些祭祀场所，大都成为风景名胜区。

古庸国腹地的青岩山、桑植的天子山组成的武陵源风景名胜区已经成为国际旅游胜地，自不待言。老司城祖师殿以其建筑年代久远(后晋天福二年)，土家风格突出，道教、儒教、佛教三教融为一体而闻名遐迩。

下编

永顺不二门土司佛园，曾是土司王祭祀祈福的场所。奇石、温泉、石刻、庙宇、洞穴是这里的主要特色，山奇水异，怪石林立，绿树成荫，古迹遍地，如今已经建成国家森林公园。观音崖旁的观音古刹系湖南省文物保护单位。

观音崖古刹洗心池旁的《心雁声》诗刻特别引人注目，相传此诗为彭肇槐所作。本来，彭肇槐这样的政治人物，一言一行，一举一动，人们都会关注和评说。有的事传来传去，与本来面貌便相去甚远。

乾隆四十一年（1776），卢崧《吉安府志》专门给彭肇槐立传，光绪二年（1876），定祥《吉安府志》不仅摘录了这个彭肇槐传，还进一步作了考订。依《大清一统志》记载的彭肇槐宋朝先祖彭儒猛为吉水人，认定彭肇槐应为吉水人。

其实，要较真，卢崧的《吉安府志》说彭肇槐"字公植"也不全面。彭肇槐的字在永顺时是"公瞻"，到江西以后另外改了字，"公瞻"变"公植"。这一改，意思大变，也减少了不必要的纠结。但不能说《吉安府志》有误，时间点不同，记载不同时间点的事和物应该有所不同。

乾隆十九年（1754），陈锡辂《归德府志·卷五·职官表三》在"参将"栏内明确记载，"彭肇槐，江西吉水人"。与定祥观点相同，但《隐源山口老彭氏续修族谱》记载"至吾彭之居湖广永顺、保靖一派，系太尉幼弟瑊公之嫡脉。瑊公为唐金紫光禄大夫检校司徒辰州刺史，夫人周氏葬安福二十四都，金钗形（指地形），生彦晞，字士然，从戎楚王希范，铜柱誓封静边都指挥使、金紫光禄大夫、检校太保、持节溪州诸军事兼御史大夫，封上柱国陇西开国男，食邑三百户，配李氏、邱氏。在宦十八年，卒溪州。归丧同夫人李氏合葬永新二十六都寮山，虎形（指地形）"，点明彭氏先祖瑊公、彦晞公与夫人李氏归葬永新。

彭肇槐回永新是具有特殊意义的。彭肇槐的儿子彭景熺在康熙年间已经迁往宜春并在那里向四周发展。彭肇槐没有去宜春，而是选择到永新安家落户，这固然是对先祖彭彦晞的追随，也是对自己从"永顺"到"永新"的寄托。

彭肇槐在江西饶州（今江西鄱阳）为参将，在归德（今河南商丘）由参将升副将。参将正三品，副将从二品。彭肇槐呈请自愿改土为流，一直是做的流官，不是隐吏，可是后来有人非把他当作溪州隐吏，并创作有《心雁声》诗文。这并非事实。

不二门观音庙石碑是硬质砂岩，保存完整，字迹清晰。石碑上的印章历历在目。石碑的铭文没有断句，空格不标点，抄录如下：

> 心雁声，惊岁晚，雅集啸，儒林一夕，餐英醉，风流自古今。老僧行脚健，胜境喜追寻，却已空凡骨，何庸再洗心（岩右有洗心泉）。药笼窄，天地笮，路启山林，流水自清浊，迷途悟昨今。

> 乙卯重九　同人登高于观音岩　诗以纪之　溪州隐吏车赓伯夔（印章）　古溪州守（印章）①

有专家认定这碑的铭文是永顺宣慰使彭肇槐所作，是他对改土归流不满而发的牢骚。还认为，在土家语中，“车赓”中的“车”，即“水或者溪”；“赓”，有“拜祭”的意思，与“车”连用，隐含有“主人”的意思。“车赓”是号名，连起来的意思即“溪的主人”。并且还写了三四万字的宏文加以论证这个碑文是永顺末代土司彭肇槐所作。殊不知，这个“车赓”是永顺县民国时期的一位知县。

民国《永顺县志·卷十七·职官志·知县》对车赓有明确的记载：

> 车赓，字伯夔，江西副贡。民国四年三月任。五年，袁世凯帝制发生，大庸罗剑仇来攻，城陷，赓微服遁去。②

对于这一事件，该《永顺县志·卷二十六·武备志·兵灾》还有更详细的记载。

先是提要，原文是这样的：

> 五年三月，大庸罗剑仇攻陷县城，警备队排长谢流璧死之。

> 先年冬，袁氏发生帝制，东南各省一致反对。至是剑仇亦假北伐名义，号召远近股匪合数百人，在县境坡岩地方盘踞多日。

> 知事车赓预调绥靖镇兵来县助防，准来六十名，先至三分之一。

---

① 瞿州莲、瞿宏州：《金石铭文中的历史记忆》，民族出版社2014年版，第344—345页。
② 胡履新、张孔修纂修：《永顺县志·卷十七》，民国十九年刊本，第8页。

下
编

剑仇率众攻城，未逾一时，镇兵分守五门，寡不敌众，同时俱歼，知事潜遁，流壁亦战败，与警兵数名同时死难。①

县志在记载这一事件的同时，对此还有一个评论：

呜呼！丙辰旧历二月既望为吾邑遭兵灾之一大纪念。

大庸匪至，商会迎降而知事亡，教练死，镇兵歼，是民国以来莫大之戚。②

"丙辰旧历二月"，指民国五年（1916）旧历二月。民国三年，甲寅年，系1914年；民国四年，乙卯年，系1915年。

这本《永顺县志》随后更有具体情节的描述：

民国三年，大总统袁世凯令各省收验旧契，验价月增。

五年春，僭称帝国，改年洪宪。

于是反对者遍天下，芷江张学济集众乾城自立军政府，大庸罗剑仇号独立军。乘邑人嫉知事车赓验契逼迫，二月十六日，纠众三百余人攻城。

时警备兵六十名，绥靖镇兵只请来二十名，闻风欲遁，移时城陷。警备队长谢伯纲死之，队兵及镇兵死者共三十余名。

剑仇入城，宣布宗旨在剿灭贪官。

赓匿邮局无害，其货财半寄出，其在署中者一掳而空，焚署侧花厅一栋，剑仇当令扑灭。招待以外索商会筹军饷洋三千元，闻镇兵将来复仇，次日率众师去至石堤西，将所掠布缎等物焚烧无遗……③

"五年春"，指民国五年，1916年，系丙辰年春天。"二月二十六日"，指罗剑仇围攻永顺县城的时间。如果诗中"乙卯"指年，民国乙卯年即民国四年（1915），那么车赓所作碑文中的"乙卯"有意地把时间向前推了一年。

如果"乙卯"指"日"，"重九"指重阳节，那么本诗系车赓甲寅年（1914）重阳节游观音崖所作。车赓怀才不遇，只能在边远山区任职隐居，失去了施展才华的机会。"溪州隐吏""古溪州守"，皆是自嘲。他本是江西

① 胡履新、张孔修纂修：《永顺县志·卷十七》，民国十九年刊本，第9页。
② 胡履新、张孔修纂修：《永顺县志·卷十七》，民国十九年刊本，第9页。
③ 胡履新、张孔修纂修：《永顺县志·卷二十六》，民国十九年刊本，第10页。

南昌人，与古溪州彭氏土司是大老乡，当时他任永顺县知事，自嘲为"古溪州守"并刻出印章用于题款也未尝不可。但"车赓"和"伯夔"的印章已经坐实了他是罗剑仇赶跑的那个永顺县知事。

不错，"乙卯"可以推算至雍正十三年，即 1735 年。可以与那个时候改土归流的彭肇槐联系到一起。但是，历史的跨度达一百二十年。何况彭肇槐对改土归流没有"心雁声"（心怨声），即便有"心雁声"，这首诗也不是彭肇槐所作，因为诗的作者明确标示着是"车赓""伯夔"。

罗剑仇是大庸县（今张家界市永定区）人，与贺龙是讨袁护国军的战友。车赓是现代学者程千帆的外祖父。

"乙卯重九"，可能还应从陆游的《乙卯重九》诗中找答案。陆游的这首诗标题就是乙卯重九。其诗曰：

乙卯重九

九日材醅熟，逢迎不用呼。

樽前狂起舞，陌上醉相扶。

残发新霜白，衰颜落叶枯。

明年何足问，且复插茱萸。

车赓是在借用陆游"乙卯重九"写醉态，发牢骚。

甚至可以说，这首诗是车赓在罗剑仇围攻永顺县城事变后再次来到观音岩有感而发。他把自己的逃遁当作了隐藏，在年份上作了手脚或推算失误。总之，《心雁声》不是彭肇槐的诗作。

"心雁声"石碑是永顺不二门景点的重要内容。为了避免"车赓"的认知错误误导游客，必须强调指出：彭肇槐是朝廷命官，自愿呈请改土为流，改土为流之后还升了官，没有"心雁声"。彭肇槐致仕十年后病故身亡，也没有史料说明他有"心雁声"。彭肇槐不是"隐吏"，也不是诗人，《心雁声》不是他的诗作。